Berlin-Brandenburgische Akademie der Wissenschaften

Texte und Untersuchungen zur Geschichte der altchristlichen Literatur

Archiv für die Ausgabe der Griechischen Christlichen Schriftsteller
der ersten Jahrhunderte

(TU)

Begründet von
O. von Gebhardt und A. von Harnack
herausgegeben von
Christoph Markschies

Band 160

Christoph Markschies

Origenes und sein Erbe

Gesammelte Studien

Walter de Gruyter · Berlin · New York

Herausgegeben durch die
Berlin-Brandenburgische Akademie der Wissenschaften
von Christoph Markschies

∞ Gedruckt auf säurefreiem Papier,
das die US-ANSI-Norm über Haltbarkeit erfüllt.

ISBN 978-3-11-019278-0
ISSN 0082-3589

Bibliografische Information der Deutschen Nationalbibliothek

Die Deutsche Nationalbibliothek verzeichnet diese Publikation in der Deutschen Nationalbibliografie;
detaillierte bibliografische Daten sind im Internet über http://dnb.d-nb.de abrufbar.

HUNC LIBRUM
FACULTATI THEOLOGIAE CIBINIENSI
SUMMO HONORE DOCTORIS DIVINITATIS ACCEPTO
DEDICAT ANIMO PIO ET GRATO
AUCTOR

Vorwort

Immer wieder einmal bin ich von verschiedensten Seiten gebeten worden, meine in den letzten Jahren in Jena, Heidelberg und Berlin entstandenen, in sehr unterschiedlichen Zusammenhängen veröffentlichten Beiträge über Origenes und sein theologisches Erbe in einem Band zusammenzufassen. Ich tue dies gern, weil mir dieser griechische Theologe schon deswegen ans Herz gewachsen ist, da er gewissermaßen der Urahn aller wissenschaftlichen Theologie, also derjenigen Reflexion des christlichen Glaubens, die sich an zeitgenössischen Rationalitätsstandards orientiert[1], ist – hat er doch Ergebnisse nahezu aller Bereiche der antiken Wissenschaft entweder zustimmend rezipiert oder sich kritisch mit ihnen auseinandergesetzt. In jüngster Zeit ist mir auch wichtig geworden, daß der aus Alexandria stammende Gelehrte in seiner Heimatstadt und in Caesarea/Palaestina jeweils christliche Bildungsinstitutionen leitete, in denen seine Art, Theologie als Wissenschaft zu betreiben, an Schüler bzw. Studenten weitergegeben wurde[2]. Etwas anachronistisch kann man davon sprechen, daß Origenes der Präsident einer christlichen Privatuniversität war und auch darin den Anspruch der neuen Religion markierte, mit der Theologie auf höchstem wissenschaftlichem Niveau am Diskurs der Gebildeten teilzunehmen. Diese Dimension seines Werkes scheint mir gegenwärtig bedeutsamer, in jedem Fall historisch wirkmächtiger als einzelne Züge seiner Theologie, an denen schon zu seinen Lebzeiten Kritik geübt wurde und auch weiter Kritik geübt werden kann.

Meine erste ausführliche Einführung in die Texte des Origenes verdanke ich *Hermann Josef Vogt*, dem emeritierten katholischen Tübinger Patristiker. Er hat den evangelischen Doktoranden freundlichst in sein Doktorandenkolloquium aufgenommen und ihm dort ein lebendiges Beispiel für jene tiefe Vertrautheit mit Sprachgebrauch und Theologie des Origenes gegeben, die für eine intensivere Beschäftigung mit diesem Denker unabdingbare Voraussetzung ist. Vermittelt durch Vogt haben mich auch die Grundeinsichten und Detailergebnisse der französischen Origenes-Forschung tief beeinflußt. So war es wenig verwunderlich, daß eben dieser Doktorand, vom seinerzeitigen Arbeitsstellenleiter der „Griechischen Christlichen Schriftsteller" an der „Berlin-Brandenburgischen Akademie der Wissenschaften" gebeten, eine Edition in dieser traditionsreichen Reihe zu übernehmen, sich einen Text des Origenes – nämlich die Fragmente von dessen Homilien zum ersten Korintherbrief (CPG I, 1458) –

---

[1] Vgl. dazu jetzt CH. MARKSCHIES, Kaiserzeitliche christliche Theologie und ihre Institutionen. Prolegomena zu einer Geschichte der antiken christlichen Theologie, Tübingen 2007, 11-31.

[2] MARKSCHIES, Theologie (wie Anm. 1), 72-74. 93-109.

zur Edition auswählte; der Band ist nahezu fertig gestellt und wird ebenfalls bald erscheinen können. Inzwischen bin ich *Jürgen Dummer*, dem zeitweiligen gräzistischen Kollegen in Jena, in der Leitung des ganzen Unternehmens nachgefolgt und habe seit meinem Wechsel auf den ebenso traditionsreichen Berliner Lehrstuhl für Ältere Kirchengeschichte in Berlin im Jahre 2004 Gelegenheit, mich gemeinsam mit den Mitarbeiterinnen und Mitarbeitern der Arbeitsstelle „Griechische Christliche Schriftsteller" ausführlich mit Texten und Gedanken des Origenes zu beschäftigen und profitiere reich von der engen Arbeitsgemeinschaft von Philologen und Theologen, die seit der Gründung für dieses Akademieunternehmen charakteristisch ist. Ebenso wichtig ist aber auch die enge Arbeitsgemeinschaft mit den Kolleginnen und Kollegen aus Italien, die sich in der „Gruppo Italiano di Ricerca su ‚Origene e la tradizione alessandrina'" zusammengeschlossen haben, die Zeitschrift „Adamantius" bestreiten und mehrfach im Jahr zu höchst anregenden Tagungen einladen. *Lorenzo Perrone* hat mich in diese Gruppe eingeführt, immer wieder in den Süden eingeladen und viele der hier erneut vorgelegten Texte vor ihrer Veröffentlichung gelesen und freundlich kommentiert.

Zu den „Griechischen Christlichen Schriftstellern" gehört die Reihe der „Texte und Untersuchungen". Adolf von Harnack, Vorgänger auf dem Lehrstuhl und in der Leitung des Unternehmens, hat sie mit seinem Freund Oskar von Gebhardt 1882 begründet und mit der Editionsreihe verbunden. So liegt es mehr als nahe, meine gesammelten Beiträge in dieser Reihe erscheinen zu lassen; ich danke der Aufsichtskommission des Unternehmens, daß sie dieser Idee gern zugestimmt haben. Ohne die Hilfe von Herrn cand. theol. et phil. Martin Brons wäre angesichts gegenwärtiger Aufgaben und Beanspruchungen allerdings das Buch nicht zu Stand und Wesen gekommen. Herr Brons hat alle Texte noch einmal gründlich durchgesehen und zum Teil behutsam korrigiert, die Literatur vorsichtig aktualisiert, die Technika energisch vereinheitlicht[3] und das Stellenregister erstellt. Dafür danke ich ihm ganz herzlich, ebenso wie dem Verlag Walter de Gruyter und seinem theologischen Cheflektor Albrecht Döhnert für die wie gewohnt reibungslose Zusammenarbeit.

Berlin und St. Johann im Ahrntal, im Sommer 2006

Christoph Markschies

---

[3] Die verwendeten Abkürzungen richten sich nach Siegfried M. SCHWERTNER (Hg.), IATG², Internationales Abkürzungsverzeichnis für Theologie und Grenzgebiete, Berlin/New York 1992. Die antiken Autoren und ihre Werke werden nach den Verzeichnissen in den Lexika von G.W.H. LAMPE, A Patristic Greek Lexicon, Oxford ¹⁶2001 (= 1961) und H.G. LIDDELL / R. SCOTT / H.S. JONES, A Greek-English Lexicon, Oxford 1983 (= 1968) bzw. A. BLAISE / H. CHIRAT, Dictionnaire Latin-Français des Auteurs Chrétiens. Revu spécialement pour le vocabulaire théologique par H. Chirat, Turnhout 1993 (= 1954) und P.G.W. GLARE, Oxford Latin Dictionary, Oxford 1982, zitiert bzw. abgekürzt.

Inhaltsverzeichnis

Origenes

Leben – Werk – Theologie – Wirkung

Mit Origenes, der in der antiken Weltkulturmetropole Alexandria aufwuchs, erreichte die theologische Reflexion des antiken Christentums erstmals das zeitgenössische Niveau fachphilosophischer Diskussionen und die biblische Exegese Standards wissenschaftlicher Textkommentierung. Der Versuch, eine solche Form von akademischer Theologie im Raum der Kirche und für konkrete Gemeinden zu etablieren, führte einerseits zu nicht geringen Spannungen mit kirchlichen Institutionen bis hin zur amtlichen Verurteilung, begründete andererseits aber eine Wirkungsgeschichte dieser Theologie, die bis in die Gegenwart anhält. Die Ambivalenz der Wirkungsgeschichte des Origenes, aber auch seine Pionierfunktion für die wissenschaftliche Selbstreflexion des Christentums haben dazu geführt, daß das Bild des antiken Gelehrten in der Forschungsgeschichte häufig von impliziten Selbstportraits der Forscher überlagert wurde: Bilder eines kirchenfernen Religionsphilosophen stehen neben Portraits eines kirchlichen Mystikers oder eines gnostischen Esoterikers. Freilich eröffnet die nicht unproblematische biographische Überlieferung und die wegen der amtlichen Verurteilung einzelner Positionen im sechsten Jahrhundert stark eingeschränkte Überlieferung seines ursprünglich äußerst umfangreichen Œuvres auch einen gewissen Spielraum für Deutungen von Person und Werk.

Leben

Die Grundzüge der Biographie des Origenes lassen sich vor allem aus *drei* antiken Werken rekonstruieren, die teils aus der bewundernden Perspektive eines Schülers und Enkelschülers, teils aus der kritischen Sicht eines entschiedenen Gegners verfaßt sind, allerdings auch Material aus verlorenen autobiographischen Briefen verarbeiten: Der spätantike Theologe und Bischof Eusebius hat im sechsten Buch seiner Kirchengeschichte (*Historia ecclesiastica*) zu Beginn des vierten Jahrhunderts kunstvoll die Biographie des Origenes mit anderen kirchenhistorischen Themen verwoben[1]. Eusebius war durch einen direkten Schüler des Origenes namens Pamphilus geprägt worden und konnte an seinem Bischofssitz, der Provinzhauptstadt Caesarea/Palaestina, eine umfangrei-

---

[1]   Eusebius, Kirchengeschichte VI 1-39.

che, von Origenes begründete christliche Bibliothek benutzen. Pamphilus hatte vor seiner Enthauptung im Zuge der Christenverfolgung unter Maximinus Daia im Jahre 310 n.Chr. eine „Apologie für Origenes" verfaßt, deren biographische Passagen mit dem griechischen Original (bis auf wenige Spuren bei anderen Autoren) verloren sind. Erhalten ist dagegen eine lateinische Fassung des ersten Buchs dieser Apologie, in dem die Rechtgläubigkeit des Origenes durch geschickte Auswahl aus seinem Œuvre und glättende Übersetzung nachzuweisen versucht wurde. Stark panegyrisch eingefärbt ist die „Dankrede" des Gregor Thaumaturgus, die vermutlich auf eine 238 n.Chr. in der Schule des Origenes in Caesarea gehaltene Ansprache zurückgeht, mit der sich ein begeisterter Student nach fünf Jahren Studium an der Einrichtung verabschiedete. Schon unmittelbar von den zunehmenden Auseinandersetzungen über die Theologie des Origenes in der zweiten Hälfte des vierten Jahrhunderts geprägt ist schließlich der einschlägige Abschnitt aus dem „Arzneikästlein gegen die Häresien" (*Panarion Haereses*) des Epiphanius von Salamis[2], in dem der Autor Anekdoten, Referate und Zitate mit heftiger Kritik an der Trinitätstheologie und Eschatologie des Origenes mischt; dieser Text wurde vor 377 n.Chr. abgefaßt.

Das Leben des Origenes, soweit es sich aus diesen Quellen rekonstruieren läßt, folgt an vielen Punkten dem Muster einer durchschnittlichen Gelehrtenbiographie der Antike: Schulbesuch, Studium und Lehrtätigkeit auf verschiedenen Ebenen gingen der Gründung einer eigenständigen Ausbildungseinrichtung voraus, die sich durch Hörergelder oder durch Stiftungen finanzierte. Das Leben dieses besonderen Gelehrten war aber zugleich von der besonderen Lage des antiken Christentums vor der offiziellen Duldung im vierten Jahrhundert geprägt: Origenes hat die Rechtsunsicherheit, die für Christen unter den Bedingungen der prinzipiellen Strafwürdigkeit ihres Bekenntnisses bestand, sowohl in der Jugend als auch im Alter am eigenen Leibe zu spüren bekommen, repräsentierte aber auch die allmähliche Integration des Christentums in die höheren Gesellschaftsschichten ebenso wie in den Wissenschaftsbetrieb. Die ersten zwei Drittel seines nach antiken Maßstäben recht langen Lebens verbrachte Origenes in der antiken Bildungsmetropole Alexandria, ein letztes Drittel in der palästinischen Hafen- und Provinzhauptstadt Caesarea.

Geboren wurde er als Sohn einer nicht unvermögenden christlichen Familie etwa 185/186 n.Chr.; die Eltern gaben dem Kind den beliebten paganen Namen „Horussproß". Als der Vater Leonides im Rahmen einer regional begrenzten Verfolgung unter Kaiser Septimius Severus 202 n.Chr. als Märtyrer starb, mußte der damals siebzehnjährige Origenes für die Versorgung seiner sechs Geschwister aufkommen. Er arbeitete zu diesem Zweck (vermutlich wie auch sein Vater) als *Grammaticus*, als Literaturlehrer, der die Kinder des gehobenen Bürgertums vom Elementarlehrer übernahm, um mit sprachlichem und literarischem Unterricht Grundlagen für die folgende rhetorische Ausbildung

---

[2]   Epiphanius, Arzneikästlein 64,1,1-72,9.

zu legen. Da es im damaligen Bildungssystem üblich war, daß sich Elementar-
und Literaturlehrer für höhere Bildungsaufgaben qualifizierten, studierte Origenes gleichzeitig Philosophie. Eine vermögende Frau finanzierte als Patronin
die weitere Ausbildung des Origenes[3]. Bald darauf muß er, zunächst auf priva-
ter Basis, Mitbürgern eine Art Einführungsunterricht in das Christentum gegeben haben, den wahrscheinlich etliche Jahre später (nach 210 n.Chr.) der Ortsbischof von Alexandrien als Katechese im Rahmen der Taufvorbereitung
anerkannt hat. Aber schon vorher wurde Origenes in der Stadt als prominenter
Repräsentant des Christentums wahrgenommen: Er besuchte Schüler im Gefängnis und lebte vermutlich sogar eine gewisse Zeit im Untergrund[4], um sich
der Strafverfolgung zu entziehen. Gleichzeitig nahm er aber auch ohne besondere Zurückhaltung am intellektuellen Leben der Stadt teil und besuchte im
Rahmen seiner eigenen Ausbildung Vorlesungen bei dem platonischen Philosophen Ammonius Sakkas (d.h. der Sackkleidträger), bei dem später (ca. 232
n.Chr.) auch Plotin studierte und der in der philosophiegeschichtlichen Tradition als Begründer des Neuplatonismus gilt. Es ist nicht ganz auszuschließen,
daß Nachrichten über einen Neuplatoniker namens Origenes, der bei Ammonius studiert hat und Fachbeiträge zu Problemen platonischer Prinzipientheorie und Ethikbegründung vorgelegt hat, den gleichnamigen christlichen Theologen meinen. Wenn diese Identifikation zuträfe, wäre sie ein weiteres Zeichen
dafür, daß im Falle des Origenes erstmals ein engagierter christlicher Intellektueller von Teilen der fachphilosophischen Zunft als einer der Ihren wahrgenommen wurde. Wie es der Praxis antiker Philosophie entsprach, versuchte
Origenes in der Öffentlichkeit zu leben, was er lehrte. Christliche Quellen wollen seine Zuwendung zu einem asketischen Leben als eine *christlich* motivierte
Entscheidung darstellen[5]. Freilich wurde die Entscheidung für die Askese auch
schon früh mit Gerüchten begründet, die sich gegen Origenes richteten und
deren Historizität nicht mehr zu überprüfen ist (so beispielsweise, er habe sich
eigenhändig entmannt, weil er in jugendlichem Leichtsinn die Bibelstelle Mt
19,12 wörtlich genommen habe, seine Genitalien durch ein Medikament verschrumpeln lassen oder seinem Gedächtnis durch ein spezielles Kraut aufge-
holfen)[6]. Ebenso gut ist aber möglich, daß asketische Handlungen wie der Ver-
kauf der eigenen Bibliothek zugunsten einer (relativ niedrigen) Leibrente[7] eine
Konsequenz seiner *philosophischen* Existenz waren: Schon der philosophische
Lehrer Ammonius mißtraute wie Platon der Praxis, prinzipientheoretische
Fragen schriftlich zu behandeln, und hat daher fast nichts veröffentlicht[8].
Wichtiger als Bibliotheken waren für die platonische Schultradition, in der
Origenes aufwuchs, mündliche Lehre und Diskussionen.

---

3   Eusebius, Kirchengeschichte VI 2,13.
4   Eusebius, Kirchengeschichte VI 3,6.
5   Eusebius, Kirchengeschichte VI 3,9.
6   Eusebius, Kirchengeschichte VI 8,1-6; Epiphanius, Arzneikästlein 64,3,11-13.
7   Eusebius, Kirchengeschichte VI 3,9.
8   Longinus bei Porphyrius, Leben Plotins 20,35-45; ebd. 3,25-35.

Eine Folge der wachsenden Prominenz des Origenes war, daß er schon im zweiten Jahrzehnt des dritten Jahrhunderts mit größeren Reisen begann und von christlichen Bischöfen zu Vorträgen und Predigten „zum Nutzen der Gemeinden" eingeladen wurde: Bezeugt sind Reisen nach Rom, Arabien und Palästina[9]. Von großer Bedeutung für das Leben des Origenes sollte aber werden, daß zwei palästinische Bischöfe den prominenten Gelehrten in die pulsierende Hafen- und Verwaltungsstadt Caesarea und in die Garnisonsstadt Jerusalem einluden, die vor allem von ihrer einstigen Bedeutung für Juden und Christen lebte. Wahrscheinlich hat sich Origenes sogar einige Jahre (vielleicht von 215 bis 219) in Palästina aufgehalten, bevor er von einer offiziellen Delegation der alexandrinischen Kirche wieder nach Hause geholt wurde. Die folgenden reichlich zehn Jahre in Alexandria widmete sich Origenes neben seiner Lehrtätigkeit vor allem zwei großen Veröffentlichungsprojekten, einer nach damaligen philologischen und literaturwissenschaftlichen Maßstäben durchgeführten Kommentierung wichtiger biblischer Texte und der Abfassung einer theologischen Grundlagenschrift. Die näheren Umstände seiner eigenen mündlichen Lehrtätigkeit sind dagegen nicht wirklich zu rekonstruieren.

In den zwanziger Jahren des dritten Jahrhunderts muß es – ungeachtet aller Erfolge des Origenes innerhalb und außerhalb Alexandrias – zu Auseinandersetzungen zwischen dem Gelehrten und seinem Ortsbischof Demetrius gekommen sein, die sich so verschärften, daß Origenes ca. 231/232 n.Chr. die Stadt zu einer weiteren großen Reise verließ, von der er wahrscheinlich nie mehr nach Alexandria zurückkehrte. Der Bischof begründete seine Kritik an Origenes, deren eigentliches Motiv Neid auf den prominenten Gelehrten gewesen sein mag, kirchenrechtlich. Während er vor der Abreise bemängelte, daß man den nicht zum Presbyter ordinierten Origenes in Caesarea hatte predigen lassen[10], konnte er sich später darauf stützen, daß Origenes während seines zweiten Aufenthaltes in Caesarea vom dortigen Bischof Theoctistus ohne Rücksprache mit der alexandrinischen Kirche zum Presbyter ordiniert worden war und außerdem in Athen ein öffentliches Streitgespräch mit einem Gnostiker namens Candidus so geführt hatte, daß man ihm mangelnde Orthodoxie unterstellen konnte[11]. Daraufhin verhängte man in Alexandria ein Lehrverbot über Origenes und sprach ihm die Presbyterwürde ab[12]. Für Origenes stand dagegen seine spezifische Weise der Auseinandersetzung mit Philosophen und mit von der Mehrheitskirche abweichenden Theologen in der Tradition der alexandrinischen Kirche[13].

---

[9]   Eusebius, Kirchengeschichte VI 14,10 sowie VI 19,15-19.
[10]   Das wird aus dem Verteidigungsschreiben der palästinischen Bischöfe erkennbar, das bei Eusebius, Kirchengeschichte VI 19,18 erhalten ist.
[11]   Eusebius, Kirchengeschichte VI 8,4 sowie 23,4.
[12]   Eusebius, Kirchengeschichte VI 8,5 sowie Hieronymus, Gegen Rufin II 18f. Origenes behandelt die Vorgänge selbst in seinem Johanneskommentar VI 2.
[13]   So in einem Brieffragment, erhalten bei Eusebius, Kirchengeschichte VI 19,12-14.

Den Rest seines Lebens – rund zwanzig Jahre – verbrachte Origenes nun weitgehend in Caesarea. Dort predigte er Tag für Tag im Gottesdienst einer Hausgemeinde vor etwa dreißig Gemeindegliedern über biblische Bücher, die er im Sinne einer lectio continua fortlaufend auslegte. Außerdem setzte er seine ausführliche Bibelkommentierung nach zeitgenössischen wissenschaftlichen Maßstäben fort und verband sie mit der Vorbereitung seiner Predigten, so daß ein späterer Autor sagen konnte, er habe versucht, „keine der heiligen Schriften unausgelegt sein zu lassen"[14]. Dabei bezog Origenes sich auch auf die rabbinische Schriftauslegung in der jüdischen Gemeinde der Hafenstadt. Schließlich gab er in einer Art von christlicher Privatuniversität theologischen Unterricht. Das Unterrichtsprogramm seiner Privatuniversität kann aus der erwähnten Dankrede des Schülers Gregor rekonstruiert werden[15]: Dabei wurde das gewöhnliche Bildungsprogramm aus Dialektik, Arithmetik, Geometrie, Astronomie und Ethik durch theologische Vorlesungen ergänzt und von Origenes als „Propädeutik für die christliche Lehre" bezeichnet[16] – man kann also durchaus davon sprechen, daß an dieser Bildungseinrichtung der pagane Bildungskanon in ein eigenständiges christliches Bildungskonzept integriert worden war. Auch in seiner zweiten Lebensphase war der predigende Gelehrte ein gesuchter Gesprächspartner, der zu theologischen Lehrgesprächen geladen wurde und selbst mit dem Kaiserhaus in Kontakt stand[17]. Trotzdem wurde Origenes in hohem Alter Opfer des verzweifelten Versuchs des Kaisers Decius, der dramatischen politischen wie ökonomischen Krise des römischen Reiches durch ein allgemeines Reichsopfer zu begegnen. Ab Herbst des Jahres 249 n.Chr. wurde jeder Reichsbürger zu einem bestimmten Termin zum Vollzug des Opfers bestellt. Da von Folterungen des Origenes berichtet wird[18], dürfte Origenes das Opfer zweimal verweigert haben und anschließend inhaftiert worden sein. Er überlebte die Folter, starb aber wenig später 253/254 n.Chr. und wurde in Tyrus begraben. Aus seinen allerletzten Lebensjahren wissen wir praktisch nichts.

---

14 Epiphanius, Arzneikästlein 64,3,9.
15 Gregor der Wundertäter, panegyrische Rede 7,93-15,183.
16 Origenes, Brief an Gregor den Wundertäter 1 (= Philocalia 13).
17 Eusebius berichtet von Kontakten zur 235 ermordeten Kaiserinmutter Julia Mammaea (Kirchengeschichte VI 21,3) und dem zwischen 244 und 249 regierenden Kaiser Philippus Arabs (VI 34,3).
18 Unter anderem liest man vom gewaltsamen Spreizen der Beine über „sehr viele Tage": Eusebius, Kirchengeschichte VI 39,5.

Werk

Auch wenn das Werk des Origenes wegen der heftigen Auseinandersetzungen um seine Theologie und der Verurteilung einzelner seiner Positionen im sechsten Jahrhundert nur fragmentarisch überliefert wurde, ist doch aus antiken Listen bekannt, daß es mindestens siebenhundert Titel umfaßte[19]. Diese schon in der Antike bestaunte Zahl erklärt sich unter anderem daher, daß Origenes durch einen Patron schon in Alexandria ein opulent ausgestattetes Schreibbüro finanziert bekommen hat und sein Mäzen ihn offensichtlich selbst während seiner Reisen zur Abfassung von Texten antrieb[20].

Der größere Teil seiner Schriften ist im weitesten Sinne der *Bibelexegese* gewidmet: In den zwanziger Jahren des dritten Jahrhunderts begann Origenes eine schon im technischen Sinne gewaltige Vorarbeit, um seine Kommentierung des Alten Testaments auf eine sichere philologische Basis zu stellen: Er legte für jedes einzelne Wort des Alten Testaments eine sechsspaltige Textsynopse an, die „Hexapla"[21], und markierte Abweichungen zwischen hebräischem Urtext und griechischen Übersetzungen mit textkritischen Zeichen. Die gewaltigen Abmessungen der Seiten und die dadurch bedingten Kosten des Werks erklären, warum nur wenige Blätter überlebt haben[22]. In Alexandria entstanden etwa zur selben Zeit auch nach dem Vorbild der damaligen wissenschaftlichen Kommentarphilologie umfangreiche Bibelerklärungen, ein bis auf Fragmente verlorener Kommentar zu den ersten fünf Kapiteln der Genesis in dreizehn Büchern, der sich besonders mit paganer Kosmologie, Astrologie und Naturwissenschaft auseinandersetzte, und die weitgehend erhaltene Erklärung des Johannesevangeliums. Sie umfaßte schließlich zweiunddreißig Bücher, als Origenes sie Ende der vierziger Jahre in Caesarea vollendete. Immer wieder setzte er sich dabei mit einer gleichfalls der alexandrinischen Kommentarphilologie verpflichteten Erklärung des Evangeliums aus der Feder eines Gnostikers namens Heracleon auseinander, vielleicht, weil sein Mäzen ursprünglich von diesem frühen Versuch einer christlichen Theologie für Gebildete fasziniert war[23]. Gleichfalls dürfte der große Psalmenkommentar zu den ersten fünfundzwanzig Psalmen, dessen Reste in byzantinischen Kettenkommentaren versteckt und bislang noch nicht kritisch ediert worden sind, vor der Übersiedlung nach Caesarea abgefaßt oder jedenfalls begonnen worden sein. In

---

[19] Hieronymus, Gegen Rufin II 22.

[20] Origenes, Johanneskommentar V 1.

[21] Dabei enthielt die erste Kolumne den hebräischen Text in hebräischen Buchstaben (anders Eusebius, Kirchengeschichte VI 16,1.6), die zweite eine Transliteration in griechische Buchstaben und die folgenden vier Kolumnen griechische Übersetzungen des Alten Testaments, nämlich die von Aquila, Symmachus, die sogenannte der siebzig Übersetzer (Septuaginta) und Theodotion.

[22] Die dreißig Palimpsest-Blätter des Mailänder Cod. Ambros. O 39 supp. zu den Psalmen messen jeweils ca. 375 x 275 mm.

[23] So jedenfalls Eusebius, Kirchengeschichte VI 18,1, etwas anders Hieronymus, Leben berühmter Männer 56 bzw. 61.

Caesarea wurden die in Alexandria begonnenen Kommentare abgeschlossen und neue Großunternehmen begonnen, vor allem eine weitgehend verlorene Kommentierung der Proverbien in drei Bänden, eine partiell in lateinischer Übersetzung bewahrte Auslegung des Hoheliedes in zwölf Büchern und eine Kommentierung des Matthäusevangeliums in fünfundzwanzig Büchern, von denen acht im griechischen Originaltext erhalten sind. Praktisch vollständig verloren ist leider der dreißigbändige Jesajakommentar, die fünfundzwanzig Bücher zu Ezechiel und die Arbeiten zu den kleinen Propheten. Während eine größere Zahl griechischer Fragmente und eine verkürzende lateinische Übersetzung den fünfzehnbändigen Römerkommentar relativ zuverlässig überliefern, sind die übrigen Kommentare zu den Paulusbriefen bis auf winzige Reste nicht erhalten. Neben den ausführlichen Kommentaren publizierte Origenes auch kurze Scholien; die ihm zugeschriebenen Stücke zur Johannesapokalypse sind wahrscheinlich nicht echt, wohl aber in den Kettenkommentaren erhaltene Passagen zur Genesis.

Die exegetischen Arbeiten des Origenes bildeten das Fundament für seine Predigten in Caesarea, die von Schnellschreibern seit den vierziger Jahren des dritten Jahrhunderts mitgeschrieben werden durften[24]. Einige, aber längst nicht alle Stenogramme hat der Prediger noch einmal durchgesehen und versucht, Spuren seines recht komplizierten mündlichen Satzbaus zu tilgen. Griechisch erhalten sind nur Predigten über Jeremia und Ezechiel, in lateinischen Übersetzungen des Hieronymus oder Rufin hingegen solche zu sehr vielen Büchern des Alten Testaments[25]. Die Matthäushomilien sind verloren, die zu Lukas dagegen in Übersetzung erhalten. Von den verschiedenen Homilien zu den Paulusbriefen haben sich in byzantinischen Kettenkommentaren recht umfangreiche Fragmente zum ersten Korintherbrief erhalten.

Einen dritten Schwerpunkt im Œuvre des Origenes bildeten – neben den Briefen – im eigentlichen Sinne systematisch-theologische Abhandlungen, die ihm den Titel des ersten christlichen Dogmatikers eingebracht haben. In Alexandrien entstanden zwei leider nur in Fragmenten erhaltene Bücher über die Auferstehung, die besonders die Frage nach der Leiblichkeit der postmortalen Existenz behandelten, und eine erste christliche Dogmatik in Form von gesammelten Abhandlungen, die „Grundlagenschrift" (*De Principiis*). Sie ist vollständig nur in einer nicht unproblematischen Übersetzung überliefert. In Caesarea entstand zwischen 245 und 250 die umfassende Widerlegung der offenkundig beliebten Christentumskritik eines längst verstorbenen Mittelplatonikers namens Celsus (*Contra Celsum*), etwas früher der erste christliche Traktat über das Gebet (*De Oratione*). Erhalten aus jenen Jahren ist auch das Gesprächsprotokoll einer Disputation über trinitätstheologische und christologische Fragen mit Bischöfen der römischen Provinz *Arabia*.

---

24   Eusebius, Kirchengeschichte VI 36,2.
25   Gen, Ex, Lev, Num, Jos, Ri, 1Sam, Ps, Cant, Jes, Ez sowie Fragmente zu Dtn und Hiob.

Theologie

Die höchst ambivalente Wirkung der Theologie des Origenes in der Geschichte des Christentums erklärt sich zum einen dadurch, daß Origenes in seinen Schriften wie Vorlesungen vielfach Erwägungen und Hypothesen zu theologischen Zusammenhängen vortrug, über die er noch zu keinem abschließenden Urteil gekommen war. Außerdem versuchte er im Grunde als erster Theologe, biblische Texte auf fachwissenschaftlichem Niveau philologisch zu interpretieren und eine christliche Theologie in Auseinandersetzung mit fachphilosophischen Theorien hauptsächlich platonischer Provenienz zu entwickeln. In den lateinischen Übersetzungen seiner Werke aus dem vierten Jahrhundert wurden die anstößigen Passagen zum Teil geglättet, so daß man sich für die Rekonstruktion seiner Theologie auf die griechisch erhaltenen Texte konzentrieren muß.

Seit der Antike wird über die Frage debattiert, ob Origenes letztlich biblischen oder zeitgenössischen philosophischen Vorstellungen gegenüber loyal oder gar von gnostischen Systemen so beeinflußt war, daß er als „christlicher Gnostiker" bezeichnet werden muß. Wenn man den Gelehrten bei seiner Arbeit als Prediger und theologischen Lehrer beobachtet, wird deutlich, daß Ansatz- und Zielpunkt der Theologie des Origenes die Auslegung biblischer Texte ist. Sein hinter allen Texten liegendes und in der „Grundlagenschrift" teilweise entfaltetes „System" ist das Ergebnis eines energischen Versuchs, biblische Texte so auszulegen, daß sie gebildeten Zeitgenossen eine überzeugende Auskunft über den Menschen, die Welt und das Leben geben können. Origenes übernimmt nicht nur einfach Vorstellungen und Begriffe aus der zeitgenössischen Philosophie, vor allem aus dem sogenannten „mittleren Platonismus", sondern liefert – beispielsweise in der Kosmologie und der Trinitätstheologie – selbständige Beiträge zur zeitgenössischen fachphilosophischen Diskussion über die Materie und die göttlichen Prinzipien, die den Beginn des sogenannten „Neuplatonismus" markieren.

Origenes ist Offenbarungstheologe, insofern die göttliche Offenbarung für ihn die höchste Norm darstellt und durch das methodisch gesicherte Verstehen biblischer Texte für Menschen zugänglich ist. Die Schrift ist göttlichen Ursprungs, aber erst die Christusoffenbarung macht dies auch im Blick auf das Alte Testament für alle Menschen nachvollziehbar[26]. Origenes ist außerdem hermeneutischer Theologe, insofern er den Abstand seiner Gegenwart zu den biblischen Texten durch eine Theorie multipler Schriftsinne methodisch kontrolliert zu überwinden versucht: Wie der Mensch aus leiblichen und geistigen Bestandteilen zusammengesetzt ist, enthält auch die Schrift verschiedene Sinnhorizonte, die bei der Auslegung sorgfältig unterschieden werden müssen. Origenes vergleicht in der Grundlagenschrift den wörtlichen Sinn mit dem Körper, den ethischen (anagogischen oder tropologischen) Sinn mit der Seele

---

[26]   Origenes, Grundlagenschrift IV 1,1.6.

und den mystischen mit dem Verstand[27]. An vielen Stellen unterscheidet er allerdings nur *zweifach* zwischen wörtlichem und allegorischem bzw. anagogischem Schriftsinn[28]. Durch solche Variabilität wird dokumentiert, daß es sich bei der Differenzierung der Schriftsinne nicht um einen mechanischen Automatismus für die Exegese handelt, sondern um ein aus der zeitgenössischen paganen Auslegungswissenschaft stammendes hermeneutisches Instrumentarium, das angemessenes Verstehen von Texten der Vergangenheit ermöglichen soll[29]. Zur hermeneutischen Technik muß freilich nach Origenes die „Kraft und Gnade Gottes" kommen, damit der Leser die biblischen Texte als unverhüllte Wahrheit verstehen kann[30]. Der Heilige Geist ermöglicht aber auch, daß das Evangelium allen Menschen entsprechend ihrem Fassungsvermögen zugänglich ist und nicht nur akademisch gebildeten Intellektuellen[31].

Eine so methodisch reflektierte und nach damaligen Maßstäben wissenschaftliche Textauslegung führte Origenes dazu, in den biblischen Texten eine platonisierende Gotteslehre zu entdecken und Gott als „einfache geistige Natur", „Einheit" und „Einsheit" zu beschreiben[32]. Gott steht daher wie bei Plato jenseits allen Seins und ist absolute Gutheit[33]. Die in der zeitgenössischen Fachphilosophie breit diskutierte Frage, wie aus diesem solitären Einen irdische Mannigfaltigkeit entstehen konnte, wird von Origenes im Rahmen eines platonischen philosophischen Paradigmas beantwortet, d.h. auf der Basis einer grundsätzlichen Unterscheidung einer sinnlich wahrnehmbaren Wirklichkeit von einer dahinterstehenden geistigen Realität, die die sinnlich wahrnehmbare strukturiert und gestaltet. Daraus folgt, daß Origenes – wie der jüdische Bibelausleger Philo von Alexandrien im ersten Jahrhundert n.Chr. und einige christliche Gnostiker – eine doppelte Schöpfung sowie einen doppelten Fall annimmt und in den Text der Bibel einträgt: „Am Anfang" – d.h. von Ewigkeit her – schafft Gott eine bestimmte Zahl von vernünftigen geistigen Entitäten[34], die wie die Engel in der antiken jüdischen Literatur einen „lichtgestaltigen" Leib haben[35]. Diese geistigen Wesen fallen in unterschiedlichem Maß aufgrund ihrer eigenen freien Entscheidung von der reinen Anschauung Gottes ab, sie erkalten und verdichten sich bei diesem Prozeß zu einer Seele (wie Origenes nach dem Vorbild Platons aus der Etymologie des griechischen Wortes für „Seele" schließt, das er mit einem Verb verbindet, das die Bedeutung „erkal-

---

[27] Origenes, Grundlagenschrift IV 2,4; Genesisfragment bei E. KLOSTERMANN, TU 13/2, 13; Genesishomilie 2,6 sowie Leviticushomilie 5,1.

[28] Origenes, Lukasfragment 180 RAUER sowie Johanneskommentar VI 4,22.

[29] Origenes, Grundlagenschrift IV 2,5.

[30] Origenes, Gegen Celsus IV 42 und VI 2.

[31] Origenes, Grundlagenschrift IV 1,1.

[32] Origenes, Grundlagenschrift I 1,6, Johanneskommentar I 20, 119 und Gegen Celsus VII 38.

[33] Origenes, Gegen Celsus VII 45; vgl. Platon, Res publica 509 B sowie Matthäuskommentar XV 11 und Grundlagenschrift I 2,13; vgl. Res publica 379 B–C.

[34] Origenes, Grundlagenschrift I 4,3 und IV 4,9.

[35] So Origenes im Genesiskommentar (bei Prokop von Gaza, Genesis-Katene, PG 87, 221 A) und im Matthäuskommentar XVII 30.

ten" hat) und erhalten schließlich einen stofflichen Leib[36]. Jener Fall der geistigen Entitäten ist eine Realisierung ihrer Freiheit und doch zugleich ein Zeichen göttlicher Vorsehung. Zu gleichsam pädagogischen Zwecken schafft Gott das materielle Weltall aus dem Nichts, um die geistigen Wesenheiten wieder zur reinen Gottesschau – dem Ideal eines jeden platonischen Philosophen – zurückzuführen. Im Genesiskommentar begründet Origenes ausführlich, warum er die platonische Vorstellung von einer ewigen Materie, die der Schöpfer nur noch gestaltet, für widersprüchlich hält und daher ablehnt[37].

„Erstgeborener" der geistigen Schöpfung und zugleich die Kraft, durch die Gott die logisch sekundäre Erschaffung der materiellen Welt realisiert, ist der Logos, das göttliche „Wort". Origenes versteht ihn nach dem Paradigma neuplatonischer Prinzipientheorie als eine Seinsweise (griechisch: „Hypostase") Gottes, die von Gott ewig gezeugt wird[38], daher an ihm Anteil hat und wie bei Philo im Unterschied zum Vater nur „Gott" (und nicht: *der* Gott") heißt[39]. Vater und Sohn sind zwar der Substanz nach verschieden, aber im Blick auf ihren Willen ununterscheidbar[40]. Der Logos verbindet Gott und Welt auch insofern, als in ihm die Einsheit Gottes als Vielfalt in Erscheinung tritt: Die unterschiedlichen Namen des Logos in der Schrift sind Wahrnehmungsaspekte (griechisch: „epinoiai")[41]. Der Heilige Geist ist das vornehmste vom Vater durch Christus geschaffene Ding, das seinen göttlichen Status durch den Sohn vermittelt bekommt und an allen seinen Wahrnehmungsaspekten Anteil hat[42]. Selbst wenn Vater, Sohn und Geist – wie in den meisten christlichen Trinitätstheologien vor dem Konzil von Nicaea 325 n.Chr. – einander subordiniert sind, werden sie doch als drei Seinsweisen einer einzigen Gottheit verstanden, die durch eine gemeinsame Natur und Kraft verbunden sind[43]. Dieser spannungsreiche Befund erklärt, warum sich Befürworter und Gegner der im vierten Jahrhundert normierten sogenannten „neunizänischen" Trinitätstheologie auf Origenes berufen konnten.

Dem Fall der Vernunftwesen korrespondiert systematisch ihr Aufstieg zur erneuten Gottesschau. Ein Paradigma dieses Aufstiegs und zugleich der Lehrer der Menschheit bei diesem Aufstieg ist der inkarnierte Christus. Origenes versteht unter „Inkarnation" die außerordentlich enge Verbindung des präexistenten Logos mit einer besonderen Seele und einem besonderen Leib zu „einem Geist"[44]. Diese exzeptionell enge, für einen strengen Platoniker ganz undenk-

---

36 Origenes, Grundlagenschrift II 8,3 bzw. 9,6.

37 Origenes, Fragment aus dem Genesiskommentar bei Eusebius, Praeparatio Evangelica VII 19f.

38 Origenes, Fragment aus dem Hebräerkommentar bei Pamphilus/Rufin, Apologie für Origenes § 50.

39 Origenes, Johanneskommentar II 2,13-18.

40 Origenes, Vom Gebet 15,1; Johanneskommentar XIII 36,228; Grundlagenschrift I 2,6.

41 Origenes, Jeremiahomilien VIII 2; Johanneskommentar I 21,125-22,136.

42 Origenes, Johanneskommentar II 2,17f. und 10,75f.

43 Origenes, Grundlagenschrift I 8,3 und Gespräch mit Herakleides 2; vgl. auch Grundlagenschrift I 3,4 und Johanneskommentar XIII 25,151.

44 Origenes, Gegen Celsus I 33, II 9 und III 41 sowie Grundlagenschrift II 6,3f.

bare Verbindung von göttlich-geistigem und irdisch-materiellem Sein stellt die besondere Gottesschau wieder her, aus der die Vernunftwesen gefallen waren, und ist nach Origenes die Erlösung. Nachfolge Jesu ist im Idealfall (die je nach persönlichem Vermögen mehr oder weniger vollkommene) Teilhabe an dieser besonderen Schau. Erlösung ist zuallererst Erleuchtung und Erkenntnis, dann aber auch Heilspädagogik hin zu einer besonderen Form erfahrbarer und doch primär intellektueller Gemeinschaft mit Gott. Gelegentlich entfaltete Origenes solche Erlösung auch in Termini der paulinischen Opfer- und Versöhnungstheologie[45], die allerdings für ihn nicht zentral ist.

Da das Ende dem Anfang gleicht, werden die gefallenen Vernunftwesen, wenn der Ablauf der Weltzyklen einmal endet, wieder in die Einheit aufgenommen und von Gott vollendet werden[46]. An einigen Stellen seines reichen Werkes hat Origenes daher eine eschatologische „Wiederherstellung aller" (griechisch: „apokatastasis panton")[47] erwogen, an anderen Stellen aber bestritten, daß der Teufel, die bösen Geister, ja selbst einzelne von Gott abgewandte Vernunftwesen in die intellektuelle Gemeinschaft mit Gott zurückgebracht würden. Freilich stellt die Allversöhnung eine systematische Konsequenz seiner Theologie dar, und entsprechend heftig ist er für diese Lehre, über die er sich selbst unsicher war[48], schon bald angegriffen worden. Die von zeitgenössischen Platonikern vertretene Vorstellung der Seelenwanderung lehnte er dagegen energisch ab[49].

Origenes war (wie auch die meisten antiken Philosophen) nicht nur ein engagierter Theoretiker des Aufstiegs zur Gottesschau, sondern auch ein sensibler Pädagoge dieses Aufstiegs und Seelsorger seiner Gemeinde. Als Prediger wollte er seine Gemeinde im paulinischen Sinne zur Frömmigkeit „auferbauen"[50]. Der Aufstieg zur Bedeutung einer biblischen Passage durch die Schriftauslegung soll zu einem Aufstieg der Seele aus den Niederungen des Leibes hin zu den geistigen Dingen führen[51]. Entsprechend ermuntert der Prediger seine Gemeinde immer wieder zur Askese als einer zentralen Voraussetzung für den Aufstieg. Origenes lehnt jeden Determinismus des Menschen ab und betont doch, daß nur Christus den Menschen rein machen könne, nicht eigene Mühen[52]. Kirche ist die irdische wie himmlische Gemeinschaft derer, die am Leben des Logos und an dessen Gottesschau teilhaben. Sie umfaßt daher einerseits die entsprechend disponierten Geistwesen und andererseits die durch Christus wieder auf Gott ausgerichteten irdischen Existenzen, die inso-

---

[45] Origenes, Johanneskommentar VI 53,274.
[46] Origenes, Grundlagenschrift I 6,2 und Gegen Celsus VIII 72.
[47] Origenes, Johanneskommentar I 16,91; Jeremiahomilien XVII 3.
[48] Origenes, Johanneskommentar XXVIII 8,61-8,66.
[49] Origenes, Johanneskommentar VI 14,86 und Gegen Celsus I 20.
[50] Origenes, Jeremiahomilien XX 8.
[51] Origenes, Grundlagenschrift IV 4,10; Genesishomilien 1,2.
[52] Origenes, Gegen Celsus IV 3; Johanneskommentar XXXII 7,74.

fern zu „Christussen" und „Göttern" werden[53]. Sakramente sind Symbole einer inneren Wandlung; zu der Benetzung durch das Wasser der Taufe kommt das Trinken des göttlichen Wortes und zu den Elementen im Abendmahl das Wort und das geistliche Essen[54].

Wirkung

Der ebenso reichen wie komplexen Theologie des Origenes wird man vermutlich nur mit einer Beschreibung in Gegensatzpaaren gerecht: Sie ist einerseits die erste systematische Theologie nach antiken wissenschaftlichen Maßstäben mit einer gegen die Gnosis gerichteten Spitze und andererseits noch in vielen Punkten vorläufig, tastend und dabei auch inkonsistent. Origenes ist zugleich ein Ausleger biblischer Texte und Prediger, dem der einfache Christ am Herzen liegt, und doch ein Wissenschaftler, der die Unbegabten kritisch mustert. Er ist mit aller Leidenschaft ein Mann der Kirche[55] und lebt doch über weite Strecken seines Lebens in Spannungen mit einzelnen ihrer Funktionsträger. Vermutlich ist es nicht zuletzt diese Spannbreite, die die Faszination des Origenes durch die Jahrhunderte begründet und lebendig gehalten hat.

Das Bild des Origenes schwankt schon zu Lebzeiten zwischen Bewunderung – ihr verdankt sich der Beiname „der Diamantene" (griechisch: „Adamantios"[56]) – und schroffer Kritik an Person wie Werk. Anhänger des Gelehrten fanden sich früh in gebildeten Milieus wissenschaftlicher Theologen und bei theologisch interessierten Asketen wie Mönchen. Vor allem die großen kappadozischen Theologen des vierten Jahrhunderts folgten Origenes nicht nur terminologisch, sondern beispielsweise auch in seiner Trinitätstheologie und gaben eine Anthologie seiner Schriften („Philokalie") in Auftrag. Im lateinischsprachigen Westen wurde sein riesiges exegetisches Œuvre geschätzt und zum Teil – beispielsweise bei Ambrosius – nur ausgeschrieben. Diese intensive Rezeption des Exegeten setzte sich bis ins Mittelalter fort und wurde erst unterbrochen, als Humanisten und Reformatoren in der frühen Neuzeit die Theorie multipler Schriftsinne und damit die Ergebnisse einer auf ihr beruhenden Auslegung vehement ablehnten. Während der Exeget Origenes bis ins Mittelalter intensiv rezipiert wurde, verdunkelte sich das Renommee des Dogmatikers Origenes schon in der Spätantike zum Zerrbild eines Häretikers. Gegner des Origenes tendierten früh dazu, seine vorsichtigen Erwägungen als Positionsbestimmungen zu lesen, und griffen vor allem seine Kosmologie und die Eschatologie an. Eine erste „origenistische Krise" brach Ende des vierten Jahrhunderts hauptsächlich in Palästina aus und vermochte den Ruf des Origenes als

---

53   Origenes, Ezechielhomilien I 2; Gegen Celsus VI 79 und Lukashomilien XIX 7.
54   Origenes, Johanneskommentar VI 43,223.
55   Origenes, Lukashomilien XVI 6.
56   Eusebius, Kirchengeschichte VI 14,10.

Dogmatiker noch nicht nachhaltig zu schädigen. Zum Verhängnis wurde Origenes, daß im späten vierten Jahrhundert der Mönch Evagrius Ponticus in Ägypten auf der Basis von Gedanken des Origenes ein hochspekulatives System ausbildete; als man 553 n.Chr. im Rahmen der zweiten „origenistischen Krise" auf dem zweiten Konzil von Konstantinopel Lehren des Origenes verurteilte, traf man an vielen Punkten Positionen des Evagrius[57].

Nachdem das Bild des antiken Theologen im neunzehnten Jahrhundert durch editorische Bemühungen und kirchenhistorische Forschung, die vor allem Adolf von Harnack im Umfeld der Preußischen Akademie der Wissenschaften angeregt hatte, zunehmend schärfere Konturen bekommen hatte, kam es während des Zweiten Weltkriegs zu einer direkten Wiederanknüpfung an den Exegeten und Theologen Origenes bei katholischen Theologen wie Henri de Lubac, Hugo Rahner, Hans Urs von Balthasar und Jean Daniélou. Origenes entwickelte sich zum Kronzeugen einer kritischen Wendung gegen die Neoscholastik und für eine Modernisierung katholischer Dogmatik. Die Rehabilitierung mehrfacher Schriftsinne in der allgemeinen philosophischen Hermeneutik könnte langfristig auch in der evangelischen Theologie das überwiegend zwielichtige Ansehen des Origenes wieder etwas verbessern, so daß er wieder stärker als Ahnherr der wissenschaftlichen Universitätstheologie mitteleuropäischer Prägung begriffen werden könnte. Schon deswegen verdient er das Prädikat „Klassiker der Theologie".

---

[57]   DENZINGER-HÜNERMANN, Kompendium der Glaubenslehren, DH 403-411.

Kastration und Magenprobleme?

Einige neue Blicke auf das asketische Leben des Origenes

„Ich weiß nicht, ob ich recht getan – Ich habe mich kastriert". Als der Hauslehrer und Kandidat der Theologie Läuffer in Jakob Michael Reinhold Lenz' Komödie „Der Hofmeister oder Vorteile der Privaterziehung" von 1774 diese Worte spricht, antwortet ihm der Dorfschullehrer Wenzeslaus: „Da mach' ich Euch meinen herzlichen Glückwunsch dafür, vortrefflich, junger Mann, zweiter Origenes. Das ist die Bahn, auf der Ihr eine Leuchte der Kirche, ein Stern erster Größe, ein Kirchenvater selber werden könnt"[1]. Dieser Wortwechsel aus einem seinerzeit sehr bekannten, auf Empfehlung Goethes zunächst anonym gedruckten Theaterstück des Sturm und Drang dokumentiert, daß bis zum Ende des achtzehnten Jahrhunderts kaum ein einigermaßen gebildeter Zeitgenosse an der Authentizität der antiken Nachrichten zweifelte, daß Origenes sich selbst zum Eunuchen gemacht habe – eine Tat eines „unvollkommenen und jugendlich draufgängerischen Verstandes", wie Eusebius bekanntermaßen bemerkt[2], um sie doch gleichzeitig als „großes Zeugnis des Glaubens und zugleich der Enthaltsamkeit" zu qualifizieren[3].

Seit dem neunzehnten Jahrhundert mehren sich freilich – wie Rowan Williams in seinem großen Origenes-Artikel zutreffend bemerkt[4] – die kritischen Stimmen, die die Authentizität der antiken Überlieferungen mindestens vorsichtig in Zweifel ziehen oder sogar entschlossen verwerfen: Williams nennt als erste Autoren *Karl Friedrich Schnitzer* (1805-1867)[5] und *Georg Friedrich Böhringer*

---

[1]   J.M.R. LENZ, Der Hofmeister oder Vorteile der Privaterziehung. Eine Komödie, Leipzig 1774, fünfter Akt, dritte Szene (zu Beginn); hier zitiert nach: Sturm und Drang. Dramatische Schriften, hg. v. E. LOEWENTHAL u. L. SCHNEIDER, 1. Bd., Heidelberg 1959, 194. – Vgl. W.H. PREUSS, Selbstkastration oder Zeugung neuer Kreatur. Zum Problem der moralischen Freiheit in Leben und Werk von J.M.R. LENZ, AKML 344, Bonn 1983; in der Bearbeitung des Stücks von Bertolt BRECHT finden sich die Sätze ebenfalls nahezu identisch: B. BRECHT, Stücke. Band XI Bearbeitungen, Berlin 1959, 193f.

[2]   Eus., h.e. VI 8,1 πρᾶγμά τι πέπρακται φρενὸς μὲν ἀτελοῦς καὶ νεανικῆς (GCS Eusebius II/2, 534,15f. SCHWARTZ).

[3]   Eus., h.e. VI 8,1 πίστεώς γε μὴν ὁμοῦ καὶ σωφροσύνης μέγιστον δεῖγμα (GCS Eusebius II/2, 534,16 SCHWARTZ).

[4]   R. WILLIAMS, Art. Origenes/Origenismus, in: TRE XXV, Berlin 1995, (397-420) 398.

[5]   K.F. SCHNITZER, Origenes über die Grundlehren der Glaubenswissenschaft. Wiederherstellungsversuch, Stuttgart 1835, XXXIII-XL; Zustimmung in der Rezension von F.C. BAUR, Berliner Jahrbücher 2 (1837), 652.

(1812-1879)[6], heute nur noch wenig bekannte Patristiker aus der ersten Hälfte des neunzehnten Jahrhunderts. Wahrscheinlich ist die Kritik an den Überlieferungen von einer Selbstkastration des Origenes aber etwa noch ein reichliches Jahrhundert älter; sie hat freilich im achtzehnten Jahrhundert noch keinerlei Wirkung entfaltet[7]. Erst nachdem Schnitzer und Böhringer sich gegen die Tradition stellten, hat sich eine große Zahl von prominenten Forschern dieser Kritik angeschlossen: Ferdinand Christian Baur, Adolf von Harnack (jedenfalls in späteren Lebensjahren), Walter Bauer, Erich Klostermann, Henry Chadwick, Jon F. Dechow, Hermann Josef Vogt und nicht zuletzt der heutige Erzbischof von Canterbury selbst. Die Argumente der Skeptiker wiederholen sich vielfach, sind allgemein bekannt und brauchen hier nicht ausführlich wiederholt zu werden. Ich stelle hier nur die wichtigsten Beobachtungen der Kritiker noch einmal kurz zusammen: *Schnitzer* hielt die Nachricht von der Kastration für ein gezieltes Gerücht, um die fast übermenschliche Enthaltsamkeit des Asketen Origenes auf natürliche Ursachen zurückzuführen[8]; außerdem versuchte er, die Glaubwürdigkeit des Eusebius zu erschüttern: Ein einziger Zeuge sei gar kein Zeuge (*testis unus, testis nullus*). Auf Schnitzer geht auch schon die Beobachtung zurück, daß sich die bei Eusebius erwähnten Motive des Origenes für seine Tat widersprechen: Zum einen wird die Selbstkastration nach Eusebius von Origenes mit einer „allzu schlichten", also zu wörtlichen, und „jugendlich leichtsinnigen" Auslegung einer bestimmten Bibelstelle (Mt 19,12) begründet, zum anderen mit dem Versuch, häßlichen Gerüchten von paganer Seite über seinen Unterricht für Frauen gleichsam den Grund abzuschneiden[9]. Wenn dies aber tatsächlich so war, fragt sich, warum Origenes – gleichfalls nach Eusebius – sorgsam darauf bedacht war, die Tat vor seinen Schülern geheim zu halten. Schließlich wies Schnitzer ebenfalls schon darauf hin, daß die beiden Berichte bei Eusebius und Epiphanius über die Umstände der Selbstkastration kaum bruchlos miteinander zu vereinbaren sind. *Böhringer* machte dagegen erstmals darauf aufmerksam, daß nach Eusebius Origenes schon als Jugendlicher gerade *kein* Genügen an einer „einfachen und am Literalsinn orientierten Auslegung der heiligen Worte (sc. der Bibel) fand"[10] und sich trotzdem wegen einer Bibelstelle kastriert haben soll, die er zu einfach aufgefaßt haben soll[11] (Eusebius verwendet in beiden Fällen auch noch das Wort ἁπλοῦς in verschiedenen

---

6   F. BÖHRINGER, Die Kirche Christi und ihre Zeugen oder Kirchengeschichte in Biographien, Tl. V/1 Des dritten und vierten Jahrhunderts erste Hälfte, Stuttgart ²1874, 27-29.

7   P. ZORN, Dissertatio de Eunuchismo Origenis, Gießen 1708 (war mir nicht zugänglich); Kritik an Epiphanius aber beispielsweise bei J.A. SCHMID, De Lapsu Origenis, Helmstedt 1704, 8-11.

8   SCHNITZER, Origenes (wie Anm. 5), XXXIII.

9   Eus., h.e. VI 8,2 τὸ γὰρ 'εἰσὶν εὐνοῦχοι ...' κτλ. ἁπλούστερον καὶ νεανικώτερον ἐκλαβών ... bzw. ... ὡς ἂν πᾶσαν τὴν παρὰ τοῖς ἀπίστοις αἰσχρᾶς διαβολῆς ὑπόνοιαν ἀποκλείσειεν (GCS Eusebius II/2, 534,17-22 SCHWARTZ).

10   Eus., h.e. VI 2,9 ὡς μηδ' ἐξαρκεῖν αὐτῷ τὰς ἁπλὰς καὶ προχείρους τῶν ἱερῶν λόγων ἐντεύξεις (GCS Eusebius II/2, 522,1f. SCHWARTZ).

11   Eus., h.e. VI 8,2 (GCS Eusebius II/2, 534,18f. SCHWARTZ); BÖHRINGER, Kirche (wie Anm. 6), Tl. V/1, 28.

Formen). *Bauer* berief sich für seine Skepsis darauf, daß auch Epiphanius, ein schroffer Kritiker des Origenes, die Nachrichten über die angebliche Selbstkastration nur relativ distanziert als Gerücht präsentieren würde[12]. Eine – freilich heftig umstrittene – Schlüsselrolle spielen in der Diskussion von Anfang an Texte aus der Feder des Origenes, vor allem die bekannte Passage aus dem Matthäuskommentar, in der Origenes – über dreißig Jahre nachdem er sich selbst zum Eunuchen machte, wenn er dies denn tat[13] – die Bibelstelle besprach, deren wörtliche Auslegung nach Eusebius einer von zwei Gründen für die Selbstverstümmelung war. *Klostermann* merkte (mit *Harnack*) in seiner kritischen Ausgabe der Stelle im Berliner Kirchenvätercorpus an, daß Origenes zwar ausführlich die einschlägige Bibelstelle Mt 19,12 kommentiert und das Thema der Kastration angesprochen, aber über seinen eigenen Fall vollkommen geschwiegen habe[14]. *Jon F. Dechow* brachte in seiner ausführlichen Kommentierung der Epiphanius-Passage weitere Texte aus dem Œuvre des Origenes bei, die seiner Ansicht nach nicht von einem Kastraten hätten geschrieben werden können[15], und folgerte daraus, daß auch der junge Gelehrte stets in der alexandrinischen Tradition einer geistlichen Interpretation der Bibelstelle gestanden habe. In den lebenslangen heftigen Auseinandersetzungen um Origenes habe die Frage einer angeblichen Selbstkastration ausweislich der erhaltenen Texte nie eine Rolle gespielt und sei erst in der historischen Rekonstruktion dieser Konflikte zwei Generationen später durch Eusebius in dessen (an diesem Punkt also unzutreffendes) Geschichtsbild aufgenommen worden[16]. Die Passagen, die Epiphanius zu Beginn seines einschlägigen Abschnittes dem Leben des Origenes gewidmet hätte, würden „Fakten, Falschheiten, Verfälschungen und Folklore" in unentwirrbarer Weise kombinieren (ähn-

---

[12] Epiph., haer. 64,3,13 καὶ τὰ μὲν ὑπέρογκα περὶ αὐτοῦ λεγόμενα οὐ πάνυ πεπιστεύκαμεν, ὅμως τὰ λεγόμενα ἐξειπεῖν οὐ παρελίπομεν (GCS Epiphanius II, 409,16-18 HOLL / DUMMER); W. BAUER, Matth. 19,12 und die alten Christen, in: Neutestamentliche Studien für Georg Heinrici zu seinem 70. Geburtstag dargebracht von Fachgenossen, Freunden und Schülern, UntNT 6, Leipzig 1914, (235-244) 238.

[13] A. v. HARNACK (Geschichte der altchristlichen Litteratur bis Eusebius. 2. Tl. Die Chronologie, 2. Bd. Die Chronologie der Litteratur von Irenaeus bis Eusebius, Leipzig 1904, 29) datiert die „Selbstverstümmelung" auf „vor 211"; VOGT (Origenes, Der Kommentar zum Evangelium nach Mattäus, eingel., übers. u. mit Anmerkungen versehen von H.J. VOGT, 2. Tl., BGL 30, Stuttgart 1990, 334) datiert den Matthäuskommentar auf die Jahre 244-249 n.Chr.

[14] A. v. HARNACK, Der kirchengeschichtliche Ertrag der exegetischen Arbeiten des Origenes (II. Teil: Die beiden Testamente mit Ausschluß des Hexateuchs und des Richterbuchs), TU 42/4, Leipzig 1919, 122 Anm. 1: „Über seinen eigenen Fall schweigt Orig. vollkommen, und das hat Anlaß gegeben, seine eigene Selbstentmannung zu bezweifeln"; zitiert von E. KLOSTERMANN in seiner Edition von Origenes, Matthäuserklärung, Bd. I Die griechisch erhaltenen Tomoi (GCS Origenes X), Leipzig 1935, 349 (zu Or., Mt. XV 1).

[15] J.F. DECHOW, Dogma and Mysticism in Early Christianity. Epiphanius of Cyprus and the Legacy of Origen, NAPS.PMS 13, Macon GA 1988, 130: princ. III 4,4; or. 28,2; mart. 30; hom. in Gen. 3,6; Cels. IV 31; V 42; VII 48f.

[16] DECHOW, Dogma (wie Anm. 15), 133f.; vorsichtiger M. JOURJON, A propos du „Dossier d'Ordination" d'Origène, MSR 15, 1958, 45-48.

lich *Bienert*[17]). Dieses Ensemble von kritischen Argumenten wird seit vielen Jahrzehnten gern wiederholt, aber kaum mehr ergänzt: Auch *Chadwick* zweifelt beispielsweise am Quellenwert des Eusebius, der keine schriftliche Quelle angeben könne, verweist auf Widersprüche zwischen Epiphanius und Eusebius und hält es außerdem für „möglich, daß beide Geschichten von böswilligen Feinden herrühren"[18]. Auch *Vogt* beruft sich für seine Skepsis erneut auf die Passage aus dem Matthäuskommentar: „Wenn die Nachricht, die Euseb … bietet, … der Wahrheit entspräche, hätte O(rigenes) doch wohl hier davon sprechen müssen!"[19]. Und *Williams* schreibt: „Die von Eusebius genannten Gründe für diesen außergewöhnlichen (…) Schritt sind weder überzeugend noch in sich stimmig, und selbst der Origenes feindselig gesonnene Epiphanius behandelt die Geschichte eher als ein Gerücht denn als ausgemachte Tatsache"[20]. Jüngst hat *Manlio Simonetti* die These vertreten, daß Eusebius seine Information aus einer selbständigen Interpretation der erwähnten Passage aus dem Matthäuskommentar gewonnen habe. Dieses in der antiken Historiographie übliche Verfahren wird im zeitgenössischen Italienisch „autoschediasma" genannt; der nicht ganz korrekt verwendete griechische Begriff steht für die in der Antike nicht mit einem eigenen Fachterminus bezeichnete Praxis, biographische Elemente aus nicht primär biogaphisch angelegten Werken herauszuarbeiten. Natürlich ist es nicht unwahrscheinlich, daß der gebildete Historiker Euseb ein solches Verfahren wählte, und ebenso wahrscheinlich, daß er nicht eigens in der Darstellung darauf hinwies[21].

Auf der anderen Seite steht eine prominente Schar von Zeugen, die Eusebius und Epiphanius Glauben schenken und in diesem Licht auch die Passage aus dem Matthäuskommentar des Origenes interpretieren: Bereits drei Jahre nach dem Erscheinen der Kritik Schnitzers wendete sich der Erlanger Theologieprofessor *Johann Georg Veit Engelhardt* (1791-1855) gegen dessen Ansichten und nannte die meisten der Gegenargumente, die bis heute immer wieder vorgebracht werden: „Ehe man sich entschließt, die Nachricht von der Selbstentmannung des Origenes aus dessen Lebensgeschichte zu streichen, wird man sich bewogen finden, die Gründe, die für diese Nachricht sprechen, noch ein-

---

17   DECHOW, Dogma (wie Anm. 15), 137f.; W.A. BIENERT, Origenes im Werk des Epiphanius von Salamis, in: DERS., Werden der Kirche – Wirken des Geistes. Beiträge zu den Kirchenvätern und ihrer Nachwirkung, hg. v. U. KÜHNEWEG, MThS 55, Marburg 1999, (53-69) 64.

18   H. CHADWICK, Early Christian Thought and the Classical Tradition. Studies in Justin, Clement, and Origen, Oxford 1966, 67f.; DERS., Origenes, in: Alte Kirche I, Gestalten der Kirchengeschichte Bd. 1, Stuttgart u.a. 1984, (134-157) 135; vgl. auch DERS., The Sentences of Sextus, TaS 5, Cambridge 1959, 109-112.

19   Or., Mt. XV 3 (GCS Origenes X, 356,7-24 KLOSTERMANN / BENZ); VOGT, Kommentar (wie Anm. 13), 142 (Anm. zu S. 93).

20   WILLIAMS, Origenes (wie Anm. 4) 398.

21   So M. SIMONETTI freundlicherweise mündlich im September 2005; ein sprechender Beleg für die Praxis des „Autoschediasma" bei M. CURNIS, Bellerofonte nel *Violetum*, Göttinger Forum für Altertumswissenschaft 7, Göttingen 2004, (67-85) 79 Anm. 30 mit Belegen. Das griechische Wort αὐτοσχεδίασμα bedeutet in klassischer Zeit eigentlich „Impromtu" (LSJ, s.v.) und das Verb αὐτοσχεδιάζειν „improvisieren, aus dem Stegreif sprechen" (dito).

mal sorgfältig zu erwägen"[22]. Engelhardt folgten Ernst Rudolf Redepenning, Adolf von Harnack, Erwin Preuschen, René Cadiou, Pierre Nautin, R.P.C. Hanson, Henri Crouzel und in jüngster Zeit Peter Brown. Ich stelle hier nur die wichtigsten Beobachtungen der Verteidiger der Authentizität der Überlieferung kurz zusammen, sie finden sich weitestgehend schon bei Engelhardt: Der Erlanger Theologieprofessor votierte bereits 1838 gegen Schnitzer für die Glaubwürdigkeit des ältesten erhaltenen Zeugen für die Selbstkastration des Origenes: „Wir haben im Grunde nur einen Bericht von dieser That. Alles kommt darauf an, ob der Berichterstatter Eusebius ein glaubwürdiger Zeuge ist. Wenn sich nicht mit ganz überzeugenden Gründen nachweisen läßt, daß Eusebius die That erdichtet, oder daß er die erdichtete für wahr gehalten und sie als wahr überliefert habe, so wird man die That als geschehen annehmen müssen"[23]. Engelhardt gestand zwar zu, daß sich bei Eusebius widersprüchliche Erklärungen der Motivation für die Tat des Origenes finden, hielt aber für durchaus möglich, daß diese Widersprüche auf Origenes selbst zurückzuführen sind, und bestreitet jedenfalls, daß sie die Glaubwürdigkeit des Eusebius beschädigen[24]. Da Epiphanius ein „erbitterter Feind des Origenes" gewesen sei, dürften seine Informationen nur mit besonderer Vorsicht gebraucht werden. Aber selbst dieser palästinische Asket spreche im Grunde hochachtungsvoll von der Selbstkastration des verhaßten Alexandriners[25]. Hinter der bekannten Passage im Matthäuskommentar des Origenes steht nach Engelhardt nicht nur dessen eigene Erfahrung, sondern eine direkte Anspielung auf seine Kontroverse mit dem alexandrinischen Ortsbischof Demetrius[26]. Es sei überhaupt

---

[22] J.G.V. ENGELHARDT, Den Origenes Betreffendes, ThStK 11, 1838, 157-164.

[23] ENGELHARDT, Origenes (wie Anm. 22), 157; vgl. auch 158: „So berichtet Eusebius, ein Verehrer des Origenes, der als Busenfreund des Pamphilus von den Lebensverhältnissen des Origenes überhaupt, als Bischof von Cäsarea aber von dessen Verhältnissen in Palästina vollkommen unterrichtet seyn konnte und durchaus keinen Grund hatte, dem verehrten Meister eine That anzudichten, die er so wenig unbedingt billigt, daß er sie vielmehr zu entschuldigen bemüht ist, indem er sie als jugendliche Schwärmerei, als Verirrung des Glaubens und des Bestrebens darstellt, in vollkommener Keuschheit zu leben".

[24] ENGELHARDT, Origenes (wie Anm. 22), 159: „Der Widerspruch, der in der Angabe der Motive dieser That liegt, daß Origenes nämlich durch seine Entmannung dem Verdachte der Ungläubigen habe ausweichen und doch die That verborgen halten wollen, ist schon von J.G. Walch (h.e. S. 959) hervorgehoben worden. Dieser Widerspruch ändert aber an der Glaubwürdigkeit des Berichts gar nichts, und wenn man ihn nicht dem Eusebius zur Last legen will, so ist er im Origenes selbst sehr erklärlich".

[25] ENGELHARDT, Origenes (wie Anm. 22), 162f.: „Epiphanius ist für die vorliegende Frage von viel geringerer Bedeutung als Eusebius, und da er ein erbitterter Feind des Origenes ist, so macht das bei dem Gebrauche seiner Nachrichten noch besondere Vorsicht nöthig. ... „Aus dem, was Epiphanius hinzusetzt [...], scheint hervorzugehen, daß er die Entmannung des Origenes, so wie die Entdeckung eines gedächtnißstärkenden Krautes für etwas Großes und Ausgezeichnetes gehalten habe, und daß die φασίν, mit welchem er die ganz gegen seine Weise und offenbar absichtlich kurz gehaltene Erzählung der Entmannung einführt, erklärt sich aus seinem bitteren Hasse gegen Origenes".

[26] ENGELHARDT, Origenes (wie Anm. 22), 160: „Man kann sich kaum denken, daß hier Origenes nicht von einer eigenen Erfahrung spreche, und daß derjenige, den er für unfähig erklärt, eine solche That richtig zu beurteilen, nicht Demetrius gewesen seyn solle; ὀνειδισμός bezöge sich

nicht verwunderlich, daß Origenes in seinem erhaltenen Œuvre nicht deutlicher auf die Tat eingegangen sei; schließlich sei sie einerseits allgemein bekannt und andererseits dem an Jahren und Erfahrung gereiften Exegeten und Theologen einigermaßen peinlich gewesen[27]. Engelhardt wies auch schon auf die asketischen religiösen und philosophischen Tendenzen in der paganen, jüdischen und christlichen Umwelt hin, die eine solche Selbstkastration jedenfalls nicht grundsätzlich ablehnten: „und es liegt die Vermuthung nahe, daß Origenes selbst durch solche Schriften, von denen er die des Sextus und des Philo nennt, zu seiner That mit veranlaßt worden sey"[28]. *Redepenning* versuchte in seiner großen Origenes-Biographie lediglich, die schon bei Engelhardt gegen Schnitzer vorgebrachten Argumente zu ergänzen, und integrierte die Nachricht von der Selbstkastration in sein (vor allem aus der Kirchengeschichte des Eusebius geschöpftes) Gesamtbild: Eine solche Handlung passe gut zum „gewaltigen schwärmerischen Eifer" des Origenes, der durch die „klimatischen Einflüsse Ägyptens" und eine mißverstandene asketische Tradition der Stadt Alexandria noch weiter verschärft worden sei, auch wenn die Selbstkastration ein Zeichen „krankhafter Überspannung" gewesen sei[29]. Redepenning verwies auch bereits auf die bei Justin überlieferte Nachricht von einem zur Selbstkastration entschlossenen jungen Mann, dem der Statthalter Felix (150-154 n.Chr.) freilich die dafür erforderliche Erlaubnis versagt haben soll[30], und die verschiedenen spätantiken Synodalkanones zum Thema[31]. Redepenning versuchte zudem, Engelhardts Kritik zu ergänzen, und verwies gegen Schnitzer darauf, daß die Nachricht von der Selbstkastration ja nicht die asketische Haltung des Origenes dementiere, sondern die „eine einzige That die ganze Strenge seiner Selbstverleugnung zusammenfaßte". Eusebius sei nun einmal für viele Ereignisse und Begebenheiten des antiken Christentums der einzige Zeuge, ohne daß es Anlässe gebe, seinen Quellenwert allein wegen seiner solitären Stellung

---

dann auf die Verleumdung des Demetrius, αἰσχύνη auf die Beschämung, die sich Origenes durch die That zuzog".

[27]   ENGELHARDT, Origenes (wie Anm. 22), 163f.: „Man legt großes Gewicht auf das Argumentum a silentio. Es ist das einzige, das man dem Berichte des Eusebius entgegenstellt. Origenes hat nun allerdings nirgends in den uns erhaltenen Schriften mit klaren Worten gesagt, daß er sich entmannt habe, aber man kann es, wie wir gesehen haben, nicht leicht deutlicher zu verstehen geben, als er es gethan hat. ... Und daß er es bloß andeutete, daß er es nicht mit dürren Worten sagte, erklärt sich wohl einmal daraus, daß er voraussetzen konnte, daß seine Leser die That kennen und seine Andeutungen verstehen würden. Im Allgemeinen mißbilligt er diese That und klagt sich mit Mißbilligung selbst an".

[28]   ENGELHARDT, Origenes (wie Anm. 22), 161f.

[29]   E.R. REDEPENNING, Origenes. Eine Darstellung seines Lebens und seiner Lehre, 1. Abteilung, Bonn 1841, 202f. – E. PREUSCHEN verweist lediglich auf Redepenning: DERS., Art. Origenes, in: RE XIV, Leipzig 1904, (467-488) 472.

[30]   Iust., 1apol. 29,2f. (PTS 38, 75,3-10 MARCOVICH).

[31]   In vermutlicher historischer Reihenfolge: can. Nic. 1 (Fonti IX, 23f. JOANNOU = EOMIA I/1/2, 113a TURNER) und can. App. 22.24 = Const. App. VIII 47,22.24 (SC 336, 280,72-74. 77f. METZGER); vgl. REDEPENNING, Darstellung 1. Bd. (wie Anm. 29), 208. Nach REDEPENNING, ebd. 450, wurden die Synodalbeschlüsse allerdings nicht vollständig aufbewahrt, so daß die direkt auf Origenes bezogene Überlieferung verloren ging.

im Quellenmaterial einer Geschichte des antiken Christentums in Frage zu stellen; außerdem könne man damit rechnen, daß Pamphilus eine zentrale Quelle des Eusebius auch in diesem speziellen Fall sei[32]. *Harnack* folgte 1904 in seiner großen „Chronologie" einfach Redepenning und bilanzierte seine damalige Ansicht über die Selbstkastration knapp in einer Anmerkung: „Die Anzweiflung dieser Tatsache ist ungerechtfertigt (…). In Matth. T. XV,1ff. spricht nicht dagegen, sondern dafür"[33]. Freilich blieb er offenkundig nicht zeitlebens bei dieser Meinung, wie wir oben sahen. *Cadiou* wies auf den politischen Kontext und lebendige Erinnerung an die Martyrien der Christenverfolgung unter Septimius Severus hin[34], *Crouzel* auf die bekannte Passage im Matthäuskommentar, die er – im Unterschied zu Harnack, Klostermann und vielen anderen – als eine späte Selbstkritik des „Fürsten der Allegorie" an seinen litteralistischen Anfängen interpretiert[35]. Von *Pierre Nautin* stammt schließlich die Behauptung, Eusebius zitiere doch eine Quelle, nämlich einen Brief, den Alexander von Jerusalem und Theoktist von Caesarea an den römischen Bischof Pontianus richten, um sich gegen das Rundschreiben des Demetrius von Alexandrien zu verteidigen[36]. *Hanson* hat schließlich im Gefolge Bauers vier Nachrichten über Selbstkastrationen in zeitlicher Nähe zur möglichen Tat des Origenes zusammengestellt, um auf diese Weise zu dokumentieren, daß es sich zu jener Zeit um einen „bekannten und im Großen und Ganzen akzeptierten Brauch" gehandelt habe[37]. Bemerkenswert ist, daß das starke Interesse an der antiken christlichen Askese in den letzten Jahren auch zu einem Anwachsen der Anzahl derer führt, die an der Authentizität der Überlieferung von der Selbstkastration des Origenes festhalten. Peter Brown hält beispielsweise lediglich in einer Anmerkung knapp fest, nachdem er die abweichende Meinung seines Lehrers Henry Chadwick erwähnt hat: „Ich glaube, daß die Quellen dafür genügend zuverlässig sind, daß im 3. Jahrhundert an einer solchen Handlung nichts Unmögliches war und daß daher – dies zumindest – Origenes

---

32   REDEPENNING, Darstellung 1. Bd. (wie Anm. 29), 446f.

33   HARNACK, Chronologie II (wie Anm. 13), 29 Anm. 1. Nach REDEPENNING, Darstellung 1. Bd. (wie Anm. 29), 454f. äußert sich Origenes in dieser Passage als „ein Mann von edlem Selbstgefühle".

34   R. CADIOU, La jeunesse d'Origène. Histoire d'Alexandrie au début du IIIᵉ siècle, Paris 1935, 37-39.

35   H. CROUZEL, Origen (= Origène, Paris 1985; transl. by A.S. WORRALL), Edinburgh 1989, 9 mit Hinweis auf Or., Mt. XV 1-5.

36   P. NAUTIN, Origène. Sa vie et son œuvre, Christianisme Antique 1, Paris 1977, 46 mit Bezug auf DERS., Lettres et Écrivains Chrétiens du IIᵉ et IIIᵉ siècles, Patristica 2, Paris 1961, 122-126.

37   R.P.C. HANSON, A Note on Origen's Self-Mutilation, VigChr 20, 1966, 81f.: ActJoh 53/54, Athen., suppl. 34,1f.; Tert., res. 61,6 sowie virg. 10,1 und Ps.-Cypr., sing. cler. 33(208); vgl. auch D.F. CANER, The practice and Prohibition of Self-Castration in Early Christianity, VigChr 51, 1997, 396-415, insbesondere 399-406.

sehr wohl als jemand angesehen worden sein konnte, der sich hatte kastrieren lassen"[38].

In einer solchen Situation, in der alle Argumente ausgetauscht zu sein scheinen, lohnt ein frischer Blick auf die antiken Texte. Bevor wir aber in einem zweiten Abschnitt nochmals die Frage nach dem historischen Wert der Überlieferungen zur Selbstkastration des Origenes stellen können, möchte ich zunächst in einem ersten Abschnitt verschiedene kaiserzeitliche Sichtweisen der Kastration anhand von ausgewählten Autoren und Milieus beleuchten (und dabei immer wieder noch einmal die bekannten Quellen – Eusebius, Epiphanius und Origenes selbst – heranziehen).

Kaiserzeitliche Debatten über die Kastration

Auch wenn inzwischen zum Thema „Kastration" in der römischen Kaiserzeit ein ganzer Stapel von Literatur und auch einige zusammenfassende Artikel vorliegen[39], lohnt doch ein erneuter Blick auf das Phänomen, um die allgemeinen Kontexte zu verstehen, in denen über die Handlung des Origenes erzählt wurde. Mir scheinen nämlich die medizinischen, juristischen, philosophischen und sozialen Kontexte bislang bei der Interpretation der Nachrichten über Origenes noch zu wenig beachtet. Denn man kann beispielsweise keinesfalls (wie Peter Brown) einfach sagen, daß „zur damaligen Zeit ... die Kastration eine Routineoperation" war[40] – das galt allenfalls aus der Perspektive der Ärzte für die Behandlung sehr bestimmter Krankheiten[41], wie Lepra, Epilepsie, Krampfader- und Hodenbruch oder Hodentumor[42]. Von einer „Routineopera-

---

[38]   P. BROWN, Die Keuschheit der Engel. Sexuelle Entsagung, Askese und Körperlichkeit am Anfang des Christentums, aus dem Englischen von M. PFEIFFER, München/Wien 1991 (= The Body and Society, New York 1988), 491 Anm. 44 (zu S. 183).

[39]   Vgl. P. BROWE, Zur Geschichte der Entmannung. Eine religions- und rechtsgeschichtliche Studie, Breslauer Studien zur Historischen Theologie. Neue Folge 1, Breslau 1936; P. GUYOT, Eunuchen als Sklaven und Freigelassene in der griechisch-römischen Antike, Stuttgarter Beiträge zur Geschichte und Politik 14, Stuttgart 1980, 25-36; W. STEVENSON, The Rise of Eunuchs in Greco-Roman Antiquity, JHistSex 5, 1995, 495-511; S. TUCHEL, Kastration im Mittelalter, Studia humaniora 30, Düsseldorf 1998; G.M. SANDERS, Art. Gallos, in: RAC VIII, 1972, 984-1034; H. HERTER, Art. Genitalien, in: RAC X, 1978, 1-52; R. MUTH, Art. Kastration, in: RAC XX, 2004, 285-342; zur Kastration im nachnizänischen Mönchtum S. ELM, ‚Virgins of God'. The Making of Asceticism in Late Antiquity, Oxford Classical Monographs, Oxford 1994, 122-124.

[40]   BROWN, Keuschheit (wie Anm. 38), 183.

[41]   J. KÖNIG, Art. Kastration, in: Antike Medizin. Ein Lexikon, hg. v. K.-H. LEVEN, München 2005, 484-486. – Frau König zitiert keinerlei Passagen aus Galen.

[42]   *Lepra*: Archigenes von Apamea (1./2. Jh. n.Chr.) bei Aetius von Amida, *Sermonum tomus secundus* XIII 122 (griechisch im CMG noch nicht ediert): *neque enim temere reperias, inquit Archigenes, ullum aliquem castratum elephantiasi laborantem*, ... (Aetii sermonum tomus secundus, per Cornarium lat. conscripti, Venedig 1553, 724a); vgl. auch Philumenus (2./3. Jh. n.Chr.) bei Oribasus von Pergamon, *Collectiones medicae* XLV 29,1-79 (CMG VI 2/1, 184,29-190,36 RAEDER). *Epilepsie*: Die Methodiker behandeln Epileptiker und empfehlen „das Durchbohren der Schädeldecke oder das Einschneiden der Arterien oder Geschlechtsverkehr oder im Gegenteil die

tion" kann man schon deswegen nicht sprechen, weil die auf die Kastration folgende Neutralisierung des Geschlechtes das in der Kaiserzeit noch aufrecht-erhaltene System der Geschlechterdifferenz mit einer strengen Unterscheidung zwischen „männlich" und „weiblich" erheblich störte[43]. Selbst wenn im zwei-ten und dritten Jahrhundert zunehmend Eunuchen an bestimmten Stellen in der Öffentlichkeit auftauchten, beispielsweise am Kaiserhof und als Sklaven[44], stieß die damit verbundene allmähliche Auflösung alter Ideale von dominanter Männlichkeit (wie sie ja beispielsweise auch in einzelnen Kreisen christlicher asketischer Bewegungen vollzogen wurde), durchaus nicht auf allgemeinen Beifall. Dafür war das soziale Ideal der Virilität des *civis Romanus* denn doch zu wichtig. Sehr kurz gesagt: Das öffentliche Ansehen von Eunuchen war zur Zeit des Origenes, von speziellen Ausnahmen einmal abgesehen, denkbar schlecht[45]. Daran ändern auch die vereinzelten Nachrichten über christliche Eunuchen, die Bauer und Hanson zusammenstellten, nichts; man darf schon gar nicht aus solchen Nachrichten folgern, die Anhänger des Christentums hätten im Blick auf die Beurteilung der Kastration Sonderpositionen vertreten.

Wir wollen im Folgenden zunächst die medizinischen und dann die juristi-schen wie philosophischen Debatten über die Kastration (und die Selbstkastra-tion) rekonstruieren, um so auch die Überlieferungen, die Origenes betreffen, besser zu verstehen.

Kaiserzeitliche medizinische Debatten über die Kastration

Eine solche Rekonstruktion der medizinischen Debatten über die Kastration kann bei Origenes ansetzen. Der Gelehrte nimmt selbst einmal im Zusammen-hang mit dem Thema „Kastration" auf die Ärzte (er sagt: ἰατρῶν παῖδες[46]) Be-zug: In der nun schon mehrfach erwähnten Passage aus seinem Matthäus-kommentar, in der Origenes die Bibelstelle bespricht, deren wörtliche Auslegung nach Eusebius der Grund für seine Selbstverstümmelung war (Mt 19,12), wird genau beschrieben, daß durch Kastration das Absteigen der

---

Kastration" (Caelius Aurelianus, *Tardarum passionum* I 118 [CML VI/1, 498,27-29 BENDZ / PA-PE]: *euchnuchismum faciendum*). Ein Buch über chronische Krankheiten, ebd. I 114 „Man soll sie außerdem lange Zeit vor allen außerordentlichen Dingen (*omnis nimietas*) bewahren, wie Käl-te, Hitze, schlechter Verdauung, Trunkenheit, Geschlechtsverkehr und Banden (496,25f.); *Ho-denbruch*: Celsus, *Medicinae* VI 18,6: *Vbi uero inter imam tunicam et ipsum testiculum neruumque eius ramex est ortus, una curatio est, quae <to>tum testiculum abscidit* (CML I, 343,26-28 MARX); *Krampfaderbruch*: Celsus, *Medicinae* VII 22 (343); vgl. BROWE, Geschichte (wie Anm. 38), 53-62.

[43]   M. KUEFLER, The Manly Eunuch. Masculinity, Gender Ambiguity, and Christian Ideology in Late Antiquity, Chicago/London 2001, 19-36.

[44]   H. SCHOLTEN, Der Eunuch in Kaisernähe. Zur politischen und sozialen Bedeutung des *praepo-situs sacri cubiculi* im 4. und 5. Jahrhundert n.Chr., Prismata 5, Frankfurt/Main u.a. 1995, 3-35; zu Preisen von Eunuchen-Sklaven vgl. GUYOT, Eunuchen (wie Anm. 39), 33-35.

[45]   GUYOT, Eunuchen (wie Anm. 39), 37-45.

[46]   Or., Mt. XV 3 (GCS Origenes X, 356,9 KLOSTERMANN / BENZ); vgl. HARNACK, Ertrag II (wie Anm. 14), 104.

Samen vom Kopf in das männliche Glied verhindert werde und den Kastraten „gelegentlich von solchem Stoff der Kopf schwer wird oder Schwindel ihren Verstand beeinträchtigt und ihre Phantasie durcheinanderbringt, so daß sie sich Unnatürliches ausmalen"[47]. Auch behauptet Origenes, daß durch das Ausbleiben des Samenflusses der Bartwuchs unterbleibe, und hebt eigens hervor, daß „auch diejenigen dieser Haare (sc. der Barthaare) beraubt sind, die meinen, sie müßten sich ‚um des Himmelreiches willen' körperlich verstümmeln"[48]. Als Autorität für diese Beobachtungen zu alltagsrelevanten medizinischen Folgen einer Kastration führt Origenes nun aber nicht sich selbst ein (so freilich Henri Crouzel[49]), sondern – wie gesagt – die Ärzte. Der in den kritischen Ausgaben befindliche Hinweis auf zwei Schriften des Hippokrates ist wenig überzeugend[50], denn es handelt sich hier keineswegs um eine von klassischen wie zeitgenössischen Fachmedizinern vertretene Position, sondern um die äußerst archaische Vorstellung, der männliche Samen werde im Kopf produziert und steige durch das Rückenmark in das Becken herab. Sie findet sich bei vorsokratischen Philosophen wie dem Pythagoras-Schüler Alkmaion von Kroton, der im fünften Jahrhundert lebte[51]. Heute würde man angesichts solcher archaischer, in der kaiserzeitlichen Fachmedizin längst überwundener Vorstellungen von „Volks-" oder „Laienmedizin" sprechen. Die Fachmedizin folgte zu Lebzeiten des Origenes längst der sogenannten hämatogenen Theorie, hielt also den Samen mit Aristoteles für das letzte Produkt der Verbrennung der Nahrung, das aus einer Flüssigkeit, die aus dem Blut stammt, sowie fester Substanz besteht und von den Hoden (ὄρχεις) mitproduziert wird, wie im zweiten Jahrhundert Galen von Pergamon in seiner Schrift *De semine* festhielt[52]. Galen argumentierte übrigens für die von ihm energisch vertretene Vorstellung, daß Blutgefäße und Hoden bei der Samenproduktion zusammenwirken, unter anderem auch mit Beobachtungen an Kastrierten[53]. Lediglich die Ansichten, die Origenes über den Zusammenhang von Kastration und ausbleibendem Haarwuchs äußert, entsprachen dem Konsens der zeitgenössischen Fachmedizin; Entsprechendes konnte man allerdings auch schon bei Aristoteles nachle-

---

[47]   Or., Mt. XV 3 (GCS Origenes X, 356,19-24 KLOSTERMANN / BENZ); Übersetzung zum Teil nach VOGT, Kommentar (wie Anm. 13), 94f.

[48]   Or., Mt. XV 3 (GCS Origenes X, 356,7-19 KLOSTERMANN / BENZ); Origenes bezieht diese Aussage ausdrücklich auch auf die, die ἑαυτοὺς δεῖν σωματικῶς εὐνουχίζειν (ebd. 356,16-18).

[49]   CROUZEL, Origen (wie Anm. 35), 9 Anm. 32: „in a way that seems to derive from personal experience". – Die Frage, ob Origenes hier aus persönlicher Erfahrung rede, war freilich auch schon zwischen Schnitzer und Redepenning umstritten (REDEPENNING, Darstellung 1. Bd. [wie Anm. 28], 213 Anm. 1, der auf Neander verweist).

[50]   E. KLOSTERMANN in GCS Origenes X, 356 verweist auf Hippokrates, *De natura pueri* 20; L. FRÜCHTEL, GCS Origenes XII/2, 562 nennt dessen Περὶ σαρκός 14.

[51]   DK 24 A 13 (Die Fragmente der Vorsokratiker. Griechisch und Deutsch von H. DIELS, 11. Aufl. hg. v. W. KRANZ, 1. Bd., Zürich/Berlin 1964, 213,28-40).

[52]   Blut: Gal., sem. I 12,1-15 (CMG V/3/1, 106,14-108,23 De LACY); Hoden: ebd. I 13,4-9 (110,7-19).

[53]   Gal., sem. I 15,3-6 (CMG V/3/1, 116,2-11 De LACY).

sen[54]. Man muß also bilanzieren, daß die zeitgenössischen Diskurse der kaiserzeitlichen Mediziner über die Kastration den gelehrten Origenes, der so viele wissenschaftliche Debatten seiner Zeit verfolgte und in seinen Kommentaren präsent macht, offenbar nicht interessierten; er begnügte sich – etwas zugespitzt formuliert – mit Halbbildung.

Studiert man Texte kaiserzeitlicher Mediziner über die Kastration, wird deutlich, daß es sich gewiß um keine Routineoperation handelte, sondern um einen radikalen Eingriff mit gravierenden negativen Folgen. In Galens erwähnter Schrift über den Samen wird festgehalten, daß ein Abschneiden der Hoden die Kraft des ganzen Körpers abschneide und wegen der nun fehlenden Hitze, die Hoden mit produzieren, für Haarausfall am ganzen Körper verantwortlich sei[55]. Bei Entfernung der Hoden verändere sich der ganze Körper, das Fleisch werde weicher, das Herz verlangsame sich, die Körpertemperatur sinke und das körperliche Verlangen nach dem anderen Geschlecht verschwinde. Kraftverlust und Schwächung aber verweiblichen nach gemeinantiker Ansicht den Körper, so daß Galen mit Aristoteles zusammenfassend formulieren konnte, daß Kastrierte sich aus starken Wesen in schwache Frauen verwandeln würden: ἐκτεμνόμενα δὲ πάντα εἰς τὸ θῆλυ μεταβάλλει[56]. Der frühbyzantinische Arzt Paulus von Ägina schreibt in seiner medizinischen Enzyklopädie im siebenten Jahrhundert sogar, daß die Kastration der ärztlichen Kunst entgegengesetzt sei: Während diese die Körper von einem naturwidrigen Zustand hin zu einem der Natur entsprechenden bringe, geschehe bei der Kastration (εὐνουχισμός) das Gegenteil[57]. Hier spricht nicht zuerst ein christlich geprägter Arzt, hier drückt vielmehr ein spätantiker Mediziner eine Ansicht aus, die weit über den Konsens der Zunft hinaus reicht: *mulierculas, quos quasi a consortio humani generis extorres ab utroque sexu aut naturae origo aut clades corporis seperauit*, „schwache Weiblein, die entweder die natürliche Geburt oder die Verletzung des Körpers aus der menschlichen Gemeinschaft verbannt und von beiden Geschlechtern getrennt hat", nennt ein Festredner für Kaiser Julian im vierten Jahrhundert die (am Kaiserhof reichlich vertretenen) Eunuchen[58].

Wenn man die berühmte Passage des Epiphanius über die Frage, ob Origenes sich selbst kastriert habe, näher in den Blick nimmt, erinnert sie in der

---

54 Arist., hist. an. IX 50 631 b 31-632 a 4: „Ebenso ist es auch beim Menschen. Wenn sie nämlich in früher Jugend verstümmelt werden (πήρωση), so bekommen sie weder die mit der Mannbarkeit erscheinenden Haare, noch verändert sich ihre Stimme, sondern dieselbe bleibt hoch. Werden sie aber nach Eintritt der Mannbarkeit verstümmelt, so fallen zwar die später erschienenen Haare mit Ausnahme derer an den Schamtheilen aus, [...] der von Hause aus vorhandene Haarwuchs aber bleibt. Denn kein Verschnittener wird kahlköpfig" (zitiert nach Aristoteles, Thierkunde, hg. und übersetzt von H. AUBERT, F. WIMMER, Bd. 2, Leipzig 1868, 323-325). Ähnlich Hippocrates, Aphorismi VI 28 „Die Eunuchen bekommen weder Podagra noch werden sie kahlköpfig".

55 Gal., sem. I 15,37 (CMG V/3/1, 122,27-124,1 De LACY) bzw. ebd. I 15,41 (124,12-14).

56 Gal., sem. I 15,54 (CMG V/3/1, 126,25f. De LACY) = Arist., gen. an. V 7 787 b 19f.

57 Paul.Aeg., VI 68 σκόπον ἐχούσης τῆς ἡμετέρας τέχνης ἀπὸ τοῦ παρὰ φύσιν εἰς τὸ κατὰ φύσιν ἐπανάγειν τὰ σώματα (CMG IX/2, 111,19f. HEIBERG).

58 Cl. Mamertinus, pan. lat. III (= XI) 19,4 (TCH XXI, 639,4-7 NIXON / SAYLOR / ROGERS).

Formulierung sehr deutlich an gewöhnliches Handbuchwissen über verschiedene Typen der Kastration. Bekanntlich schreibt der Bischof von Zypern, daß die einen sagen würden, Origenes habe überlegt, etwas gegen seinen Körper zu tun, die anderen, daß er tatsächlich eine Nervensehne (νεῦρον)[59] zerschnitten habe, um nicht durch Begierde entflammt zu werden. Andere würden, so Epiphanius, dies bestreiten und behaupten, Origenes habe ein Medikament erfunden, um die Genitalien damit zu bestreichen und so verschrumpeln zu lassen[60]. Epiphanius führt also (wie wir sahen abgeschlossen durch eine starke rhetorische Geste der Distanzierung von diesen Informationen als einem Gerücht[61]) sowohl Gewährsleute an, die nur von einer reinen Überlegung ohne körperliche Folgen sprechen, als auch solche, die behaupten, er habe sich selbst kastriert oder aber seine Geschlechtsteile verschrumpeln lassen. Abgesehen von der leicht andeutenden euphemistischen Sprache, die einem Mönch und Bischof der Spätantike wohl ansteht und alles technische Vokabular der Kastration vermeidet, sammelt Epiphanius aus dem Mund seiner Gewährsleute genau die Möglichkeiten, die in der Antike für die Ausführung der Kastration zur Verfügung standen. Paulus von Ägina sagt in seinem erwähnten frühbyzantinischen Sammelwerk, daß man eine Kastration entweder durch Extraktion des Organs (κατ' ἐκτομήν) oder durch Quetschung (κατὰ θλάσιν) ausführen könne, also durch bewußte Unbrauchbarmachung der Organe an ihrem bisherigen Ort[62]. Und der Politiker und medizinische Laie Marcellus Empiricus hat zu Beginn des fünften Jahrhunderts in seinem Werk *De medicamentis*, das auf älteren Quellen beruht, ausführlich beschrieben, mit welchen Mitteln ein Vertrocknen der Hoden bewirkt und der Einsatz von Messern und Tonscherben vermieden werden kann: „Um (aus einem Jungen) ohne Messer einen Eunuchen zu machen, verreibt man Schierlingswurzel in Essig und bestreicht damit die Hoden sehr dick, dann bindet man ein Leinentuch darauf, damit das Heil-

---

59 Zur Begründung der Übersetzung, die die beim Wort mitgedachten motorischen und sensorischen Anteile zum Ausdruck bringen will, vgl. I. GAROFALO, Art. Nerv, in: K.-H. LEVEN (Hg.), Antike Medizin. Ein Lexikon, München 2005, 646. In gewisser Weise handelt es sich um andeutende Sprache, vgl. HERTER, Genitalien (wie Anm. 39), 3f.

60 Epiph., haer. 64,3,11: φασὶ δὲ καὶ τοῦτον τὸν Ὠριγένην ἐπινενοηκέναι <τι> ἑαυτῷ κατὰ τὸ σωμάτιον. οἱ μὲν <γὰρ> λέγουσιν αὐτὸν νεῦρον ἀποτετμηκέναι διὰ τὸ μὴ ἡδονῇ ὀχλεῖσθαι μηδὲ ἐν ταῖς κινήσεσι ταῖς σωματικαῖς φλέγεσθαί τε καὶ πυρπολεῖσθαι. ἄλλοι δὲ οὐχί φασιν, ἀλλ' ἐπενόησέ τι φάρμακον ἐπιθεῖναι τοῖς μορίοις καὶ ἀποξηρᾶναι (GCS Epiphanius II, 409,10-14 HOLL / DUMMER). Bei Hieronymus heißt es dann reichlich zwanzig Jahre später: *uoluptates in tantum fugiit, ut zelo Dei, sed non secundum scientiam ferro truncaret genitalia* (ep. 84,8 [CSEL 55, 130,21f. HILBERG = CUFr IV, 134,30-135,1 LABOURT]).

61 Epiph., haer. 64,3,13: καὶ τὰ μὲν ὑπέρογκα περὶ αὐτοῦ λεγόμενα οὐ πάνυ πεπιστεύκαμεν, ὅμως τὰ λεγόμενα ἐξειπεῖν οὐ παρελίπομεν (GCS Epiphanius II, 409,16-18 HOLL / DUMMER).

62 Paul.Aeg., VI 68 (CMG IX/2, 111,23f. HEIBERG); zur Interpretation vgl. auch BROWE, Geschichte (wie Anm. 38), 2f. und H.F.J. HORSTMANSHOFF, La castration dans les textes latins médicaux, in: Maladie et maladies dans les textes latins antiques et médiévaux. Actes du Vᵉ Colloque International „Textes médicaux latins" (Bruxelles, 4-6 septembre 1995), édités par C. DEROUX (Collection Latomus 242), Brüssel 1998, 85-94. Horstmanshoff diskutiert die Frage, ob aus dem πολλάκις des Paulus (CMG IX/2, 111,21 HEIBERG) folge, es habe sich um eine „Routineoperation" gehandelt (ebd. 87).

mittel nicht abfällt. Dies geht mit umso größerem Erfolg vonstatten, je jünger die Kinder sind, bei denen man es macht"[63]. Dabei kommt es hier (wie auch sonst in der antiken Medizin) auf die Dosierung an: Schierling dient, in geringen Portionen angewendet, nämlich zur Heilung bei Schwellungen oder Quetschungen des Hodens[64].

Ein Durchgang durch zeitgenössische medizinische Debatten über Kastration in der Kaiserzeit ergibt also zum einen, daß Origenes selbst – im Unterschied zu vielen anderen wissenschaftlichen Feldern – im Blick auf die Kastration nur über eine recht schlichte Halbbildung verfügte. Zum anderen zeigt unser Durchgang, daß die Fachleute unter den Ärzten die Verstümmelung keineswegs für einen „Routineeingriff" hielten, sondern für eine schwere Operation mit gravierenden Folgen für Natur und Gesundheit des Kastrierten. Wenn die Kastration selbst dann, wenn sie von Fachleuten ausgeführt wurde, für lebensgefährlich gehalten wurde, war sie es erst recht dann, wenn Nichtmediziner Hand an sich selbst legten[65]. Und schließlich wird aus dem Durchgang deutlich, daß Epiphanius nichts Genaues weiß, sondern lediglich die beiden Möglichkeiten einer Kastration aufzählt und insofern keine präzisen historischen Informationen aus Caesarea besitzt, sondern nur ganz und gar allgemeine Gerüchte. Ein solcher Durchgang provoziert Fragen. Kann man sich tatsächlich vorstellen, daß ein außerordentlich wissensdurstiger und gebildeter junger Mann an sich eine Operation durchführt oder durchführen läßt, die auch nach gemeinantiker Ansicht zu einer gravierenden Störung der menschlichen Natur und der Gesundheit führt? Und kann man sich weiter vorstellen, daß Origenes, nachdem er kastriert war, sich zwar für diverse wissenschaftliche specialissima interessierte, aber nicht für die medizinischen Details, die seinen prekären Gesundheitszustand zu erklären vermochten?

Kaiserzeitliche juristische und philosophische Debatten über die Kastration

Auch ein kurzer Blick auf die juristische und philosophische Diskussion zum Thema zeigt, daß man im Blick auf die Kastration wirklich nicht von „einer Routineoperation" sprechen kann[66]. Bekanntlich war seit Domitian die Kastration untersagt, Nerva soll ein gleichlautendes Gesetz erlassen haben[67], und von

---

63 Marcellus Empiricus, *De medicamentis* XXXIII 62; hier zitiert nach: Marcellus, Über Heilmittel, hg. v. M. NIEDERMANN, 2. Aufl. bes. v. E. LIECHTENHAN, übers. v. J. KOLLESCH u. D. NICKEL, CML V, Berlin 1968, 568,26-28.

64 Marcellus Empiricus, *De medicamentis* XXXIII 27 (CML V, 564,11f. LIECHTENHAN).

65 BROWE, Geschichte (wie Anm. 39), 3, verweist darauf, daß noch im neunzehnten Jahrhundert in Ägypten und Äthiopien sieben bis neun Zehntel der Eunuchen in Folge der Operation das Leben verloren.

66 So aber BROWN, Keuschheit (wie Anm. 38), 183.

67 Vgl. Corpus legum ab imperatoribus Romanis ante Iustinianum latarum, quae extra constitutionum codices supersunt. Accedunt res ab imperatoribus gestae, quibus Romani iuris historia et imperii status illustratur, ... instruxit D.G. HAENEL, Aalen 1965 (= Leipzig 1857), Nr.

Hadrian ist ein Reskript in den Digesten überliefert, das auf eine ältere Verordnung Bezug nimmt. In ihr wird den Ärzten, die eine Kastration ausführen, die Todesstrafe angedroht, und zwar unabhängig davon, ob der Eingriff mit oder ohne Willen des Kastrierten erfolgt ist. Die gleiche Strafe trifft den Kastrierten selbst, wenn er sich freiwillig einer entsprechenden Operation (oder eben besser: einer Verstümmelung) unterzieht. Hadrian erwähnt ausdrücklich neben der regelrechten Verschneidung in der folgenden Konstitution auch das Zerdrücken der Hoden[68]. Zusammengefaßt lautet der Rechtssatz so: *nemo enim liberum servumve invitum sinentemve castrare debet*, „Niemand darf einen Freien oder Sklaven mit oder ohne dessen Willen kastrieren"[69]. Man sieht an der Härte der im Falle der Zuwiderhandlung angedrohten Strafe, mit welcher Energie die politischen Institutionen das soziale Ideal der Virilität des *civis Romanus* verteidigten und seine Preisgabe sanktionierten. Daß eben diese Härte der bei Verletzung des Kastrationsverbotes angedrohten Strafe vom vierten bis zum sechsten Jahrhundert beständig ermäßigt wurde, steht auf einem anderen Blatt[70]. Kann man sich wirklich vorstellen, daß sich angesichts dieser juristischen Lage – die, wie wir aus Justins Apologie wissen, ja mindestens in der Mitte des zweiten Jahrhunderts in Alexandria streng beachtet wurde – ein Grammatiklehrer in Alexandria wirklich ohne erkennbare Folgen und Wirkungen einfach kastriert? Auf der anderen Seite gab es natürlich angesichts des offiziellen Verbots allerlei heimliche Kastrationen, wie beispielsweise der Ambrosiaster belegt[71].

Auf den ersten Blick scheint sich das Bild eines in der Gesellschaft wie der Wissenschaft stark sanktionierten Kastrationsverbotes etwas zu modifizieren, wenn man auf philosophische Texte und Traditionen asketischer Prägung schaut, um von religiösen Institutionen wie den Kastrierten im Kybele-Kult und in einigen Mysterienkulten einmal ganz zu schweigen[72]. Solche Traditionen implizierten dann natürlich auch Radikalität im Umgang mit dem eigenen Körper, selbst bei gebildeten Philosophen: Demokrit soll sich geblendet haben,

---

834 und 849; vgl. HERTER, Genitalien (wie Anm. 39), 25 und BROWE, Geschichte (wie Anm. 39), 48 Anm. 88/89 (weitere Belege) sowie GUYOT, Eunuchen (wie Anm. 39), 45-51 (dito); vgl. auch TUCHEL, Kastration (wie Anm. 39), 25-35.

[68]   Digesten 48,8,5 (PAULUS).

[69]   Digesten 48,8,4,2 (ULPIAN); zur Interpretation D. SIMON, Lobpreis des Eunuchen, Schriften des Historischen Kollegs. Vorträge 24, München 1994, 6f. Simon stellt auf S. 11 in Anm. 25 auch die juristische Terminologie der Kastration hilfreich zusammen.

[70]   Details bei SIMON, Lobpreis (wie Anm. 69), 15-17.

[71]   Ambrosiaster, *Quaestiones veteris et novi testamenti* 115,17: *Et eunuchos in regno Romano fieri non licet, apud alios licet. Quia autem et hic potest fieri, in absoluto est; nam factum, licet occulte, probatur; si autem cessaret timor, publice fieret* (CSEL 50, 324,3-6 SOUTER); vgl. BROWE, Geschichte (wie Anm. 38), 49 Anm. 94; SANDERS, Gallos (wie Anm. 39), 1004f. (mit Hinweis auf CIL XIII 510 = Dessau ILS 4127 auf Sp. 1005) und GUYOT, Eunuchen (wie Anm. 39), 49f. („darf man … vermuten, daß kein allzu großer Nachdruck auf die Einhaltung der Gesetze gelegt wurde" – wirklich?). Wirklich grobe Verstöße – wie beispielsweise die Aktion des Plautianus, die Cassius Dio LXXV 74 berichtet, dürften doch die Ausnahme gewesen sein.

[72]   SANDERS, Gallos (wie Anm. 39), 1014-1022.

weil die verführerischen Lockungen der Außenwelt ihn von der Betrachtung der Natur abhielten; Zenon biß sich die Zunge ab, um angesichts drohender Folter einem Tyrannen schlechterdings nichts verraten zu können[73]. Ob man aber aus solchen vereinzelten und dann auch noch sehr alten Traditionen wirklich Sicherheit im Blick auf Origenes gewinnen kann? Gern wird in solchen Zusammenhängen auch auf die sogenannten Sentenzen des Sextus verwiesen, eine vielleicht im Alexandrien des zweiten Jahrhunderts entstandene Sammlung antiker christlicher Spruchweisheit. Origenes zitiert im Matthäuskommentar zwei Sprüche, die in Verbindung mit dem Thema der Selbstkastration gebracht werden – nicht zuletzt deswegen, weil Origenes selbst sagt, daß der Autor der Sentenzen „Anlaß zu solchem Verhalten" (der Selbstkastration) gebe: „Jeden Teil des Körpers, der dich dazu bringen will, nicht enthaltsam zu leben, wirf weg. Es ist nämlich besser, ohne diesen Teil enthaltsam zu leben, als mit dem Teil verderblich" (sent. 13; vgl. Mt 5,29f.) und „Man kann wohl sehen, daß Menschen, um den übrigen Körper gesund zu erhalten, Teile von sich abhauen und wegwerfen, um wieviel besser wäre es (dies) um der Enthaltsamkeit willen (zu tun)" (sent. 273)[74]. Aber mir scheint, daß man angesichts dieser Texte nicht sofort einen Gegensatz zwischen einer milden, gemäßigten oder sogar banalen paganen Askese und einer viel erbarmungsloseren christlichen Askese konstruieren darf (wie Eric Robertson Dodds[75]) – viel zu deutlich sind die zwei von Origenes zitierten Sentenzen von der Sprache und dem harschen Formulierungsduktus bestimmter neutestamentlicher Logien geprägt. Selbst wenn Origenes die Sprüche aus den Sentenzen des Sextus als Aufforderung zur Selbstkastration liest: Wir wissen nicht, ob irgendein Hörer oder Leser (oder gar die Autoren) tatsächlich mit solchen Texten zu absoluter Radikalität gegenüber dem eigenen Körper aufrufen wollte; dies wäre vielmehr noch einmal zu untersuchen. Allerdings muß man sich auch klarmachen, daß erst im vierten Jahrhundert die christlichen Theologen eine wirklich eigenständige Begründung für das in der Gesellschaft geltende Kastrationsverbot entwickelten: Wer sich selbst verstümmelt, so heißt es in den Kanones der Apostel, ist ein Selbstmörder (αὐτοφονευτής) und ein Feind der Schöpfung Gottes (ἐχθρὸς τῆς τοῦ θεοῦ δημιουργίας)[76].

Ein Durchgang durch zeitgenössische juristische und philosophische Debatten ergibt also, daß ein streng juristisch sanktioniertes Kastrationsverbot

---

[73] Cic., fin. V 29; Plut., cur.; Aul. Gell., noct. X 17,1 bzw. Plut., *De garrulitate*; vgl. BROWE, Geschichte (wie Anm. 39), 34.

[74] Or., Mt. XV 3 (GCS Origenes X, 354,19-23. 25-30 KLOSTERMANN / BENZ); vgl. auch BROWE, Geschichte (wie Anm. 38), 33f.; TUCHEL, Kastration (wie Anm. 39), 121f.

[75] E.R. DODDS, Heiden und Christen in einem Zeitalter der Angst. Aspekte religiöser Erfahrung von Mark Aurel bis Konstantin (= Pagan and Christian in an Age of Anxiety, Cambridge 1965, übers. v. H. FINK-EITEL), Frankfurt 1985, 41.

[76] Can. App. 22 = Const. App. VIII 47,22 αὐτοφονευτὴς γάρ ἐστιν καὶ τῆς τοῦ θεοῦ δημιουργίας ἐχθρός (SC 336, 280,73f. METZGER); zur byzantinischen Kommentierung vgl. die Hinweise bei SIMON, Lobpreis (wie Anm. 69), 21 Anm. 14; zum Fortleben im Kirchenrecht vgl. BROWE, Geschichte (wie Anm. 39), 28f.

zwar nicht immer eingehalten wurde und seine tragenden mentalen Grundlagen auch im Laufe der hohen Kaiserzeit allmählich etwas erodierten, aber man nicht davon sprechen kann, daß die gesellschaftliche Ächtung der Kastration in den ersten Jahren des dritten Jahrhunderts nachhaltig durchbrochen worden sei. Damit können wir zu einem zweiten Abschnitt kommen und nun nochmals die Frage nach dem Wert der Nachrichten über Origenes stellen.

Origenes – ein kastrierter Asket?

Wenn man die Forschungsgeschichte zur Frage, ob Origenes sich selbst kastriert hat, Revue passieren läßt, kann man sich des Eindrucks nicht ganz erwehren, daß angesichts der schmalen und nicht unproblematischen Quellenüberlieferung auch die jeweiligen persönlichen Vorprägungen und Befindlichkeiten der Forscher eine große Rolle bei ihrer jeweiligen Antwort auf die Frage spielten und spielen. Denn wir besitzen ja nur scheinbar recht detaillierte Informationen, ganz ähnlich übrigens wie wir nur wenig über das asketische Leben des Origenes allgemein wissen: Bekanntlich kann man bei Eusebius lesen – übrigens in der Architektur des sechsten Buches der Kirchengeschichte deutlich von den Nachrichten über die Selbstkastration getrennt –, daß Origenes „sehr viele Jahre die Lebensweise der Philosophen fortsetzte", die „nicht geringen Mühen und Schmerzen der Enthaltsamkeit auf sich nahm", ein „außerordentlich philosophisches Leben aushielt"[77], in dem er übte, nicht zu essen, über viele Jahre dazu keinen Wein trank und nur das Allernotwendigste aß, die Zeiten für den Schlaf einschränkte, nicht im Bett, sondern auf dem Fußboden schlief, in wörtlichem Verständnis entsprechender Weisungen des Neuen Testamentes nur einen einzigen wollenen χιτῶν sein Eigen nannte und barfuß ging, weil er keine Schuhe besaß[78]. Aber diese scheinbar äußerst plastischen Details sind in Wahrheit natürlich Topoi der Beschreibung eines paganen wie eines christlichen Asketen[79] – und wir wissen ja beispielsweise aus der hagiographischen Forschung nur zu gut, daß die Tatsache, daß eine antike Beschreibung aus Topoi montiert worden ist, weder positiv noch negativ bei einer Debatte über ihre historische Angemessenheit verbucht werden darf. Auch aus diesen Beschreibungen des Asketen Origenes läßt sich kein sicheres Argument für oder gegen die Nachrichten über eine Selbstkastration gewinnen.

Da der Patient Origenes seit vielen Jahrhunderten gestorben ist, kann man aus den Angaben des Eusebius auch nicht nachträglich ein Krankheitsbild

---

77   Eus., h.e. VI 3,9 πλείστοις τε ἔτεσιν τοῦτον φιλοσοφῶν διετέλει τὸν τρόπον, ... διὰ πάσης μὲν ἡμέρας οὐ σμικροὺς ἀσκήσεως καμάτους ἀναπ<ιμπ>λῶν, ... βίῳ τε ὡς ἔνι μάλιστα ἐγκαρτερῶν φιλοσοφωτάτῳ (GCS Eusebius II/2, 526,23-27 SCHWARTZ).

78   Eus., h.e. VI 3,9-12 (GCS Eusebius II/2, 526,28-528,6 SCHWARTZ).

79   Eine übersichtliche Zusammenstellung bei J. LEIPOLDT, Griechische Philosophie und frühchristliche Askese, BVSAW.PH 106/4, Berlin 1961, 6f. (Armut) und 14f. (sexuelle Enthaltsamkeit).

erheben. Redepenning hat dies freilich vor rund einhundertfünfzig Jahren getan: Origenes habe durch seine Kastration „auch so den Grund zu körperlichen Leiden" gelegt, „welche … die Reizbarkeit seiner Empfindung erhöhten und seine krankhafte Strenge gegen sich verdoppelten". Redepenning meint sogar, angebliche Magenprobleme des Origenes auf seine Kastration zurückführen zu können[80]. Allerdings hat er an dieser Stelle Eusebius mißverstanden, der zunächst mit höchst kritischer Note schreibt, daß Origenes die Armut auf die Spitze getrieben und überzogen habe[81], bevor der Bischof von Caesarea andeutet, daß bei Origenes wegen seiner überaus strengen Askese die Gefahr körperlichen Ruins und von Atembeschwerden bestand[82]. Die von Eusebius erwähnten starken Atembeschwerden oder Brustschmerzen (διαφθορά τοῦ θώρακος) mögen mit Magenproblemen zusammenhängen und könnten vielleicht sogar als eine Spätfolge einer frühen Vergreisung durch Selbstkastration erklärt werden, aber irgendwelche Sicherheiten lassen sich durch solche laienhaften Ferndiagnosen über Jahrhunderte hinweg nicht erzielen.

Gibt es überhaupt Möglichkeiten, die literarischen Nachrichten über kastrierte christliche Asketen an empirischen Befunden zu überprüfen? Obwohl Origenes, wie wir sagten, bereits schon fast ebenso lange gestorben ist wie andere Eunuchen unter den christlichen Asketen der Antike, gibt es bemerkenswerterweise medizinische Untersuchungen an Mitgliedern einer russisch-orthodoxen religiösen Gruppe, die bis in das zwanzigste Jahrhundert hinein die Kastration übte. Es handelt sich um (aus heutiger Sicht durchaus nicht unproblematische) Untersuchungen, die ein deutscher Mediziner während der deutschen Besetzung Rumäniens im Ersten Weltkrieg an dreizehn kastrierten Angehörigen der Skopzen durchführte, von Beruf hauptsächlich Kutscher, Wagenhalter und (bzw. oder) Bienenzüchter[83]. Mit Origenes haben die Skopzen allerdings nur sehr mittelbar etwas zu tun; die Gruppe entstand im achtzehnten Jahrhundert als Abspaltung einer anderen Bewegung und war in St. Petersburg, Moskau und am Schwarzen wie Kaspischen Meer verbreitet. In der Mitte des neunzehnten Jahrhunderts sollen die Skopzen über zweitausend Anhänger gezählt haben[84], nach den brutalen Verfolgungen des zwanzigsten Jahrhunderts ist die Gruppe heute praktisch ausgestorben. Obwohl die Skopzen sich ebenfalls auf die nämliche Bibelstelle im Matthäusevangelium beriefen (Mt 19,12) und einzelne gebildete Skopzen nach dem Bericht von Forschern sogar auf das Beispiel des Origenes verwiesen haben, handelt es sich bei dem

---

[80] REDEPENNING, Darstellung 1. Bd. (wie Anm. 29), 197 Anm. 3.

[81] Eus., h.e. VI 3,11 εἰς ἄκρον τε ὑπερβαλλούσης ἀκτημοσύνης ἐλαύνων (GCS Eusebius II/2, 528,6 SCHWARTZ).

[82] Eus., h.e. VI 3,12 ὥστε ἤδη εἰς κίνδυνον ἀνατροπῆς καὶ διαφθορᾶς τοῦ θώρακος περιπεσεῖν (GCS Eusebius II/2, 528,13f. SCHWARTZ).

[83] W. KOCH, Über die russisch-rumänische Kastratensekte der Skopzen, Veröffentlichungen aus der Kriegs- und Konstitutionspathologie II/3 = 7. Heft, Jena 1921, 1-39; zu der Gruppe allgemein: M. HAGEMEISTER, Art. Skopzen, in: RGG⁴ VII, Tübingen 2004, 1389f. und L. ENGELSTEIN, Castration and the Heavenly Kingdom. A Russian Folktale, Ithaca and London 1999, 13-21.

[84] KOCH, Kastratensekte (wie Anm. 83), 3.

Verweis auf Origenes eher um eine nachträgliche zusätzliche Begründung für ein ursprünglich streng religiös motiviertes Verhalten. Die Kastration bei den Skopzen ist dem, was von Origenes berichtet wird, allenfalls darin vergleichbar, daß die Skopzen mit der Kastration Vorwürfe der sexuellen Libertinage gegenüber russisch-orthodoxen religiösen Gruppen ein für alle Mal die Basis abschneiden wollten. Auch sie waren Vegetarier, rauchten nicht und tranken keinen Alkohol[85]. Die erwähnten deutschen Untersuchungen aus der Zeit des Ersten Weltkriegs fanden offenbar in Bukarest statt, wurden 1921 mit einem reichen Abbildungsteil publiziert und erwähnen Vorgängerstudien[86]. Die Skopzen wurden im Rahmen dieser Untersuchungen photographiert, geröntgt und Blutproben genommen[87], außerdem wurden sie nach dem Zeitpunkt und den Gründen der Kastration befragt. Ein Skopze erklärte dabei, zwar sei die Kastration nicht vorgeschrieben, aber vom Evangelium geboten, und deswegen seien die Kastrierten höhere Mitglieder der Gruppe; „sie glaubten eben mehr an das Evangelium"[88]. Die zugehörigen Tafeln der Veröffentlichung dokumentieren sowohl das „kleine Siegel" (die Entfernung der Hoden) wie das „große Siegel" (eine Totaloperation)[89]. Durch Befragungen erfuhren die deutschen Ärzte weiter, daß die Kastration „mittels Glüheisens, durch Abbinden mit Schnur, durch Abschneiden mit den verschiedensten Schneideinstrumenten, wie Küchenmesser, Rasiermesser, Sense, Beil, Sichel usw." geschah und die Stillung der Blutung „mit Alaun, Kupfervitriol und ähnlichen Chemikalien versucht" wurde, „der Verband mit Salben, Baumöl, Wachs u. dgl. angefertigt" wurde[90]. Einige Skopzen gaben an, durch ihre Väter zu Beginn der Pubertät oder an deren Ende kastriert worden zu sein[91], andere erst nach der Geburt ihrer Kinder als Familienväter, wieder andere wußten es nicht mehr, einige hatten auch selbst Hand angelegt[92].

---

[85]   KOCH, Kastratensekte (wie Anm. 83), 7.

[86]   E.V. PELIKAN, Gerichtlich-medicinische Untersuchungen über das Skopzenthum in Rußland nebst historischen Notizen. Mit Genehmigung des Verf. aus dem Russischen ins Deutsche übersetzt von N. IWANOFF, Gießen/St. Petersburg 1876; J. TANDLER / S. GROSZ, Über den Einfluß der Kastration auf den Organismus, I. Beschreibung eines Eunuchenskelets, Archiv für Entwicklungsmechanik der Organismen 27, Leipzig 1909, 35-61; DIES., Über den Einfluß der Kastration auf den Organismus, II. Die Skopzen, Archiv für Entwicklungsmechanik der Organismen 30, Leipzig 1910, 236-253.

[87]   KOCH, Kastratensekte (wie Anm. 83), 2. Eine Anamnese zeigt den antisemitischen Hintergrund des untersuchenden Arztes: Skopze V ist ein „weißhaariger Mann mit jüdischem Gesichtsausdruck".

[88]   KOCH, Kastratensekte (wie Anm. 83), 6. Für die Begründung, Kastration sei durch Christus selbst geboten, vgl. Eus., h.e. VI 8,2 von Origenes ὁμοῦ μὲν σωτήριον φωνὴν ἀποπληροῦν οἰόμενος (GCS Eusebius II/2, 534,19 SCHWARTZ).

[89]   KOCH, Kastratensekte (wie Anm. 83), Tafeln I und VII.

[90]   KOCH, Kastratensekte (wie Anm. 83), 3.

[91]   KOCH, Kastratensekte (wie Anm. 83), 5-16. Der Vater des Skopzen VIII kastriert den Sohn offenbar nach einem entsprechenden Gelübde, das er leistet, nachdem der Sohn erkrankt war.

[92]   Beispielsweise gab Skopze III an, sich im Alter von 26 Jahren selbst kastriert zu haben (KOCH, Kastratensekte [wie Anm. 83], 7).

Wenn man die Anamnese der dreizehn Patienten durchliest, deren bekümmerte oder teilnahmslose Gesichter auf den Tafeln des Bandes nicht gerade leicht anzusehen sind und den Betrachter am Sinn der Untersuchungen zweifeln lassen, fällt auch dem Laien auf, wie treffend die bereits erwähnten Beobachtungen antiker Mediziner waren: Einige kastrierte Skopzen waren fettleibig, andere geradezu mager, nahezu alle wiesen einen in irgendeiner Form gestörten Wuchs auf. Die untersuchenden Ärzte schreiben der Haut der kastrierten Skopzen übereinstimmend „eine gewisse Welkheit und Blässe" zu[93]. Die Skopzen hatten zum Teil fast weibliche Brüste ausgebildet, waren in aller Regel spärlich behaart und trugen keinen Bart[94]. Freilich konnte man auch nicht durchgängig eine Feminisierung des Körpers durch die Kastration konstatieren, die man in der Antike noch für ein Kennzeichen des Eunuchen hielt[95]: Durchaus nicht alle Skopzen wiesen eine hohe Stimme auf – beispielsweise beobachtete man bei einem untersuchten Brüderpaar, daß der jüngere, mit vierzehn Jahren kastrierte Bruder eine normale männliche Stimme, sein älterer, mit achtzehn kastrierter Bruder dagegen eine hohe Stimme, „ähnlich wie beim Stimmwechsel" besaß[96]. In der Untersuchung wird daher auch von geschlechtsunspezifischen, kindlich erstarrten Formen gesprochen. Unmittelbar an die antiken Beschreibungen erinnert aber, daß als Ergebnis der deutschen Untersuchungen an den Skopzen festgehalten wurde, sie würden im Erwachsenenalter schneller vergreisen, ihre körperliche Spannkraft und das Temperament ebenso früher nachlassen wie auch der Appetit auf Nahrung und der Körperbau bestimmte Auffälligkeiten (beispielsweise beim ausbleibenden Haarwuchs) zeigen[97]. Die psychologischen Beobachtungen der Untersuchungen scheinen mir weder zitierbar noch gar auswertbar, da sie mit allerlei Vorurteilen über soziale und nationale Zusammenhänge kontaminiert sind[98]. Aber ungeachtet aller Vorbehalte gegen Methoden und Gegenstand der Untersuchungen der deutschen Ärzte an den Skopzen wird man aus den Be-

93 KOCH, Kastratensekte (wie Anm. 83), 16.
94 KOCH, Kastratensekte (wie Anm. 83), 4-16.
95 Aber beispielsweise bei Skopze VII: „Bei Verdecken des Kopfes Eindruck einer weiblichen Figur" (KOCH, Kastratensekte [wie Anm. 83], 10) oder Skopze X: „Es fällt bei ihm die besonders hohe Stimme auf, welche eine kindlich hohe Lage hat und auch an eine Frauenstimme erinnert" (15).
96 KOCH, Kastratensekte (wie Anm. 83), 5 (Skopze II).
97 KOCH, Kastratensekte (wie Anm. 83), 28; zustimmend referiert bei M. MARCUSE, Art. Kastration, in: Handwörterbuch der Sexualwissenschaft. Enzyklopädie der natur- und kulturwissenschaftlichen Sexualkunde des Menschen, hg. v. M. MARCUSE, Bonn ²1926, (324-337) 334.
98 KOCH, Kastratensekte (wie Anm. 83), 23f.: „Im ganzen machen sie einen zufriedenen und abgeklärten, durch die Außenwelt wenig beeinflußten Eindruck. Wenn sie auch als Abstinenzler auf Alkoholgenuß und als Vegetarier auf Fleischgenuß gemäß ihrer Sektenregel verzichten, legten sie doch auf sonstige gute Ernährung und Behaglichkeit in ihren sauberen Wohnungen großen Wert". Koch hebt die nach dem „kleinen Siegel" nur unvollständig kastrierten Skopzen ab, sie hätten „die Abgeklärtheit vermissen" lassen, „welche die übrigen Skopzen des großen Siegels in der vollen Anlehnung an das vermeintliche Heil ihrer Sekte fanden".

funden immerhin schließen können, daß für eine Selbstkastration in aller Regel
wohl doch eine gewisse enge Gruppenstruktur, eine bestimmte Mentalität und
ein eher geringes Bildungsniveau wenn nicht Voraussetzung im strengen Sinne, so doch ein begleitendes Phänomen darstellen. Von der Person des Origenes, wie sie uns Eusebius beschreibt und wie sie in seinen Schriften erkennbar
wird, und von den Gruppen, in denen er sich aufhielt, sind Mentalität und
Milieu der Skopzen meilenweit entfernt. Sie erinnern eher an die verschiedenen antiken christlichen Mönchsgruppen, von denen Selbstkastration berichtet
wird. Aber natürlich erzielt man auch mit solchen Erwägungen keinerlei Sicherheit im Blick auf Origenes.

Ist es angesichts dessen, was wir ausführten, überhaupt sinnvoll, am
Schluß dieser kleinen Untersuchung nochmals zu fragen, ob die Lungen- oder
Brustprobleme des Origenes, die Eusebius erwähnt und die Redepenning vor
über hundertfünfzig Jahren zu Magenproblemen umdeutete, vielleicht auf
seine Selbstkastration zurückgehen? Oder verbietet nicht vielmehr (wie wir
bereits sagten) die Tatsache, daß der Patient nun einmal leider verstorben ist,
wirklich sichere Aussagen? Selbst wenn man sich gut vorstellen kann, daß
Eusebius in einem so heiklen Punkt das verehrte theologische Vorbild nicht
ohne Not mindestens in ein Zwielicht setzen wollte und es auch insgesamt
nicht unvorstellbar ist, daß der Asket Origenes in jugendlichem Überschwang
des Guten zuviel tat – wirkliche Sicherheit wird sich bei jeder Antwort auf die
Frage kaum erzielen lassen, egal, wie man in der Sache nun auch denken mag.
Das ist zwar betrüblich – denn die Frage, ob Origenes nun selbst Hand an sich
legte oder nicht, ist ja kein unwichtiges Detail in einem jeden Bild dieses großen Gelehrten – aber bekanntlich muß der Historiker schweigen, wenn seine
Quellen keine wirklichen Eindeutigkeiten zu liefern vermögen. Freilich haben
wir mit unseren Beobachtungen zur medizinischen Halbbildung des Origenes
im Blick auf die zeitgenössischen Fachdiskurse zur Kastration und mit dem
Hinweis auf die prekäre juristische Lage eines Kastrierten gern übersehene
Sachverhalte und zeitgenössische Kontexte beleuchtet, die nicht eben für die
Historizität der Überlieferung sprechen.

„... für die Gemeinde im Grossen und Ganzen nicht geeignet ..."?

Erwägungen zu Absicht und Wirkung der Predigten des Origenes[1]

Etwas Vernichtenderes kann man über einen christlichen Prediger wohl kaum sagen als eben dies: Daß seine Predigten „für die Gemeinde im Grossen und Ganzen ... nicht geeignet" seien. Heinrich Bassermann, ein deutscher praktischer Theologe des letzten Jahrhunderts, Universitätsprediger und dabei durchaus kein Verächter der Wissenschaft[2], schließt so freilich seine Überlegungen „Zur Charakteristik des Origenes als Prediger"[3]. Und Paul Glaue, ein Pfarrer an der Jenaer Stadtkirche St. Michael, hat gar bezweifelt, ob man seine Predigten als „Homilien" bezeichnen sollte (was die Antike ebenso selbstverständlich wie auch der Prediger selbst tat[4]), „da die ganz abstrakte Haltung des Vortrages wenigstens für weite Partien nicht passen würde, sondern [zu] ei-

---

1   Dem Jenaer Universitätsprediger, Herrn Kollegen Klaus-Peter Hertzsch, als nachträglichen Gruß zu seinem 65. Geburtstag – Verschiedene Fassungen dieses Textes wurden bei der Begegnung zwischen der Ev.-Theol. Fakultät der Universität Jena und dem Landeskirchenrat der Ev.-Luth. Kirche Thüringens sowie auf Einladung der Theologischen Fakultät der Universität Erlangen, des King's College in Cambridge und der University of Notre Dame, teilweise unter dem Titel „Not suitable for the whole community? Thoughts on the aims and effects of the sermons of Origen" in den Jahren 1995/1996 vorgetragen.
Folgende Literatur wird nur abgekürzt zitiert: H. CROUZEL, Origen, transl. by A.S. WORRALL, Edinburgh 1989 (= Paris 1985); A. V. HARNACK, Geschichte der altchristlichen Litteratur bis Eusebius, 1. Tl. Die Überlieferung und der Bestand der altchristlichen Litteratur bis Eusebius, bearb. unter Mitwirkung v. E. PREUSCHEN, 1893; 2. Tl. Die Chronologie der altchristlichen Litteratur, 2 Bde., 1896/1904 (Nachdruck 1958); P. NAUTIN, Origène. Sa vie et son œuvre, Christianisme Antique I, Paris 1977.

2   H. Bassermann (1849-1909), 1880 ordentlicher Professor für praktische Theologie in Heidelberg; vgl. H. FABER, Art. Bassermann, Heinrich, in: RGG² I, 1927, 793.

3   H. BASSERMANN, Zur Charakteristik des Origenes als Prediger, in: ZPTh 5, 1883, (123-137) 137. Früher erschien E.R. REDEPENNING, Origenes. Eine Darstellung seines Lebens und seiner Lehre, Bd. 2, 1846 (S. 212-261: „Die Homilien"). Eine „Kette von Vorurteilen" auch bei H. DE LUBAC, Geist aus der Geschichte. Das Schriftverständnis des Origenes, übertragen u. eingeleitet v. H.U. V. BALTHASAR, 1968, 23-26.

4   Bemerkungen zum Begriff ὁμιλία z.B. bei CH. MARKSCHIES, Valentinus Gnosticus? Untersuchungen zur valentinianischen Gnosis mit einem Kommentar zu den Fragmenten Valentins, WUNT 65, 1992, 122-124. – Neben der präzisen liturgischen findet sich natürlich auch noch die ältere Bedeutung „vertrautes Gespräch" für ὁμιλία bei Origenes, vgl. z.B. das Katenen-Fragment bei J.B. PITRA, Analecta Sacra, Vol. III, Venedig 1883, 348 (zu Ps 140,2): Καὶ ἐστιν ἓν εἶδος προσευχῆς ὁμιλία νοῦ πρὸς Θεὸν ἀτύπωτον τὸν νοῦν διασώζουσα ... .

nem schriftlich fixierten Lehrvortrag"[5]. Als Gipfel solcher Wertungen empfindet man Erwin Schadels Charakterisierung: „Origenes war durch sein Predigtamt stark gefordert, wenn nicht sogar überfordert ... Origenes war insofern ein ‚unfähiger' Prediger, als er sein Engagement für die Sache, über die er predigte, nicht zurückzustecken vermochte. Wegen seiner meditativen Erfahrungen und wegen der in ihm lodernden Erkenntnisleidenschaft dachte er nicht daran, bei seinen Predigten primär auf ‚Publikumswirksamkeit' zu achten"[6]. Wenn dieses in gewissen Kreisen weit verbreitete Urteil vom spekulativen, der Gemeinde und ihren Bedürfnissen entfremdeten Prediger zuträfe, dann bliebe auch uns nur jene *conclusio*: daß Origenes – unbeschadet seiner großen Bedeutung als systematischer Theologe und Bibelwissenschaftler – die Aufgabe gemeindebezogener Auslegung verfehlt habe. Man ist dann ja auch nicht weit entfernt von der Ansicht, daß ein Denker, der für die Vermittlung seiner Ansichten so wenig Talent zeigt, für Mißverständnisse ein gerüttelt Maß selbst die Verantwortung trägt. Und wir wissen ja, was das im Falle des Origenes konkret heißt: für die Verurteilung als Häretiker ein gerüttelt Maß selbst die Verantwortung trägt – oder setzen wir das besser lieber gleich in den Konjunktiv: Verantwortung trüge. Und die Bitterkeit des Urteils wäre noch weiter verschärft, wenn man falsch gewichten würde, was Richard P. Hanson gegen Henri de Lubac formulierte: „Origen in his Homilies sincerely and carefully expounds Scripture for the ordinary man and woman in the pew, but we must not expect to find the full, the whole Origen there"[7]. Denn aus zwei Teilen Bassermann und Schadel samt einem Teil Hanson setzt man das landläufige Vorurteil zusammen, es in den Predigten nur mit dem halben Origenes zu tun zu haben, der dann auch noch an der homiletischen Aufgabe gescheitert sei. Und die neuesten Arbeiten zur Predigttätigkeit des Origenes brechen mit dieser Sicht aus verschiedenen Gründen auch nicht wirklich: „Origenes stellte unbestritten große intellektuelle, moralische und spirituelle Anforderungen an die Gemeinde", sagt Éric Junod im jüngsten Beitrag zu unserem Komplex[8].

Damit sind wir auch schon beim Thema, bei den Predigten des Origenes, bei Origenes als Prediger. Unsere erste Frage lautet: Waren sie nun tatsächlich „für die Gemeinde im Grossen und Ganzen nicht geeignet"? Wir untersuchen

---

[5]   Ein Bruchstück des Origenes über Genesis 1,28 (P. bibl. univ. Giss. 17), Schriften der Hessischen Hochschulen. Universität Gießen 2, Mailand 1973 (= Gießen 1928), 26 Anm. 2 (ursprünglich ein Zitat von W. Bousset über den Hebräerbrief).

[6]   Origenes, Die griechisch erhaltenen Jeremiahomilien, eingeleitet, übersetzt und mit Erklärungen versehen von E. SCHADEL, BGL 10, 1980, 2 – man fragt sich, welches Bild von Predigt eigentlich hinter diesen Urteilen stehen mag!

[7]   R.P.C. HANSON, Allegory and Event. A Study of the Sources and Significance of Origen's Interpretation of Scripture, London 1959, 185f.

[8]   É. JUNOD, Wodurch unterscheiden sich die Homilien des Origenes von seinen Kommentaren?, in: E. MÜHLENBERG / J. VAN OORT (Hgg.), Predigt in der Alten Kirche, Kampen 1994, (50-81) 78. Vgl. weiter: W. SCHÜTZ, Der christliche Gottesdienst bei Origenes, CThM B 8, 1984; A. MONACI CASTAGNO, Origene predicatore e il suo pubblico, Mailand 1987, und J.T. LIENHARD, Origen as Homilist, in: D.G. HUNTER (Hg.), Preaching in the Patristic Age. Studies in Honour of W. J. Burghardt, New York-Mahwah 1989, 36-52.

also die *Wirkung* seiner Homilien. Und die zweite Frage kann so formuliert werden: War wenigstens Origenes der Ansicht, daß sie für die Gemeinde „im Grossen und Ganzen", also für das Gros der Gemeinde, geeignet seien? Oder, anders gesagt: Hatte er wenigstens das Ziel, „gemeindegemäße" Predigten zu halten? Damit kommt die *Absicht* seiner Homilien in den Blick. Die beiden Fragen lassen sich unterschiedlich leicht beantworten; über die *Wirkung* von Texten zu sprechen, für die keine Augen- und Ohrenzeugenberichte von Gottesdienstbesuchern vorliegen, heißt über ihre Wirkung ein gutes Stück spekulieren – und das wollen wir entsprechend vorsichtig erst nach der etwas leichteren Analyse der erhaltenen Predigten auf ihre *Absicht* hin tun.

Bevor aber in einem ersten Hauptteil Überlegungen zur *Absicht* des Predigers Origenes angestellt werden, sei mit einigen kurzen Erinnerungen an die bekannten Nachrichten über seine Predigttätigkeit begonnen: *Daß* er ziemlich häufig und wahrscheinlich auch gern gepredigt hat, lehrt schon ein oberflächlicher Blick auf Œuvre und Biographie. Um mit seinem Werk zu beginnen: Mehr als zweihundert verschiedene Homilien aus zwölf Zyklen zu biblischen Büchern sind übriggeblieben von mindestens fünfhundert aus dreißig – über so viele haben wir jedenfalls explizite Nachrichten, aber die Überlieferung des Werkverzeichnisses ist sehr unvollständig. Aus der Biographie gibt Eusebius einen ersten Hinweis schon für den etwa Dreißigjährigen: Bekanntlich wird der alexandrinische Theologe, damals noch Laie, anläßlich seiner Flucht ins palästinische Cäsarea (wohl um die Jahreswende 215/216) gebeten, διαλέγεσθαι τάς τε θείας ἑρμηνεύειν γραφὰς ἐπὶ τοῦ κοινοῦ τῆς ἐκκλησίας[9] – er wird also aufgefordert, Predigten zu halten und die göttlichen Schriften vor der kirchlichen Öffentlichkeit und in der Gemeinde zu erklären. Den Brauch, durchreisende Brüder zu Predigten aufzufordern, übernahm die urchristliche Gemeinde bekanntlich von der Synagoge; ich übersetze „Predigten" (und nicht: „Vorträge"), weil das διαλέγεσθαι hier doch wohl technisch gemeint ist; auch an anderer Stelle zitiert Eusebius das Wort im entsprechenden liturgischen Sinne[10]. Zu große Gegensätze zwischen „Vortrag" im allgemeinen und „Predigt" im spezifischen Sinne sollte man ohnehin nicht konstruieren[11]; das Wort ὁμιλία zeigt nach Eduard Norden, daß in „der Predigt das lehrhafte Moment im Mittel-

---

9   Eus., h.e. VI 19,16 (GCS Eusebius II/2, 564,6 SCHWARTZ).

10 Eus., h.e. VII 30,10 (aus dem Synodalbrief gegen Paul von Samosata) ... ἐν ταῖς πρὸς τὸν λαὸν ὁμιλίαις ... διαλέγεσθαι (710,14f. SCHWARTZ). Freilich bezeichnet er VI 33,2 die Unterhaltungen zwischen Origenes und Beryll von Bostra auch als διαλέξεις (588,17). Da Sokrates (h.e. V 22,46 [GCS NF 1, 301, 17f. HANSEN]) die Predigten so beschreibt: καὶ γὰρ Ὠριγένης τὰ πολλὰ ἐν ταύταις ταῖς ἡμέραις φαίνεται ἐπὶ τῆς ἐκκλησίας διδάξας, wird man hier auch keinen Gegensatz konstruieren dürfen.

11 Ähnlich auch C. SCHOLTEN in seiner Bonner Antrittsvorlesung: Die alexandrinische Katechetenschule, JbAC 38, 1995, (16-37) 28f. Allerdings irrt SCHOLTEN, wenn er schreibt, daß erst Hieronymus den Ausdruck ὁμιλίαι für die Predigten des Origenes angewendet habe (vgl. die *praefatio* des Rufin zu Orig., princ. 2 [GCS Origenes V, 4,17 KOETSCHAU]). Der Autor selbst bezeichnet seine Lukas-Predigten sowohl im Matthäus- (XIII 29 [GCS Origenes X, 261,24 KLOSTERMANN]) wie im Johanneskommentar (XXXII 5 [GCS IV 426,9 PREUSCHEN]) als αἱ κατὰ Λουκᾶν ὁμιλίαι.

punkt stand", denn „mit demselben Wort wurde seit alter Zeit von den Griechen die persönliche Belehrung bezeichnet, welche die Philosophen ihren Schülern (τοῖς ὁμιληταῖς) zuteil werden ließen"[12]. Wir werden gleichwohl an zwei anderen Stellen nochmals auf diesen schwierigen Punkt eingehen müssen (u. S. 39f. 60).

Zurück zu den ersten Predigten des Origenes in Cäsarea: Man erfährt aus dem Fragment eines Briefes der Bischöfe von Cäsarea und Jerusalem (CPG I, 1701) im unmittelbaren Kontext sogar, was die Bitte an Origenes bezweckte: Er wurde angefragt als eine Person, die „tauglich ist, den Brüdern zu nützen"[13]. Die beiden palästinischen Bischöfe sagen zwar nicht explizit, wofür denn nun eine solche Laienpredigt (προσομιλεῖν) nutzen soll – aber m.E. macht schon das verwendete Vokabular deutlich, daß im Sinne der paulinischen Argumentation im ersten Korintherbrief (14,4-6) an die οἰκοδομή der Gemeinde von Cäsarea gedacht war. Und das berührt sich übrigens, wie wir sehen werden (u. S. 54f.), in auffälliger Weise mit dem Selbstverständnis des Predigers Origenes. Man fragte also – wenn der bischöflichen Stellungnahme geglaubt werden darf – Origenes, weil man ihm die οἰκοδομή der Gemeinde zutraute. Und man bat ihn um eine öffentliche Gemeindepredigt, obwohl es ja durchaus auch die Möglichkeit des Vortrages im kleinen Kreis oder des Privatgespräches gegeben hätte: Firmilian, der Oberhirte im kappadozischen Cäsarea, reiste beispielsweise zu Origenes nach Palästina, um sich durch seinen Unterricht fortzubilden; aber auch dieser Bischof lud „ein anderes Mal" Origenes nach Kleinasien ein: „zum Nutzen der Gemeinden", εἰς τὴν τῶν ἐκκλησιῶν ὠφέλειαν, lesen wir hier wieder[14].

Auch Epiphanius berichtet in seinem durchaus nicht unproblematischen Origenes-Abschnitt des „Panarion", daß jener Theologe von „Priestern der heiligen Kirche in Jerusalem" um eine Predigt im Gottesdienst gebeten worden sei[15]. Darauf folgt die Erzählung, daß Origenes nur einen Psalm-Vers (nämlich Ps 49/50,16: „Zum Gottlosen aber spricht Gott: ‚Was hast du von meinen Geboten zu reden und nimmst meinen Bund in deinen Mund'") zitiert und dann im Sitzen mit der ganzen Gemeinde geweint habe[16]. Diese Legende illustriert freilich eher eine in der Alten Kirche verbreitete Zurückhaltung gegenüber dem als besonders heilig empfundenen Amt und der mit ihm verbundenen Predigtaufgabe als ein Spezifikum der Persönlichkeit des Origenes oder seiner

---

[12] E. NORDEN, Die antike Kunstprosa vom VI. Jahrhundert v.Chr. bis in die Zeit der Renaissance, Bd. 2, 1983⁹ (= 1902²), 541. Weitere Literatur zur Predigt in der Alten Kirche bei M. SACHOT, Art. Homilie, in: RAC XVI, 1994, (148-175) 172-175, und im knappen Überblick von E. MÜHLENBERG / J. V. OORT, ‚Predigt in der Alten Kirche': Rückblick und Ausblick, in: DIES., Predigt (wie Anm. 8), 123-128, hier 125-128.

[13] Eus., h.e. VI 19,18 (564,15 SCHWARTZ) ... πρὸς τὸ ὠφελεῖν τοὺς ἀδελφούς.

[14] Eus., h.e. VI 27 (580,18f. SCHWARTZ).

[15] Epiph., haer. 64,2,7 προετρέπετο ἀπὸ τοῦ ἱερατείου ἐπὶ τῆς ἐκκλησίας εἰπεῖν (GCS Epiphanius II, 405,2f. HOLL / DUMMER).

[16] Epiph., haer. 64,2,8/9 (405,4-12 HOLL / DUMMER); vgl. H. DE LUBAC, Exégèse médiévale. Les quatre sens de l'écriture, Vol. I, Théologie 41, Paris 1959, 257-260.

Einstellung zum Geschäft des Predigens. Natürlich wird man nicht ausschließen wollen, daß er aufgrund einer solchen Scheu, für die sich ja schon Vorbilder in den alttestamentlichen prophetischen Berufungsberichten finden lassen[17], nicht gern ordiniert werden wollte – ja, man wird es sogar annehmen dürfen. Henri Crouzels hypothetische Frage: „What was Origen's state of mind when he received this ordination?"[18], läßt sich mit Hilfe des Berichtes bei Epiphanius wenigstens ein Stück weit beantworten. Rückschlüsse auf den geistigen Habitus des Predigers erlaubt die Szene dagegen nur in einem sehr begrenzten Umfang; außerdem müssen sich ja Leidenschaft für die Predigt und eine gewisse Scheu vor ihr aus dem Empfinden für die Bedeutung der Aufgabe nicht ausschließen.

Und dann ist es nicht einmal reine Spekulation, auch die große Krise zwischen Origenes und seinem alexandrinischen Ortsbischof Demetrius etwa fünfzehn Jahre später mit dieser Leidenschaft für die Predigt zu verbinden; natürlich nicht allein, aber jedenfalls auch. Wenn man sich nämlich dazu entschließt, das erwähnte Fragment des Briefes der Bischöfe von Cäsarea und Jerusalem, das Eusebius ja im Kontext der *ersten* Reise nach Cäsarea 215/216 mitteilt, in den Zusammenhang der späteren, großen Kontroverse von 231 zu datieren[19], kann man daraus erkennen, daß fünfzehn Jahre nach den ersten Predigten des Origenes in Cäsarea der alexandrinische Bischof Demetrius diesen *casus* wieder auf den Tisch gebracht haben muß. Sonst hätten wohl die bischöflichen Freunde des Origenes in Palästina kaum zwei Vergleichsbeispiele von Laien, die predigen, aus Kleinasien bemüht. Und der Brief hilft auch bei der Klärung der Frage, was genau Origenes fünfzehn Jahre zuvor tat: Der Skandal bestand eben nicht in irgendwelchen Vorträgen in allgemeinerem Rahmen, sondern im *gottesdienstlichen* Auftritt, in Predigten des Laien Origenes – der Text des bischöflichen Verteidigungsbriefes zeigt es deutlich mit den Vokabeln ὁμιλεῖν und προσομιλεῖν, die zur Erklärung des oben besprochenen

---

[17] Ein weiteres Beispiel ist Ambrosius von Mailand – dazu CH. MARKSCHIES, Ambrosius von Mailand und die Trinitätstheologie. Kirchen- und theologiegeschichtliche Studien zu Antiarianismus und Neunizänismus bei Ambrosius und im lateinischen Westen (364-381 n.Chr.), BHTh 90, 1995, 69-72. Vgl. im übrigen auch die kritischen Bemerkungen zu Amtsträgern bei Origenes selbst in Jer. hom. XI 3 (GCS Origenes III, 80,16-21 KLOSTERMANN / NAUTIN) und T. SCHÄFER, Das Priester-Bild im Leben und Werk des Origenes, RSTh 9, 1977.

[18] CROUZEL, Origen (wie Anm. 1), 19.

[19] So übereinstimmend beispielsweise P. NAUTIN, Lettres et écrivains chrétiens de IIe et IIIe siècles, Paris 1961, 121-126, und DERS., Origène (wie Anm. 1), 55, und CROUZEL, Origen (wie Anm. 1), 15 (der allerdings schon mit einer Anfrage des Demetrius 216 rechnet und trotzdem die Antwort auf 231 datiert – das halte ich für etwas gezwungen); anders HARNACK, Chronologie II (wie Anm. 1), 30, der die ganze Angelegenheit auf 216 verlegt. Mir scheint die mögliche eusebianische Umstellung leicht aus sachlichen Gründen erklärbar: Der Inhalt der betreffenden Passage des Briefes von 231 bezieht sich auf die Ereignisse von 215/216; es lag also nahe, ihn vorzuziehen. Dagegen kann ich mir schlecht vorstellen, warum die beiden Bischöfe schon 216 einen derartigen Brief hätten schreiben sollen.

διαλέγεσθαι im eusebianischen Bericht über die erste Reise herangezogen werden müssen[20].

Eher am Rande und mehr um das Bild von Origenes als einem vielerorts begehrten Prediger zu vertiefen, sei noch auf einen in der Regel weniger bekannten Parallelfall hingewiesen, auf eine bei Photius mitgeteilte Affäre um eine Origenes-Predigt im ägyptischen Delta-Ort Thmuis – vielleicht irgendwann in den vierziger Jahren: Auf der Durchreise, so berichtet der Patriarch von Konstantinopel, sei Origenes vom Ortsbischof Ammonius von Thmuis um „Predigten in seiner Kirche" (ὁμιλῆσαι λόγον διδακτικὸν ἐν τῇ αὐτοῦ ἐκκλησίᾳ) gebeten worden. Origenes scheint sich der Bitte nicht verschlossen zu haben, was wiederum zur sofortigen Absetzung des Ammonius durch den unversöhnlichen alexandrinischen Oberhirten Heraklas geführt hat[21].

Mitte der vierziger Jahre – wenn hier eine umstrittene Nachricht des Eusebius herangezogen werden darf – gestattete Origenes, τὰς ἐπὶ τοῦ κοινοῦ λεγομένας ... διαλέξεις durch Schnellschreiber aufzuzeichnen[22]. Ich nehme (wie beispielsweise Nautin und Crouzel[23]) diese Stelle unverdrossen als Beleg dafür, daß seit dieser Zeit die *Predigten* des Origenes von ταχυγράφοι aufgezeichnet werden durften und nicht etwa öffentliche Reden gemeint sind. Denn es liegt hier eine sprachlich enge Parallele zur Beschreibung des ersten Auftritts in Cäsarea durch Eusebius vor: Sowohl in jenem Text, den wir oben behandelt hatten, wie in der eben zitierten Nachricht wird von einem Tun ἐπὶ τοῦ κοινοῦ gesprochen und dieses mit demselben Wortfeld διαλέγεσθαι / διαλέξεις beschrieben. Interessant ist in unserem Zusammenhang vor allem die einleitende Bemerkung des Eusebius, die den Grund angibt, warum Origenes jetzt plötzlich die Veröffentlichung seiner Predigten gestattet: „weil er sich ja nun größte Fertigkeit (ἕξις) durch langes Training" erworben hatte[24]. Die These Schadels,

---

20   Eus., h.e. VI 19,17/18 (564,13.16 SCHWARTZ); ähnlich auch CROUZEL, Origen (wie Anm. 1), 29f. – SCHOLTEN (Katechetenschule [wie Anm. 11], 29) weist darauf hin, daß Origenes in Alexandria nicht in eucharistischen Gottesdiensten gepredigt habe. Das ist in Cäsarea ja anders gewesen, vgl. MONACI CASTAGNO, Origene (wie Anm. 8), 53-59, und NAUTIN, Origène (wie Anm. 1), 391-401, mit Belegen, z.B. Jes. hom. V 2 (GCS VIII, 265,10–14 BAEHRENS). Schon von daher zeigt sich, daß SCHOLTEN zwar richtig bemerkt, „daß die Übergänge zwischen schulischem und kirchlich-gottesdienstlichem Vortrag fließend sind" (28), aber mit seiner Erwägung, daß solche Übergänge „vermutlich gar nicht bestanden haben" (28), doch etwas überpointiert formuliert.

21   Interrog. dec. IX (PG 104, 1229 = I. DÖLLINGER, Hippolytus und Kallistus; oder die Römische Kirche in der ersten Hälfte des dritten Jahrhunderts ..., Regensburg 1853, 264f. Anm. 100). Zum Thema vgl. auch W.A. BIENERT, Dionysius von Alexandrien. Zur Frage des Origenismus im dritten Jahrhundert, PTS 21, 1978, 100-104, bes. 101.

22   Eus., h.e. VI 36,2 (590,17 SCHWARTZ).

23   NAUTIN, Origène (wie Anm. 1), 92 (mit ausführlichen Bemerkungen zum Sprachgebrauch des Eusebius und zur Chronologie), sowie CROUZEL, Origen (wie Anm. 1), 29f.

24   Eus., h.e. VI 36,1 ἅτε δὴ μεγίστην ἤδη συλλεξάμενον ἐκ τῆς μακρᾶς παρασκευῆς ἕξιν (590,15f. SCHWARTZ); abgewogene Bemerkungen zur Auslegung bei JUNOD, Homilien (wie Anm. 8), 57f. mit Anm. 35 (Lit.). Zu den Problemen, die eine Datierung der Lukashomilien auf 233/34 dann macht, im Vorwort seiner Ausgabe H.J. SIEBEN (FC 4/1), 31 – er hält die Vorlage der hie-

unter ἕξις die innere Festigkeit zu verstehen, die Origenes gegenüber den angeblich zahlreichen Kritikern seiner Predigtarbeit im Laufe der Jahre gewonnen hat, scheitert m.E. schon am Gebrauch des Wortes bei Eusebius selbst[25].

Zweckmäßigerweise überprüfen wir nun für unsere Frage nach Absicht und Wirkung der Predigten des Origenes seine Homilien unter Berücksichtigung ihrer chronologischen Reihenfolge[26] und beginnen damit den neuen Abschnitt.

Erwägungen zur Absicht der Predigten des Origenes

Natürlich hat sich Origenes nicht nur in seinen Predigten darüber geäußert, was er mit ihnen bezweckte bzw. was das Predigen überhaupt bewirken sollte. In einem Werk aus der Zeit, in der seine Homilien schon stenographiert werden durften, in der Schrift „Gegen Celsus", lesen wir beispielsweise eine Äußerung zu diesem Thema: Der Autor weist die Parallelisierung von Gaukleransprachen auf dem Marktplatz und christlicher Predigt im Gottesdienst durch den heidnischen Philosophen zurück,

> „da wir doch dem Volke die heiligen Schriften vorlesen und diese erklären, um sie zur Verehrung des allmächtigen Gottes und zur Übung der mit der Gottesverehrung geschwisterlich verbundenen Tugenden hinzuleiten und von der Verachtung des Göttlichen und von allen jenen Dingen abzubringen, die der gesunden Vernunft widersprechen"[27].

Die „Grundwerte", die Predigt vermittelt, sind also – folgt man den positiven Bestimmungen – für den sechzigjährigen Origenes εὐσέβεια und die damit

---

ronymianischen Übersetzung für das Manuskript des Origenes („Notizen des Predigers selber")!

25 SCHADEL, Jeremiahomilien (wie Anm. 6), 4 – vgl. aber z.B. bei Eusebius, h.e. VI 19,7 ... καὶ τὴν ἐν τοῖς λόγοις ἕξιν ... (im Sinne von „Bildung"; S. 560,8 SCHWARTZ); Mart. Pal. 4,6 (vom Märtyrer Apphianus) ... καὶ ὡς ἔνι μάλιστα τοῖς θείοις λόγοις ἕξιν τελείαν συλλεξάμενος ἀσκήσεσί τε προσηκούσαις ἐκθυμότατα παρασκευασάμενος ... (913,15-17 SCHWARTZ).

26 Hier lege ich die praktischen Synopsen des gegenwärtigen Forschungsstandes in den Bänden der BGL zugrunde, wie sie zuerst E. FRÜCHTEL (BGL 5, 1974), dann SCHADEL (Jeremiahomilien [wie Anm. 6], 340-355) und zuletzt H.J. VOGT (BGL 18, 1983, 308-321 bzw. BGL 30, 1990, 328-341) gegeben haben. Die Angemessenheit dieser Angaben – und damit eine Stellungnahme zu den Hypothesen P. NAUTINS über den doppelten Dreijahreszyklus (dazu SIEBEN, FC 4/1, 28-31, und vor allem kritisch: MONACI CASTAGNO, Origene [wie Anm. 8], 50-64) – kann im Rahmen dieser Überlegungen nur in Einzelfällen in den Blick genommen werden. – Die deutschen Übersetzungen aus den Jer. bzw. Luc. hom. folgen in der Regel SCHADEL, Jeremiahomilien (wie Anm. 6), bzw. SIEBEN (FC 4/1-2).

27 Cels. III 50 in der etwas paraphrasierenden Übersetzung von P. KOETSCHAU, BKV Origenes II, 1926, 263. οἱ καὶ δι' ἀναγνωσμάτων καὶ διὰ τῶν εἰς τὰ ἀναγνώσματα διηγήσεων προτρέποντες μὲν ἐπὶ τὴν εἰς τὸν θεὸν τῶν ὅλων εὐσέβειαν καὶ τὰς συνθρόνους ταύτης ἀρετάς, ἀποτρέποντες δ' ἀπὸ τοῦ καταφρονεῖν τοῦ θείου καὶ πάντων τῶν παρὰ τὸν ὀρθὸν λόγον πραττομένων (GCS Origenes I, 246,17-21 KOETSCHAU).

zusammenhängenden[28] ἀρεταί. Was ist damit aber gemeint? Dürfen wir εὐσέβεια hier nicht nur allgemein als religiöse Haltung, sondern im besonderen als Kurzausdruck für den „dogmatischen Lehrgehalt" des Christentums[29] interpretieren? Mir scheint, daß eine Durchsicht der entsprechenden Belege des Wortes bei Origenes eher darauf hindeutet, daß er die Glaubenslehren von der religiösen Haltung noch einmal unterscheidet, ohne beides *sensu stricto* zu trennen. Auch seine Predigten selbst enthalten manche Anspielungen auf Lehrfragen, freilich keine längeren eigenständigen Ausführungen darüber (so Éric Junod[30]). Aber durch seine enge Verbindung der christlichen εὐσέβεια mit Jesus Christus als ihrem Lehrer und Ziel hat der Begriff εὐσέβεια bei Origenes mindestens eine Konnotation von „Lehrgehalt"[31]. (Das ist übrigens ungefähr auch das Ergebnis der Analyse des Begriffs bei Maria Barbara von Stritzky, deren Untersuchungen man noch vertiefen könnte[32]).

An dieser Stelle muß ein Hinweis auf die *liturgischen Elemente* der Homilien des Origenes hinzugefügt werden, weil sie auch Rückschlüsse auf den eben besprochenen „Grundwert" der Anleitung zur εὐσέβεια gestatten. Hier sind nicht nur die Schlüsse der Homilien zu nennen[33], sondern auch die in ihnen enthaltenen Gebetsanreden als Beleg der konkreten Frömmigkeit des Predigers, in die auch die Gemeinde eingeführt werden soll. Ein typisches Beispiel eröffnet den zweiten Hauptabschnitt einer Genesis-Homilie:

> „Nun wollen wir zunächst den anrufen, der von den Worten des Alten Testamentes allein die Decke wegnehmen kann, und dann wollen wir zu erforschen suchen, was diese prachtvolle Konstruktion der Arche auch an geistlicher Erbauung enthält"[34].

Die Erkenntnis des höheren Schriftsinnes setzt göttlichen Beistand voraus; um ihn wird gebetet – Henri de Lubac hat eine Reihe solcher Gebetsanreden aus den Homilien des Origenes zusammengestellt[35]. Und der Prediger kann sogar mit der Gemeinde Jesus darum bitten,

---

28   Zum Adjektiv σύνθρονος vgl. E.H. KANTOROWICZ, ΣΥΝΘΡΟΝΟΣ ΔΙΚΗΙ, AJA 57, 1953, 65-70, bes. 66.

29   D. KAUFMANN-BÜHLER, Art. Eusebeia, in: RAC VI, 1966, (985-1052) 1026.

30   JUNOD, Homilien (wie Anm. 8), 72f.

31   Vgl. z.B. ... ἀπὸ ὑγιῶν δογμάτων περὶ Θεοῦ καὶ τῆς εἰς αὐτὸν εὐσεβείας ... (Katenen-Frg. in Ps. 62,5 nach PITRA, Analecta [wie Anm. 4], III, 71); oder Jo. XXXII 15,178 ὥσπερ γὰρ ὁ τέλειος καὶ πάσας ἔχων τὰς ἀρετάς ... ἔχει τὴν σοφίαν καὶ τελείαν τὴν σωφροσύνην, οὕτω δὲ καὶ τὴν εὐσέβειαν καὶ τὰς λοιπάς· οὕτως ἄν τις εἴποι τῇ τοῦ πιστεύειν ἀρετῇ τέλειος τὸ πᾶσαν ἔχειν τὴν πίστιν (GCS Origenes IV, 450,15-19 PREUSCHEN).

32   M.B. v. STRITZKY, Der Begriff der Eusebeia und seine Voraussetzungen in der Interpretation des Origenes, in: E. DASSMANN / K.S. FRANK (Hgg.), Pietas. FS B. Kötting, JbAC Ergbd. 8, 1980, 155-164.

33   H. CROUZEL, Les doxologies finales des homélies d'Origène selon le texte grec et les versions latines, Aug. 20, 1980, 95-107.

34   Gen. hom. II 3 *Nunc vero iam deprecantes eum prius, qui solus potest de lectione veteris testamenti auferre velamen, temptemus inquirere, quid etiam spiritalis aedificationis contineat magnifica haec arcae constructio* (GCS Origenes VI, 30,4-6 BAEHRENS).

35   LUBAC, Geist (wie Anm. 3), 76 Anm. 76 (Stellen korrigiert): Ex. hom. XIII 3 (273,22); Lev. hom. V 5 (343,15); Num. hom. XIII 5 (115,2f.); Ezech. hom. III 4 (GCS VIII, 353,4 BAEHRENS); XII 5

„zu kommen, sich uns zu zeigen und uns über das Jetzige, das hier Aufgeschriebene, zu belehren"[36].

Natürlich müßte man angesichts dieser Äußerungen über christliche Frömmigkeit und Predigt eigentlich die homiletische Theorie des Origenes im Rahmen seiner Ansichten zum Gottesdienst darstellen – das hat der ehemalige Münsteraner praktische Theologe Werner Schütz 1984 in seiner bemerkenswerten Arbeit „Der christliche Gottesdienst bei Origenes"[37] getan, die zu weiten Teilen aus Paraphrasen von Origenes-Homilien besteht. Aber unsere knappen Bemerkungen reichen schon aus, um die *Hinführung zur εὐσέβεια* als eine *erste Absicht* der Predigten des Origenes festzuhalten.

Für die Darstellung von weiteren Absichten konzentrieren wir uns am besten zunächst auf eine konkrete Homilie. Als besonders charakteristisches Beispiel ist eine Ansprache aus der Serie zum ersten Buch der Bibel gewählt – und diese Reihe der von Rufin übersetzten Genesispredigten zugleich als ein Exempel für die Pentateuchpredigten aus den Anfängen der vierziger Jahre[38]. In einem zweiten Schritt werden aber jeweils Bemerkungen zu den einzigen griechisch überlieferten Texten, den Jeremia-Homilien, und der Lukaspredigten-Serie, die Hieronymus übersetzt hat, hinzugefügt; an einigen Stellen sind auch die viel weniger bekannten Katenenfragmente der Homilien zum ersten Korintherbrief einbezogen[39].

Mir scheint eine *zweite* deutlich erkennbare *Absicht* des Origenes in der *Nachvollziehbarkeit des Gedankenganges* seiner Predigten für die Gemeinde zu liegen. Dieses Ziel zeigt sich m.E. vor allem an der klaren *Gliederung,* die sich in vielen seiner Predigten beobachten läßt – am Beispiel der zweiten Genesishomilie *de arca, quae secundum mandatum Dei a Noe constructa est* kann man sich das besonders gut klar machen; sie ist freilich auch nicht unbedingt typisch in diesem speziellen Punkte. Die Predigt beginnt mit zehn Zeilen, in denen ihre Gliederung den Hörern vorgestellt wird[40]:

(439,18) und (als Hinweis) Luc. hom. XV (FC 4/1, 182,15f.); vgl. auch SCHÜTZ, Gottesdienst (wie Anm. 8), 136-142, und D. SHEERIN, The Role of Prayer in Origen's Homilies, in: CH. KANNENGIESSER / W.L. PETERSEN (Hgg.), Origen of Alexandria. His World and His Legacy, Notre Dame 1988, 200-214.

36   Jer. hom. XIX 10 ... ἵν' αἰτήσωμεν ἐλθεῖν Ἰησοῦν καὶ ἐπιφανῆναι ἡμῖν καὶ διδάσκειν τὰ νῦν ἡμᾶς τὰ ἐνταῦθα γεγραμμένα (GCS Origenes III, 165,12-14 KLOSTERMANN / NAUTIN).

37   SCHÜTZ, Gottesdienst (wie Anm. 8).

38   Für die Frage nach der Qualität der Übersetzungsarbeit Rufins (jedenfalls im Blick auf die exegetischen Werke des Origenes) verweise ich auf H. CHADWICK, Rufinus and the Tura Papyrus of Origen's Commentary in Romans, JThS 10, 1959, (10-48) 12-15. 36, und K.J. TORJESEN, Hermeneutical Procedure and Theological Method in Origen's Exegesis, PTS 28, 1986, 16-18.

39   CPG I, 1458; zur Neuausgabe dieser Texte im Berliner Kirchenväterkorpus vgl. CH. MARKSCHIES, Origenes in Berlin, in diesem Sammelband, (239-249) 246. – Zu einer von den durch Rufin übersetzten Psalmenhomilien (CPG I, 1428 [2]) hat sich vor einigen Jahren KAREN JO TORJESEN im Detail geäußert; für die bibliographischen Angaben vgl. die voraufgehende Anmerkung. Seither ist auch der Text in einer kritischen Ausgabe erschienen: Origene. Omelie sui Salmi, a cura di E. PRINZIVALLI, BPat 18, Florenz 1991.

40   Ich übersetze Homilia II § 1 (SC 7bis, 76,2-8 DOUTRELEAU = GCS Origenes VI, 22,16-23 BAEHRENS). Zitiert ist im folgenden der Berliner Text, da nur er die griechischen Fragmente bringt;

1.1. Wir wollen zuerst sehen, was darüber (sc. über Noahs Arche) nach dem Wortlaut *(secundum litteram)* berichtet wird;

1.2. wir wollen ferner Fragen vorführen, welche dabei gewöhnlich von vielen aufgeworfen werden,

1.3. und wollen diese nach dem, was uns von den Vorfahren überliefert worden, zu beantworten suchen, um ...

2.1. vom Wortsinn der Geschichte *(ab historiae textu)* aufsteigen zu können zum mystischen und allegorischen Sinn des geistlichen Verständnisses

2.2. und um darzulegen, was an geheimnisvoller Wahrheit etwa darin enthalten ist ....

Danach folgt der biblische Text, konzentriert auf die Bauvorschriften der Arche mit dem resümierenden Schlußvers (Gen 6,13-16.22)[41]. Häufig fallen die erwähnten Gliederungen aber wesentlich knapper aus als im zitierten Beispiel aus den Genesishomilien, wie ein entsprechender Beginn einer Predigt zu Jeremia zeigen kann:

> „Die wörtliche Aussage der vorgetragenen Lesung bringt selbst etwas Unklares mit sich. Dies muß zuerst bedacht werden, damit wir danach, wenn Gott es gewährt, seinen mystischen Willen erkennen können"[42].

Wenn in der Homilie ein solcher knapper oder ausführlicher Prolog mit Angaben über die Disposition fehlt (so etwa bei einem Drittel der knapp über zweihundert erhaltenen Predigten), übernimmt häufig die versweise Auslegung die Funktion einer ausgeführten Gliederung; die Gemeinde weiß auch so, wo man sich gerade befindet.

Nun scheint es gegen sorgfältige Dispositionen – und damit gegen eine Absicht des Origenes, nachvollziehbar zu predigen – zu sprechen, wenn Erwin Schadel in seiner Einleitung zu den Jeremiahomilien darauf hinweist, daß ihr Autor bei seinen Ausführungen häufig in Zeitdruck geraten sei, und darüber spekuliert, daß ihm das Arbeit und Mühsal beim Predigen gemacht habe. Éric Junod spricht gar recht dramatisch vom „Wettlauf mit der Zeit"[43]. Ich denke aber, daß dabei die entsprechenden Aussagen des Origenes noch nicht genügend differenziert betrachtet sind. Wenn der Prediger in Cäsarea sagt: „Es wäre noch über jede einzelne Stelle des vorgelesenen Textes zu sprechen. Doch

---

die französische Ausgabe wurde aber verglichen: *primo omnium videamus, quae de ea secundum litteram referuntur, et quaestiones proponentes, quae obici a plurimis solent, etiam absolutiones earum ex his, quae nobis sunt a maioribus tradita, requiramus, ut, cum huiuscemodi fundamenta iecerimus, ab historiae textu possimus adscendere ad spiritalis intelligentiae mysticum et allegoricum sensum et, si quid in iis arcanum continetur, aperire Domino nobis verbi sui scientiam revelante. Primo igitur haec ipsa, quae scripta sunt, proponamus.*

[41]   Auf den Detailvergleich dieses Textes mit dem von B. FISCHER in VL 2 (1951-1954) S. 107-111 edierten altlateinischen Material muß hier verzichtet werden. – Eine ähnliche Gliederung bietet übrigens die achtzehnte Homilie zu Jeremia (XVIII 1).

[42]   Jer. hom. IV 1 Αὐτὸ τὸ ῥητὸν τῆς ἀναγνωσθείσης λέξεως ἔχει τι ἀσαφές, ὅπερ πρότερον νοηθήτω· καὶ μετὰ τοῦτο, ἐὰν ὁ θεὸς διδῷ, εἰσόμεθα τὸ βούλημα αὐτοῦ τὸ μυστικόν (22,5-7); vgl. auch Jer. hom. XV 2: πρῶτον γὰρ ἀπὸ τοῦ προφητικοῦ λόγου ἴδωμεν, εἶτα καὶ κατὰ ἀναγωγήν (126,4f.).

[43]   SCHADEL, Jeremiahomilien (wie Anm. 6), 3; JUNOD, Homilien (wie Anm. 8), 63.

dies gestattet die Kürze der Zeit nicht mehr"[44], dann dürfte das vermutlich die übliche Entschuldigungsfloskel eines Predigers zu allen Zeiten kurz vor Schluß sein – und es steht ja noch dahin, ob Origenes an dieser Stelle nicht ganz dankbar darüber war, nicht noch zwei Kapitel Jeremia versweise auslegen zu müssen[45]. Daneben gibt es aber auch eindeutige Belege dafür, daß Origenes sich mit der Zeit verschätzt hat bzw. sich mindestens nicht ganz sicher war: In diesem Falle weist er seine Hörer freilich ebenfalls gleich zu Beginn darauf hin, daß die „heute verlesene Lektion" zwei Geschichten enthält und er nur, wenn der Herr das gestatte, noch zur zweiten kommen werde. Und um die sorgfältige Gliederung vollkommen zu machen, erinnert er zu Beginn der nächsten Homilie an den *casus*[46]. Besser kann man das Problem eines in sich disparaten Predigttextes eigentlich kaum lösen; sonderlich „professoral verwirrt" wirken solche Passagen nicht.

Zurück zu unserem Beispiel aus der zweiten Genesishomilie, die auf den ersten Blick auch als Beleg für eine mangelnde Fähigkeit zur Disposition genommen werden könnte: Die Predigt über die Arche schreitet zunächst entlang der ihr vorangestellten Gliederung vorwärts und beginnt sinnvollerweise mit Bemerkungen zu *habitus ... et forma arcae*[47]. Es folgt dann, wie angekündigt, nach einem deutlich erkennbaren Einschnitt die geistliche Deutung der Flut auf das Weltende und der Arche samt ihrer Belegschaft auf die Kirche und die Glaubenden. Die Formulierung „aufsteigen ... zum mystischen und allegorischen Sinn des geistlichen Verständnisses" gibt selbst in der lateinischen Übersetzung Rufins die Eigenheiten des Sprachgebrauchs von Origenes noch gut wieder: ἀναγωγή, μυστήριον, ἀλληγορία und natürlich εἰς τὸ ἀναβῆναι[48]. Frei-

---

44 Jer. hom. XV 6 ... καὶ περὶ ἑκάστου τῶν εἰρημένων εἰπεῖν, ἀλλ' οὐκ ἐγχωρεῖ τοῦ χρόνου ἐπείγοντος (GCS Origenes III, 130,1f. KLOSTERMANN / NAUTIN). Es gibt auch keine Stelle, die in genau der gleichen Wortwahl im Sinne Schadels „Zeitnot" ausdrückt. Die von JUNOD, Homilien (wie Anm. 8), 59f. in Übersetzung angeführte Stelle aus Lev. hom. VIII 5 (GCS Origenes VI, 401,15-24 BAEHRENS) ist m.E. in genau demselben Sinne zu interpretieren: Das Genre der Gemeindepredigt und die mit dem Genre verbundene Zeitvorgabe gestatten diese ausführliche Erklärung nicht.

45 Die nähere Perikopenauswahl und Beschränkung wurde – wie wir aus der Einleitung der griechisch überlieferten Predigt über die „Hexe von Endor" (1Sam 28,3-25: Sam. Hom. I 1 [GCS Origenes III, 283,19-23 KLOSTERMANN]) wissen – ohnehin u.U. mit dem Bischof abgesprochen.

46 Num. hom. XX 1 *Lectio hodie recitata est, primam quidem historiam continens ... secundam vero ...* (GCS Origenes VII, 185,4f. BAEHRENS); darauf folgt *Duae sunt ergo historiae, quae recitatae sunt: sed nos de prima interim ... si quid orantibus vobis gratiae Dominus dignabitur praestare, dicemus; si vero ipse concesserit, aliquid etiam de secunda contingere audebimus* (185,12-16). Am nächsten Tag: *Numeri sunt, quos legimus, et in priore quidem lectione tempore exclusi sumus, ne aliquid etiam de secunda dinumeratione diceremus; sed conveniens est omissa vel exclusa nunc reddere* (199,3-5).

47 So Rufin S. 78,24f. = 23,9; im griechischen Fragment τὸ σχῆμα τῆς κιβωτοῦ S. 23,17.

48 Cor. hom. Frgm. 1 (232 JENKINS – in der neuen Berliner Ausgabe werden Fragmente gezählt werden); weitere Belege z.B. bei M. SIMONETTI, Sul significato di alcuni termini tecnici nella letteratura esegetica greca, in: C. CURTI (Hg.), La terminologia esegetica nell'antichità. Atti del primo seminario di antichità cristiane (Bari, 25 ottobre 1984), QVetChr 20, Bari 1987, (25-58) 38-40, bzw. W.A. BIENERT, ΑΝΑΓΩΓΗ im Johannes-Kommentar des Origenes, in: G. DORIVAL / A. LE BOULLUEC (Hgg.), Origeniana Sexta, BEThL 118, Leuven 1995, 419-427.

lich fällt der Homilet dann plötzlich aus seiner zweiteiligen Gliederung und fügt noch eine moralische Auslegung an die beiden vorangehenden an – dieser Schritt war nicht angekündigt worden. Jene dritte Form der Auslegung wird allerdings mit dem konkreten Text verbunden und findet sich außerdem überaus häufig in den Origenes-Predigten; sie war also der gottesdienstlichen Gemeinde vertraut und hinderte sie nicht am Nachvollzug der gedanklichen Logik:

> „Weil aber die Arche ... nach Gottes Befehl nicht allein mit zwei, sondern mit drei Kammern konstruiert werden sollte, so wollen wir uns die Mühe machen, zu der zweifachen Auslegung, die vorangegangen ist, entsprechend dem göttlichen Gebote eine dritte hinzuzufügen"[49].

Literatur zu den Schriftsinnen bei Origenes ist Legion. An dieser Stelle genügt die Erinnerung daran, daß die hermeneutische Theorie der drei Schriftsinne in den Genesis-Homilien (noch) der entspricht, die sich in *De principiis* findet[50].

Für eine *dritte* deutlich erkennbare *Absicht* der Predigten des Origenes halte ich ihre *dialogische Grundstruktur*, die man besonders am Stilmittel der rhetorischen Fragen und an den vergleichsweise häufigen Gesprächssequenzen ohne jede Mühe beobachten kann. Die Homilien des Origenes sind regelrecht durchzogen von Einwürfen gedachter Gemeindeglieder, die zu einer Vertiefung der exegetischen und systematischen Diskussion beitragen und gleichzeitig die Hörer aufmerksam machen wollen: „Jemand von den Zuhörern könnte hier einwenden ..." (Ἀλλὰ ἐρεῖ τις τῶν ἀκουόντων ...;[51]) oder „Ich benutze die Gelegenheit, noch einmal auf eine Frage einzugehen, die oft von Brüdern gestellt wird" (*Quod frequenter inter fratres quaeritur, loci occasione commotus retracto*[52]). Eine ähnliche Formulierung findet sich ja auch in der oben zitierten ausführlichen Gliederung zu Beginn der zweiten Genesis-Homilie über die Arche[53]. Wenn der Prediger aber Fragen stellt, „die gewöhnlich von vielen gestellt werden", dann nimmt er seine Gemeinde und deren Probleme ernst, „holt sie dort ab, wo sie stehen", wie man es in der Sprache der neuzeitlichen Homiletik sagen könnte. Ein schönes Beispiel dafür findet sich in der fünften Genesishomilie über Lot und seine Töchter:

---

49 II 6 *Verum quoniam arca, quam describere conamur, non solum bicamerata sed et tricamerata a Deo construi iubetur, operam demus et nos ad hanc duplicem, quae praecessit, expositionem secundum praeceptum Dei etiam tertiam iungere* (36,18-21); vgl. auch E. SCHOCKENHOFF, Zum Fest der Freiheit. Theologie des christlichen Handelns bei Origenes, TTS 33, 1990, 57f.

50 H.J. VOGT, Origenes. Der Kommentar zum Evangelium nach Mattäus, BGL 30, 1990, 4f. (mit weiterer Literatur); zur Kontroverse, ob Origenes in seinen Homilien als „Moralprediger" erschien (LUBAC, Geist [wie Anm. 3], 215f., schärfer NAUTIN), jetzt MONACI CASTAGNO, Origene (wie Anm. 8), 177-220, und JUNOD, Homilien (wie Anm. 8), 69.

51 Z.B. Jer. hom. V 13 (42,14).

52 Luc. hom. XIV 5 (168,23f.).

53 S.o. S. 43f. – Diese Disposition ist übrigens nicht so zu verstehen, daß in einem eigenen Abschnitt Fragen vorgeführt und dann im nächsten beantwortet werden. Vielmehr beschreiben die drei Sätze das Verfahren des ersten Abschnittes – die Fragen, die Origenes aufgreift, werden gewöhnlich von vielen gestellt, und er beantwortet sie mit der exegetischen Konvention der christlichen und jüdischen Tradition.

„Was war es denn für ein so großes Verbrechen, wenn die Frau verwirrt und erschreckt durch das Geprassel der mächtigen Feuersbrunst hinter sich blickte?"[54] Dem Prediger ist also das Schicksal von Lots Weib nicht einfach selbstverständlich, er hat vielmehr den Anstoß der Geschichte in den Augen seiner Gemeinde sensibel wahrgenommen, obwohl er eine theologische Lösung dieses Problems natürlich längst parat hat.

Der Absicht, dialogisch zu predigen, dient bei Origenes eine sensible Meditation des Bildungsstandes und der Rezeptionsfähigkeit seiner Gemeinde. Als Belege könnten viele Sätze aus seinen Predigten herangezogen werden, so etwa dieser: „Damit ihr aber allesamt gemäß euren Fähigkeiten dem Gesagten folgen könnt, werde ich noch ein Beispiel aus der Schrift heranziehen"[55]. Werner Schütz formuliert entsprechend: „Origenes hat erkannt, wie vielschichtig das Hörerproblem ist"[56]. Der Homilet aus Cäsarea selbst sagt in seinen Predigten zum ersten Korintherbrief (Text ist 1Kor 2,4-6):

> „Eines ist es nämlich, gewisse Leute zum Glauben hinzuführen, ein anderes, die Weisheit Gottes zu offenbaren. Wir entfalten die Weisheit Gottes nicht den (gerade) Herangebrachten und auch nicht den gerade Beginnenden und auch nicht denen, die noch nicht einmal einen Erweis des gesunden Lebens gegeben haben. Sondern, wenn sich einer wohl eingeübt hat die Sinneswerkzeuge zur Unterscheidung des Schönen und des Schlechten, auf welche Weise es nötig ist, und er geeignet geworden ist auch dazu, die Weisheit zu hören, dann ,reden wir Weisheit unter den Vollkommenen'"[57].

Passagen dieser Art muß man nicht nur als Belege für die mehrstufige Hermeneutik der Schriftsinne bei Origenes deuten, sondern kann sie getrost als einen Beleg sensibler Meditation über das Problem der unterschiedlichen Hörer werten. Für zu dumm darf man außerdem seine Gemeinde in einer nicht unbedeutenden Hafen- und Provinzhauptstadt auch nicht verkaufen wollen[58].

Paul Wendland meinte, anhand der Jeremiahomilien zeigen zu können, „daß das sprachliche Niveau der Predigten des Origenes beträchtlich tiefer liegt nicht nur als das der Schriften des Celsus, sondern auch als das der Kom-

---

54   Gen. hom. V 2 *Quid enim tantum criminis habuit, si sollicita mulieris mens retrorsum, unde nimio flammarum crepitu terrebatur, adspexit* (59,24-26).

55   Jer. hom. XVIII 2 Ἵνα δὲ πάντες κατὰ τὸ δυνατὸν ἑαυτοῖς παρακολουθήσητε τῷ λεγομένῳ, χρήσομαι παραδείγματι καὶ ἀπὸ τῆς γραφῆς ... (152,11f.).

56   SCHÜTZ, Gottesdienst (wie Anm. 8), 107; vgl. die folgenden Ausführungen 107-114.

57   Cor. hom. Frgm. 9 (Vat. Graec. 762, fol. 230ʳ/238f. JENKINS) ... ἀναπτύσσομεν οὖν τὴν σοφίαν τοῦ θεοῦ οὐ τοῖς εἰσαγομένοις οὐδὲ τοῖς ἀρχομένοις οὐδὲ τοῖς μηδέπω ἀπόδειξιν τοῦ ὑγιοῦς βίου δεδωκόσιν · ἀλλ' ὅτ' ἂν γυμνασάμενος ὃν δεῖ τρόπον τὰ αἰσθητήρια πρὸς διάκρισιν καλοῦ τε καὶ κακοῦ ἐπιτήδειος γένηται καὶ πρὸς τὸ ἀκοῦσαι σοφίαν, τότε ᾽λαλοῦμεν σοφίαν ἐν τοῖς τελείοις'.

58   MONACI CASTAGNO, Origene (wie Anm. 8), 45-50. 82-93 (zur Gemeindestruktur); J.A. McGUCKIN, Caesarea Maritima as Origen Knew It, in: R.J. DALY (Hg.), Origeniana Quinta, BEThL 105, Leuven 1992, 3-25; F. WINKELMANN, Eusebius von Kaisareia. Der Vater der Kirchengeschichte, Berlin 1991, 19-26.

mentare"[59]. Einmal vorausgesetzt, daß dem so ist (wir können das jetzt nicht diskutieren), scheint es wieder möglich, diesen Befund zweifach zu erklären: Entweder handelt es sich um eine schlichte Folge der fehlenden Überarbeitung der Stenogramme oder eben auch um eine bewußte Ermäßigung des Sprachniveaus für die Gemeinde. Dieser Frage wäre noch einmal an anderer Stelle nachzugehen.

Den vorhin zitierten Passus über Lots Frau (o. S. 46f.) könnte man auch verwenden, um eine *vierte* deutlich erkennbare *Absicht* der Homilien des Origenes zu illustrieren: Der Prediger bemüht sich, seinen Hörern den jeweiligen Bibeltext möglichst konkret auszulegen und dadurch möglichst tief einzuprägen – hier verbindet sich die bibeltheologische Seite des Systematikers Origenes aufs glücklichste mit seinem immensen exegetischen Aufwand in der Predigtvorbereitung und dem Interesse an einer hörerorientierten Auslegung. Um dieses Ziel zu erreichen, setzt Origenes vor allem zwei Mittel ein: Er erklärt zunächst den Literalsinn mit aller Präzision und Zuverlässigkeit, die ihm zur Verfügung steht. Ferner prägt er durch versweise Wiederholung und Auslegung den erklärten und darauf verstandenen Text der Gemeinde zusätzlich ein.

Zunächst einige Bemerkungen zu *Präzision und Zuverlässigkeit bei der Auslegung des Literalsinnes* – man sollte das nicht sofort mit dem Stichwort „lexikalische Gelehrsamkeit" ins Zwielicht zerstreuter Wissenschaftlichkeit rücken, sondern als Teil eines homiletischen Gesamtkonzeptes ernst nehmen[60]. Der Prediger als ausgebildeter Fachmann nimmt hierin seine spezifische Verantwortung für die Gemeinde wahr und durchforscht den Text nach dem, was für diese nützlich ist. In einer weitgehend verlorenen Predigt zu Jeremia 44,22 erläutert Origenes diese Zusammenhänge mit dem plastischen Doppelbild eines βοτανικὸς τῶν γραφῶν und ἀνατομεὺς τῶν προφητικῶν λόγων: D.h. wie Pflanzenkenner mit jedem Detail etwas anzufangen wissen und wie anatomisch gebildete Ärzte Beschaffenheit und Nutzen eines jeden Körpergliedes kennen, so liest der Prediger „aus den heiligen Schriften jedes Jota und jeden zufälligen Buchstaben auf" und will seine Gemeinde zu solcher Kunst erziehen[61]. Origenes nimmt den Literalsinn schon deswegen ernst, weil die biblischen Texte „keine Schriftwerke von Menschen sind" und bereits ihr schlichter Leser „einen Eindruck göttlicher Inspiration (ἐνθουσιασμός) erfahren" kann[62].

---

[59]   Rezension von E. KLOSTERMANN, GCS Origenes III (1901), GGA 163, 1901, (777-787) 783; vgl. auch den „Mängelkatalog" bei SCHADEL, Jeremiahomilien (wie Anm. 6), 19 mit Belegen in den Anm. 41-46.

[60]   So z.B. LUBAC, Geist (wie Anm. 3), 119-123.

[61]   Philoc. 10,2 (SC 302, 368,20f. HARL = GCS Origenes III, 197,32/198,1 KLOSTERMANN / NAUTIN). Zur exegetischen Methode des Origenes vgl. auch B. NEUSCHÄFER, Origenes als Philologe, SBA 18/1, 1987, 139-246.

[62]   Ὁ δὲ μετ' ἐπιμελείας καὶ προσοχῆς ἐντυγχάνων τοῖς προφητικοῖς λόγοις, παθὼν ἐξ αὐτοῦ τοῦ ἀναγινώσκειν ἴχνος ἐνθουσιασμοῦ, δι' ὧν πάσχει πεισθήσεται οὐκ ἀνθρώπων εἶναι συγγράμματα τοὺς πεπιστευμένους ἡμῖν εἶναι θεοῦ λόγους (princ. IV 1,6 [GCS Origenes V, 302,3-6 KOETSCHAU]).

Um wieviel mehr muß dann die sorgfältige philologisch-methodische Erklärung der Texte diese Geisterfahrung vermitteln!

Als Beispiel für dieses Mittel kann auch wieder die zweite Genesis-Homilie dienen: In ihr bespricht Origenes die Gestalt der Arche, und dazu wird der unbestimmte biblische Ausdruck *arca* (Kasten, Kiste) in eine präzise geometrische Form überführt, nämlich in die einer Pyramide. Und etwas später erklärt der Prediger, daß es zum Schutz gegen Regen ja keine passendere Form als eben die Pyramide geben könne, außerdem der Boden auf den Wellen aufsitze und auch das durch Tiere bedingte Eigenschwanken die *arca* nicht zum Kippen bringen könne (27,10-16). Für diese Anfangspartien der Homilie ist uns bei Prokop von Gaza dankenswerterweise ein griechischer Text erhalten, der zeigt, auf welche Weise Origenes hier exegetische Gelehrsamkeit einbaut, um seinen Hörern eine möglichst konkrete Vorstellung biblischer Geschichten zu vermitteln und sie dadurch einzuprägen[63]: Er relativiert zunächst seine Ausführungen zur Form und Gestalt der Arche durch die erste Person und die Wahl des Verbs: νομίζω ὅτι πυραμοειδές ἐστιν. Außerdem gibt er eine Art von Quelle oder Autorität an, wenn er seine Exegese mit Symmachus verbindet, der dasselbe gesagt habe: τοῦτο δὲ καὶ ὁ Σύμμαχος σαφῶς ἐξέθετο εἰπών (23,23). Origenes zitiert hier den Namen eines Gelehrten – es läßt sich nicht recht sagen, ob er das in seinen Predigten sehr häufig und dann sehr bewußt getan hat. Der Befund ist sehr disparat: In den im authentischen griechischen Originaltext erhaltenen Jeremiahomilien taucht Symmachus beispielsweise kein einziges Mal namentlich auf, nur in einem Katenenfragment. Origenes spricht in dieser Predigtreihe, die nicht sehr viel älter sein kann als unsere Genesishomilie, nur allgemein von „Septuaginta-Abschriften" und „den übrigen Ausgaben"[64]. Hin und wieder werden dort zudem schlagwortartig Ketzernamen wie Markion, Valentin oder Basilides eingestreut[65]. In der zweiten Genesishomilie findet sich ebenfalls ein deutlicher Hinweis, daß der Prediger zur Vorbereitung sein (vorsichtig gesagt:) hexaplarisches Material konsultiert hat. Denn dort wird den Hörern mitgeteilt, daß Theodotion und Symmachus den Eingang der Arche θύρα nennen, Aquila ihn dagegen als ἄνοιγμα bezeichnet (27,24f.) – Rufin hat diese Passage natürlich gestrichen, und wir können dankbar dafür sein, daß der Katenist sie erhalten hat. Nun könnte man noch darüber grübeln, ob es sich um eine Erinnerung des Predigers an seine Vorbereitung handelt oder um ein Notat in seinem Konzept – lassen wir das dahingestellt sein. Eine andere Stelle wird man so zu interpretieren haben, daß Origenes *nach* einer Predigt das

---

63 GCS Origenes VI, 23,18 und 23 BAEHRENS.

64 E. KLOSTERMANN / P. NAUTIN, GCS Origenes III, 320 s.v. (= Frgm. 45 S. 221,3) bzw. Jer. hom. XV (129,12f.) und XVI 5 (137,16). Ähnliche Beobachtungen bei N.R.M. DE LANGE, The Letter to Africanus: Origen's recantation?, StP 16 = TU 129, 1985, (242-247) 246.

65 Entsprechende Stellen habe ich schon einmal zusammengetragen und von „Standardgegnern" gesprochen, „die keinerlei Individualität mehr besitzen", Valentinus (wie Anm. 4), 386 Anm. 364.

hexaplarische Material konsultiert und das am folgenden Tag mitteilt[66]. Pamphilus berichtet nur, daß Origenes seine Predigten extemporiert habe: *tractatus, quos pene quotidie in Ecclesia habebat ex tempore, quos et describentes notarii ad monimentum posteritatis tradebant*[67]. Mir scheint jedenfalls am wahrscheinlichsten, daß der Prediger eine griechische Bibel in der Hand hatte und in diesem Text einzelne Varianten notiert waren[68]: „la Bible en main", freilich kam dazu auch seine immense Bibelkenntnis, von der noch zu reden sein wird: „la Bible en tête" (Pierre Nautin[69]).

Andererseits scheut sich Origenes auch nicht, offener und nicht nur durch Angabe eines Namens verkürzt von seiner Predigtvorbereitung zu reden und ihre Ergebnisse einzubringen. So sagt er:

> „Diese Stelle haben vor uns schon andere ausgelegt. Und da wir ihre Auslegung nicht mißbilligen, tragen wir sie gerne vor, – nicht als ob wir sie selbst gefunden hätten, sondern deshalb, weil wir sie als eine schöne Lehre erkannt haben"[70].

Ein andermal kann er beispielsweise noch präziser die Quelle nennen und sagen: „Im Brief eines Märtyrers – ich rede von Ignatius, dem zweiten Bischof von Antiochia ... – fand ich folgende sehr treffende Aussage ..."[71]. Und ebenso werden Auslegungen anderer Exegeten ausführlicher zitiert, um als zu einfältig abgewiesen zu werden[72].

Mit all diesen Bemerkungen soll natürlich nicht vergessen gemacht werden, daß man Origenes gelegentlich und nicht nur in seinen Predigten als einen etwas ins Detail verliebten Exegeten erlebt, der sich in seiner soliden Bildung auch verlieren kann – ich habe das an anderer Stelle ausführlich zu zeigen versucht[73]. Aber man muß sich dabei klarmachen, daß alle diese Gelehrsamkeit deswegen aufgeboten wird, um – wie gesagt – den jeweiligen Bibeltext möglichst konkret auszulegen und dadurch möglichst tief einzuprägen. Außerdem wird der Gemeinde in aller Regel mitgeteilt, warum es zu solchen Ausführungen kommt: In einem kurzen Fragment einer Psalmenpredigt, das Eusebius uns bewahrt hat (CPG I,1428 [4]), entschuldigt sich Origenes fast für einen Exkurs über die Lehre der Elkesaiten: „Die schlimmen Behauptungen jener

---

[66]   Jer. hom. XV 15 ὕστερον (129,12) in der Auslegung von SCHADEL, Jeremiahomilien (wie Anm. 6), 312 (Anm. 166).

[67]   PG 17,545 B/C.

[68]   So auch SIEBEN (FC 4/1), 15. Eine Textpassage, die die Vermutung, daß der Prediger eine Bibel mit Varianten in der Hand hielt, relativ wahrscheinlich macht, ist beispielsweise Jer. hom. XIV 3 (107,24-27).

[69]   P. NAUTIN, Origène, Homélies sur Jérémie, SC 232, Paris 1976, 112.

[70]   Jer. hom. XI 3 ταῦτα καὶ πρὸ ἡμῶν ἄλλοι διηγήσαντο. καὶ ἐπειδὴ οὐκ ἀποδοκιμάζομεν αὐτῶν τὴν διήγησιν, εὐγνωμόνως φέρομεν αὐτὴν εἰς μέσον, οὐχ ὡς αὐτοὶ εὑρόντες ἀλλ' ὡς μεμαθηκότες καλὸν μάθημα (80,12-15).

[71]   Luc. hom. VI 4 (FC 4/1, 98,16-18).

[72]   Jer. hom. XVIII 4 (154,24).

[73]   Vgl. CH. MARKSCHIES, Was bedeutet οὐσία?, in diesem Sammelband, 173-193.

Lehre will ich euch jetzt mitteilen, damit ihr euch nicht von ihr verführen laßt"[74].

Um jene Absicht, biblische Texte verständlich zu machen und dadurch einzuprägen, zum Erfolg zu führen, bedient sich der Prediger eines weiteren Mittels, das wir oben schon angedeutet hatten, des Mittels der versweisen Wiederholung und Auslegung der Perikopen. Das zeigt sich am deutlichsten in den langen Passagen, die einfach nur biblische Verse nochmals verlesen und dann durch eine paraphrasierende Auslegung und bedächtige Meditation einzelner Begriffe wiederholen – Pierre Nautin hat von einer „lecture glosée" gesprochen[75]. Die Korintherhomilien sind ein vorzügliches Beispiel für diesen Typus. Freilich dürfte hier auch die Verkürzung und Lemmatisierung durch den Katenisten ein übriges getan haben.

Neben der Wiederholung von Bibeltexten steht die schlichte Repetition von Auslegungen: Origenes rechnet einerseits mit Hörern, die den Text und seine Erklärung vergessen haben oder gar nicht anwesend waren. Andererseits weiß er, daß auch „dem Wissenden", der sich noch an seine Exegesen erinnert, eine Wiederholung „zur Klärung und zur Erinnerung an das Besprochene" dienen kann[76].

Die Konzentration auf den biblischen Text und seine Auslegung ist bei Origenes weder theologisch noch biographisch verwunderlich: Er konnte – so berichtet jedenfalls Eusebius – wie viele antike Christen seit seiner Jugend eine ganze Anzahl Schriftstellen auswendig hersagen[77] und wird das nicht für einen Luxus gebildeter Theologen angesehen haben, wollte vielmehr vermutlich die ganze Gemeinde zu solcher Kompetenz führen. In seiner immensen Bibelkenntnis liegt vielleicht auch die Wurzel eines Problems, m.E. des bei weitem größten Problems der Predigten des Origenes, nämlich ihrer bisweilen extremen Länge und Weitläufigkeit (schärfer formuliert: ihrer gelegentlichen Geschwätzigkeit).

Natürlich geschieht diese Konzentration auf den biblischen Text nicht als ein Selbstzweck – man gewinnt vielmehr den Eindruck, daß Origenes dies alles tut, um unter den alten Texten einen aktuellen Dialog des lebendigen Christus mit seiner Gemeinde freizulegen, im einst gesprochenen Gotteswort die gegenwärtige Anrede des κύριος. Denn nur die Einfältigeren meinen, daß die direkte Anrede Jesu auf die früheren Zeiten beschränkt sei, und preisen Menschen dieser Epochen selig (im Sinne eines μακάριοι οἱ παλαιότεροι

---

[74] Eus., h.e. VI 38 ἐκείνη ἡ γνώμη οἷα λέγει κακά, παραθήσομαι ὑμῖν, ἵνα μὴ συναρπάζησθε (592,19f.).

[75] NAUTIN, in seinem Vorwort zur Ausgabe der Jeremia-Homilien (wie Anm. 69), 114.

[76] Jer. hom. VIII 3 (58,13-16).

[77] Eus., h.e. VI 2,8/9 – zum Quellenwert neben NAUTIN auch W.A. BIENERT, Dionysius von Alexandrien. Zur Frage des Origenismus im dritten Jahrhundert, PTS 21, 1978, 87-104.

ἄνθρωποι)[78]. Die Fortgeschritteneren wissen: „Uns gegenüber schweigt Christus nicht"[79].

> „Wenn's wahre Dinge sind, die geschrieben stehen, dann sprach der Herr nicht nur damals in den Versammlungen der Juden, sondern er tut es auch noch heute in dieser Versammlung hier und nicht nur in dieser, sondern in jeder anderen Zusammenkunft; ja, auf dem ganzen Erdkreis lehrt Jesus und sucht Werkzeuge, durch die er seine Lehre verkündet"[80].

Eine *fünfte* ebenso leicht erkennbare *Absicht* des Origenes ist es, auch die historisch scheinbar zufälligen und belanglosen *Details auf große Linien hin durchsichtig zu machen* – das verhindert zunächst wieder Unaufmerksamkeit bei den Hörern; hängt dann aber natürlich auch an der grundlegenden hermeneutischen Sicht des Literalsinnes und der Schrift an sich. An unserem Beispiel, der zweiten Genesishomilie, läßt sich das schön zeigen: In der pyramidal vorgestellten Arche ist der untere Teil nach Origenes für Schlangen und wilde Tiere vorgesehen, Haustieren und sonstigen zahmeren Geschöpfen ist die mittlere und dem Menschen die obere Abteilung vorbehalten, und das wird so erläutert:

> „Wie aber der Mensch die vernunftlosen Geschöpfe durch seine Natur überragt und beherrscht, so mußte er auch im obersten Raum der Arche, in der dritten Abteilung, sein und die übrigen Geschöpfe unter seiner Gewalt und Obhut haben"[81].

Die an und für sich wenig interessante Anordnung der Belegschaft in der Arche wird also auf zentrale Einsichten über das Wesen des Menschen hin durchsichtig gemacht.

Ein Mittel, mit dem Origenes diese Absicht zu erreichen sucht, ist seine Zuspitzung der Auslegungen auf den σκοπός, die Intention (Schadel: „das Sinnziel") eines Textes. Das geschieht sehr häufig, auch wenn der Terminus selbst in den Predigten nur äußerst selten vorkommt, in den Jeremia-Homilien z.B. nur ein einziges Mal[82]. Aber es finden sich Substitute, z.B. die Rede vom „(Aus-

---

[78] Jer. hom. XVIII 8 (161,13-16); vgl. R. GÖGLER, Zur Theologie des biblischen Wortes bei Origenes, Düsseldorf 1963, 262f.: „Wo immer Wort Gottes ergeht, wird Christus anwesend"(263).

[79] Luc. hom. V 1 *nobisque non tacet Christus* (FC 4/1, 92,9 SIEBEN). Werner SCHÜTZ deutet den Gottesdienst entsprechend zusammenfassend „als Epiphanie Jesu" (Gottesdienst [wie Anm. 8], 19-21).

[80] Luc. hom. XXXII 2 *Si vera sunt, quae scripta sunt, non solum tunc in congregationibus Iudaeorum, sed et hodie in hac congregatione Dominus loquitur: et non solum in hac, sed etiam in alio coetu et in toto orbe docet Iesus, quaerens organa, per quae doceat* (322,20-24).

[81] Gen. hom. II 1 Ἐχρῆν δὲ τὸν ἄνθρωπον ὥσπερ τῇ φύσει ἄρχοντα τῶν ἀλόγων, ὧν ἐπιβέβηκεν αὐτός, οὕτω καὶ χώρᾳ τῇ ἀνωτάτω τυγχάνειν περὶ τὴν τρίτην στέγην ὑποχείρια ἔχοντα τὰ λοιπὰ τῶν ζῴων (25,29-26,19 BAEHRENS).

[82] Jer. hom. I 1 „Es genügt jedoch – damit wir zum Skopus der vorgegebenen Lesungen gelangen können – das wenige, was mir im Augenblick einfällt": ὀλίγα δὲ ‹ἀρκεῖ› τὰ ἐπὶ τοῦ παρόντος ὑποπίπτοντα, ἵνα ἔλθωμεν καὶ ἐπὶ τὸν σκοπὸν τῶν προκειμένων ἀναγνωσμάτων (GCS Origenes III, 1,7-10 KLOSTERMANN / NAUTIN); Philoc. 27,3 (nach JUNOD, SC 226, 105, eventuell aus den *mistarum homeliarum libri II*; in DERS., Homilien [wie Anm. 8] äußert er sich vorsichtiger: S. 75) ἐπὶ τὸν σκοπὸν ἐκεῖνον τὰς γραφὰς ἄγειν ἀγωνιζόμεθα (SC 226, 278,13f. JUNOD) – vgl. auch R. ALPERS-GOELZ, Der Begriff Skopos in der Stoa und seine Vorgeschichte, mit einem Anhang:

sage-)Willen" der Lesungstexte und in gewissem Sinne auch „der tiefe Grundgedanke" bzw. „tiefe Sinn"[83].

Natürlich will Origenes – wie jeder halbwegs engagierte Prediger – auch den moralischen Standard seiner Hörer heben; als *sechste Absicht* zählen wir sein Bemühen, Hörer *durch Predigt zur Umkehr zu bewegen*. Eine fehlerhafte Einstellung wäre es daher, die Gemeinde zu unterhalten, anstatt sie von ihren Fehlern zu bekehren[84]; vom Homileten ist keine *luxuriosa oratio* gefordert. Die Geschichte von der Vergewaltigung des betrunkenen Lot durch seine Töchter nutzt Origenes beispielsweise zu entsprechender Mahnung:

> „Hört, zu was Betrunkenheit führt! Hört, welchen Grad von Schande man durch Besoffensein erreicht! Hört es und hütet euch!"[85]

Wir brauchen diesen Punkt nicht zu vertiefen und weitere Details mitzuteilen; Adolf von Harnack hat in seinen Beiträgen „Der kirchengeschichtliche Ertrag der exegetischen Arbeiten des Origenes" unter der Überschrift »Wie es unter Christen zugeht. Geschlechtliches, Ehefragen" ein buntes Panorama aus solchen Invektiven rekonstruiert[86], auf das in unserem Zusammenhang verwiesen werden kann. Nicht nur unter der Überschrift „moralische Auslegung", sondern durchaus auch in solchen Zwischenbemerkungen und Ausrufen findet sich ethische Auslegung eines Predigttextes. Aber das Stichwort „Umkehr" bezeichnet keineswegs allein die Abwendung von ganz bestimmtem ethischem Fehlverhalten, sondern von allem weltlichen Sorgen und Begehren. Weil Predigt sowohl auf diesen großen Zusammenhang der Umkehrthematik wie auch auf die jeweils ganz konkreten ethischen Bewährungsfelder der Umkehr hin-

---

Materialien zum Zielbegriff in der griechischen und lateinischen Literatur von W. HAASE, Spudasmata 8, 1976.

[83] Τὸ βούλημα τῶν γεγραμμένων ἀναγνωσμάτων Jer. hom. I 1 (2,8), ebenso Cels. IV 44 (316,18) und comm. in Matth. XV 37 (GCS Origenes X, 461,3f. KLOSTERMANN) und das knappere *scripturae sensum* Luc. hom. XXIX 6 (FC 4/2, 302,22 SIEBEN); ferner τὸ βούλημα τοῦ γεγραμμένου Jer. hom. III 1 (20,15f.); daneben τὸ νόημα ... τὸ βαθύ Jer. hom. XIX (XVIII) 11 (166,32f.), vgl. τὸν βαθύτερον νοῦν princ. IV 2,9 (GCS Origenes V, 321,15) und τινὰ ἄξιον νοῦν βάθους προφητικοῦ Jer. hom. XIV 16 (122,10f.) sowie aus einem (mutmaßlich echten) Katenenfragment zu Prov. (PG 17,228 B): ... τὸν ἀποκεκρυμμένον νοῦν καὶ βαθύτερον. Zur christologischen Identifikation dieses Schriftsinnes vgl. SCHÜTZ, Gottesdienst (wie Anm. 8), 94f., und M. SIMONETTI, Lettera e/o allegoria. Un contributo alla storia dell'esegesi patristica, SEA 23, Rom 1985, 78f.

[84] Ez. hom. III 3 (GCS Origenes VIII, 351,19-25 BAEHRENS): ... *quae delectent potius audientes quam convertant a vitiis* (351,24f.); zur Umkehrpredigt auch SCHÜTZ, Gottesdienst (wie Anm. 8), 84f., und JUNOD, Homilien (wie Anm. 8), 69-72.

[85] Gen. hom. V 3 *Audite ebrietas, quid agat; audite quantum facinoris conciliet temulentia. Audite et cavete vos* (61,2-4).

[86] HARNACK, I. Tl. Hexateuch und Richterbuch, TU 42/3, 1918; II. Tl. Die beiden Testamente mit Ausschluss des Hexateuchs und des Richterbuchs, TU 42/4, 1919, 114-122. Eine ähnliche, aber knappere Sammlung bei SCHÜTZ, Gottesdienst (wie Anm. 8), 46-55, und bei MONACI CASTAGNO, Origene (wie Anm. 8), 177-220.

weist, erleichtert sie dem Gemeindeglied die faktische Verhaltenskorrektur als selbstverständlichen Teil einer weit grundsätzlicheren „Bekehrung"[87].

Nicht ganz sicher ist, ob man als eine eigene, bewußte Absicht des Origenes seine spontane und unverstellte Mitteilung der eigenen Befindlichkeit als Prediger und Exeget rechnen darf. Gemeint ist das Tastende, Suchende, dessen Seitenstück die bekannte Freiheit des Bibelkommentators Origenes ist, der „seine Bibeldeutung jeweils nicht mit letzter Verbindlichkeit vorträgt, sondern dem Leser immer eine gewisse Freiheit läßt". Hermann Josef Vogt hat nicht nur auf diesen Punkt hingewiesen, sondern daran erinnert, „daß Origenes sich bewußt ist, sich exegetisch auf schwankendem Boden zu bewegen"[88]. Und das drückt sich in den Predigten dann auch so aus: „Verlegenheit hat mich ergriffen", ἀπορία κατέσχε με, sagt der Homilet einmal[89] und erwägt des öfteren in folgender Art: „man könnte betrachten", „vielleicht sollten wir hier …". Von einem Vers (Jer 15,15f.) kann gesagt werden: „Es mag der Prophet sein, der so redet"[90]. Wahrscheinlich handelt es sich bei all dem nicht um eine bewußte Absicht, eher kann man wohl von einem Wesenszug des Theologen Origenes sprechen, der sich auch in seinen Predigten zeigt. Über die Wirkung, die ein solcher Stil auf eine Gemeinde sehr unterschiedlicher intellektueller Zurüstung ausübt, läßt sich trefflich spekulieren: Das dürfte keineswegs alle angesprochen haben – genügt aber einer modernen homiletischen Forderung: Das „Ich" des Predigers ist deutlich erkennbar[91].

Vielleicht kann man die genannten sechs Anliegen in einer *siebenten Absicht* des Origenes zusammenfassen: dem Ziel der οἰκοδομή, präziser: einer *Auferbauung der Gemeinde zur christlichen Frömmigkeit*, ja zu einer Christusfrömmigkeit (εὐσέβεια), in deren Interesse alle Hörerbezogenheit, alle Sensibilität, Präzision und Durchsichtigkeit seines Predigens steht. Wir hatten oben schon gesehen, daß die ursprüngliche Bitte, Origenes möge in Cäsarea predigen, vom Zutrauen getragen war, er werde zur οἰκοδομή der Gemeinde beitragen. Man spürt das nämliche Interesse des Predigers bis hin in seine diversen rhetorischen Fragen. Origenes überlegt in einer Jeremia-Homilie: „Ich weiß jedoch nicht, ob dieses Detail eine nützliche Abzweckung hat. Was soll ich

---

87   In Ex. hom. XIII 4 äußert sich Origenes grundsätzlich darüber, daß Kritik an der Sünde und Tröstung der Gemeinde mit einer wissenschaftlichen Texterklärung zusammenkommen müssen (GCS Origenes VI, 276,10-15 BAEHRENS).

88   VOGT, Wie Origenes in seinem Matthäus-Kommentar Fragen offen lässt, in: H. CROUZEL / A. QUACQUARELLI (Hgg.), Origeniana Secunda, QVetChr 15, Bari 1980, 191-198.

89   Jer. hom. XIII 1 (S. 102,3); weitere vergleichbare Wendungen bei SCHADEL, Jeremiahomilien (wie Anm. 6), 23f. mit Anm. 6-10.

90   Jer. hom. XIV 14 (118,23 ἔστω ὁ προφήτης).

91   Eine besonders eindrückliche Passage, in der das „Ich" des Predigers hervortritt, sind die Erwägungen über Jer 20,8 in Jer. hom. XX 8, vgl. z.B.: κἀγὼ μὲν ὀκνῶ ἐξομολογήσασθαί μου τὰ ἁμαρτήματα ἐπὶ τῶν ὀλίγων ἐνταῦθα, ἐπεὶ μέλλουσί μου καταγινώσκειν οἱ ἀκούοντες (189,22f.), zu deutsch: „Ich freilich zögere, meine Sünden bei den wenigen, die hier anwesend sind, offen zu bekennen, weil die Zuhörer mich sonst verachten würden"; vgl. aber auch Gen. hom. XVI 5 (142,14-24).

sagen? Höre Paulus!"[92]. Außerdem kann man sich das Anliegen schon rein statistisch an der Häufigkeit des Wortfeldes klarmachen: Das Ergebnis allegorischer Auslegung in der zweiten Genesishomilie wird beschrieben als das, was die Perikope „für unsere geistliche Auferbauung enthält", und eine Predigt zu Ezechiel beschreibt die Aufgabe der Predigt so: *dispensare omnia, quae erant aedificationis*[93]. Und entsprechend wird am Schluß einer Predigt resümiert: „Wir haben zur Auferbauung behandelt, was uns jetzt zur Verfügung stand"[94]. Schon der schlichte Literalsinn kann erbauen:

> „Was ist es notwendig, bei diesen Stellen eine Allegorie zu suchen, wenn auch der buchstäbliche Sinn auferbaut"?[95]

Und – wie beispielsweise schon Frau Torjesen betont hat[96] – garantiert die Inspiration der Schrift durch den heiligen Geist die Nützlichkeit der Schrift (ὠφέλεια / χρήσιμον), und diese Nützlichkeit ist Brauchbarkeit für die οἰκοδομή. Eine solche Auslegung lenkt die Aufmerksamkeit von der reinen Historie (verstanden als eine Aufzählung der *bruta facta*) auf das *pro me*: Der Prediger fragt also τί οὖν πρὸς ἐμὲ αὕτη ἡ ἱστορία; – „Was bedeutet nun aber diese (sc. erzählte) Geschichte für mich?"[97]. Letztlich führt eine solche Auferbauung der Hörer natürlich zur „mündigen Gemeinde" (um ein etwas anachronistisches Stichwort aus gegenwärtigen Diskussionen zu bemühen), wie eine Schlußpassage aus den Genesishomilien illustriert:

> „Versuche also auch du, lieber Zuhörer, einen eigenen Brunnen und eine eigene Quelle zu haben (cf. Spr 5,15. 18). Damit auch du, wenn du ein Buch der heiligen Schriften in die Hände genommen hast, aus eigener Ansicht irgendeine Einsicht vorzutragen beginnst"[98].

---

[92] Jer. hom. XX 6 εἰ δέ τι κἀκεῖνος τέλος ἕξει ὠφέλιμον, οὐκ οἶδα. τί λέγω; ... ἄκουε Παύλου (186,1-3) – weitere Beispiele für solche Fragen bei SCHADEL, Jeremiahomilien (wie Anm. 6), 34f.

[93] Gen. hom. II 3 *temptemus inquirere, quid etiam spiritalis aedificationis contineat magnifica haec arcae constructio* (GCS Origenes VI, 30,5f.); Ez. hom. III 6 (GCS Origenes VIII, 353,29). Das Ziel der οἰκοδομή arbeiten auch schön heraus SCHÜTZ, Gottesdienst (wie Anm. 8), 91f., und JUNOD, Homilien (wie Anm. 8), 65-67.

[94] II 6 ... *tamen quae ad praesens occurrere potuerunt, pro aedificatione tractavimus* (38,22f.). Ähnlich in den Exodus-Homilien: I 1 *Videamus ergo, quid statim in initiis Exodi lectio contineat, et, qua possumus brevitate, quantum ad aedificationem auditorum sufficit, persequamur* (146,6-8). Und nahezu synonym dazu ist die Rede von der *ecclesiae aedificatio* (II 4 [159,28] bzw. IX 2 [237,21]), jedesmal verbunden mit der Gebetsbitte um entsprechenden Beistand.

[95] Num. hom. XI 1 (77,11f.) *Quid opus est, in his allegoriam quaerere, cum aedificet etiam littera?*

[96] TORJESEN, Procedure (wie Anm. 38), 124. Vgl. auch R. GÖGLER, Zur Theologie des biblischen Wortes bei Origenes, 1963, 282-298, und die Bemerkungen über die Einfachheit der Schrift bei G. AF HÄLLSTRÖM, FIDES SIMPLICIORUM according to Origen of Alexandria, Societas Scientiarum Fennica, CommHL 76, Ekenäs 1984, 20 mit Anm. 9.

[97] Jer. hom. I 2 (2,11 KLOSTERMANN / NAUTIN).

[98] Gen. hom. XII 5 (112,17-20): *Tempta ergo et tu, o auditor, habere proprium puteum et proprium fontem; ut et tu, cum apprehenderis librum scripturarum, incipias etiam ex proprio sensu proferre aliquem intellectum*; vgl. ebenso zu Spr 5,15 Num. hom. XII 1 (GCS Origenes VII, 94,26-29) und Jer. hom. XVIII 4 (154,18-22) und zur Aufforderung an die Hörer Luc. hom. XXXI 1 (FC 4/2, 312,3).

Wir sehen an den genannten sieben Absichten (und beobachteten ebenso an unseren Beispielen), daß Origenes eine hörerbezogene, erfahrungsnahe Predigt intendierte – in den Grenzen, die ihm hier seine überreiche Begabung und Bildung setzte. Man kann feststellen, daß für ihn Hörerbezogenheit keinen Gegensatz darstellte zu einer zugleich auch gebildeten und theologiegesättigten Homilie. Allenfalls eine gewisse gelehrte Zerstreutheit kann man diesem Prediger nachsagen; vielleicht hat auch seine eigene streng asketische Haltung[99] gelegentlich die realistische Einschätzung der Hörer etwas behindert. Alltagssorgen hat er bewußt kaum thematisiert, wollte er doch gerade seine Gemeinde von diesen Empfindungen wegleiten (s.o. S. 53f.).

Und doch werden die hörerbezogenen Absichten dieses Predigers gern verkannt: Harnack hat z.B. über die Predigten des Origenes bemerkt, daß er „selten ein konkretes Detail" biete „und auch das ‚Ich' ... sehr selten zu finden" sei[100] – Erich Klostermann notierte in seinem vielfach korrigierten Handexemplar der Literaturgeschichte Harnacks an dieser Stelle handschriftlich am Rande ein großes Fragezeichen; er hat zu viele Homilien des Origenes ediert, in denen der Prediger von sich redet (und sei es in rhetorisch geprägten Topoi) und konkret auf Details aus dem Leben seiner Gemeinde eingeht: *Sequere me, o auditor, per subtiles lineas verbi, et ostendam tibi* ...[101].

Erwägungen zur Wirkung der Predigten des Origenes

Eigentlich sollten wir – und das wird m.E. viel zu wenig bedacht – äußerst vorsichtig mit allen Äußerungen über die Wirkung der Predigten des Origenes sein: Das schon allein deswegen, weil wir kaum wirkliches Vergleichsmaterial zur Hand haben. Und unter denjenigen Texten, die als „Predigten" des zweiten und frühen dritten Jahrhunderts hier gern herangezogen werden, sind hinsichtlich dieser literarischen Einordnung heftig umstrittene Texte zu finden. Ich habe an anderer Stelle diese Handvoll Überreste (z.B. der zweite Clemensbrief, zwei Fragmente des römischen Theologen Valentinus, die Passahomilie des Melito von Sardes, eine Predigt des Clemens von Alexandrien und weiteres Material aus den apostolischen Vätern und der apokryphen Apostelliteratur, vielleicht auch gnostische Texte) ausführlich besprochen[102] und darf es bei einem Hinweis darauf bewenden lassen; auf das unsichere Gebiet der Pseudo-Cyprian-Texte wollen wir uns hier lieber nicht einlassen. Jedenfalls muß man sich immer wieder klarmachen, daß angesichts der zu postulierenden riesigen Menge von Predigten ein geradezu lächerlich geringer Teil übriggeblieben ist.

---

[99] Eus., h.e. VI 3,12.

[100] HARNACK, Chronologie II (wie Anm. 1), 37.

[101] Jos. XVI 3 (397,4f). Entsprechend auch SCHÜTZ, Gottesdienst (wie Anm. 8), 89: „Sehr oft wird gerade an entscheidenden Stellen im Ichton eines sehr persönlich gefärbten Zeugnisses gesprochen".

[102] MARKSCHIES, Valentinus (wie Anm. 4), 122-127.

Bevor wir Einschätzungen darüber äußern, ob Prediger ihren Gemeinden viel oder wenig zumuten, müßten wir erst einmal etwas über die Standards wissen – sonst legen wir stets nur die eigenen Maßstäbe an Origenes an. Wir erwähnten den stark paraphrasierenden Stil einzelner Homilien des Origenes (Nautins „lecture glosée"): Warum fragt eigentlich niemand, ob diese manchmal ermüdende Repetition und Meditation längst gehörter Sachverhalte nicht vielen Gemeindegliedern auf die Nerven ging? Wieso erwägt niemand, daß die stereotype Erwähnung der Musterketzer „Markion, Basilides und Valentin" in Cäsarea vielleicht schon städtischer Spott geworden war? Warum hat noch niemand daran gedacht, daß allzu deutlich vorgetragene Gliederungen („Nun gehen wir dazu über, daß ...") Hörer vermutlich aller Zeiten langweilen? Ich frage nur, um die Unsicherheit aller Urteile zu demonstrieren: Predigtbeurteilungen aller Zeiten sind in ganz hohem Maße von den subjektiven Erwartungen der jeweils Urteilenden an Ästhetik, Rhetorik, Exegese und Theologie abhängig; das ist in Cäsarea vermutlich auch nicht anders gewesen als in Jena oder Cambridge.

Wie kommt man also auf sicheren Boden? Wenn ich recht sehe, besitzen wir keine direkten Äußerungen von Predigthörern des Origenes, aber wohl einige indirekte Zeugnisse. Die wichtigste Nachricht stammt m.E. aus den Lukas-Homilien. Sie belegt – wenn denn ein Betroffener eine zuverlässige Quelle für Urteile über sich selbst darstellt! –, daß es zufriedene und unzufriedene Hörer und Hörerinnen gab, und also gar nichts Aufregendes:

> „Weil viele uns mehr lieben, als wir es verdienen, spenden sie überall laut herumposaunend unseren Predigten und unserer Lehre ein solches Lob, wie es unser Gewissen nicht annimmt. Andere wiederum beklagen sich zu Unrecht über unsere Predigten und werfen uns Ansichten vor, von denen wir wissen, daß wir sie niemals vertreten haben"[103].

Es wird Origenes hier also keine übertrieben schwere allegorische Auslegung über die Köpfe der Gemeinde hinweg zum Vorwurf gemacht, sondern *sententiae* – bestimmte theologische Äußerungen, die in der Vorstellung der Kritiker nicht zum Kanon rechtgläubiger Sätze gehören. Und interessanterweise verläuft ja so auch die spätere Verketzerung des Origenes[104]. Natürlich gibt es auch Vorwürfe gegen seine allegorische Auslegung durch solche, die besonderes Gewicht auf die Auslegung des Literalsinnes legen – die *amici litterae, amici et defensores litterae*, oder „Philister":

> „Aber sofort werden die ‚Freunde des Buchstabens' gegen mich falsche Anklagen vorbringen und mich belauern, ohne weiteres Feindseligkeiten und Verfolgungen vorbereiten"[105].

---

103 Luc. hom. XXV 6 (FC 4/1, 272,11-15 SIEBEN).

104 Zuletzt H.J. VOGT, Warum wurde Origenes zum Häretiker erklärt? Kirchliche Vergangenheits-Bewältigung in der Vergangenheit, in: L. LIES (Hg.), Origeniana Quarta, IThS 19, 1987, 78-99.

105 Gen. hom. XIII 3; zu den „Philistern" ebd. VI 3 (69,5f.) und XII 4 (110,14-16); vgl. dazu auch MONACI CASTAGNO, Origene (wie Anm. 8), 101-107.

Mir scheint nicht unwichtig, daß es sich hier nicht um die Kritik schlichter überforderter Gemeindeglieder handelt, sondern allenfalls um eine „halbgebildete" Schicht, die gegen die Auslegungen des Origenes den wörtlichen Sinn zur Geltung bringt, wahrscheinlicher aber doch theologisch gebildete Menschen mit einer anderen hermeneutischen Theorie. Schwieriger zu identifizieren sind οἱ φιλαίτιοι, die Tadelsüchtigen oder Nörgler, da sie nicht als feste Kategorie in den Predigten auftauchen. In einem Fall wird freilich klar, daß sie den Prediger wegen angeblicher theologischer Kühnheit anklagen[106].

Eine gern herangezogene Stelle aus den Genesis-Homilien bietet m.E. keinerlei Spezifika der besonderen Situation in Cäsarea und erlaubt daher auch keine Rückschlüsse auf die Wirkung der Predigten des Origenes. Sie benennt Erfahrungen und Gedanken, die alle die, die jemals auf einer Kanzel gestanden haben, auch so oder ähnlich kennen:

> „... daß Ihr doch eine Freude wäret für eure Mutter, die Kirche! Aber ich fürchte, die Kirche muß auch jetzt noch ihre Kinder mit Traurigkeit und Seufzen gebären. Oder sollte es ihr nicht Traurigkeit und Seufzer bringen, wenn ihr euch nicht einstellt, um das Wort Gottes zu hören, und kaum an Festtagen euch zur Kirche bewegt? Und dies nicht so sehr aus Verlangen nach dem Worte Gottes, als aus einer Neigung zu den öffentlichen Feierlichkeiten und gewissermaßen aus Verlangen nach gemeinschaftlicher Erholung. Was soll ich also tun, dem die Verkündigung des Wortes Gottes anvertraut ist? ... Die meiste, ja fast alle Zeit bringt ihr mit irdischen Beschäftigungen auf dem Marktplatz hin, oder ihr braucht sie zu Geschäften. Der eine widmet seine Zeit dem Ackerbau, der andere seinen Rechtshändeln; das göttliche Wort hören, damit gibt sich niemand oder nur sehr wenige ab. Doch was tadle ich euch wegen eurer Beschäftigungen? Was klage ich über diejenigen, welche abwesend bleiben? Auch wenn ihr hier seid und euren Platz eingenommen habt, so seid ihr nicht aufmerksam, sondern unterhaltet euch nach eurer Gewohnheit mit Stadtneuigkeiten; dem Wort Gottes aber und der Auslegung der Heiligen Schrift kehrt ihr den Rücken zu"[107].

Trauer über leere Kirchenbänke und Enttäuschung über unaufmerksame Gemeinden machen nicht das besondere Schicksal des Wissenschaftlers aus, der über die Köpfe einer christlichen Gemeinde in einer Hafenstadt hinwegpredigt, sondern den homiletischen Alltag aller Zeiten. Das Stichwort „Weihnachtsgottesdienst" reicht zu, um die Klage über Fest- und Feiertagschristlichkeit des Origenes aus der Vergangenheit in die Gegenwart zu ziehen. Heinrich

---

[106] Jer. hom. VIII 8 (62,4).

[107] Gen. hom. X 1 ... *et essetis gaudium matri vestrae ecclesiae. Sed vereor, ne adhuc in tristitia et gemitu ecclesia filios pariat. Aut non est ei tristitia et gemitus, cum vos non convenitis ad audiendum Dei verbum et vix festis diebus ad ecclesiam proceditis, et hoc non tam desiderio verbi quam studio sollemnitatis et publicae quodammodo remissionis obtentu? Quid igitur ego faciam, cui dispensatio verbi credita est? ... Plurimum ex hoc, immo paene totum mundanis occupationibus teritis; in foro aliud, aliud in negotiatione consumitis; alius agro, alius litibus vacat, et ad audiendum Dei verbum nemo aut pauci admodum vacant. Sed quid vos de occupationibus culpo? quid de absentibus conqueror? Praesentes etiam et in ecclesia positi non estis intenti, sed communes ex usu fabulas teritis, verbo Dei vel lectionibus divinis terga convertitis* (93,6-21).

Bassermann hat das freilich noch anders gesehen und die Unaufmerksamkeit der Hörer auf das „intellectuelle Interesse" des Predigers geschoben[108].

In der Antike finden sich nur sehr selten solche vergleichsweise konkreten Hinweise auf die Hörerreaktionen; Hieronymus und Rufin dürften auch nicht gerade ein sehr tiefes Interesse an der Übersetzung ähnlicher Passagen gehabt haben, und wer weiß, ob Origenes sie nicht selbst aus der Reinschrift der Stenogramme herausgestrichen hat (freilich ist unsicher, ob er diese Notate überhaupt bearbeitet hat).

> Pierre Nautin hat in bekannter Hypothesenfreudigkeit eine sehr drastische Reaktion auf die Predigten des Origenes gemeint aufspüren (oder sagen wir besser: postulieren) zu können: Nach seiner Meinung zeigt das Fehlen von Nachrichten über Homilien des Origenes zu 2Sam, Könige, Chronik, Esra, Esther, Judith, Tobias und Makkabäer, daß er wegen der Kritik an seiner allegorischen Auslegungsweise von der Predigt entbunden worden wäre[109] – das bleibt reine Spekulation, solange seine grundlegende Theorie der Lesezyklen eine sehr unsichere Annahme bleibt! Und die in der entsprechenden Anmerkung genannten Stellen aus Homilien und Kommentaren belegen auch nur das, was wir oben schon gesehen haben, daß Origenes von den einen wegen angeblicher häretischer Sätze und von den anderen wegen seiner allegorischen Auslegung angegriffen wurde. Eine kräftige mündliche Propaganda in Cäsarea reicht doch schon aus, um dem enttäuschten Angegriffenen die zornige Charakterisierung „Feindseligkeiten und Verfolgungen" in der mündlichen Rede zu entlocken.

Als indirekte Zeugnisse über die Wirkung der Rhetorik des Origenes kann auch nur eine kleine Zahl von Texten herangezogen werden – und das mit Vorbehalt: Wenn der Origenes-Schüler Gregor Thaumaturgos sich von seiner „Rede wie von einem Pfeil getroffen" fühlt und ihr eine „Mischung aus süßer Anmut, überzeugender Beredsamkeit und zwingender Kraft" attestiert[110] (die wieder von Nautin aufgeworfene Echtheitsfrage können wir hier einmal beiseite lassen[111]), dann entspricht das eher rhetorischer Konvention als einem sonderlich charakteristischen Eindruck von den rhetorischen Fähigkeiten des Lehrers. Interessanter scheinen die Fehlanzeigen: Bei Hieronymus in *De viris illustribus* finden wir kein Wort über den Prediger und seine Predigten, und auch Photius referiert in Codex 118 treulich die Auseinandersetzungen um die palästinische Ordination des Origenes, ohne explizit von seiner Predigttätigkeit

---

108 BASSERMANN (wie Anm. 3), 137.

109 NAUTIN, Origène (wie Anm. 1), 405 mit Anm. 114.

110 Pan.Or. 6,73 (SQS 9, 15,29-16,1 KOETSCHAU): βεβλημένοι μὲν ὥσπερ τινὶ βέλει τῷ παρ' αὐτοῦ λόγῳ ... (ἦν γάρ πῶς καὶ ἡδείᾳ τινὶ χάριτι καὶ πειθοῖ καί τινι ἀνάγκῃ μεμιγμένος).

111 Nur soviel: Gegen die Argumentation von NAUTIN (Origène [wie Anm. 1], 81-86), der sich vor allem auf die eusebianische Formulierung (h.e. VI 30) ... Θεόδωρον, ὃς ἦν αὐτὸς οὗτος ὁ καθ' ἡμᾶς ἐπισκόπων διαβόητος Γρηγόριος (584,14f.) kapriziert, um beide dann voneinander zu trennen, hat sich CROUZEL mehrfach gewendet (Origen [wie Anm. 1], 2 Anm. 3; DERS., Faut-il voir trois personnages en Grégoire le Thaumaturge [Greg. 60, 1979, 287-320]; DERS., Art. Gregor I [Gregor der Wundertäter], in: RAC XII, 779-793, bes. 780-783). Mir scheinen zudem analoge Beispiele einer solchen Doppelnamigkeit *Caecilius Cyprianus, qui et Thascius* und nicht zuletzt *Origenes, qui et Adamantius*.

zu sprechen[112]. Andererseits muß man sich auch hier wieder klarmachen, daß wir kaum unmittelbare Eindrücke von Predigten aus der römischen Kaiserzeit besitzen; die bekannten und recht präzisen Äußerungen des rhetorisch gebildeten Augustinus über Ambrosius bilden eine bezeichnende Ausnahme[113].

Als letztes sind noch die Vorreden zu den jeweiligen lateinischen Übersetzungen der Origenes-Predigten zu nennen, insofern sie Bemerkungen zu den Predigten enthalten; aber auch hier ist die Ausbeute gering: Hieronymus qualifiziert die Lukashomilien als Frühwerk ab[114], die beiden Hoheliedpredigten, die er übersetzt, als Texte für Anfänger, die sich erst noch reinigen müssen (also doch wohl mindestens auch: Katechumenen)[115], und Rufin bezeugt den Ausdruck ὁμιλία in seiner Vorbemerkung zu den drei Psalmenpredigten[116]. Im Epilog zu seiner Übersetzung des Römerbriefkommentars bestätigt er nochmals, was wir schon sahen: daß die Homilien des Origenes *non tam explanationis quam aedificationis,* mehr zur Auferbauung, zur οἰκοδομή der Gemeinde gedacht gewesen seien[117].

Die lateinischen Übersetzungen sind natürlich schon als solche eine Wirkung des Predigers Origenes – wenn man sich die über zweihundert von verschiedenen Autoren übersetzten Homilien vergegenwärtigt und dazu die Mengen von Handschriften aus den verschiedensten Klöstern, wird die singuläre Bedeutung dieser Homilien schnell deutlich[118].

Schluß

Absicht und Wirkung der Predigten des Origenes – es ist dem Verfasser durchaus bewußt, wie wenig damit der Reichtum des Themas ausgeschöpft ist. Andererseits existieren auch eine ganze Reihe guter Arbeiten zum Thema, die ganz entgegen der Konvention zum Schluß genannt sind: Angesichts der vorzüglichen Aufsätze von Erich Klostermann[119] und Éric Junod brauchte das Verhältnis zwischen Kommentaren und Homilien bei Origenes nicht nochmals thematisiert zu werden; zu seiner Hermeneutik liegen (angefangen von Henri

---

[112] Cod. 118 S. 92 b 34 – 93 a 15 (CUFr II, 91f. HENRY); dazu NAUTIN, Origène (wie Anm. 1), 103-105.

[113] MARKSCHIES, Ambrosius (wie Anm. 17), 89-97 (bes. 96 mit Anm. 63).

[114] Luc. hom. praef. (FC 4/1, 58,3f. SIEBEN).

[115] Hier., Prol. ... *duos tractatus, quos in morem cotidiani eloquii ‚parvulis' adhuc lactantibusque composuit,* ... (GCS Origenes VIII, 26,11f.); vgl. auch die Bemerkungen von L. BRÉSARD / H. CROUZEL, Origène, Commentaire sur le Cantique des Cantiques, SC 375, Paris 1991, 10f., und die Analyse bei TORJESEN (wie Anm. 38), 54-62 bzw. 156-165, mit der knappen Zusammenfassung bei JUNOD, Homilien (wie Anm. 8), 52f.

[116] Rufin, Ps. praef. (BPat 18, 26,7 PRINZIVALLI).

[117] Epilogus (CChr.SL 20, 276,9 SIMONETTI).

[118] Aufstellungen bei A. SIEGMUND, Die Überlieferung der griechischen christlichen Literatur in der lateinischen Kirche bis zum zwölften Jahrhundert, ABBA 5, 1949, 110-123.

[119] E. KLOSTERMANN, Formen der exegetischen Arbeiten des Origenes, in: ThLZ 72, 1947, 203-208.

de Lubac bis Karen Jo Torjesen[120]) größere Mengen von Arbeiten vor. Auch die verschiedenen Darstellungen über die konkreten Umstände der Predigt des Origenes sollten nicht noch vermehrt werden[121], obwohl zum besonderen Stil seiner extemporierten, dezidiert mündlichen Rede, der auch durch die veröffentlichten Texte durchschimmert[122], noch längst nicht alles gesagt worden ist. Und die spezifische Frömmigkeit des Autors der Homilien gehörte nicht zu unserem Thema – es sei aber wenigstens kurz an die innige Jesusfrömmigkeit der Lukashomilien als ein Beispiel dieser Dimension erinnert[123].

Neu und zugleich überaus folgenreich an der Predigt des Origenes war, daß hier ein Philologe mit seinen spezifischen Methoden als gottesdienstlicher Prediger arbeitete, also eine nach den Kunstregeln zeitgenössischer Hermeneutik verantwortete Erklärung von Texten die Substanz seiner Predigten bildete. Mit der Frage τί οὖν πρὸς ἐμέ / *quid ad nos?* (s.o. S. 55) wendete er freilich diese Erklärung in direkter Anrede auf eine christliche Gemeinde an, um zu ihrer οἰκοδομή beizutragen; die ὠφέλεια bzw. das χρήσιμον, die auch die Philologie in Texten ermitteln will[124], wird als Anrede formuliert. Origenes ist damit zum Ahnherrn einer ganzen (und bis in unsere Gegenwart bedeutsamen) Predigttradition geworden.

Eingegangen werden muß zum Schluß dieser Skizze über den Homileten Origenes noch auf Hansons eingangs zitierte Bemerkung, man finde in den Predigten „not ... the full, the whole Origen"[125]. Denn das scheint nun eine große Trivialität zu sein, jedenfalls dann, wenn man die Situation des Predigens ansieht. Zunächst: Verwechselte nicht derjenige Prediger, der „seine" ganze systematische Theologie in einer Predigt seinen armen Hörern an den Kopf werfen würde, die Genres? Wirklich „für die Gemeinde im Grossen und Ganzen ... nicht geeignet" wären die Homilien des Origenes gewesen, wenn man in ihnen – im Sinne Hansons – den „ganzen Origenes" hätte hören können. Da wären dann tatsächlich sozusagen wissenschaftliches Katheder und gottesdienstliche Kathedra verwechselt gewesen. Origenes legt zunächst auf

---

120 Zu nennen wären noch: J.-M. POFFET, La méthode exégétique d'Héracléon et d'Origène commentateurs de Jn 4: Jésus, la Samaritaine et les Samaritains, Paradosis 28, Fribourg 1985; HÄLLSTRÖM, FIDES (wie Anm. 96), 43-57, und SCHOCKENHOFF, Fest (wie Anm. 49), 23-88.

121 In Auswahl: REDEPENNING, Origenes II (wie Anm. 3), 226-242; NAUTIN, Homélies (wie Anm. 69), 100-191; DERS., Origène (wie Anm. 1), 389-409; SCHÜTZ, Gottesdienst (wie Anm. 68), 18f.; MONACI CASTAGNO, Origene (wie Anm. 8), 81-93; SIEBEN (wie Anm. 24), 13-24.

122 So auch die Einschätzung seines Übersetzers Rufin im erwähnten Epilog zur Römerbriefkommentar-Übersetzung: ... *in Latinum uertimus, defuerit plurimus labor, dum supplere cupimus ea quae ab Origene in auditorio ecclesiae ex tempore, non tam explanationis quam aedificationis intentione perorata sunt* (276,7-10).

123 Luc. hom. XV 2: „Wenn jemand die Welt verlassen, wenn jemand aus dem Gefängnis und aus dem Gefangenenhaus freikommen will, dann nehme er Jesus in seine Hände, dann umschlinge er ihn mit seinen Armen, dann drücke er ihn gegen seine Brust. Vor Freude jubelnd wird er gehen können, wohin er will" (FC 4/1, 178,27-180,3 SIEBEN; vgl. auch dessen einleitende Bemerkungen zum Thema S. 25-28).

124 NEUSCHÄFER, Origenes (wie Anm. 61), 259-262.

125 HANSON, Allegory (wie Anm. 7), 185f.

die Gemeinde bezogen Texte aus, macht biblische Texte verständlich zur οἰκοδομή der Gemeinde. Und damit diese Ausführungen nicht mit solchen Trivialitäten schließen, erlaube ich mir, Hansons Satz einfach umzudrehen: In diesem leidenschaftlichen Bemühen um die Auferbauung einer konkreten Ortsgemeinde durch eine gründliche Auslegung der Schrift ἐπ' εὐσεβείᾳ haben wir es eben doch zu tun mit „dem vollständigen, dem ganzen Origenes".

Origenes und die Kommentierung des paulinischen Römerbriefs

Einige Bemerkungen zur Rezeption von antiken Kommentartechniken im Christentum des dritten Jahrhunderts und ihrer Vorgeschichte[1]

Darstellungen über die Geschichte der christlichen Schriftauslegung in der Antike, allzumal über die Rolle der allegorischen Methode in ihr, existieren in großer Zahl; sehr viele Autoren sind außerdem bereits Gegenstand von teils umfangreichen Monographien geworden. Allerdings fehlt bisher eine zusammenfassende Darstellung der Geschichte der Literaturgattung „Bibelkommentar" im antiken christlichen Schrifttum, von Unterschieden und Gemeinsamkeiten christlicher Bibelkommentare gegenüber paganen wie jüdischen Vergleichsstücken verschiedenster Art. Eine solche zusammenfassende Darstellung kann hier natürlich auch nicht vorgelegt werden[2], wohl aber ein kleiner Baustein dafür, der sich auf einen maßgeblichen Autor konzentriert. Da die Bemerkungen aber im Zusammenhang eines Kolloquiums über historische und methodologische Aspekte der Kommentierung von Texten entstanden sind, legt es sich nahe, nicht einfach bei einem einzelnen antiken christlichen Autor einzusetzen, sondern ihn in den Zusammenhang antiker christlicher Kommentierung von Bibeltexten zu stellen. Es wird sich im Verlauf der Argumentation zeigen, daß der alexandrinische Wissenschaftler und Theologe Origenes für eine besondere Synthese von antiker Kommentarphilologie und christlicher Auslegungstradition verantwortlich ist und also hier weder zufällig mit der Vorgeschichte seiner Synthese begonnen noch zufällig mit jenem

---

[1] Für freundliche Hinweise zum Thema habe ich neben den Gesprächspartnern in Heidelberg insbesondere meinen Jenaer Kollegen Jürgen Dummer und Nikolaus Walter zu danken. – Folgende Literatur wird nur abgekürzt zitiert: H. CROUZEL, Origen (= Origène, Paris 1985; transl. by A.S. WORRALL), Edinburgh 1989; A. V. HARNACK, Geschichte der altchristlichen Literatur bis Eusebius, 1.Tl. Die Überlieferung und der Bestand der altchristlichen Litteratur bis Eusebius, bearb. unter Mitwirkung v. E. Preuschen, Leipzig 1893; 2.Tl. Die Chronologie der altchristlichen Litteratur, 2 Bde., Leipzig 1896/1904 (Nachdruck Leipzig 1958); P. NAUTIN, Origène. Sa vie et son œuvre, ChrAnt I, Paris 1977 sowie B. DE MARGERIE, Introduction à l'histoire de l'exégèse, Vol. 1, Les Pères grecs et orientaux, Paris 1980; H. Graf REVENTLOW, Epochen der Bibelauslegung, Bd. 1 Vom Alten Testament bis Origenes, München 1990; M. SIMONETTI, Biblical Interpretation in the Early Church. An Historical Introduction to Patristic Exegesis (= Profilo storico dell'esegesi patristica, Rom 1981, transl. by J. A. HUGHES), Edinburgh 1994.

[2] Vgl. jetzt die Bände des Bonner Graduiertenkollegs „Kommentarliteratur", W. GEERLINGS / CH. SCHULZE (Hgg.), Clavis Commentariorum Antiquitatis et Medii Aevi, Der Kommentar in Antike und Mittelalter, 2 Bde., Leiden 2002/2004.

Autor und seiner Paulusauslegung fortgefahren wird. Die Bemerkungen werden durch einen Abschnitt zur Bedeutung der origeneischen Synthese für die christliche Antike abgeschlossen.

Bemerkungen zur christlichen Bibelauslegung vor Origenes

Als die eigentlich große Zeit von „Kommentarwerken"[3] zu maßgeblichen philosophischen und religiösen Texten darf man wohl das dritte und vierte Jahrhundert nach Christus bezeichnen, obwohl es natürlich auch schon vorher solche Arbeiten gab[4]. Daß damals fast gleichzeitig Juden, Christen und Heiden (vor allem Neuplatoniker) den Markt in großem Stil mit Kommentaren belieferten, ist nur auf den ersten Blick selbstverständlich, handelt es sich doch um drei vergleichsweise verschiedene Gruppen. Um zu verstehen, warum auch die Christen sich an dieser philologischen Art des Umgangs mit überlieferten Texten beteiligten, ist ein kurzer Blick auf die Vorgeschichte antiker christlicher Kommentarliteratur sinnvoll. Danach wollen wir uns Origenes, dem ersten christlichen Verfasser von gelehrten Kommentaren in der Tradition alexandrinischer Philologie, zuwenden.

Von regelrechten christlichen Kommentarwerken, die einem antiken Maßstab von Gelehrsamkeit genügten, kann man wohl erst am Ende des zweiten Jahrhunderts sprechen. Christliche theologische Arbeit hat aber von Anfang an, d.h. schon während der irdischen Wirksamkeit Jesu, biblische Texte „kommentiert" (dies in einem weiten Sinne), d.h. ausgelegt[5]. Kaum ein neutestamentlicher Text illustriert dies so deutlich wie die Szene der sogenannten Antrittspredigt Jesu in Nazareth (Lukas 4,16-30 par.) aus dem lukanischen Sondergut[6]: In der örtlichen Synagoge wird ein Prophetentext der jüdischen Bibel (Jesaja 61,1f.) verlesen, und Jesus „kommentiert" ihn mit den knappen Worten ὅτι σήμερον πεπλήρωται ἡ γραφὴ αὕτη ἐν τοῖς ὠσὶν ὑμῶν. Die extreme Knappheit jener auslegenden Worte will die besondere Vollmacht des Ausle-

---

3 Wenn ich im folgenden von „Kommentarwerken im eigentlichen Sinne" bzw. „gelehrten Kommentaren" spreche, meine ich die miteinander zusammenhängenden alexandrinischen Formen von textkritischen γλῶσσαι oder σχόλια und exegetischen ὑπομνήματα (vgl. H. Dörrie, Zur Methodik antiker Exegese, ZNW 65, 1974, 121-138, bes. 130f.; A. v. Premerstein, Art. commentarii, PRE IV/1, 1900, 726-759 sowie J. Rüpke, Art. Commentarii, DNP III, 1997, 99f.).

4 R. Pfeiffer, Geschichte der klassischen Philologie. Von den Anfängen bis zum Ende des Hellenismus, München ²1978, Index s.v. ὑπόμνημα, ὑπομνήματα (371); für den Begriff F. Böhmer, Der Commentarius, Hermes 81, 1953, 210-250.

5 Allerdings kommt das Wortfeld ἐξηγεῖσθαι / ἐξήγησις nicht in entsprechender Bedeutung im Neuen Testament vor. – Die folgenden Abschnitte sind als Hinführung zum Thema angelegt und intendieren daher keinerlei Vollständigkeit, z.B. auch nicht hinsichtlich der Literaturhinweise.

6 Für die historische und literarische Analyse vgl. den Literaturüberblick und die Darstellung bei F. Bovon, Das Evangelium nach Lukas, EKK III/1, 1989, 205-216. Allgemein auch: M. Hengel, Die Schriftauslegung des 4. Evangeliums auf dem Hintergrund der urchristlichen Exegese, JBTh 4, 1989, (249-288) 251f.

genden zeigen; seine Zuhörer anerkennen dies staunend (Lukas 4,22). Das ausgelegte biblische Wort ist als Zitat vergleichsweise eindeutig eingeführt und stimmt mit der Septuagintafassung überein[7], die Auslegung ist als solche ebenfalls gekennzeichnet. Jesu Kommentierung fällt deswegen so kurz aus, weil mehr zu sagen jedenfalls dem Evangelisten, der die Szene überlieferte und gestaltete[8], nicht notwendig schien. Man wird diese besondere Form der Auslegung eines biblischen Textes wohl am besten als „messianische Schriftdeutung" in der Tradition „prophetischer Schriftdeutung" bezeichnen; die Dominanz eines theologischen Gedankens in der Auslegung wird durch die gewählte Form der Kommentierung überaus deutlich. Die vorausgesetzte Szene freilich verbindet den scheinbar exzeptionellen Vorgang eines messianischen Auftritts mit der gewöhnlichen Liturgie eines kaiserzeitlichen Synagogengottesdienstes; der berichtende Evangelist Lukas bzw. die ihm vorliegende Tradition dachte offenbar an die Auslegung, die auf die Prophetenlesung (הַפְטָרָה / Haphtarah) folgte[9].

Wesentlich stärker „schriftgelehrt", d.h. als ausführliche Erklärungen im Rahmen von theologischer Argumentation, wirken die Auslegungen, die die Briefe des *Scha'ul / Paulus* enthalten. Der Apostel, der aus dem kleinasiatischen Diasporajudentum stammte, zitierte dabei biblische Texte in sehr verschiedener, durchaus auch in freier, z.T. ad hoc verkürzter Form[10]. Er verwendete sie aufgrund ihrer besonderen Autorität stellenweise als zentralen Hintergrund seiner Argumentation und kommentierte sie zugleich vor dem Hintergrund des Christusereignisses. Ein charakteristisches Beispiel: In einer Argumentation mit der alttestamentlichen Erzählung über die Wüstenwanderung des Volkes Israel kommt Paulus auch auf den wasserspendenden Felsen (Exodus 17,6

---

7   Lukas 4,17f.: καὶ ἐπεδόθη αὐτῷ βιβλίον τοῦ προφήτου Ἡσαΐου, καὶ ἀναπτύξας τὸ βιβλίον εὗρεν τὸν τόπον οὗ ἦν γεγραμμένον· Πνεῦμα κυρίου ἐπ' ἐμέ ...'. – Eine frühe Zitation findet sich auch im Barnabasbrief 14,9 (vgl. J.C. PAGET, The Epistle of Barnabas. Outlook and Background, WUNT II/64, Tübingen 1994); vgl. allgemein C.D. STANLEY, Paul and Homer: Greco-Roman citation practice in the first century CE, NT 32, 1990, 48-78.

8   J. JEREMIAS, Die Sprache des Lukasevangeliums, KEK. Sonderband, Göttingen 1980, 119-128.

9   Für die Bedeutung des hebräischen Ausdrucks vgl. mMeg 4,1 (die Torah-Lesung „mit einem Propheten schließen": L. TETZNER, Megilla, Die Mischna II/10, Berlin 1968, 112f. Anm. 2); für die Liturgie des Gottesdienstes die Hinweise bei BOVON, Evangelium (wie Anm. 6), 211; P. BILLERBECK, Ein Synagogengottesdienst in Jesu Tagen, ZNW 55, 1964, (143-161) 156f. und P. SCHÄFER, Der synagogale Gottesdienst, in: Literatur und Religion des Frühjudentums. Eine Einführung, Würzburg 1973, (391-413) 396f.

10   Vgl. z.B. 2Kor 10,17 (ὁ δὲ καυχώμενος ἐν κυρίῳ καυχάσθω·) mit Jer 9,22f. (Μὴ καυχάσθω ὁ σοφὸς ἐν τῇ σοφίᾳ αὐτοῦ, καὶ μὴ καυχάσθω ὁ ἰσχυρὸς ἐν τῇ ἰσχύι αὐτοῦ, καὶ μὴ καυχάσθω ὁ πλούσιος ἐν τῷ πλούτῳ αὐτοῦ, ἀλλ' ἢ ἐν τούτῳ καυχάσθω ὁ καυχώμενος, συνίειν καὶ γινώσκειν ὅτι ἐγώ εἰμι κύριος ...); dazu D.A. KOCH, Die Schrift als Zeuge des Evangeliums. Untersuchungen zur Verwendung und zum Verständnis der Schrift bei Paulus, BHTh 69, Tübingen 1986, 35f. 42 und jetzt U. HECKEL, Jer 9,22f. als Schlüssel für 2 Kor 10-13, in: M. HENGEL / H. LÖHR (Hgg.), Schriftauslegung im antiken Judentum und im Urchristentum, WUNT 73, Tübingen 1994, 206-225. – Literatur zur Schriftzitation ist Legion, vgl. beispielsweise N. WALTER, Zur theologischen Problematik des christologischen ‚Schriftbeweises' im Neuen Testament, NTS 41, 1995, (338-357) bes. 339 Anm. 5.

bzw. Numeri 20,11) zu sprechen und kommentiert: ἡ πέτρα δὲ ἦν ὁ Χριστός (1Kor 10,4)[11]. Für beide urchristlichen Formen des Umgangs mit der jüdischen Bibel, für die vollmächtige prophetische bzw. messianische Auslegung biblischer Texte wie für die autoritative Zitation und Erklärung im Rahmen theologischer Argumentation, wird man sagen können: Ein theologischer Gedanke im Zusammenhang mit dem Christusereignis (um es einmal so unpräzise zu formulieren) wird durch das ausgelegte Bibelwort zur Geltung gebracht; die Auslegung besteht also jeweils in einer Aktualisierung und in einer Zuspitzung auf die versammelte Gemeinde.

Schon relativ bald hat sich die urchristliche Auslegung auf eine der beiden Formen konzentriert; letzte Reste prophetischer Schriftauslegung finden sich in den etwas mißverständlich „Orakel" genannten Texten der Montanisten[12]. Das ist natürlich an und für sich nicht verwunderlich; das jesuanische Modell bevollmächtigter messianischer Schriftauslegung konnte ja schlecht fortgesetzt werden. Die zweite Form der Applikation eines maßgeblichen Textes durch eine kommentierende Auslegung lag außerdem im Trend der Zeit, wie die Entwicklung im hellenistischen Judentum zeigt: Sie verdankte sich letztlich der hellenistischen Rückwendung zu den maßgeblichen klassischen Autoritäten, die im Judentum im dritten vorchristlichen Jahrhundert rezipiert wurde, einerseits in der fortlaufenden Auslegung des Gesetzes in einer griechischen Übersetzung[13], dann aber auch in den verschiedenen Formen von jüdischer Bibelauslegung[14]. Bereits einige von den sogenannten Apokryphen und Pseudepigraphen des Alten Testaments können „as a type of early Jewish biblical exegesis" interpretiert werden[15].

Die „ersten erhaltenen fortlaufenden ‚Kommentare' einer autoritativen Schrift, die uns ganz oder weitgehend *erhalten* sind", stammen von jüdischen

---

[11]   Zur jüdischen Vorgeschichte dieser Auslegung vgl. W. SCHRAGE, Der erste Brief an die Korinther, EKK VII/2, 1995, 394-396.

[12]   Texte bei R.E. HEINE, The Montanist Oracles and Testimonia, PatMS 14, Macon/Leuven 1989, 2-9; eine neue Gesamtdarstellung von CH. TREVETT, Montanism. Gender, Authority and the New Prophecy, Cambridge 1996. Zur Bezeichnung der montanistischen Prophetensprüche als „Orakel" vgl. CH. MARKSCHIES, Kaiserzeitliche christliche Theologie und ihre Institutionen. Prolegomena zu einer Geschichte der antiken christlichen Theologie, Tübingen 2007, 109-136.

[13]   So M. HENGEL im einleitenden Abschnitt „Veteres sequi: Die hellenistische Zeit als eine Epoche der „Schriftauslegung", in: DERS. / H. LÖHR (Hgg.), Schriftauslegung (wie Anm. 10), (1-71) 1-8; für die Septuaginta vgl. M. HARL / G. DORIVAL / O. MUNNICH, La Bible grecque des Septante. Du judaïsme hellénistique au christianisme ancien, Paris 1988; M. HENGEL / A.M. SCHWEMER, Die Septuaginta zwischen Judentum und Christentum, WUNT 72, Tübingen 1994.

[14]   Für deren historische Herleitung weist F. SIEGERT jetzt auf die stoische Homerinterpretation hin: DERS., Homerinterpretation – Tora-Unterweisung – Bibelauslegung. Vom Ursprung der patristischen Hermeneutik, StP 25, Leuven 1993, 159-171: „Was lag näher, als die Techniken der Rechtfertigung und Rettung, die man beim Durchnehmen des homerischen Schultextes erlernte, auf die eigene Tradition anzuwenden?" (ebd. 165).

[15]   So J.H. CHARLESWORTH, Biblical Interpretation: The Crucible of the Pseudepigrapha, in: Text and Testimony. Essays in Honour of A.F.J. KLIJN, Kampen 1988, (66-78) 70 gegen M.E. STONE, Introduction, in: Jewish Writings of the Second Temple Period, CRI II/2, Assen/Philadelphia 1984, (XVII-XXIII) XXI.

Gelehrten[16], zuallererst ist *Philo* zu nennen. Das Geschäft des Auslegens besorgte im damaligen Judentum der Schriftgelehrte (סוֹפֵר / Sofer bzw. γραμματεύς oder νομικός)[17]. Man wird die genannten Arbeiten ebenso wie das oben erwähnte Muster schriftgelehrter urchristlicher Auslegung nicht als Beispiele der Literaturgattung „Kommentar" im Sinne alexandrinischer Philologie (wie etwa die berühmten ὑπομνήματα des Euphronius zum Plutos des Aristophanes oder die Kommentare Aristarchs)[18] einstufen wollen: Die ersten christlichen Schriften, die die Bibel erklären, enthielten genauso wie ihre frühjüdischen Vorbilder und die exegetischen Schriften Philos zwar „sprachanalytisches Material und gelegentliche Sacherklärungen", aber keine durchgehende Arbeit an den Lemmata, Textkritik, Worterklärungen und biographische, geographische oder sonstige Hinweise zur verhandelten Sache auf lexikalischer Basis[19]. Wenn überhaupt, sollte man diese frühe jüdische wie christliche Bibel-Kommentierung nicht mit gelehrten Kommentarwerken im eigentlichen Sinne, sondern mit „populärwissenschaftlicher" Auslegung vergleichen, wie sie sich etwa in den zeitgenössischen Homer-Allegorien des Heraklit findet. Außerdem sind Einzelauslegungen (ἐξηγήσεις) bekanntlich noch einmal von fortlaufenden Kommentaren (ὑπομνήματα) zu unterscheiden; sie können sich auch in Monographien zu Einzelthemen finden (συγγράμματα-Literatur, besonders περί-Literatur).

Diese Einschätzung der jüdischen wie christlichen Auslegungsliteratur als Vorläufer von eigentlicher gelehrter Kommentarliteratur auf „populärwissenschaftlichem" Niveau[20] macht mindestens für *Philo von Alexandrien* eine knappe Begründung not-

---

16 So M. HENGEL, Veteres sequi (wie Anm. 13), 4f. mit Hinweis auf die Pescharim von Qumran und das Kommentarwerk Philos zum Pentateuch.

17 G. BAUMBACH, Art. γραμματεύς, EWNT I, 1980, 624-627; D.I. BREWER, Techniques and Assumptions in Jewish Exegesis before 70 CE, TSAJ 30, Tübingen 1992, 163-174 (freilich kritisch zu seiner Unterscheidung von „schriftgelehrter" und „inspirierter Exegese" jetzt HENGEL, Veteres sequi [wie Anm. 13], 64f.); J. JEREMIAS, Art. γραμματεύς, ThWNT I, 1933, 740-742 sowie DERS., Jerusalem zur Zeit Jesu, Göttingen ³1962, 265-278 und M. HENGEL, Veteres sequi (wie Anm. 13), 20-71.

18 PFEIFFER, Geschichte (wie Anm. 4), 201 mit Anm. 65 bzw. 261-285.

19 Vgl. K. FROEHLICH, Bibelkommentare – Zur Krise einer Gattung, ZThK 84, 1987, (465-492) 471.

20 In der Diskussion wurden die Begriffe „populärwissenschaftlich" und „gelehrt" problematisiert. H.-U. Gumbrecht regte an, sie durch eine Beschreibung des unterschiedlichen Institutionenzusammenhangs zu präzisieren bzw. zu ersetzen. Das ist allerdings angesichts unserer geringen Kenntnisse über die sozialgeschichtlichen Verhältnisse der christlichen Gemeinden im zweiten Jahrhundert überaus schwierig. Ich habe eine solche institutionelle Differenzierung von „gelehrt" und „populärwissenschaftlich" in Anlehnung an J. HAHN (Der Philosoph und die Gesellschaft. Selbstverständnis, öffentliches Auftreten und populäre Erwartungen in der hohen Kaiserzeit, HABES 7, Stuttgart 1987) für die valentinianische Gnosis versucht (CH. MARKSCHIES, Valentinian Gnosticism: Toward the Anatomy of a School, in: J.D. TURNER / A. MCGUIRE [Hgg.], The Nag Hammadi Library after Fifty Years. Proceedings of the 1995 Society of Biblical Literature Commemoration, NHMS, Leiden 19, [401-438] 411-436). Freilich verfügen wir hier über ein wesentlich dichteres Netz von Informationen bibliographischer und prosopographischer Natur als für die Autoren der frühen Kommentare, die wir auf den folgenden Seiten behandeln.

wendig[21]: In dessen dreiteiligem „Kommentar"-Werk zum Pentateuch fehlen sowohl die methodischen Vorworte wie Abschnitte zur Textkritik und auch die weiteren methodisch klar abgegrenzten Schritte der Textinterpretation[22]. Schließlich beanspruchen sie nicht einmal vom Titel her, im strengen Sinne des Wortes Kommentare zu sein: νόμων ἱερῶν ἀλληγορία war die umfangreiche allegorische Genesis-Auslegung übertitelt; Philos Kommentierung beginnt zwar mit der Zitation eines Bibelverses (Gen 2,1: Καὶ συνετελέσθησαν ὁ οὐρανὸς καὶ ἡ γῆ καὶ πᾶς ὁ κόσμος αὐτῶν), aber gibt dann ohne jede Erklärung zum Textbestand oder zu schwierigen Worten sofort für alle drei Substantive οὐρανός, γῆ und κόσμος eine allegorische Erklärung[23]. Dagegen entsprechen die ehemals über zehn Bücher τῶν ἐν Γενέσει καὶ τῶν ἐν Ἐξαγωγῇ ζητημάτων τε καὶ λύσεων βιβλία jedenfalls dem Genre nach einer geläufigen, wenn auch weniger „seriösen" Form, Textprobleme mittels Frage und Antwort zu behandeln; allerdings unterscheiden sich Philos *quaestiones* von den durchweg unsystematischen Vertretern dieser Gattung durch ihre Absicht, versweise „einen vollständigen Kommentar zu geben"[24]. Die dritte Serie historisch-exegetischer Auslegungen könnte vielleicht τὰ εἰς τὸν νόμον übertitelt gewesen sein[25]; aber schon ihre einleitende Abhandlung (?) über Abraham stellt keinen fortlaufenden Kommentar zu einzelnen Bibelversen dar. Auch der vielleicht selbständige Traktat über die Weltschöpfung beginnt nicht mit der wörtlichen Bezugnahme auf Genesis 1,1 und deren ausdrücklicher Kommentierung (opif. 1,1-2,12). Der Bibelvers ist allenfalls in Formulierungen angespielt[26]. – Interessanterweise hat auch

---

21 Eine ausführlichere Argumentation bei F. SIEGERT, Early Jewish Interpretation in a Hellenistic Style, in: M. SÆBØ (Hg.), Hebrew Bible / Old Testament. The History of Its Interpretation, Vol. 1 From the Beginnings to the Middle Ages (Until 1300), Part 1 Antiquity, Göttingen 1996, 130-198, bes. 136 mit dem Hinweis auf E. STEIN, Alttestamentliche Bibelkritik in der späthellenistischen Literatur, CoTh 16, Lwów 1935, 38-82. Eine überzeugende formkritische Analyse des philonischen Werkes ist nach P. BORGEN / R. SKARSTEN, Quaestiones et solutiones. Some Observations on the Form of Philo's Exegesis, Studia Philonica 4, 1976/1977, 1-15 bislang ein Desiderat; diese Lücke hat auch der in der folgenden Anmerkung genannte Beitrag von Nikiprowetzky nicht schließen können. Nicht gesehen habe ich: P. BORGEN, Philo of Alexandria – An Exegete for his Time, NT.S 86, Leiden 1996.

22 L. COHN, Einteilung und Chronologie der Schriften Philos, Phil. Suppl. 7, Leipzig 1899, 387-435; V. NIKIPROWETZKY, Le Commentaire de l'écriture chez Philon d'Alexandrie. Son caractère et sa portée. Observations philologiques, ALGHJ 11, Leiden 1977, 170-235.

23 Philo, leg. all. I 1,1 (I, 61,1-9 COHN). – Eine tabellarische Zusammenstellung der exegetischen Werke Philos bei SIEGERT, Interpretation (wie Anm. 21), 166-168.

24 H. DÖRRIE, Art. Erotapokriseis A. nichtchristlich, RAC VI, 1966, (342-370) 344; PFEIFFER, Geschichte (wie Anm. 4), 95f.; CH. SCHÄUBLIN, Untersuchungen zu Methode und Herkunft der antiochenischen Exegese, Theoph. 23, Köln/Bonn 1974, 55-65; jetzt L. PERRONE, Il genere delle *Quaestiones et Responsiones* nella letteratura cristiana antica fino ad Agostino, in: DERS. u.a., Lectio Augustini. Settimana Agostiniana Pavese XII, Rom 1996, 11-44, bes. 15 und G.M. VIAN, Le „Quaestiones" di Filone, Annali di storia dell' esegesi 9, 1992, 365-386 und DERS., Perspectives sur Origène et la littérature patristique des „quaestiones et responsiones", in: G. DORIVAL / A. LE BOULLUEC (Hgg.), Origeniana Sexta, BEThL 117, Leuven 1995, 151-164 sowie zuletzt B. STUDER, Schola christiana. Die Theologie zwischen Nizäa (325) und Chalzedon (451), Paderborn u.a. 128f. – Auch der intendierte Leserkreis der quaest. Hom. des Ps.-Heracl. dürfte ja schon ausweislich des Beginns (1,1-3 [CUFr 1,1-9 BUFFIÈRE]) nicht das an gelehrter Homerkommentierung interessierte Fachpublikum gewesen sein.

25 So jedenfalls COHN, Einteilung (wie Anm. 22), 405.

26 Vgl. z.B. ἡ δ' ἀρχή, ..., ἐστὶ θαυμασιωτάτη (opif. 1,3 [I, 1,9f. Cohn]) mit Genesis 1,1 Ἐν ἀρχῇ ἐποίησεν ὁ θεὸς τὸν οὐρανὸν καὶ τὴν γῆν; vgl. zu diesem Text auch SIEGERT, Interpretation (wie Anm. 21), 167. 181 und allgemein P. KATZ, Philo's Bible. The Aberrant Text of Bible Quo-

im vierten Jahrhundert Hieronymus, der die exegetischen Werke von relativ vielen christlichen Autoren des zweiten und dritten Jahrhunderts als *commentarios* bezeichnet (s. u. Anm. 49), Philos Werke nur als *praeclara et innumerabilia opera in quinque libros Moysi* angesprochen[27] und nicht als „Kommentare".

Vorläufer von gelehrter Kommentarliteratur auf einem eher „populärwissenschaftlichen" Niveau muß man auch die christlichen Autoren des zweiten Jahrhunderts nennen, die die Bibel ausgelegt haben, z.B. Papias von Hierapolis, Hegesipp, Basilides und Marcion. Sie sind in einigen Punkten mit Philo vergleichbar und teilweise wohl auch ganz direkt von ihm abhängig. Das zeigen bereits die Titel ihrer Werke:

Papias, der Bischof des phrygischen Hierapolis, schrieb irgendwann zwischen 110 und 160 fünf Bücher λογίων κυριακῶν ἐξήγησις[28]. Überaus unsicher ist, daß im Werk eine regelrechte Kommentierung von zitierten Texten vorlag, jedenfalls sind keine entsprechenden Textpassagen erhalten. Eusebius interpretierte den Begriff ἐξήγησις entsprechend auch durch διήγησις und verstand darunter „Erzählungen" oder „Geschichten"[29]. Insofern kann man wohl zugespitzt sagen, daß „das Papiaswerk gattungsgeschichtlich ein Unicum" gewesen sei[30]. Ein Kommentar im klassischen Sinne liegt jedenfalls hier nicht vor, was man allerdings dem Autor nicht zum Vorwurf machen sollte. Trotzdem besteht über die negative Einschätzung des Werkes von Papias eine seltsame Übereinstimmung zwischen antiken und neuzeitlichen Interpreten: Eusebius charakterisiert ihn als einen Mann σφόδρα ... σμικρός ... τὸν νοῦν, äußerst geringen Verstandes[31]; Günther Zuntz spricht von „holprigen Antithesen", sie seien „Symptome mangelnder Gedankenführung"[32]; wahrscheinlich hat man es hier aber

---

tations in some Philonic Writings and its Place in the Textual History of the Greek Bible, Cambridge 1950.

27 Hier., vir. ill. 11,4 (BPat 12, 96 CERESA-GASTALDO); dazu D.T. RUNIA, Philo in Early Christian Literature, CRI III/2, Assen/Minneapolis 1993, 312-319.

28 Eine bequeme Zusammenstellung der Datierungen bei U.H.J. KÖRTNER, Papias von Hierapolis. Ein Beitrag zur Geschichte des frühen Christentums, FRLANT 133, Göttingen 1983, 89-94 und zuletzt bei W.R. SCHOEDEL, Papias, ANRW II 27.1, Berlin/New York 1992, 235-270. Die Spätdatierung auf 140 bis 160 vertrat HARNACK, Chronologie II/1 (wie Anm. 1), 356f.; eine Frühdatierung auf 110 bei KÖRTNER 225f. Eine mittlere Datierung auf 120 bis 135 bei M. HENGEL, Die johanneische Frage. Ein Lösungsversuch, WUNT 67, Tübingen 1993, 77 mit Anm. 234.

29 Eus., h.e. III 39,9/14 (GCS Eusebius II/1, 288,20. 290,17 SCHWARTZ). Die Übertragung des griechischen Titels bei Hieronymus durch *Explanatio sermonum Domini* (vir. ill. 18,1 [BPat 12, 110 CERESA-GASTALDO]) führt also in die Irre (KÖRTNER, Papias [wie Anm. 28], 160f.).

30 KÖRTNER, Papias (wie Anm. 28), 165. Körtner macht allerdings m.E. zutreffend darauf aufmerksam, daß der von Overbeck stammende Begriff „christliche Urliteratur" (vgl. F. OVERBECK, Über die Anfänge der patristischen Literatur, Libelli 15, Darmstadt 1954 [= Historische Zeitschrift 48, 1882, 417-472], 16-37) irreführend sei, er verdecke die Linien, die von Papias zu paganer Auslegungsliteratur führen.

31 So Eus., h.e. III 39,13 (290,11).

32 G. ZUNTZ, Papiana, ZNW 82, 1991, (242-263) 256 (über den von Eusebius, h.e. III 39,3 mitgeteilten Prolog); exakt das Gegenteil bei E. SCHWARTZ, Ueber den Tod der Söhne Zebedaei. Ein Beitrag zur Geschichte des Johannesevangeliums, AGWG.PH 7, 5 / 1904, 9f.: Das Zitat zeige,

weniger mit einem literaturwissenschaftlichen als vielmehr nur mit einem theologischen Vorurteil aufgrund der direkten chiliastischen Äußerungen des Papias zu tun, die allerdings zu dessen Lebzeiten dem weitgehenden theologischen Konsens entsprochen haben dürften.

Man kann sich die Tatsache, daß im zweiten Jahrhundert die Literaturgattung „Kommentar" von Christen offensichtlich noch nicht rezipiert wurde, schon an der einfachen Beobachtung klarmachen, daß deren Titel ὑπόμνημα als Buchtitel ausschließlich unspezifisch verwendet wurde: In den siebziger oder achtziger Jahren des zweiten Jahrhunderts schrieb in Rom *Hegesipp* fünf nur in Fragmenten überlieferte Bücher mit kirchengeschichtlichem Stoff, die vielleicht ὑπομνήματα übertitelt waren oder mindestens etwas mehr als hundert Jahre nach ihrer Abfassung als solche angesprochen wurden – also zur Denkwürdigkeitenliteratur gezählt wurden[33]. *Clemens Alexandrinus* verfaßte höchstens dreißig Jahre später seine in die Gattung der „Buntschriftstellerei" einzuordnenden „Teppiche" (οἱ κατὰ τὴν ἀληθὴν φιλοσοφίαν γνωστικῶν ὑπομνημάτων Στρωματεῖς: CPG I, 1377)[34]; selbst beim palästinischen Bischof *Eusebius*, der ja sowohl Bibel-„Kommentare" im spezifischen Sinne des Wortes wie auch Scholien und *Quaestiones* schrieb[35], ist Anfang des vierten Jahrhunderts der Gebrauch des Begriffs ὑπόμνημα noch vergleichsweise unspezifisch[36]. Clemens Alexandrinus und Tertullian haben sogar die neutestamentlichen Evangelien als ὑπομνήματα bzw. *commentarii* bezeichnet[37].

---

daß Papias „über rhetorische Kunstmittel verfügte und nach antiker Gewohnheit bestrebt war, im Prooemium dieses Mittel in vollem Glanz zu zeigen".

[33] Eus., h.e. IV 22,1 Ὁ μὲν οὖν Ἡγήσιππος ἐν πέντε τοῖς εἰς ἡμᾶς ἐλθοῦσιν ὑπομνήμασιν (GCS Eusebius II/1, 368,18f. SCHWARTZ). Für eine eusebianische Gattungsbezeichnung votierten auch N. HYLDAHL, Hegesipps Hypomnemata, StTh 14, 1960, 70-113 bzw. Th. HALTON, Art. Hegesipp, TRE XIV, 1985, (560-562) 560. Anders HARNACK, Überlieferung I/2 (wie Anm. 1), 483 mit Berufung auf Photius (i.e. bibl.cod. 232, S. 288 b 11f. [CUFr V, 70 HENRY]): Offenbar trugen die Texte Hegesipps, die der Patriarch las, den nämlichen Titel. – Für den Begriff ὑπομνήματα vgl. auch Th. ZAHN, Geschichte des Neutestamentlichen Kanons I/2, Erlangen/Leipzig 1889, 471-476 und beispielsweise die Angabe bei Diog. Laert. IV 4 (SCBO I, 165,17 LONG) über Speusipp.

[34] Clem. Al., strom. I 1,1 / 182,3 (GCS Clemens Alexandrinus II, 3 / 112,5f. STÄHLIN / FRÜCHTEL / TREU); vgl. A. MÉHAT, Étude sur les „Stromates" de Clément d'Alexandrie, PatSor 7, Paris 1966; E.F. OSBORN, Teaching and Writing in the First Chapter of the Stromateis of Clement of Alexandria, JThS 10, 1959, 335-343. – Für den neuzeitlichen Gattungsbegriff „Buntschriftstellerei" vgl. jetzt E. BOWIE, Art. Buntschriftstellerei A. Griechisch, DNP II, 1997, 850-852.

[35] Ich nenne als Beispiel hier lediglich seinen Jesaja-Kommentar (CPG II, 3468), der vielleicht den Begriff ὑπόμνημα im Titel trug (so jedenfalls ein Lemma in Vat. graec. 388, bei J. ZIEGLER, GCS Eusebius IX, Berlin 1975, X: Εὐσεβίου Καισαρείας ἐκ τοῦ εἰς τὸν Ἡσαίαν ὑπομνήματος). Zur Auslegungsart in diesem Text vgl. CH. MARKSCHIES, Der Mensch Jesus Christus im Angesicht Gottes – Zwei Modelle des Verständnisses von Jesaja 52,13-53,12 in der patristischen Literatur und deren Entwicklung, in: B. JANOWSKI / P. STUHLMACHER (Hgg.), Der leidende Gottesknecht, FAT 14, Tübingen 1996, (197-247) 233-245.

[36] Vgl. die Belege bei K. FRÖHLICH, Bibelkommentare (wie Anm. 19), 472.

[37] Für Clemens das Referat bei Eusebius, h.e. II 15,1 (GCS Eusebius II/1, 140,2 SCHWARTZ); vielleicht aus den Hypotyposen (vgl. frgm. 1, GCS Clemens Alexandrinus III, 206,17-23 STÄHLIN / FRÜCHTEL / TREU); für Tertullian vgl. ieiun. 10,3 (CChr.SL 2, 1267,23 REIFFERSCHEID / WISSO-

Wenigstens knapp seien noch die Titel anderer auslegender Werke christlicher Autoren des zweiten Jahrhunderts genannt und ihre Strukturen skizziert. Die (bis auf Fragmente verlorenen) vierundzwanzig Bücher εἰς τὸ εὐαγγέλιον des in hadrianischer Zeit in Alexandria lehrenden Gnostikers *Basilides* sind jüngst hinsichtlich Form und Inhalt mit den fünf Büchern des Papias, also mit Vorläufern christlicher Kommentare im strengen Sinne, verglichen worden[38]. Immerhin ist Basilides der paganen Kommentarpraxis noch recht nahegekommen, wenn er zwar nicht versweise auslegte, aber wohl doch Textkritik im Sinne einer διόρθωσις betrieb[39]. – Diese Mischung von textkritischer Methode und loser Orientierung an paganer Kommentarpraxis repräsentiert natürlich auch der römische Theologe *Marcion*, der um die Mitte des zweiten Jahrhunderts „Antithesen" (CPG I, 1145) schrieb, in denen entweder Texte aus dem Alten Testament solchen aus dem Neuen Testament in der Auswahl Marcions[40] gegenübergestellt waren oder ein Kommentar zu ausgewählten Bibelstellen gegeben wurde[41].

Ich nenne nun noch ohne ausführliche Erläuterungen die (jeweils verlorenen) Ἐξηγητικά des Julius Cassianus[42], Tatians προβλήματα[43], die συλλογισμοί übertitelten Schriften zweier Autoren (des Valentinianers Alexander und des Marcionschülers Apelles)[44] und die „Hypotyposen" des Clemens Alexandrinus[45]. Weiteres muß in unserem Zusammenhang ausgeklammert

---

WA). – Es fehlt eine zusammenfassende Untersuchung über diesen Begriff in der antiken christlichen Literatur.

[38] CPG I, 1127; vgl. jetzt W.A. LÖHR, Basilides und seine Schule. Eine Studie zur Theologie- und Kirchengeschichte des zweiten Jahrhunderts, WUNT 83, Tübingen 1996, 13f.

[39] Dazu Diskussion und Belege bei LÖHR, Basilides (wie Anm. 38), 33.

[40] U. SCHMID, Marcion und sein Apostolos. Rekonstruktion und historische Einordnung der marcionitischen Paulusbriefausgabe, ANTF 25, Berlin/New York 1995.

[41] Zuletzt: G. MAY, Marcions Genesisauslegung und die „Antithesen", in: D. WYRWA in Verbindung mit B. ALAND / CH. SCHÄUBLIN (Hgg.), Die Weltlichkeit des Glaubens in der Alten Kirche. FS für U. Wickert zum siebzigsten Geburtstag, BZNW 85, Berlin 1997, 189-198. – MAY verweist zum Vergleich auf die Ὁμοιότητες des Quintus Octavius Avitus (Donat., vit. Verg., 45; W. KROLL, Art. Octavius 41, PRE XVII/2, 1931, 1827: „der große Umfang seines Werkes läßt darauf schließen, daß er alles zusammenraffte, was irgendwie nach Entlehnung aussah").

[42] Vgl. Clem. Al., strom. I 101,2 (GCS Clemens Alexandrinus II, 64,23f. STÄHLIN / FRÜCHTEL / TREU); N. WALTER, Der angebliche Chronograph Julius Cassianus. Ein Beitrag zu den Quellen des Clemens Alexandrinus, in: Studien zum Neuen Testament und zur Patristik. Erich Klostermann zum 90. Geburtstag dargebracht, TU 77, Berlin 1961, 177-192.

[43] HARNACK, Überlieferung I/2 (wie Anm. 1), 486 mit Berufung auf Eus., h.e. V 13,8 (458,5-9). Wenn Tatian sich tatsächlich um „dunkle und schwierige Stellen in den göttlichen Schriften" bemüht hätte (τὸ ἀσαφὲς καὶ ἐπικεκρυμμένον τῶν θείων γραφῶν), dann wäre das eine deutliche Orientierung an einem Arbeitsschritt alexandrinischer Philologie gewesen (vgl. DÖRRIE, Methodik [wie Anm. 3], 128-33 sowie B. NEUSCHÄFER, Origenes als Philologe, SBAW 18/1-2, Basel 1987, 140-155).

[44] HARNACK, Überlieferung I/1 (wie Anm. 1), 183. 197-201 sowie DERS., Marcion. Das Evangelium vom fremden Gott. Eine Monographie zur Geschichte der Grundlegung der katholischen Kirche, TU 45, Leipzig ²1924 = Darmstadt 1960, 178f.

[45] Vgl. HARNACK, Überlieferung I/1 (wie Anm. 1), 301f. 303-308 sowie TH. V. ZAHN, Supplementum Clementinum, FGNK 3, Erlangen 1884, 147-156. Zahn meinte (133), frgm. 15 (zu 1Tim 2,6:

bleiben[46]; dies gilt vor allem für den Daniel-„Kommentar" des römischen Theologen Hippolyt (CPG I, 1873), der traditionell auf die Jahre 200-204 n.Chr. datiert wird[47]. Es handelt sich zwar um die älteste erhaltene fortlaufende christliche Auslegung eines alttestamentlichen Buches, aber sie ist wohl mehr aus
historischem denn aus exegetischem Interesse entstanden und erforderte wie
die anderen exegetischen Werke bzw. Fragmente dieses Autors eine eigene
Untersuchung[48].

Unser kurzer Durchgang durch die dürftigen Reste christlicher Literatur im
zweiten Jahrhundert zeigt, daß diese Autoren sich eher an „populärwissenschaftlicher" denn an gelehrter alexandrinisch-philologischer Kommentie-
rungspraxis orientierten, wenn sie biblische Texte auslegten. Dort, wo es zur
Adaption von alexandrinischen Methoden kam, bildeten (wie bei Basilides)
Schul- und Unterrichtszusammenhänge die Voraussetzung, und in deren
Rahmen lag die Rezeption entsprechender Methoden nahe. Erst im vierten
Jahrhundert ist dieser Tatbestand einer allmählichen Rezeption der alexandrinischen Kommentarpraxis durch die Christen des zweiten Jahrhunderts da-
durch verwischt worden, daß Hieronymus behauptete, die verschiedensten
Autoren von der Frühzeit bis zur Gegenwart hätten alle nur *commentarios* ge-
schrieben[49]. Karlfried Froehlich sagt mit Recht: „Der Zweck dieser Zuschrei-

---

GCS Clemens Alexandrinus III, 200,13-15) gebe die Binnen-Struktur des Kommentar-Werkes
zutreffend wieder: Dort folgt auf ein knappes Bibelzitat die mit τουτέστιν eingeleitete Erklärung (200,13 STÄHLIN / FRÜCHTEL / TREU). Aber das kann natürlich am Exzerptor gelegen haben (vgl. zur Struktur des Werkes CH. MARKSCHIES, „Die wunderliche Lehre von den zwei
Logoi ...". Clemens Alexandrinus, Fragment 23 – Zeugnis eines *Arius ante Arium* oder des arianischen Streites selbst?, in: H. CH. BRENNECKE [Hg.], Logos. FS L. Abramowski zum 8. Juli
1993, BZNW 67, Berlin, New York 1993, [193-219] 208f. mit Anm. 91).

46 Ich notiere aus Harnacks Literaturgeschichte: Theophilus, κατηχητικὰ βιβλία, Kommentare zu
einer Evangelienharmonie, Kommentare zu den Proverbien (Chronologie II/1 [wie Anm. 1],
319) und „kritisch-exegetische Abhandlungen" der Aloger zum johanneischen Schrifttum
(Überlieferung I/1 [wie Anm. 1], 243). – Da das Irenäus-frgm. 26 (II, 455 HARVEY: CPG I, 1316/
2) in Wahrheit aus einem Text des Gregor von Nyssa stammt, dürfte wohl auch frgm. 25 (bei
J.B. PITRA, Analecta Sacra IV, Paris 1883, 26 / 299f.) nicht aus einem Hohelied-Kommentar des
Bischofs von Lyon stammen (gegen HARNACK, Überlieferung I/1 [wie Anm. 1], 264).

47 So zuletzt C. SCHOLTEN, Art. Hippolytos II (von Rom), in: RAC XV, 1991, (492-551) 498.

48 So auch C. SCHOLTEN, Hippolytos (wie Anm. 47), 533; D.G. DUNBAR, The Delay of the
Parousia in Hippolytos, VigChr 37, 1983, 313-327.

49 Vgl. Hier., Mt. praef. (CChr.SL 77, 4f.,91-98 HURST / ADRIAEN): *legisse me fateor ante annos
plurimos ... Theophili antiochenae urbis episcopi commentarios, Hippolyti quoque martyris et Theodori
Heracleotae, Apollinaris que Laodiceni ac Didimi Alexandrini et Latinorum Hilarii, Uictorini, Fortu-
natiani opuscula*; ep. 121 6,15 (CSEL 56, 1, 24,24f.; 25,1 HILBERG): *Theophilus ... in suis commen-
tariis ...*; Zach. prol. (CChr.SL 76A, 748,30-32 ADRIAEN): *Hippolytus quoque edidit commentarios, et
Didymus quinque explanationum libros, me rogante, dictauit*; Eph. prol. (PL 26, 442 C): *Apollina-
rium etiam et Didymum quosdam commentariolos edidisse ...*; Gal. prol. (PL 26, 309 A) = ep. 112 4,4
(CSEL 55, 371,7-13 HILBERG): *praetermitto Didymum, uidentem meum, et Laodicenum de ecclesia
nuper egressum, et Alexandrum ueterem hereticum, Eusebium quoque Emisenum, et Theodorum Hera-
cleotem, qui et ipsi nonnullos super hac re commentari(ol)os reliquerunt*; ebd. (PL 26, 308 A): *non
quod ignorem Caium Marium Uictorinum, qui Romae, me puero, rhetoricam docuit, edidisse commentarios in Apostolum*; Orig., Luc. praef. (FC 4/1, 58,9f. SIEBEN): *... praeterea commentarios uiri elo-
quentissimi Hilarii et beati martyris Uictorini*; vir. ill. 101 (BPat 12, 206; zu Marius Victorinus): *...*

bungen ist deutlich; auch das Christentum hat, wie Hieronymus klarmachen möchte, seine respektable ‚wissenschaftliche' Kommentarliteratur"[50]. Liest man dazu den umfänglichen Abschnitt, den der Autor des Schriftstellerkataloges *de viris illustribus* sich selbst gewidmet hat (§ 135), so wird zudem deutlich, auf wen die Linie christlicher Bibelkommentierung pfeilgerade zusteuert; mehrfach fällt das nämliche Stichwort *commentarius*.

Interessanterweise war es kein mehrheitskirchlicher Christ, sondern ein valentinianischer Gnostiker namens *Heracleon*[51], der (etwa zur Zeit Tatians, vielleicht um 170 n.Chr.?) erstmals einen Text schrieb, der höchstwahrscheinlich an einigen Punkten der alexandrinischen Kommentarpraxis folgte und folglich mit dem Stichwort ὑπομνήματα in Verbindung gebracht wurde: einen „Kommentar" über das neutestamentliche Johannesevangelium (CPG I, 1137). Origenes, der die meisten der erhaltenen Fragmente Heracleons in seinem eigenen Johannes-Kommentar überliefert hat, kennzeichnete die Arbeit seines Vorgängers in einer sehr kritischen Bemerkung über die Güte der Auslegungen Heracleons mit dem Begriff ὑπομνήματα[52]; es bleibt aber unsicher, ob es sich um den originalen Titel des Werkes handelte. Das valentinianische Kommentarwerk könnte Ἡρακλέωνος εἰς τὸ Ἰωάννου Εὐαγγέλιον o.ä. überschrieben gewesen sein.

Da nur noch Fragmente vorliegen, kann man nichts zur Frage sagen, ob und was für ein Prolog das Werk einleitete. Offenbar wurde versweise ausgelegt[53]. Es sind vor allem Sacherklärungen (ἱστορικόν) erhalten, die z.T. sehr gründlich auf die Philologie eingehen und so die Worterklärung (γλωσσηματικόν) und die grammatikalisch-rhetorische Exegese (τεχνικόν) voraussetzen, auch wenn entsprechende Passagen von Origenes kaum überliefert worden sind. Beispielsweise wird das δι' οὗ in

---

commentarios in Apostolum; vir. ill. 119 (220; zu Diodor von Tarsus): *extant eius in Apostolum commentarii.* – Vgl. auch die Bemerkungen zu Eusebius von Vercelli (Übersetzung des Psalmenkommentars des Eusebius von Caesarea: vir. ill. 96,2 (200/02).

50 FROEHLICH, Bibelkommentare (wie Anm. 19), 473.

51 Literatur zur Prosopographie und zum Schulzusammenhang der sogenannten valentinianischen Gnosis bei C. BAMMEL, Art. Herakleon, in: TRE XV, 1986, 54-57 oder MARKSCHIES, Gnosticism (wie Anm. 20), 430f. – Für den folgenden Abschnitt waren mir Hinweise von Ansgar Wucherpfennig wichtig, der über Heracleon promovierte; vgl. jetzt DERS., Heracleon Philologus. Gnostische Johannesexegese im zweiten Jahrhundert, WUNT 142, Tübingen 2002.

52 Or., Jo. VI 92 (GCS Origenes IV, 125,19 PEUSCHEN); – vgl. J.-M. POFFET, La Méthode exégétique d'Héracléon et d'Origène, commentateurs de Jn 4: Jésus, la Samaritaine et les Samaritains, Par. 28, Fribourg 1985, 3f. Anm. 5.

53 So jetzt auch POFFET, Méthode (wie Anm. 52), 18. Anders E. PREUSCHEN im Vorwort zu seiner Ausgabe des Johanneskommentars von Origenes (GCS Origenes IV, Leipzig 1903, CIII). Er spricht daher auch von „Noten zum Johannesevangelium": „Es war eine Exegese der Art, wie sie Clemens und Origenes in ihren Hypotyposen geübt hatten: knappgefasste Glossen, die nur den Zweck hatten, die Hauptgedanken des Textes herauszuheben". Preuschen verweist auf Clem. Al., strom. IV 71,1-72,4 (GCS Clemens Alexandrinus II, 280,10-81,2 STÄHLIN / FRÜCHTEL / TREU = Heracl., frgm. 50) und ecl. proph. 25,1 (GCS Clemens Alexandrinus III, 143,21-26 = BPat 4, 60 NARDI = Heracl., frgm. 49), um zu zeigen, daß er auch „das Evangelium des Lukas mit derartigen Noten versehen hat".

Joh 1,3 unterschieden von den Präpositionen ἀφ' οὗ und ὑφ' οὗ[54]. Aber Reste sind geblieben, und doch beschreibt Origenes Heracleons Erklärungen zu Joh 1,21f. als „recht wenig und nicht wissenschaftlich durchforscht", der Gnostiker achte nicht auf die Kontexte[55]. An anderer Stelle wirft er ihm mangelnde Sorgfalt und schlechte Argumentation vor[56]. Zieht man allerdings die Polemik vom Urteil des Origenes ab und vergleicht das, was erhalten ist, mit den Anforderungen, die die antike exegetische Methode stellte, muß man ein freundlicheres Urteil über das Werk fällen[57].

Der valentinianische Gnostiker Heracleon schrieb offenbar die erste christliche Bibelauslegung, die am Maßstab eines gelehrten Kommentars orientiert war. Auch an diesem Detail zeigt sich, daß man mit Harnack die Gnostiker als erste wissenschaftliche Theologen der christlichen Kirche ansprechen kann[58]. Heracleon ging es in seinem „Kommentar" zum Johannesevangelium wohl darum, durch eine gelehrten Maßstäben genügende Erklärung Anstöße zu beseitigen, die die biblischen Texte für gebildete Leser bereit hielten. Allegorie und Philologie nahm er als zwei bewährte Methoden zu diesem Zweck in Anspruch.

Eine letzte Bemerkung zur „Vorgeschichte" der gelehrten Bibelkommentierung innerhalb der antiken christlichen Theologie: Gelegentlich ist gesagt worden, daß die christliche Kommentierung eines Bibeltextes feste Kanongrenzen voraussetze, und auf Marcion verwiesen worden, der die Idee eines neutestamentlichen Kanons erstmals umgesetzt habe. Selbstverständlich setzt die Kommentierung eines Textes eine gewisse Autorität eben dieses Textes voraus[59]; aber im Christentum offensichtlich nicht automatisch die kanonische Autorität im strengen Sinne des christlichen Bibelkanons: Die Basilidianer, vielleicht sogar Basilides selbst, beriefen sich auf Prophetenschriften, die nach dem Maßstab des etablierten Kanons aus dem vierten Jahrhundert zu den „Apokryphen" zu zählen sind, und kommentierten sie[60]. Die Kanonizität des

---

[54] Or., Jo. II 14,102 (GCS Origenes IV, 70,25-27 PREUSCHEN) = Heracleon, frgm. 1. – Für die Termini und Schritte der antiken philologischen Methode während der römischen Kaiserzeit beziehe ich mich auf SCHÄUBLIN, Untersuchungen (wie Anm. 24) und NEUSCHÄFER, Origenes (wie Anm. 43), 35. 139-240. Schäublin und Neuschäfer beziehen sich vor allem auf den alexandrinischen Aristarch-Schüler Dionysius Thrax (vgl. PFEIFFER, Geschichte [wie Anm. 4], 321-328).

[55] Or., Jo. VI 15,92 (125,18-21): ὁ δὲ μὴ ἐπιστήσας τοῖς τόποις, ἐν οἷς καταλέλοιπεν ὑπομνήμασιν ἀνεξετάστως παρελήλυθεν τὰ τηλικαῦτα, σφόδρα ὀλίγα καὶ μὴ βεβασανισμένα ἐν τοῖς ἑξῆς εἰπών, περὶ ὧν εὐθέως ἐροῦμεν. Zur Kritik des Origenes an Heracleon vgl. auch R. GÖGLERS Bemerkungen in seiner Einleitung zur Übersetzung des Johanneskommentars (Zürich/Köln 1959, 36-40).

[56] Jo. II 21,138; 139 (77,30; 78,6f.); im Kontext von frgm. 2.

[57] Wie auch Origenes ja gern bei aller Kritik formuliert: οὐκ ἀπιθάνως δέ φησιν ... (Jo. VI 23,126 [134,8 PREUSCHEN]).

[58] A. V. HARNACK, Lehrbuch der Dogmengeschichte, 1. Bd. Die Entstehung des kirchlichen Dogmas, Tübingen ⁴1909 = ebd. 1990, 250.

[59] G.W. MOST: „Commentaries are not written about texts that are not considered in some way authoritative", Some Reflections on Commentaries (XII-XIV) XII, in: DERS. (Hg.), Commentaries = Kommentare, Aporemata 4, Göttingen 1999.

[60] So LÖHR, Basilides (wie Anm. 38), 13f. und 197-206 (Kommentierung von frgm. 15 = Clem. Al., strom. VI 53,2-5 [GCS Clemens Alexandrinus II, 458,19-459,5 STÄHLIN / FRÜCHTEL / TREU]):

Johannesevangeliums war im zweiten Jahrhundert durchaus noch heftig umstritten. Außerdem wird die Rolle Marcions für die Entstehung des christlichen Bibelkanons m.E. überschätzt, ohne daß dies hier näher auszuführen wäre. Wir müssen auf das Problem zurückkommen, wenn wir uns mit der Kommentarpraxis des Origenes beschäftigt haben – hier ist ja bereits ein fester Kanon biblischer Bücher beim Kommentator vorausgesetzt und in der Kirche etabliert.

Origenes und seine Kommentierung der Paulusbriefe

Allgemeine Bemerkungen zur Bibelauslegung des Origenes

Der ursprünglich aus Alexandria stammende und hochgelehrte Origenes[61] ist nach allem, was wir wissen, der erste christliche Theologe gewesen, der die allmähliche und punktuelle Rezeption der textphilologischen Methoden alexandrinischer Kommentartechnik entschlossen und durchgängig in seine Arbeitsmethode und Veröffentlichungen integriert hat – es reicht an dieser Stelle, an die immense textkritische Arbeit der Hexapla zu erinnern. Ein voluminöser Band Giovanni Mercatis, der Photographien und Transkriptionen von Blättern mit der antiken Kolumnenanordnung der Hexapla aus dem mittelalterlichen Mailänder cod. rescr. Ambros. O 39 Sup. enthält, demonstriert die epochale Wende in der christlichen Bibelauslegung auch für neuzeitliche Leser auf eindrückliche Weise[62]. Die Tatsache, daß Origenes philologische Methoden in der christlichen Bibelauslegung beheimatete, ist ebenso deutlich wie unumstritten. In jedem seiner Kommentare ist zu sehen, wie er von den Lemmata ausgeht, Textkritik betreibt, dann Worterklärungen gibt und seine eigentliche Auslegung durch biographische, geographische oder sonstige Hinweise zur verhandelten Sache auf lexikalischer Basis vorbereitet. Natürlich ist dieser Rezeptionsvorgang paganer Kommentartechniken weder der für jenen Theologen eigentlich entscheidende Zug seines Denkens noch die einzig bedeutsame Dimension seiner exegetischen Arbeit an der Bibel. Aber es ist wohl der für die christliche Literaturgattung „Bibel-Kommentar" und damit für die christliche Bibelauslegung überhaupt folgenreichste. Angesichts der epochalen Bedeutung

---

Der Basilides-Sohn und Schüler Isidor verfaßte ἐξηγητικά τοῦ προφήτου Παρχώρ, „kommentierte" also vermutlich nicht einmal ein christliches Buch.

[61] Eine vorzügliche und knappe Einleitung in Leben und Werk liegt vor mit R. WILLIAMS, Art. Origenes, in: TRE XXV, 1995, 397-420 (Lit.).

[62] Psalterii Hexapli Reliquiae cura et studio I. Card. MERCATI, pars prima: codex rescriptus ... phototypice expressus et transcriptus, Vatikanstadt 1958; einfühlsam interpretiert bei R. HANHART, Textgeschichtliche Probleme der LXX von ihrer Entstehung bis Origenes, in: M. HENGEL / A.M. SCHWEMER (Hgg.), Die Septuaginta zwischen Judentum und Christentum, WUNT 72, Tübingen 1994, 1-19, bes. 10-17; vgl. auch C. BAMMEL, Die Hexapla des Origenes: Die *Hebraica Ueritas* im Streit der Meinungen, Aug. 28, 1988, 125-149 (= DIES., Tradition and Exegesis in Early Christian Writers, Collected Studies Series CS 500, Aldershot 1995, nr. X) und jetzt A.S. SALVESEN (Hg.), Origen's Hexapla and Fragments, TSAJ 58, Tübingen 1998.

dieses speziellen Rezeptionsvorganges mutet es freilich merkwürdig an, wie
viele durchaus naheliegende Fragen die umfangreiche Origenes-Literatur entweder gar nicht stellt oder jedenfalls nicht zureichend beantwortet: *Warum* und
nach welchen Kriterien rezipierte Origenes das philologische Instrumentarium?
Übernahm er es sozusagen als Block, so als müsse eben eine bestimmte Reihenfolge von methodischen Schritten abgearbeitet werden, bevor eine Textauslegung beendet ist? Orientierte er seine Bibelkommentare und sonstigen Auslegungen einfach am literarischen Muster der gelehrten Kommentare alexandrinischer Philologen? Und schließlich: Stand er auch in der Tradition seiner jüdischen und christlichen Vorgänger? Wie verhielten sich hier Bibelauslegung im traditionellen jüdisch-christlichen Sinne und „gelehrte" Bibelkommentierung (im streng philologischen Sinne) zueinander?

Man darf selbst bei oberflächlicher Kenntnis des schon in der Antike als
unüberschaubar empfundenen Werkes von Origenes[63] vermuten, daß bei den
Antworten auf diese vier Fragen genau zwischen den verschiedenen Formen
und Gattungen seines Werkes differenziert werden muß. Denn Origenes hat
Bibel ja nicht nur in „Kommentaren" ausgelegt und alexandrinisch-
philologische Methoden nicht nur in dieser Literaturgattung angewendet.
Zwei Drittel seines immensen Werkes waren der Bibelauslegung und
-kommentierung gewidmet; Kommentare im eigentlichen Sinne bildeten lediglich einen Teil davon, der schwer quantifizierbar ist. Das Schriftenverzeichnis,
das auf Eusebs Vita des Pamphilus zurückgeht[64], nennt bekanntlich drei Gattungen, in denen Origenes Bibel auslegte: Es unterscheidet *excerpta* bzw.
σχόλια (besser wohl σημειώσεις)[65], *homiliae*[66] und *uolumina* oder τόμοι (so nach
einer Zusammenfassung der Gliederung dieser Liste bei Hieronymus)[67]. Die
Liste selbst zählt 77 Titel und ca. 800 Bücher[68]; auch Aristarch soll übrigens

---

[63]   Hier., ep. 33,5 *Quis enim unquam tanta legere potuit, quanta ipse conscripsit?* (CSEL 54, 259,4f.
         HILBERG).

[64]   Hier., Ruf. II 23 (SC 303, 164,32-34 mit Kommentar bei P. LARDET, L'apologie de Jérôme contre
         Rufin. Un commentaire, SVigChr 15, Leiden 1993, 371). Das Verzeichnis wurde zuletzt aus
         Hier., ep. 33 und anderen Nachrichten rekonstruiert bei NAUTIN, Origène (wie Anm. 1), 241-
         260, vorher z.B. von PREUSCHEN bei HARNACK, Überlieferung I/1 (wie Anm. 1), 332-405.

[65]   Dazu É. JUNOD, Que savons-nous des „Scholies" (ΣΧΟΛΙΑ – ΣΗΜΕΙΩΣΕΙΣ) d'Origène, in: G.
         DORIVAL / A. LE BOULLUEC (Hg.), Origeniana Sexta (wie Anm. 23), 133-149. Nach Junod
         handelte es sich ursprünglich um Texte, die den Hypotyposen des Clemens, den
         Hypomnemata des Heracleon oder den Exegetika des Basilides vergleichbar waren.

[66]   Vgl. CH. MARKSCHIES, „... für die Gemeinde im Grossen und Ganzen nicht geeignet ..."?, in
         diesem Sammelband, 35-62.

[67]   Hier., praef. in hom. Ez. (GCS Origenes VIII, 318,14-18 BAEHRENS). Die Diskussionen über
         andere griechische Äquivalente der lateinischen Begriffe brauchen uns hier nicht zu interes-
         sieren.

[68]   Dagegen zählt Epiphanius, haer. 64,63,8 (GCS Epiphanius II, 501,7-502,1 HOLL / DUMMER)
         6000 Bände, während Hieronymus nur von 2000 ausgeht: Ruf. II 22 (164,34f.).

achthundert Kommentare geschrieben haben; „wobei man sicher ein leichtes Unbehagen nicht los wird"[69].

Bemerkenswerterweise dienten aber die drei unterschiedlichen Literaturgattungen von Bibelauslegung ein und demselben Ziel: Origenes wollte durch seine möglichst genaue Explikation biblischer Texte eine von diesem Text selbst ausgehende Wirkung auf den Leser bzw. Hörer unterstützen, die er mit einem paulinischen Begriff οἰκοδομή nennt: Die biblischen Texte sind, weil sie unter bestimmten Voraussetzungen die Folie (oder: Trägersubstanz) aktueller Wirkung des heiligen Geistes bilden können, das hervorragende Mittel, mit dessen Hilfe der Mensch in Stufen über sich hinauswachsen kann. Letztlich geht es in dieser christlichen Form einer antiken Lehre von der ὁμοίωσις θεῷ darum, geistlich zu werden und nicht mehr ein Mensch zu sein[70]. Für diesen Weg der οἰκοδομή liefern die *Homilien* elementare Voraussetzungen, weil sie einer größeren Gemeinde von Menschen sehr verschiedenen Erkenntnisstandes durch sorgfältige und wenig fachgelehrte Meditation des Textes zur εὐσέβεια „auferbauen" wollen, während die *Scholien und Kommentare* für den fortgeschrittenen und besonderes interessierten Leser so vollständig wie irgend möglich alle Informationen bereithalten, um mit der Hilfe von Philologie und Heiligem Geist den „mystischen Sinn" der Schrift zu begreifen, „der in den Worten wie ein Schatz gespeichert ist"[71]. Die drei Literaturgattungen werden also für einen bestimmten (heils-)pädagogischen Zweck funktionalisiert (oder besser: Origenes nimmt sie für eine vom Text ausgehende Bewegung in Dienst). Zwei Autoren des vierten Jahrhunderts, die auf sehr verschiedene Weise durch ihre jeweiligen Übersetzungen Origenes dem Abendland vermittelten, haben den (ungeachtet der einheitlichen Zielsetzung bestehenden) Unterschied zwischen Homilien und Kommentaren mit ganz ähnlichen Vokabeln

---

[69] Suidas s.v. λέγεται δὲ γράψαι ὑπὲρ ω′ βιβλία ὑπομνημάτων μόνων (I, 351,24f. ADLER); das Zitat bei PFEIFFER, Geschichte (wie Anm. 4), 261.

[70] So beschreibt Origenes im Prolog seines Johanneskommentars (CPG I, 1453) die Absichten seines Mäzens Ambrosius, die er mit seiner Kommentierung unterstützen will: Jo. I 2,4 Ἀμβρόσιε, ἀληθῶς θεοῦ ἄνθρωπε, καὶ ἐν Χριστῷ ἄνθρωπε καὶ σπεύδων εἶναι πνευματικός, οὐκέτι ἄνθρωπος (GCS Origenes IV, 5,10f. PREUSCHEN; vgl. für die Unterscheidungen auch Jo. II 21,138 [78,2-6]) und K.J. TORJESEN, Hermeneutical Procedure and Theological Method in Origen's Exegesis, PTS 28, Berlin/New York 1986, 70-107 („The Organizing Principle in Origen's Exegesis"). – Schon an dieser Stelle ist deutlich, daß ich selbstverständlich nicht die in der urchristlichen Schriftauslegung vorgenommene „Aktualisierung" lediglich auf eine erste Phase antiker christlicher Schriftauslegung begrenzen möchte, wie in der Diskussion dieses Beitrages vermutet worden ist. Die verbreitete „didaktische" Konnotation dieser theologischen Vorstellungen wurde in Heidelberg von Ineke Sluiter thematisiert.

[71] So am Ende des Prologes zum Johanneskommentar: πρὸς ἀνάπτυξιν τοῦ ἐν ταῖς λέξεσιν ἐναποτεθησαυρισμένου μυστικοῦ νοῦ (Jo. I 15,89 [GCS IV, 19,33f. PREUSCHEN]). – Bei der Darstellung der Absichten, die Origenes mit Homilien und Kommentaren verfolgte, habe ich mich absichtlich kurz gehalten. Eine ausführlichere Darstellung und Belege finden sich für die Predigten bei CH. MARKSCHIES, Gemeinde (wie Anm. 66), 35-62 und für die Kommentare bei E. KLOSTERMANN, Formen der exegetischen Arbeit des Origenes, ThLZ 72, 1947, 203-208 bzw. E. JUNOD, Wodurch unterscheiden sich die Homilien des Origenes von seinen Kommentaren?, in: E. MÜHLENBERG / J. VAN OORT (Hgg.), Predigt in der Alten Kirche, Kampen 1994, 50-81.

zu beschreiben versucht: Rufin und Hieronymus[72]. Für Hieronymus waren allerdings wohl nur ὁμιλίαι und τόμοι Auslegungen im eigentlichen Sinne, die σημειώσεις hielt er für lediglich erklärende Glossen[73]. Das ist angesichts der in der Philokalie (CPG I, 1413) überlieferten Scholien zum Exodusbuch von z.T. recht erheblicher Länge vielleicht etwas ungerecht gegenüber dem Anspruch und Gehalt dieser Texte[74].

Wir wollen uns im folgenden, um die skizzierten vier Fragen zu beantworten, auf *eine* spezifische Auslegung des Origenes konzentrieren, nämlich seine Kommentare zu den Paulusbriefen. Origenes hat, wie Caroline Bammel in einem erhellenden Aufsatz zusammenstellte, alle paulinischen Briefe mit Ausnahme der beiden Timotheusbriefe behandelt[75]. Kommentare im strengen Sinne, τόμοι, schrieb er ausweislich der erwähnten eusebianischen Liste zu den Briefen an die Römer (CPG I, 1457)[76], Galater (1459), Epheser (1460)[77], Philipper (-), Kolosser (1461), Thessalonicher (1462/1463) sowie Titus und Philemon (1464/1465). Vermutlich darf man auch einen Hebräerkommentar postulieren, aus dem Fragmente erhalten sind (1467). Homilien verfaßte er zu den Briefen an die Korinther (1458), Galater, Thessalonicher, Hebräer und Titus. Interessanterweise wurden also die meisten Texte nur in einem der beiden Genres behandelt, während wir beispielsweise für die Genesis und für die Propheten Jesaja bzw. Ezechiel, für den Psalter und das Hohelied Nachrichten bzw. Fragmente aus Kommentar und Homilienserie überliefert haben[78]. Die aus bekannten Gründen reichlich verwickelte Überlieferungslage der Origenesschriften betrifft natürlich auch seine Arbeiten zu den Paulusbriefen; es existieren nur wenige originale griechische Fragmente, etliches stark gekürzte Material aus der Katenenüberlieferung und schließlich die ebenfalls stark gekürzte und bearbeitete lateinische Überlieferung (um von dem origenesschen

---

[72] Vgl. Hier., prol. in Origen. hom. in Ez. (GCS Origenes VIII, 318,17-19 BAEHRENS): *Tertium quod ipse inscripsit τόμους, nos volumina possumus nuncupare, in quo opere tota ingenii sui vela spiranti-bus ventis dedit et recedens a terra in medium pelagus aufugit* mit Ruf., prol. in Origen. comm. in Rom. (FC 2/1, 58,8-11 HEITHER) *In quibus* (sc. den Bänden des Kommentars) *... in tam profun-dum pelagus aufertur, ut metus ingens sit illuc eum sequenti, ne magnitudine sensuum velut immani-tate opprimatur undarum.*

[73] Hier., praef. in Origen. hom. in. Ez. (318,14-16): σχόλια *..., in quibus ea, quae sibi videbantur obscura aut habere aliquid difficultatis, summatim breviterque perstrinxit*; vgl. zur Sache auch FROEHLICH, Bibelkommentare (wie Anm. 19), 473.

[74] Vgl. beispielsweise Philokalie 27,10 (SC 226, 302,1-304,40 JUNOD).

[75] C. BAMMEL, Origen's Pauline Prefaces and the Chronology of his *Pauline Commentaries*, in: Origeniana Sexta (wie Anm. 24), (495-513) 495f.; NAUTIN, Origène (wie Anm. 1), 243-245. 254.

[76] Zur Überlieferungslage: C.P.H. BAMMEL, Der Römerbrieftext Rufins und seine Origenesüber-setzung, AGLB 10, Freiburg 1985, passim; Th. HEITHER, Translatio Religionis. Die Paulusdeu-tung des Origenes in seinem Kommentar zum Römerbrief, BBKG 16, Köln/Wien 1990, 12-23.

[77] F. DENIAU, Le commentaire de Jérôme sur Ephésiens nous permet-il de connaître celui d'Origène?, in: H. CROUZEL / G. LOMIENTO / J. RIUS-CAMPS (Hgg.), Premier Colloque interna-tional des études origéniennes (Montserrat, 18-21 septembre 1973), QVetChr 12, Bari 1975, 163-179. Auf S. 174 sind Kriterien zusammengestellt, nach denen sich Origenes-Material im Hieronymus-Kommentar identifizieren läßt.

[78] Belege bei NAUTIN, Origène (wie Anm. 1), 245-249.

Material in Bibelkommentaren und Auslegungen anderer Autoren einmal ganz abzusehen)[79].

Der Prolog zum Römerbriefkommentar des Origenes

Wir fragten, ob Origenes die Methoden alexandrinischer Kommentarphilologie und das literarische Genre der Kommentierung sozusagen als Block oder feststehendes Schema übernommen habe. Im folgenden Abschnitt soll am Beispiel des Kommentars zum paulinischen Römerbrief gezeigt werden, daß eine solche Vorstellung in die Irre führen würde; im Gegenteil, man darf keineswegs meinen, Origenes habe die philologischen Methoden der alexandrinischen Schule und das literarische Genre des gelehrten Kommentars als eine Art Selbstzweck, Selbstverständlichkeit oder methodischen Schematismus behandelt. Origenes rezipierte nur insofern und soweit, wie es dem oben beschriebenen übergeordneten Ziel der Auslegung dienlich war. Ein wichtiger Grund für diese Einstellung, die man einen „theologisch motivierten Rezeptionsvorbehalt" nennen könnte, liegt m.E. in der sehr speziellen Aufgabenstellung, die Origenes wissenschaftlicher Bibelkommentierung im Rahmen des Ziels der ὁμοίωσις θεῷ zuweist. Es wäre ja auch etwas merkwürdig, wenn eine Kommentartechnik, die für Autoren wie Homer entwickelt wurde, bei der Anwendung auf die Bibel ohne jede Änderung rezipiert worden wäre. Man mag ja noch darüber streiten, ob zwischen den teilweise noch recht schlichten christlichen Ansichten über Bibel im zweiten Jahrhundert und einer zeitgenössischen volkstümlichen Homerverehrung[80] nur graduelle Unterschiede bestehen und ob es nicht in beiden Fällen um einen für göttlich inspiriert gehaltenen und in gewissem Sinne kanonisierten Text geht. Allerdings sollte man sich die Unterschiede auch nicht zu klein vorstellen: So sind Homers Dichtungen beispielsweise in den Homer-Allegorien des Pseudo-Heraklit, die ihr letzter Herausgeber wieder in das erste Jahrhundert nach Christus datierte[81], nirgends heilige

---

[79] Details finden sich sowohl unter den angegebenen CPG-Nummern wie bei BAMMEL, Origen`s Pauline Prefaces (wie Anm. 75), 496f. mit Anm. 7-12. Frau Bammel hat sich auch zur Frage der Origenes-Überlieferung in den Paulus-Kommentaren des Hieronymus geäußert: Die Pauluskommentare des Hieronymus: die ersten wissenschaftlichen lateinischen Bibelkommentare?, SEA 42, 1993, (187-207) 191-202 (= DIES., Tradition [wie Anm. 62], nr. XV) sowie A. V. HARNACK, Der kirchengeschichtliche Ertrag der exegetischen Arbeiten des Origenes Tl. 2, TU 42/4, Leipzig 1919, Anhang S. 141-168: „Origenistisches Gut von kirchengeschichtlicher Bedeutung in den Kommentaren des Hieronymus zum Philemon-, Galater-, Epheser- und Titusbrief" und TH. HEITHER im Vorwort zu ihrer Übersetzung des Römer-Kommentars (FC 2/1, Freiburg u.a. 1990, 11-16).

[80] Vgl. das Wachstäfelchen aus der Bodleiana (gr. inscr. 4, hier zitiert nach E. ZIEBARTH, Aus der antiken Schule. Sammlung griechischer Texte auf Papyrus, Holztafeln, Ostraka, KIT 65, Bonn ²1913, Nr. 26, S. 12): Θεὸς οὐδ' ἄνθρωπος Ὅμηρος.

[81] Héraclite. Allégories d'Homère, texte établi et traduit F. BUFFIÈRE, CUFr, Paris 1962 = 1989, IXf.; vgl. auch K. REINHARDT, Art. Herakleitos 12), PRE VIII/1, 1912, 509-510 und G.W. MOST,

Schriften im strengen Sinne, sondern kommen ihnen allenfalls in der Funktion nahe. Man kann aus ihnen lernen, was das Wesen der Götter ist und wie man sie verehrt; Homer wird in Tempeln gehört. Dagegen ist Origenes der Ansicht, daß die göttlich inspirierten Bücher der heiligen Schrift Elementarunterricht über die Weisheit Gottes bieten und eine Einführung in die Erkenntnis der Dinge, die existieren[82].

> Man müßte an dieser Stelle wohl einen längeren Abschnitt zu paganen Autoren des dritten Jahrhunderts einschieben und beispielsweise fragen, wie sich das Verhältnis von theologischem System, kanonischem Text und Kommentar bei einem Autor wie Jamblich darstellt. In seinem *Protrepticus* werden bekanntlich u.a. die „Goldenen Worte" kommentiert; jener zweite Band seines Werkes über den Pythagoreismus soll dem Leser helfen, „auf einer Brücke oder Leiter von unten empor zu steigen"[83]. Freilich erforderte dieser Vergleich zwischen paganen und christlichen Autoren eine eigene Untersuchung, die in unserem Rahmen keinen Platz finden kann.

Wie stark bei Origenes theologische Fragen die Rezeption der philologischen Methode und des Genres „Kommentar" dominierten, zeigt sich schon in den einleitenden Passagen seines Kommentars zum paulinischen Römerbrief. Wenn man den von Rufinus im Jahre 406 sprachlich stark entschlackten (d.h. verkürzten)[84], aber wohl in seiner inhaltlichen Substanz bewahrten Prolog vornimmt, überrascht auf den ersten Blick die Abweichung von der „Topik des Kommentarprologs". Aus den Prologen von verschiedenen kaiserzeitlichen Kommentaren zu Dichter-, Philosophen- und Rhetorenwerken läßt sich bekanntlich ein topisches Schema rekonstruieren, zu dem die Elemente σκοπός / πρόθεσις, τάξις, αἰτία τῆς ἐπιγραφῆς, γνήσιμον, εἰς τὰ κεφάλαια διαίρεσις sowie χρήσιμον bzw. ἐπιγραφή (= *titulus*), πρόθεσις (= *intentio*), εἰς τὰ κεφάλαια διαίρεσις (= *numerus librorum*) und τάξις (= *ordo*) gehörten, selbst wenn sie nicht

---

Cornutus and Stoic Allegoresis: A Preliminary Report, ANRW II 36.2, 1989, (2014-2065) 2018-2029.

[82] Vgl. ein Fragment aus den Psalmen-Scholien (CPG I, 1425 / 1-d) in der Philokalie (§ 3: SC 302, 260, mit Kommentar der Herausgeberin M. HARL S. 262-268): Sowohl die Zahl der kanonischen Bücher ist von Gott festgesetzt wie ihre Funktion: εἰσαγωγή ... εἶναι εἰς τὴν σοφίαν, ... εἰς τὴν σοφίαν τοῦ θεοῦ, καὶ εἰσαγωγὴ εἰς τὴν γνῶσιν τῶν ὄντων, τὰ κβ΄ θεόπνευστα βιβλία (260,9-13).

[83] Iamb., protr. 3 (BiTeu 8,5f. PISTELLI) διά τινος γεφύρας ἢ κλίμακος κάτωθεν εἰς ὕψος ἀνίοντες; vgl. auch D.J. O'MEARA, Pythagoras Revived: Mathematics and Philosophy in the Late Antiquity, Oxford 1989, 30-105 und J.C. THOM, The Pythagorean Golden Verses with Introduction and Commentary, EPRO 123, Leiden 1995, 17-21. – Vor allem P. Hadot hat auf Verwandtschaften im *Curriculum* von neuplatonischem und christlichem Unterricht hingewiesen, innerhalb dessen ja Texte kommentiert und Kommentare von Texten gelesen wurden: „Mais alors l'exégèse n'était pas plus seulement le moyen de la réflexion théologique, elle devenait aussi la méthode du progrès spirituel. Dans la vie spirituelle chrétienne, on le voit clairement chez Origène, la méditation des textes sacrés joue un rôle capital." (P. HADOT, Théologie, exégèse, révélation, écriture, dans la philosophie grecque, in: M. TARDIEU (Ed.), Les régles de l'interprétation, Paris 1987, [13-34] 18). Auf diese analogen institutionellen Zusammenhänge paganer wie christlicher Kommentartätigkeit können wir freilich hier nur hinweisen.

[84] Zu den Details BAMMEL, Römerbrieftext (wie Anm. 76), 58-104.

immer alle ausgeführt sind[85]. Mehrere Prologe des Origenes entsprechen dieser Topik sehr gut und auch weitgehend vollständig (dies gilt für die *praefationes* der Kommentare zur Genesis und zum Hohenlied, zur zweiten Psalmenauslegung und zum Johannesevangeliums-Kommentar). Der Prolog zum paulinischen Römerbrief entsprach nach allem, was wir wissen, dem Schema nicht recht, sondern variierte es im Interesse der theologischen Sache, die bei diesem Brief besonders deutlich hervortritt.

Origenes beginnt seinen Prolog zwar mit einem topischen Hinweis auf die schwere Verständlichkeit des Römerbriefes (I, 60,1f.)[86], nennt dann aber sofort das zentrale theologische Verständnisproblem, das bei unsachgemäßer Interpretation des Briefes falsch dargestellt werde und zu Verwirrung führe, das der Willensfreiheit. Diesem zentralen Thema gehört auch andernorts seine ganze Aufmerksamkeit[87]. Der Exeget leitet also seine Kommentierung des Römerbriefs ebenso wie den Prolog seines ersten Psalmenkommentars mit Bemerkungen über Schwierigkeiten beim Verständnis biblischer Texte ein, die eine antihäretische, gegen die Gnosis gerichtete Spitze haben[88]. Die eigentlich zu erwartende topische Reihenfolge wird nicht eingehalten, es fehlen Bemerkungen zum Titel und zum σκοπός des kommentierten Textes; Willensfreiheit ist ja nicht die zentrale *intentio* des Römerbriefs, sondern das zentrale Verständnisproblem. Diesen von Origenes gewählten untypischen Beginn wird man nur sehr entfernt mit der Aufzählung von Mißdeutungen und Mißverständnissen Homers vergleichen können, mit denen Heraklit seine Allegorien eröffnet[89]. Erst nach den einleitenden Hinweisen auf Schwierigkeiten wird der Römerbrief in den Zusammenhang anderer paulinischer Briefe eingeordnet

---

[85] I. HADOT, Les introductions aux commentaires exégétiques chez les auteurs néoplatoniciens et les auteurs chrétiens, in: TARDIEU, régles (wie Anm. 83), 99-122; NEUSCHÄFER, Origenes (wie Anm. 43), 57-84; R.E. HEINE, The Interpretation to Origen's *Commentary on John* compared with the Introduction to the Ancient Philosophical Commentaries on Aristotle, in: Origeniana Sexta (wie Anm. 24), 3-12 sowie J. PEPIN, Art. Hermeneutik, RAC XIV, 1988, (722-771) 759f. (zu σκοπός).

[86] Ich folge der Paginierung der Ausgabe von HEITHER in FC 2/1-5 (1990-1996); die leider durch den Tod von C. BAMMEL Fragment gebliebene kritische Ausgabe des lateinischen Textes (AGLB 16, Freiburg 1990) ist verglichen. – Zum genannten Motiv der fehlenden Verständlichkeit vgl. auch HEITHER, Translatio (wie Anm. 76), 44-52 und unten Anm. 107.

[87] Vgl. beispielsweise princ. III 1,6-3,6 (TzF 24, 480-603 GÖRGEMANNS / KARPP) und jetzt H.S. BENJAMINS, Eingeordnete Freiheit. Freiheit und Vorsehung bei Origenes, SVigChr 28, Leiden 1994, 50-121.

[88] Auch der wenig topische Prolog des ersten, alexandrinischen Psalmenkommentars (NAUTIN, Origène [wie Anm. 1], 262-275) enthielt, wie ein Fragment zeigt (CPG I, 1425 / 1: Philokalia 2,1-2 [SC 302, 240-244 HARL] / Epiph., haer. 64,6f. [GCS Epiphanius II, 415,9-417,3 HOLL / DUMMER]), Bemerkungen zur Verschlossenheit der göttlichen Schriften mit einer antignostischen Pointe; vgl. M. HARL, Origène et les interprétations patristiques grecques de l'„obscurité" biblique, VigChr 36, 1982, 334-371 sowie DIES., Kommentar zum frgm. in SC 302, 1983, 250-259.

[89] Ps.-Heracl., quaest. Hom. 1,1 (CUFr 1,7f. BUFFIÈRE): ... Σαλμωνεὺς ἂν Ὅμηρος εἴη καὶ Τάνταλος, 'ἀκόλαστον γλῶσσαν ἔχων, αἰσχίστην νόσον' (Eur., or. 10; die Folge einer nichtallegorischen Auslegung Homers).

(62,18-68,16). Nach Origenes kann man schon aus der chronologischen Reihenfolge der paulinischen Korrespondenz ihre theologische Bewertung ablesen – es wird also der Topos der τάξις τῆς ἀναγνώσεως, in dem in einem Prolog gewöhnlich die Stellung einer Schrift im Gesamtwerk oder System vorgestellt wird[90], als Folie einer theologischen Argumentation über den Grad der Vollkommenheit des Apostels genommen. Die Reihenfolge seiner Briefe interessiert nur insofern, als der Apostel Paulus im Römerbrief „vollkommener ist als in den anderen" Briefen (*perfectior fuisse quam in ceteris* [62,19f.]), und die Kommentierung dem Leser schließlich bei der eigenen Vervollkommnung helfen soll. Dasjenige eigene Gewicht, das ihm gewöhnlich in einem Prolog zukommt, hat der Topos der τάξις τῆς ἀναγνώσεως hier also nicht; man sieht das ganz äußerlich daran, daß Origenes nur über die beiden Korinther- und den Philipperbrief spricht; die Chronologie und Reihenfolge anderer paulinischer Briefe interessiert ihn offenbar überhaupt nicht. Auf diese besprochene Passage folgt bei Origenes eine kurze Argumentation über die historische Situation, in der der Römerbrief entstand, nämlich lediglich eine Diskussion über den Ort (Korinth), an dem Paulus den Brief abfaßte (68,24f.). Zur Begründung dieser Lokalisierung werden fünf Bibelstellen angeführt. Man kann diesen kurzen Passus aber nur sehr schwer einem Topos des Kommentarprologes zuordnen, am ehesten wohl noch der Frage nach der Authentizität (τὸ γνήσιμον). Vergleicht man jedoch Parallelen, beispielsweise den Prolog zum Kommentar des Proclus über den platonischen Parmenides vom Anfang des fünften Jahrhunderts, fällt die Knappheit und Konzentration auf das Problem des Ortes noch stärker auf[91]. Sie ist offenbar dadurch motiviert, daß Origenes sich im Abschnitt vorher mit den beiden Korintherbriefen beschäftigt hat und nun beide Briefe nicht nur in eine theologische, sondern auch in eine historische Beziehung setzen will. Mit einer kurzen Inhaltsangabe, die sich auf die Problematik des Gesetzes konzentrierte, scheint der Prolog zum Römerkommentar geendet zu haben (70,6-15)[92]. Nach Marguerite Harl handelte es sich beim „Gesetz" auch um das Schlüsselthema des Kommentars[93] – aber wieder wird diese Einsicht nicht in Form einer topischen Erörterung zum σκοπός entfaltet, sondern ein Verständnisproblem genannt. Origenes scheint zu wissen, daß er natürlich

---

90 HEINE, Interpretation (wie Anm. 85), 5f. (Beispiele aus den Aristoteles-Kommentaren des Alexander von Aphrodisias).

91 Im Prolog behandelt Proclus τὴν δραματικὴν τοῦ διαλόγου διασκευήν (Procl., in Parm. I praef. [618,22f. COUSIN]).

92 Im Text Rufins folgt dann wohl ein verstelltes (so der Übersetzer selbst: S. 74,7f.) Stück des Kommentars, das eher der Quaestionenliteratur zuzurechnen ist: *Prima nobis quaestio de nomine ipsius Pauli videtur exsurgere* (70,16f.). Wegen des deutlichen Fragmentcharakters (*prima ... quaestio*; es fehlt die *secunda*) glaube ich nicht, daß Rufin das Stück selbst geschrieben hat (nach BAMMEL, Origen's Pauline Prefaces [wie Anm. 75], 503 stammte es aus dem Philemonkommentar).

93 M. HARL, Origène et l'interprétation de l'Épître aux Romains: Étude du chapitre IX de la Philocalie, in: J. FONTAINE / CH. KANNENGIESSER (Hgg.), Epektasis. Mélanges patristiques offerts au Cardinal Jean Daniélou, Paris 1972, (305-316) 312; DIES., Origène et la sémantique du langage biblique, VigChr 26, 1972, (161-187) 164-169.

zu wissen, daß er natürlich nichts zur εἰς τὰ κεφάλαια διαίρεσις beiträgt, wie es sich eigentlich gehören würde, den Brief nicht sorgfältig gliedert und auch keine Kapitelangaben macht, sondern einfach nur ein theologisches Leitthema seiner Auslegung erstmals anklingen läßt. Jedenfalls schreibt er: „Diese Einzelangaben sollen vorerst genügen, damit ist nämlich der gesamte Inhalt des Briefes berührt" (70,12f.).

Auch wenn die wenigen Rückverweise auf den Prolog im weiteren Verlauf des Kommentars zeigen[94], daß der Übersetzer Rufin wohl einige charakteristische topische Stücke bei seinen Bemühungen, den Kommentar des Origenes im Umfang zu halbieren, stark gekürzt hat, wirkt auch ein auf dieser Basis ergänzter Prolog nicht sehr topisch. Das unterscheidet ihn, wie gesagt, von anderen Kommentarprologen dieses Exegeten. Nun darf man nicht meinen, der beschriebene Unterschied der origeneischen Kommentarprologe sei chronologisch aufzulösen – beispielsweise in dem Sinne, Origenes habe sich in einer späteren Phase in Caesarea stärker auf das pagane philologische Paradigma eingelassen, und der Römerkommentar sei entsprechend relativ früh entstanden[95]. Vielmehr haben wir versucht zu zeigen, daß bei der Abfassung jenes Prologs theologische Motive im Vordergrund standen, die die Rezeption der paganen Kommentarprolog-Topik steuerten, und nicht etwa ein Schema als Block übernommen wurde. Origenes hat in großer Freiheit philologische Methoden dann benutzt, wenn sie ihm für die Textauslegung nützlich schienen – und das war offenbar beim Prolog des Römerbriefs nicht der Fall.

Die übrige Kommentierung des Römerbriefes

Man darf mit dem Ausdruck „theologisch motivierter Rezeptionsvorbehalt" natürlich keine grundsätzlichen Vorbehalte gegen eine „pagane Methode" assoziieren, wie sie in bestimmten konservativen Kreisen des neuzeitlichen Protestantismus aufgetreten sind bzw. auftreten. Ich möchte das Verhältnis des Origenes zur philologischen Methode und zur literarischen Gattung des ge-

---

94 Vgl. die Beispiele bei BAMMEL, Origen's Pauline Prefaces (wie Anm. 75), 502f.: *sed ut praediximus de elocutionibus minus finitis* (Rom. I 10 [FC 2/1, 114,15f. HEITHER]). Die Passage, auf die Origenes sich bezieht, steht gleich zu Beginn: *una, quod elocutionibus interdum confusis et minus explicitis utitur* (praef., p. 62,3f.). Der Hinweis auf die Unterscheidung der Bedeutungen des Ausdrucks „Gesetz" (Rom. III 6 [FC 2/2, 82,20-22] sowie 7 [FC 2/2, 98,17f.]) bezieht sich auf praef. (70,6-15; R. ROUKEMA, The Diversity of Laws in Origen's Commentary on Romans, Amsterdam 1988).

95 So mit Recht BAMMEL, Origen's Pauline Prefaces (wie Anm. 75), 500f. Sie nimmt an, daß Origenes die Paulusbriefe mit dem kürzesten an Philemon zu kommentieren begann (505-507). – Das chronologische Argument trifft lediglich für die beiden Psalmenauslegungen zu, die in Alexandria bzw. Caesarea entstanden sind; freilich glaube ich nicht, daß es die eklatanten Unterschiede der jeweiligen Prologe zu erklären vermag. Dies kann ich allerdings hier nicht ausführen.

lehrten Kommentars[96] hier einmal mit dem eines Chirurgen zu seinem Instrumentenkasten vergleichen; der probiert selbstverständlich auch nicht automatisch oder schematisch einmal alle Handwerkszeuge am Patienten durch, sondern benutzt genau die, die für den jeweiligen Fall benötigt werden[97]. Dieses auf eine einzelne Stelle und deren Bedeutung im Rahmen des Gesamtkonzeptes von Schriftauslegung konzentrierte Rezeptionsverhalten des Origenes läßt sich noch einmal paradigmatisch am Umgang mit der προσωποποιία im Römerkommentar verdeutlichen. Jenen zentralen Grundsatz paganer Dichterauslegung[98] nimmt der Autor nicht schematisch in seine Erklärungen auf; die Frage nach der sprechenden Person (τὸ πρόσωπον τὸ λέγον) wird erst an einer relativ späten Stelle des Kommentars (nämlich im sechsten Buch) ausführlich angewendet, um die bis heute in ihrer Deutung umstrittene paulinische Argumentation im siebenten Kapitel des Römerbriefes zu verstehen. Und das ist auch kein Zufall: Für den unbedarften Leser finden sich hier Formulierungen, die zwei Grundannahmen der Römerbriefauslegung des Origenes stracks widersprechen: Gegen die These von der Willensfreiheit steht die Aussage des Paulus, daß er nicht das tue, was er wolle, sondern das, was er hasse (*non enim quod volo, hoc ago*)[99]. Gegen die These von einem allmählichen Aufstieg des Paulus, der im Römerbrief zur Vollendung (*perfectio*) kommt (und damit auch einem Aufstieg der Gemeinde), wendet sich der Satz „ich vermag das Gute nicht zu vollenden" (*perficere autem bonum non invenio*)[100]. Der Pauluskommentator steht an dieser Stelle also vor einem zentralen Problem seiner Auslegung, und es verwundert nicht, wenn Origenes nun alle Register seines methodischen Könnens zieht: Paulus, so schreibt er, spreche nicht nur in unterschiedlicher Bedeutung vom „Gesetz", *sed et personarum diversitas introdu-*

---

[96]   Übrigens scheint mir trotz der überaus gründlichen Untersuchungen NEUSCHÄFERS, Origenes (wie Anm. 43) an diesem Punkt noch längst nicht alles gesagt. D. Sedley wies auf dem Heidelberger Kolloquium darauf hin, wie stark die Platon-Kommentare durch die Diskussion von alternativen Interpretationen geprägt sind, „each tentatively introduced with μήποτε or ἴσως" (D. SEDLEY, The Origins of Platonic Commentary, 5). Damit ist zugleich auch, ohne daß dies hier ausführlich dokumentiert werden könnte, ein Wesenszug der Kommentierung des Origenes beschrieben. Lange nach seinem Tode haben u.a. solche mißverstandenen Erwägungen, die dann mit der Meinung des Autors identifiziert wurden, zur Verurteilung des Origenes als Häretiker geführt (vgl. H.J. VOGT, Warum wurde Origenes zum Häretiker erklärt?, in: L. LIES [Hg.], Origeniana Quarta, IThS 19, Innsbruck/Wien 1987, 78-99).

[97]   Man könnte das Bild übrigens auch fortsetzen und sagen: Die verschiedenen origenistischen Exegeten der Spätantike hatten in der Regel einen in seiner Größe reduzierten Instrumentenkasten zur Hand und benutzten ihn auch nicht mehr mit der Virtuosität des Meisters.

[98]   Für den Grundsatz in der alexandrinischen Homerphilologie vgl. NEUSCHÄFER, Origenes (wie Anm. 43), 263-268. In der Auseinandersetzung mit der einflußreichen Darstellung ANDRESENS (Zur Entstehung und Geschichte des trinitarischen Personbegriffs, ZNW 52, 1961, 1-39) ist Neuschäfer (478 Anm. 121) mindestens eine Note zu scharf. Andresen hat mit dem Hinweis auf Ps.-Plut., de Homero (II 66: Ἔστι παρ᾽ αὐτῷ πολὺ καὶ ποικίλον τὸ τῆς προσωποποιίας [Bi-Teu 34,683 KINDSTRAND]) eine zentrale Stelle im Blick.

[99]   Röm 7,15 = Origen., Rom. VI 9 (FC 2/3, 268,1 HEITHER); vgl. dazu BENJAMINS, Freiheit (wie Anm. 87), 60-71.

[100] Röm 7,18 = VI 9 (FC 2/3, 268,5f. HEITHER).

citur[101]: Er rede teils als „Lehrer der Kirche", teils in der Rolle der Schwachen (*persona infirmorum*: 270,22f.). Die Auslegung löst also mit Hilfe dieses philologischen Mittels das vorhandene Problem: Die problematischen Aussagen stammen nicht von dem Paulus, der zur Vollendung gelangt ist, sondern von Paulus, der aus paränetischen Gründen die Rolle seiner noch nicht vollendeten Schüler und Leser einnimmt (284,14-17). Durch das Mittel der προσωποποΐία ist der Widerspruch in einen scheinbaren überführt und damit ein Anstoß für den Leser aufgehoben. In zunächst ganz ähnlicher Weise wird an anderer Stelle davon gesprochen, daß es neben dem Wechsel der Person des Sprechenden auch einen Wechsel der Person der Angeredeten gibt[102], um einen etwas unmotivierten Personenwechsel bei Paulus zu erklären – aber wenig später wird eben dieser Personenwechsel dann auch wieder eingezogen, weil das, was der Apostel sagt, nicht nur auf den in Röm 2,17 plötzlich in der zweiten Singularis angeredeten Juden, sondern „auf jeden Menschen bezogen werden kann, der dem Namen nach religiös und fromm ist, dem aber Werke, Einsicht und Glaube fehlen" (II 11 [244,10-13]). Die übergeordnete heilspädagogische Absicht, Leser bei der *perfectio* zu unterstützen, wirkt als theologisch motivierter Rezeptionsvorbehalt gegen die προσωποποΐία. An einer Auslegung, die für den christlichen Hörer bzw. Leser nichts zur οἰκοδομή nützt, ist Origenes im Grunde nicht interessiert; an dieser Stelle konvergiert die ὠφέλεια aus Zusammenhängen paulinischer Theologie mit dem pagan-antiken Thema des *delectare et prodesse*[103]. Es scheint mir daher auch überzogen, daß man wegen des gelegentlichen Einsatzes dieser Methode gleich sagen sollte, Origenes habe den Römerbrief für ein „Drama" gehalten, in dem verschiedenste Personen auftreten (so Theresia Heither); ein Brief ist eben nur die Hälfte eines Gespräches[104]. Nur am Rande sei noch darauf hingewiesen, daß Origenes die paulinische προσωποποΐία in seinem Kommentar zu Römer 7,14-25a auch gleich noch vor semantischem Hintergrund profiliert und Homonymie von Polysemie unter-

---

101 Rom. VI 9 (FC 2/3, 268,18f. HEITHER). Frau Heither weist mit Recht darauf hin (Anm. 74), daß das griechische Katenenfragment nr. 41 (A. RAMSBOTHAM, The commentary of Origen on the epistle to the Romans, JThS 14, 1913, [10-22], 15,1-16,10 = J.A. CRAMER, CGPNT IV, Oxford 1844 = Hildesheim 1967, 101,7-17) den *terminus technicus* enthält: εἰ μή που εἴπωμεν ὅτι προσωποποιΐας ἔχει διαφόρους ποιότητας προσώπων... (101,11f.).

102 Rom. II 11 (zu Röm 2,17-24) ... *interdum et dicentis persona mutetur et aliquando quidem Paulus spiritalis loquatur ... . Interdum vero fit et eorum personae, ad quos sermo est, commutatio* (FC 2/1, 236,20-22; 238,1f. HEITHER).

103 Dazu B. STUDER, *Delectare et prodesse*. Zu einem Schlüsselwort der patristischen Exegese, in: Mémorial Dom Jean Gribomont OSB, SEA 27, Rom 1988, 555-581 = DERS., Dominus Salvator. Studien zur Christologie und Exegese der Kirchenväter, StAns 107, Rom 1992, 431-461, bes. 440f.

104 Artemon (Demetr., eloc. 223) nach I. SYKUTRIS, Art. Epistolographie, in: PRE Suppl. V, 1931 (185-220) 192. So auch BAMMEL, Origen`s Pauline Prefaces (wie Anm. 75), 511 Anm. 87 gegen HEITHER, Translatio (wie Anm. 76), 48/59.

scheidet[105]. Aber diese Dissoziation wird sofort dazu verwendet, um das schon im Prolog eingeführte Problem der mehrfachen Bedeutung des Ausdrucks „Gesetz" wieder ins Gedächtnis zu rufen und damit an einen vorangehenden Passus im Kommentar zu erinnern[106]. Selbst die κρίσις ποιημάτων im Sinne einer sprachlich-technischen Beurteilung des Autors Paulus wird an einigen Stellen vorgenommen, und sie fällt wenig freundlich aus: „Oft haben wir schon den ungehobelten Stil und die unvollständige Sprache des Apostels erwähnt"; oder „so wie der Apostel den Brief komponiert hat, wirkt die Gedankenfolge ... ziemlich inkonsequent"[107]. Aber mit Hilfe der paulinischen Theologie wird nachgewiesen, daß gerade die mangelnde rhetorische Kompetenz der „Hohlraum" ist, in dem die göttliche Kraft des Wortes wirken kann[108]. Wieder begrenzt ein theologisches Urteil den Geltungsbereich der philologischen Methode.

Schluß und Ausblick

Wir sahen, daß Origenes seine Bibelkommentare in einem bestimmten theologischen Horizont mit heilspädagogischem Zweck schrieb, und daher das philologische Instrumentarium und literarische Genre nicht als Block oder Schema rezipierte. Wir sprachen von einem „theologischen Rezeptionsvorbehalt", man könnte wohl auch von einem „Selektionsmuster" reden, das einen freien und schöpferischen Umgang mit der Methodik zur Folge hatte. Während von Origenes, wenn ich recht sehe, keine Kurzdefinition der philologischen Aufgabe eines Kommentars vorliegt, hat Hieronymus sie über ein Jahrhundert später in Anlehnung an den literaturwissenschaftlichen Konsens seiner Zeit gegeben:

---

[105]   Or., Rom. VI 9 (FC 2/3, 270,8-12 HEITHER); vgl. HARL, Origène (wie Anm. 93), 165f.; HEITHER, Translatio (wie Anm. 76), 45f. sowie R. GÖGLER, Zur Theologie des biblischen Wortes bei Origenes, Düsseldorf 1963, 45f.

[106]   Rom. VI 9 (FC 2/3, 270,12-20 HEITHER); vgl. das Fragment aus der Kommentierung von Röm 7,7 in der Philokalie (9 [SC 302, 356,18 HARL]), den Kommentar von Frau Harl in SC 302, 360-364 und C. BAMMEL, Philocalia IX, Jerome, Epistle 121, and Origen's Exposition of Romans VII, JThS 32, 1981, 50-81. – Vergleichbar scheint mir, daß Origenes in einem Fragment seines Thessalonicher-Kommentares, das bei Hieronymus erhalten ist (CPG I, 1462), eine Passage aus dem Brief, in der Paulus mit einer Wiederkunft Christi in naher Zukunft rechnete (1Thess 4,15), so kommentierte: *vivi appellantur, qui numquam peccato sunt mortui* (Hier., ep. 119 10,1 [CSEL 55, 462,21f. HILBERG]).

[107]   Rom. VII 18 *Saepe de incompositis elocutionibus apostoli defectibusque earum commonuimus* (FC 2/4, 166,25f. HEITHER) bzw. III 1 *Multum fortassis inconsequens videbitur ordo dicendi per omnem paene textum huius epistulae ab apostolo Paulo digestus* (FC 2/2, 30,8-10 HEITHER); vgl. auch NEUSCHÄFER, Origenes (wie Anm. 43), 243f. sowie 249-263.

[108]   Rom. IX 2 (FC 2/5, 38,17-40,2 HEITHER). Hier argumentiert Paulus, wie auch an anderen Stellen, mit 1Kor 2,4: Vgl. z.B. das Fragment aus Jo. IV = philoc. 4,1 (GCS Origenes IV, 98,1-6 PREUSCHEN = SC 302, 270,1-7 HARL) oder Matth. comm. ser. 22 (GCS Origenes XI, 38,11-15 KLOSTERMANN).

Commentarii quid operis habent? alterius dicta edisserunt, quae obscure scripta sunt plano sermone manifestant, multorum sententias replicant, et dicunt: hunc locum quidam sic edisserunt, alii sic interpretantur, illi sensum suum et intellegentiam his testimoniis et hac nituntur ratione firmare, ut prudens lector, cum diuersas explanationes legerit et multorum uel probanda uel improbanda didicerit, iudicet quid uerius sit et, quasi bonus trapezita, adulterinae monetae pecuniam reprobet[109].

Die Passage eignet sich gut, um nochmals die Grenzen der Rezeptionsbereitschaft bei Origenes zu markieren: Wohl sind sich Origenes und Hieronymus untereinander[110] und mit ihren paganen Zeitgenossen darin einig, daß dunkle Passagen der kommentierten Schrift durch den Kommentar möglichst vollständig aufgehellt werden müssen[111]. Vielleicht hätte Origenes sogar noch dem Satz zugestimmt, daß die Vielfalt der Interpretationen einzelne Passagen erhellt, und darauf hingewiesen, daß vor allem der Kontext und vergleichbare Stellen hilfreich für das Verständnis seien[112]. Aber er hätte sicher nicht die Aufgabe seiner Bibelkommentare darin gesehen, durch die Zusammenstellung möglichst vieler Interpretationen einem klugen Leser das eigene Urteil zu erleichtern: Kommentar ist, zugespitzt formuliert, ein Stück Mystagogie, wie wir sahen (S. 83-86), Einführung in einen mystischen Schriftsinn unter Zuhilfenahme wissenschaftlicher Methoden, oder, wie Origenes selbst sagt: *multo quippe labore et sudore, et digno cultu in Scripturis fructus spiritus invenitur*[113].

Wie verhält sich die hochgelehrte philologisch-mystagogische Kommentierung des Origenes nun aber zu der Form „populärwissenschaftlicher" Auslegung, die Juden und Christen in den ersten beiden Jahrhunderten pflegten und die wir zu Beginn dargestellt haben? Zunächst muß man daran erinnern, daß Origenes in ihnen Vorgänger sah und auf ihre Leistungen verwies[114], auch wenn er ihre mangelnde Gelehrsamkeit angriff. Dann muß man sich klarmachen, daß an vielen Stellen durch den äußerst selektiven Einsatz der philologischen Methoden und die exzessive Verwendung der allegorischen Auslegung (die wir hier ja ganz ausgeblendet haben) die Unterschiede zwischen beiden Arten der Bibelkommentierung kaum mehr wahrnehmbar sind. Diesen negati-

---

109 Hier., Ruf. I 16 (SC 303, 44,15-23 LARDET); vgl. P. SINISCALCO, La teoria e la tecnica del commentario biblico secondo Girolamo, Annali di storia dell'esegesi 5, 1988, 225-238 und CH. SCHÄUBLIN, Zur paganen Prägung der christlichen Exegese, in: J. VAN OORT / U. WICKERT (Hgg.), Christliche Exegese zwischen Nicaea und Chalcedon, Kampen 1992, (148-173) 152f. (zum Verhältnis Donatus-Hieronymus).

110 Für den „theologischen Rezeptionsvorbehalt" bei der Verwendung philologischer Methoden in der Exegese des Hieronymus vgl. CH. MARKSCHIES, Hieronymus und die „Hebraica Veritas" – ein Beitrag zur Archäologie des protestantischen Schriftverständnisses?, in: HENGEL / SCHWEMER, Septuaginta (wie Anm. 10), 131-181.

111 Vgl. beispielsweise Rom. I 4 (FC 2/1, 92,3-7 HEITHER).

112 Rom. I 6 (FC 2/1, 102,26f. HEITHER).

113 Fragment der Stromateis aus Hier., Gal. (CPG I, 1489/10), hier zitiert nach C.H.E. LOMMATZSCH, Origenis Opera Omnia, tom. XVII, Berlin 1844, 78.

114 Entsprechende Stellen aus dem Werk sammelte E. Preuschen bei HARNACK, Überlieferung I/1 (wie Anm. 1), 295; vgl. auch N. DE LANGE, Origen and the Jews, OCOP 25, Cambridge 1970, bes. 16-28 und jetzt RUNIA, Philo (wie Anm. 27), 157-183.

ven Befund kann man natürlich auch ins Positive wenden: Origenes kombinierte in seinen Kommentaren mehrere Traditionen der Textauslegung – die jüdisch-christliche Tradition schriftgelehrter Auslegung von Bibeltexten, die Tradition einer populärwissenschaftlichen Auslegung für interessierte Gebildete und die fachwissenschaftliche Kommentierung für besonders Eingeweihte. Seine Existenz als Lehrer im bischöflichen Auftrage verband die jüdische Tradition eines Schriftgelehrten mit der eines philosophischen Lehrers; in Alexandria wie Cäsarea versuchte die christliche Gemeinde mit seiner Hilfe, Bibelerklärung auf Hochschulniveau anzubieten[115]. Es war konsequent, wenn sie sich dabei der entsprechenden Techniken und Literaturformen von Kommentierung auf Hochschulniveau bediente.

Wir haben uns auf die Kommentare konzentriert, in denen diese Synthese besonders deutlich wird; aber die Predigten bauen ja auch auf demselben philologischen Fundament auf und sind damit in der Regel auf hörerbezogenem, also etwas schlichterem Niveau ebenfalls Zeugen dieser folgenreichen Traditionssynthese. Sie ist auf der einen Seite sicher Folge einer gegenüber den galiläischen Anfängen drastisch gewandelten Bildungs- und Sozialstruktur der christlichen Gemeinde und ihrer Theologie, auf der anderen Seite aber auch ein Ausdruck der Synthesekraft dieser Religion[116].

Wir kommen am Schluß nochmals auf die oben schon aufgeworfene Frage nach dem Zusammenhang von christlicher Kommentartätigkeit und Kanonizität zurück[117]. Auf unseren Autor gewendet, ist zu fragen, ob Origenes seine Kommentare und seine spezifische Art, darin auszulegen, aufgrund der kanonischen Autorität der kommentierten Texte angelegt bzw. so angelegt hat[118].

---

[115] Auf diese Dimension der mißverständlich „Katechetenschule" genannten Ausbildungseinrichtung hat C. SCHOLTEN sehr schön hingewiesen: DERS., Die alexandrinische Katechetenschule, JbAC 38, 1995, 16-37. W. KINZIG hat zwar jüngst in einer Rezension vollkommen berechtigte Einwände gegen Scholtens Redewendung ‚die theologische Hochschule der alexandrinischen Kirche' erhoben (ThLZ 122, 1997, [927-930] 927f.), aber Nachrichten über die kirchliche Beauftragung des Origenes mit dieser Form von ‚Bibelerklärung auf Hochschulniveau' würde ich jedenfalls nicht einfach als „Rückprojektion" des vierten Jahrhunderts interpretieren. Zumindest wird an dieser Stelle deutlich (so auch schon Rudolf G. Wagner in der Diskussion in Heidelberg), daß neben der binären Relation ‚Text-Kommentar' auch noch weitere Relationen für die Auslegung des Origenes interessant sind und in diesem Zusammenhang eben auch kirchliche Amtsträger eine spezifische Bedeutung gewinnen. Auch dieser Punkt verweist nochmals auf den institutionellen Rahmen der christlichen Auslegung, der hier freilich nicht behandelt ist (vgl. dafür CH. MARKSCHIES, Lehrer, Schüler, Schule: Zur Bedeutung einer Institution für das antike Christentum, in: U. EGELHAAF-GAISER / A. SCHÄFER [Hgg.], Religiöse Vereine in der römischen Antike. Untersuchungen zu Organisation, Ritual und Raumordnung, Studien zu Antike und Christentum 13, Tübingen 2002, 97-120).

[116] Vgl. dazu knapp CH. MARKSCHIES, Das antike Christentum. Frömmigkeit, Lebensformen, Institutionen, München 2006, 11-34; 221-223.

[117] Vgl. oben bei Anm. 59.

[118] Spätestens an dieser Stelle zeigt sich, daß die Beziehung von antiken christlichen Kommentaren zur Autorität der von ihnen kommentierten Texte schwer exakt zu beschreiben ist (obwohl es sich, wie die Diskussionen in Heidelberg zeigten, um eine Schlüsselfrage im Umgang mit Kommentaren handelt): Einerseits sind solche Kommentare ein Zeichen der kanonischen Autorität biblischer Texte, andererseits versuchen sie natürlich mindestens implizit, die Auto-

Das ist sicher so, allerdings wird mit dieser Antwort nur ein Aspekt des Problems ausgeleuchtet. Mindestens so wichtig für die Anlage und Durchführung seiner Kommentarpraxis ist die Grundentscheidung des Origenes, seine gewöhnliche kirchliche Predigt mit philologischen Mitteln zu fundamentieren und alle Bibelauslegung im Rahmen einer heilspädagogischen Grundorientierung zu begreifen. Kommentierung schafft Voraussetzungen bzw. hilft dabei, daß das wirksam werden kann, was die Kraft in sich trägt, wirksam zu werden. Das scheint mir das letztlich organisierende Ziel der kommentierenden Tätigkeit des Origenes gewesen zu sein. Wir sagten eingangs, daß Juden, Christen und Heiden (vor allem Neuplatoniker) im dritten Jahrhundert fast gleichzeitig begannen, den Markt im großen Stil mit Kommentaren zu beliefern. Es wäre nun spannend zu untersuchen, inwiefern der Einzelfall Origenes hier paradigmatische Züge über die Grenzen seines eigenen auch christlichen Milieus hinaus trägt. Aber damit käme ein neues, nicht minder weites Feld in den Blick[119].

---

rität dieser kanonischen, aber – wie das Beispiel des Augustinus zeigt (conf. III 5,9: *sed visa est mihi indigna, quam Tullianae dignitati conpararem* [BiTeu 42,21f. SKUTELLA / JUERGENS / SCHAUB]; vgl. für weitere Belege den Kommentar von J.J. O'DONNELL, Augustine, Confessions, Vol. 2 Commentary on Books 1-7, Oxford 1992, 172f.) – von Gebildeten als problematisch empfundenen Texte für eben diese Klientel zu stabilisieren.

119 Eine solche Untersuchung würde natürlich wieder auf das hier ausgeklammerte Problem der Institutionen führen: Origenes lehrte sowohl in Alexandria wie auch in Caesarea/Palaestina in Schulzusammenhängen (vgl. nur H.G. THÜMMEL, Die Schule des Origenes, in: P. NAGEL [Hg.], Graeco-Coptica. Griechen und Kopten im byzantinischen Ägypten, Martin-Luther-Universität Halle-Wittenberg Wissenschaftliche Beiträge 1984/48, Halle 1984, 205-217), und so entstanden Filiationen von Origenes-Schülern samt diversen indirekten Abhängigkeiten. Schon allein deswegen besitzt der Einzelfall Origenes paradigmatische Züge; ich habe dies am Beispiel des Mailänder Bischofs Ambrosius (†397) an anderen Stellen zu zeigen versucht: CH. MARKSCHIES, Altkirchliche Christologie und Neues Testament. Beobachtungen zur Bibelhermeneutik des Ambrosius von Mailand, in: CH. LANDMESSER / H.-J. ECKSTEIN / H. LICHTENBERGER (Hgg.), Jesus Christus als die Mitte der Schrift. Studien zur Hermeneutik des Evangeliums, BZNW 86, Berlin/New York 1997, 875-905 sowie DERS., Ambrosius und Origenes. Bemerkungen zur exegetischen Hermeneutik zweier Kirchenväter, in diesem Sammelband, 195-222.

Gott und Mensch nach Origenes

Einige wenige Beobachtungen zu einem großen Thema

Literatur über Gotteslehre und Anthropologie des alexandrinischen Theologen Origenes[1] ist Legion[2]. Im folgenden Beitrag interessiert uns im Blick auf die theologischen Interessen des zu Ehrenden, Karl Kardinal Lehmann, auch nur ein einziger Punkt auf diesen beiden weiten Feldern. Wir wollen uns mit der Frage beschäftigen, wie Origenes vom „Transzendenzbezug" des Menschen redet, also von dem anthropologischen Zusammenhang, den eine bestimmte Richtung neuzeitlicher katholischer systematischer Theologie mit Begriffen wie „Weltoffenheit" oder „Wesen der Transzendenz" in den Blick nimmt[3]. Dafür sind natürlich auch einige Voraussetzungen aus der Gotteslehre des Origenes darzustellen. Wir explizieren dagegen nicht erneut, was allgemein bekannt sein dürfte: Für Origenes ist die Schöpfung Gottes der Ort, wo die ψυχαὶ λογικαί, die vernünftigen Seelen, „die kontemplative Gottesschau zurückgewinnen können"; allein der νοῦς Jesu realisiert vollständig und frei solche Anschauung Gottes[4], und folglich erfahren die Menschen durch Identifikation mit Jesus Erleuchtung, können auf diese Weise Gott wie Welt kennenlernen[5]. Schließlich sind das alles Grundmotive seiner Theologie, die sie bis in die Architektur sei-

---

[1]   R. WILLIAMS, Art. Origenes/Origenismus, in: TRE XXV, 1995, 397-420. In der Folge wird das Werk „Der Platonismus in der Antike" (begründet von H. DÖRRIE, fortgeführt von M. BALTES. 5 Bde., Stuttgart/Bad Cannstatt 1987-1998) mit der Sigel „PdA" abgekürzt.

[2]   H. CROUZEL, Bibliographie Critique d'Origène, InstPatr 8, Steenbrugge 1971, 630f.; DERS., Bibliographie Critique d'Origène. Supplément I. Steenbrugge 1982, InstPatr 8 A, 312f.; WILLIAMS, Origenes (wie Anm. 1), 410f. Zuletzt: M. SIMONETTI, Art. Dio (Padre), in: Origene. Dizionario. La cultura, il pensiero, le opere. A cura di A. Monaci Castagno, Rom 2000, 118-124.

[3]   Dem Patristiker ist hoffentlich nachzusehen, wenn er aus der Fülle der einschlägigen systematischen Literatur einen einzigen Titel nennt: K. RAHNER, Grundkurs des Glaubens. Einführung in den Begriff des Christentums, Freiburg 121976, 42-46, und eine evangelische Stimme ergänzt: E. JÜNGEL, Der Gott entsprechende Mensch. Bemerkungen zur Gottebenbildlichkeit des Menschen als Grundfigur theologischer Anthropologie, in: DERS., Entsprechungen: Gott – Wahrheit – Mensch. Theologische Erörterungen, BEvTh 80, München 1980, 290-317, bes. 292.

[4]   Origenes kann dies mit der platonischen Metaphorik der Teilhabe ausdrücken (D.L. BALAS, The Idea of Participation in the Structure of Origen's Thought. Christian Transposition of a Theme of the Platonic Tradition, in: H. CROUZEL / G. LOMIENTO / J. RIUS-CAMPS (Hgg.), Origeniana, QVetChr 12, Bari 1975, 257-275); vgl. Or., Cels. VII 17 (GCS Origenes II, 168,26f. KOETSCHAU) καθὸ δὲ ἄνθρωπος ἦν, παντὸς μᾶλλον ἀνθρώπου κεκοσμημένος τῇ ἄκρᾳ μετοχῇ τοῦ αὐτολόγου καὶ τῆς αὐτοσοφίας.

[5]   WILLIAMS, Origenes (wie Anm. 1), 410.

nes systematischen Hauptwerks *De principiis* prägen[6]. Wir fragen im folgenden Beitrag vielmehr, inwiefern das spezifische Gottesbild des Origenes sein besonderes Verständnis des menschlichen „Transzendenzbezugs" prägte, und beginnen daher mit Bemerkungen zum Gottesbild des Origenes. Daß man alle hier gewonnenen Beobachtungen ausführlicher im Werk des alexandrinischen Gelehrten belegen könnte und auch manche Linie weiter ausziehen müßte, um die Spannweite seines theologischen Denkens adäquat darzustellen, sei ausdrücklich angemerkt; dazu ist freilich in diesem Rahmen nicht der rechte Ort.

Gottesbild und Gottesbegriff des Origenes

Es kann keinen Zweifel daran geben, daß Origenes, wenn er von Gott redet, in besonderer Weise das betont, was im „Theologischen Wörterbuch zum Neuen Testament" so schön als die „Überweltlichkeit Gottes" bezeichnet worden ist[7] und also mit dem Stichwort „absolute Transzendenz" wiedergegeben werden könnte. Origenes verwendet die Begriffe ὑπερουράνιος bzw. *supercaelestis* zwar nur für den überirdischen Bereich und wendet sie nicht auf Gott selbst an[8], aber in jenem „überhimmlischen Ort" wird die Anschauung der Herrlichkeit gewährt[9]. Grundsätzlich gilt aber: *Impossibile est invenire principium Dei*[10]. Um die Transzendenz Gottes zu betonen, gebraucht Origenes nicht nur die traditionellen biblischen Prädikationen, sondern macht seinen Anschluß an die zeitgenössische mittelplatonische Gotteslehre beispielsweise mit der platonischen Formel ἐπέκεινα νοῦ καὶ οὐσίας für Eingeweihte unübersehbar[11]: Gott steht so, wie das Gute im Sonnengleichnis des platonischen Staates ἔτι ἐπέκεινα τῆς οὐσίας, „noch jenseits des Seins", genannt wird (resp. 509 B), jenseits von οὐσία und νοῦς, oder wie Origenes in seiner Schrift gegen Celsus mit dessen eigenen Worten sagt: ἀλλ' οὐδ' οὐσίας μετέχει ὁ θεός[12]. Merkwürdigerweise kann Origenes an anderer Stelle nun aber durchaus von einer οὐσία im Zu-

---

[6]   H. STRUTWOLF, Gnosis als System. Zur Rezeption der valentinianischen Gnosis bei Origenes, FKDG 56, Göttingen 1993, 210-214, mit Hinweisen auf weitere Literatur und jetzt G. SFAMENI GASPARRO, Il ΠΕΡΙ ΑΡΧΩΝ di Origene: Per una storia della Ricerca, in: DIES., Origene e la tradizione origeniana in Occidente. Letture storico-religiose, BSRel 142, Rom 1998, 237-295.

[7]   E. STAUFFER, Art. θεός κτλ., in: ThWNT 3, Stuttgart 1938, 95-122, hier 113.

[8]   Für die Differenzierung zwischen einem „himmlischen", „überhimmlischen" und „göttlichen Bereich" im eigentlichen Sinne vgl. Or., Cels. V 4 (GCS Origenes II, 4,16-18 KOETSCHAU) und insbesondere die Kapitel VI 19/20 (89,18-91,14) sowie Or., hom. in Ier. VIII 8 (GCS Origenes III, 62,12 KLOSTERMANN / NAUTIN mit A. MEHAT, Le „Lieu supracéleste" de Saint Justin à Origène, in: Forma Futuri. Studi in onore del Cardinale M. Pellegrino, Turin 1975, 282-294).

[9]   Or., Cels. VI 59 (GCS Origenes II, 130,5f. KOETSCHAU).

[10]   Or., hom. in Is. 4,1 (GCS Origenes VIII, 257,23 BAEHRENS).

[11]   J. WHITTAKER, ἐπέκεινα νοῦ καὶ οὐσίας, in: VigChr 23, 1969, 91-104 = DERS., Studies in Platonism and Patristic Thought, Variorum Reprint CS 201, London 1984, nr. XIII.

[12]   Or., Cels. VI 64 (GCS Origenes II, 134,24f. KOETSCHAU); zur Interpretation WHITTAKER, ἐπέκεινα νοῦ (wie Anm. 11), 92f. und DÖRRIE / BALTES, PdA Bd. 4, 330 Anm. 3; für die zitierte Formulierung bei Origenes vgl. Cels. VII 38 (188,11f.) und die weiteren Belege bei WHITTAKER.

sammenhang mit ‚Gott' reden. Er weist sogar vorsichtig darauf hin, daß die schwierige Frage, wie sich beide Redeweisen zueinander verhalten – also die eine, die Gott ἐπέκεινα τῆς οὐσίας nennt, und die andere, die ihn als eine besondere Form von οὐσία prädiziert, – ausführlicher untersucht werden könne[13]. Wie sich θεός und οὐσία nun aber exakt zueinander verhalten, sagt er nicht: Die Erörterung dieses Problems wäre δυσθεώρητος, schwer verständlich[14]. Als neuzeitlicher Leser kann man freilich den Verdacht nicht ganz unterdrücken, daß Origenes hier eine Ausrede niederschrieb: Eine exakte Untersuchung des Verhältnisses von θεός und οὐσία dürfte einem Autor auch nicht gerade leicht gefallen sein, der gleichzeitig den biblischen Gottesnamen ὁ ὤν für eine besonders treffende Bezeichnung des Wesens Gottes hielt[15] und trotzdem erwog, zwischen θεός und οὐσία gar keine Beziehung anzunehmen. Zu dem Grad von gedanklicher Präzision, wie man sie in zeitgenössischen philosophischen Debatten beobachten kann, stößt Origenes also an diesem Punkt nicht vor – das mag an dem Genre der jeweiligen Schrift liegen, in der jenes Problem verhandelt wird, vielleicht auch am Skopus der jeweiligen Argumentation. Genauso wahrscheinlich ist allerdings, daß Origenes, der auch an anderen Stellen Präzision beim Umgang mit dem Begriff οὐσία vermissen läßt[16], eine solche präzise Verhältnisbestimmung gar nicht ohne weiteres hätte vornehmen können. Es ist aber auch nicht ausgeschlossen, daß wir es hier mit einem für das Denken des Origenes ganz charakteristischen Vorgehen zu tun haben: Bekanntlich stellte er gerade an wichtigen Stellen gern Positionen in aller Ausführlichkeit dar, ohne sich schlußendlich für eine zu entscheiden. Diese Offenheit hatte freilich fatale Folgen: Obwohl es neuzeitlichen Lesern vielleicht sympathisch anmutet, an dieser Stelle einen systematischen Theologen bei der Arbeit und vor ungeklärten Fragen zu beobachten, handelt es sich hier – wie Hermann-Josef Vogt immer wieder betont hat – doch zugleich um einen der Gründe, warum Positionen des Origenes unter Häresieverdacht gerieten bzw. in den trinitätstheologischen Auseinandersetzungen des vierten Jahrhunderts äußerst heftig über divergierende Ansichten gestritten wurde, die sich beide auf Origenes zurückführen lassen[17].

---

[13] Or., Cels. VI 64 (GCS Origenes II, 135,3-11 KOETSCHAU); zum Verhältnis beider Terminologien SIMONETTI, Dio (wie Anm. 2), 118f.

[14] So Origenes selbst: Cels. VI 64 (GCS Origenes II, 135,3 KOETSCHAU), wahrscheinlich eine Anspielung auf eine Formulierung des Celsus: ἐπειδὴ μέγας ἐστὶ καὶ δυσθεώρητος ὁ θεός, ... (139,1).

[15] Origenes parallelisiert die Unwandelbarkeit Gottes (ἄτρεπτος καὶ ἀναλλοίωτος) damit, daß auch der Name ὁ ὤν ewig bleibe (Or., or. 24,2 [GCS Origenes II, 354,8-10 KOETSCHAU]); vgl. C. NOCE, Il nome di Dio. Origene e l'interpretazione dell'Es 3,14, in: Div. 21, 1977, 23-50 und zur Beziehung auf Philon von Alexandrien M.-B. VON STRITZKY, Studien zur Überlieferung und Interpretation des Vaterunsers in der frühchristlichen Literatur, MBTh 57, Münster 1989, 142-146 mit Anm. 87 auf S. 142.

[16] Belege bei CH. MARKSCHIES, Was bedeutet οὐσία?, in diesem Sammelband, (173-193) 182-187.

[17] H.-J. VOGT, Warum wurde Origenes zum Häretiker erklärt? Kirchliche Vergangenheitsbewältigung in der Vergangenheit, in: L. LIES (Hg.), Origeniana Quarta, IThS 19, Innsbruck/Wien 1987, 78-99; CH. MARKSCHIES, Theologische Diskussionen zur Zeit Konstantins. Arius, der

In der neuzeitlichen Forschung ist immer umstritten gewesen, ob das Gottesbild des Origenes mehr von Modellen und Begriffsbildungen der zeitgenössischen philosophischen Diskussion geprägt wurde oder von biblischen Texten – in gewissem Sinne handelte und handelt es sich bei diesen Debatten natürlich um ein Seitenstück der allgemeinen Diskussion über die Einordnung des Origenes zwischen biblischer Theologie und philosophischer Gnosis, um hier nur einmal zwei Abstraktionen zu nennen, die in dieser Form beide kaum verwendbar sind. Wenn man in diesem Streit neu Position beziehen will, ist es ganz wichtig, literaturwissenschaftliche Grundaxiome nicht zu übersehen und auf die Textgattungen zu achten. In den ersten Paragraphen seines systematischen Hauptwerkes περὶ ἀρχῶν, *De principiis*, ist der Anschluß an die zeitgenössische philosophische Gotteslehre überdeutlich: Der *fons, ex quo initium totius intellectualis naturae vel mentis,* ist die göttliche μονάς, *et, ut ita dicam,* ἐνάς und insofern selbst νοῦς, *mens*[18]. Für alle diese Formulierungen lassen sich wörtliche Parallelen aus der philosophischen Literatur beibringen, beispielsweise findet sich die Aussage ... ἕν ... ὃ καὶ μονάδα καλοῦσιν in einem Referat über die Gotteslehre der Pythagoreer, also eigentlich über eine bestimmte platonische Schultradition[19]. Als μόνος καὶ εἷς bzw. ἕν wird Gott aber auch bei anderen Autoren bezeichnet, die von einer solchen Prinzipientheorie beeinflußt sind, so bei Philo[20], aber auch in Texten, die „Monade" als bildlichen Vergleich für Gott „in einem ganz unmetaphysischen Sinn" verwenden (wie der vierte Traktat des *Corpus Hermeticum*[21]). Vergleichbare Abhängigkeiten gelten beispielsweise auch für die Prädikate ἀσώματος und ἐνσώματος, die durch die lateinische Übersetzung von *De principiis* hindurchschimmern[22] und einen ganz zentralen Zug der Gotteslehre des Origenes anzeigen, nämlich seine sehr be-

---

    „arianische Streit" und das Konzil von Nicaea, die nachnizänischen Auseinandersetzungen bis 337, in: DERS., Alta Trinità Beata. Gesammelte Studien zur altkirchlichen Trinitätslehre, Tübingen 2000, 99-195, bes. 108-110.

[18]   Or., princ. I 1,6 (GCS Origenes V, 21,10-22,3 KOETSCHAU = TzF 24, 110 GÖRGEMANNS / KARPP).

[19]   Eudorus von Alexandrien bei Simpl., in Arist. phys., 181,30 DIELS = PdA Bd. 4, 176,38f. DÖRRIE / BALTES; zum Zusammenhang zwischen diesem „Pythagoreismus" und Platonismus ebenso DÖRRIE / BALTES, PdA Bd. 4, Stuttgart/Bad Cannstatt 1996, 453f. und den Kommentar zur Stelle ebd. 472-477. In einzelnen Punkten weicht diese Interpretation von denen ab, die sich bei WHITTAKER, ἐπέκεινα νοῦ (wie Anm. 11), 97f. und J. MANSFELD, Heresiography in Context. Hippolytus' Elenchos as a Source for Greek Philosophy, Philosophia Antiqua 56, Leiden u.a. 1992, 274-278, finden. Außerdem muß man sich klarmachen, daß das ... ἕν ... ὃ καὶ μονάδα καλοῦσιν, hier *nicht* das höchste Prinzip darstellt!

[20]   Philo, leg. all. II 1 bzw. 2 (I, 90,4. 10 COHN): ὁ θεὸς μόνος ἐστὶ καὶ ἕν.

[21]   CH IV 1 (CUFr 49,4 NOCK / FESTUGIÈRE); zur Interpretation jetzt J. HOLZHAUSEN, Das Corpus Hermeticum Deutsch. Tl. 1. Die griechischen Traktate und der lateinische ‚Asclepius'. Übers. u. eingel. v. J. HOLZHAUSEN, Clavis Pansophiae 7/1, Stuttgart/Bad Cannstatt 1997, 47.

[22]   Or., princ. I 1,6 (GCS Origenes V, 21,10f. KOETSCHAU = TzF 24, 110 GÖRGEMANNS / KARPP): *Non ergo corpus aliquod aut in corpore esse putandus est deus, sed intellectualis natura simplex;* vgl. dazu auch das Katenenfragment zu Gen 1,26 in PG 12, 93 A-D = (CPG I, 1410 [5]); Ruf., apol. adv. Hier. I 17 (CChr.SL 20, 50,6-26 SIMONETTI) und H. KOCH, Pronoia und Paideusis. Studien über Origenes und sein Verhältnis zum Platonismus, AKG 22, Berlin 1932, 20f.

tonte Rede von der Unkörperlichkeit Gottes: ὥστε ἀσώματος ἂν εἴη ὁ θεός heißt es im Lehrbuch des Mittelplatonikers Albinus / Alcinous[23].

Solche Hinweise auf begriffliche Parallelen belegen, was man an vielen Stellen lesen kann: Origenes orientiert sich an der zeitgenössischen Prinzipientheorie; er verwendet zeitgenössische Philosophie, wenn er seine Leser über „Gott" orientieren will. Einmal hat er sogar recht ausführlich eine längere Definitionensammlung zum Thema „Gott" aus einem Lexikon zitiert, nämlich aus dem Spezialwörterbuch Περὶ Στωϊκῆς ὀνομάτων χρήσεως („Über den stoischen Wortgebrauch") des Herophilus[24], das er nicht nur in dieser Passage bei seiner Arbeit herangezogen hat[25]. In diesem Lexikon fanden sich unter dem Lemma θεός offenbar mindestens sechs verschiedene Definitionen notiert (so viele zitiert Origenes jedenfalls[26]). Leider fehlt in den Katenenhandschriften, die uns dieses Fragment überliefern, praktisch der ganze Kontext; nach Pierre Nautin gehörte das Stück in die Vorrede des Psalmenkommentars, den Origenes in seinen letzten Lebensjahren im palästinischen Caesarea schrieb[27]. Erhalten ist die lakonische Bemerkung, mit der er die Reihe der Definitionen einleitete: „Ob uns aber auch die Definitionen über Gott und all die Bedeutungen der Bezeichnung ‚Gott' irgendeinen Nutzen bieten ..., kannst du auch selbst beurteilen"[28]. Dabei wüßte man natürlich gern, wie Origenes sich zu diesen ὅροι stellte, die Gott jeweils als ζῷον ἀθάνατον umschreiben – nennt er doch selbst die Trinität εὐεργετικὴ δύναμις et δημιουργική, „wohltätige und weltschaffende Kraft"[29]. Der auf den ersten Blick vielleicht verwunderliche Begriff ζῷον aus den Definitionen des stoischen Lexikons konnte nämlich durchaus auch in

23 Albinus/Alcinous: did. 10,7 (166,7 HERMANN = CUFr 25 WHITTAKER / LOUIS).

24 Leider wissen wir nur durch Origenes von diesem Sammelbuch stoischer Wortbedeutungen, so daß die Zeitangabe bei H. von ARNIM, Herophilos, in: PRE Bd. 8/1, Stuttgart 1912, 1104, spekulativ bleibt („dürfte im 1./2.Jh. gelebt haben"); zum Werk des Herophilus auch B. NEUSCHÄFER, Origenes als Philologe, SBAW 18/1-2, Basel 1987, 140-155, 146 („ein doxographisches Handbuch").

25 R. CADIOU, Dictionnaires antiques dans l'œuvre d'Origène, REG 45 (1932), 271-285; E. KLOSTERMANN, Überkommene Definitionen im Werke des Origenes, ZNW 37 (1938), 54-61; NEUSCHÄFER, Origenes (wie Anm. 24), 149-154 sowie MARKSCHIES, οὐσία (wie Anm. 16), S. 181f.

26 Die oft verwendete Edition in PG 12, 1053 A – 54 A ist überholt durch W. RIETZ, De Origenis in Psalterium Quaestiones Selectae, Diss. Phil. Jena 1914, 14,20-15,17 (= Text IV, nach Vat. Graec. 754 und 1422 [= KARO / LIETZMANN, 41.47]). RIETZ orientiert auch über die Probleme der Zuweisung an Origenes (S. 41).

27 P. NAUTIN, Origène. Sa vie et son œuvre, ChrAnt I, Paris 1977, 277 (Nautin datiert den Kommentar auf 246/247 n.Chr.).

28 Frgm. 4: Εἰ δὲ καὶ οἱ περὶ θεοῦ ὅροι καὶ ὅσα σημαίνεται ἐκ τῆς 'θεός' προσηγορίας χρήσιμόν τι ἡμῖν παρέξουσιν ἐκλεξαμένοις ἀπ' αὐτῶν τοὺς διαφέροντας τῇ γραφῇ, καὶ αὐτὸς ἐπιστήσεις (14,31-33 RIETZ), vgl. auch K. HÜLSER, Die Fragmente zur Dialektik der Stoiker. Neue Sammlung der Texte mit deutscher Übersetzung und Kommentaren, Bd. 1, Stuttgart/Bad Cannstatt 1987, 226 (Anm. 241).

29 Or., princ. I 4,3 (GCS Origenes V, 65,9f. KOETSCHAU = TzF 24, 188 GÖRGEMANNS / KARPP). – Leider gibt auch die instructio psalmorum, die die Tractatus super Psalmos des Hilarius einleitet (ed. A. ZINGERLE, CSEL 22, Prag u.a. 1891, 3-19) und erkennbar eine Vorrede des Origenes voraussetzt, keinen Aufschluß über die Stellung des Origenes zu den Definitionen.

anderen Traditionen verwendet werden, selbstverständlich in sehr unterschiedlicher Bedeutung. In einem notorisch schwierigen Fragment des Mittelplatonikers Numenius wird gesagt, daß ὁ πρῶτος (sc. θεός) auf die Ebene des ὅ ἐστι ζῷον gehöre, ὁ δεύτερος auf die Ebene des νοῦς und ὁ τρίτος auf die Ebene des διανούμενος. Das ὅ ἐστι ζῷον ist dabei ein Platon-Zitat (aus Tim. 39 E) und bezeichnet das lebendige Vorbild, das der Demiurg bei der Erschaffung der Welt verwendete[30].

Vergleicht man die zitierten Passagen bei Origenes mit Texten des Numenius, so wird erneut ein systematisches Problem der Gotteslehre des christlichen Theologen deutlich: Numenius bezeichnete wie Origenes eines seiner göttlichen Prinzipien als νοῦς[31], schloß aber sorgfältige Differenzierungen zum Verhältnis von erstem Gott und νοῦς, vermutlich auch Bemerkungen über den Unterschied von göttlichem νοῦς und menschlichem νοῦς an. Im Vergleich zu diesem Autor fällt dann aber wieder auf, daß Origenes diese Präzision zeitgenössischer philosophischer Prinzipientheorien mindestens in den uns vorliegenden Texten nicht erreicht. Es bleibt jedenfalls einem neuzeitlichen Leser unklar, wie sich Origenes das exakte Verhältnis von göttlichem νοῦς, seiner *intellectualis natura* (princ. I 1,6) und dem νοῦς von Engeln und Menschen vorstellt. Numenius nutzt die Differenzung zwischen θεός und νοῦς, um zwischen zwei *verschiedenen* göttlichen Instanzen zu unterscheiden. Origenes spart sich eine ausführlichere Untersuchung. Natürlich könnte man hier wieder allgemein den offenen und tentativen Charakter der Argumentationen des Origenes für seine mangelnde Präzision verantwortlich machen. Der systematische Grund für die Unsicherheiten in der Verwendung des Begriffes νοῦς könnte aber auch ganz präzise darin liegen, daß Origenes – wie die meisten anderen antiken christlichen Theologen – einen für Platoniker entscheidenden Punkt, „die religiöse Verehrung der Weltseele und ihrer Funktion", sorgsam umgangen hat[32], die „Weltseele" jedenfalls nicht explizit in seinen Versuch einer Interpretation des biblischen Befundes vor dem Hintergrund platonischer

---

[30]   Numenius, frgm. 22 (bei Proclus, Comm. in Plat. tim. [III, 103,28-32 DIEHL = CUFr 61 DES PLACES]), eine Interpretation bei J. HOLZHAUSEN, Eine Anmerkung zum Verhältnis von Numenios und Platon, Hermes 120, 1992, 250-255; zum Verständnis der platonischen Passage vgl. DÖRRIE / BALTES, PdA Bd. 5, Stuttgart/Bad Cannstatt 1998, 278-281. Für Albinus/Alcinous vgl. K. ALT, Gott, Götter und Seele bei Alkinoos, AAWLM.G 3, Stuttgart 1996.

[31]   Numenius, frgm. 17 (CUFr 58 DES PLACES mit Kommentar auf S. 111).

[32]   So mit Recht H. DÖRRIE, PdA Bd. 1, Stuttgart/Bad Cannstatt 1987, 32 – Dörrie verwendete diese Beobachtung als eines seiner Argumente dafür, gegen die Wortbildung „christlicher Platonismus" energische Vorbehalte anzumelden. Jüngere Arbeiten haben in gewisser Weise die christliche Verlegenheit gegenüber der Seelenlehre bestätigt: H. ZIEBRITZKI, Heiliger Geist und Weltseele. Das Problem der dritten Hypostase bei Origenes, Plotin und ihren Vorläufern, BHTh 84, Tübingen 1994, 130-145 sowie H.G. THÜMMEL, Die Seele im Platonismus und bei den Kirchenvätern, in: J. HOLZHAUSEN (Hg.), ψυχή – Seele – anima. FS für Karin Alt zum 7. Mai 1998, BzA 109, Stuttgart/Leipzig 1998, 243-254. – Auf der Basis der Arbeiten von Ziebritzki und Thümmel müßte man mit Dörrie in ein Gespräch darüber eintreten, welche Größen im theologischen Entwurf des Origenes an der Stelle der „Weltseele" stehen (THÜMMEL, 246: der Logos).

Philosophumena einbezogen hat. Denn ein zeitgenössischer Platoniker hätte natürlich die Frage nach dem Grund der Möglichkeit von Vernunfterkenntnis (τὸ νοητικόν) in der vernunftbegabten Seele (ἐν λογικῇ ψυχῇ) mit einem Verweis auf die Lehre von der Weltseele expliziert und angeben können, was eine solche vernunftbegabte Seele von der „vernunfthaften Seele als solcher" (ἔννους ψυχή) unterschied, die nach Maximus von Tyrus dem Philosophen eigen, durch und durch von der Vernunft bestimmt und zur Schau des reinen Seins fähig ist[33]. Nicht zufällig explizierte Maximus übrigens alle diese Zusammenhänge im zweiten nachchristlichen Jahrhundert in einer Rede unter dem Titel Τίς ὁ θεὸς κατὰ Πλάτωνα, „Wer Gott nach der Lehre Platons sei": Gotteslehre und Seelenlehre gehören unmittelbar zusammen.

Alle diese Beobachtungen bestätigen unseren Eindruck, daß in der Gotteslehre des Origenes, verglichen mit dem zeitgenössischen Denken, an zentralen Stellen „Unschärfen" zu beobachten sind. Wir hatten versucht, zwei sehr konkrete Gründe anzugeben, warum Origenes unpräzise argumentiert. Eberhard Schockenhoff hat solche Defizite in seiner Tübinger systematischen Habilitationsschrift unter dem Titel „Zum Fest der Freiheit" dagegen sehr grundsätzlich darauf zurückgeführt, daß Origenes mit den aus der Bibel übernommenen Zügen seines personalen Gottesbildes, die in unserer Darstellung bisher kaum eine Rolle spielten, im Grunde „die Grenzen der ... Substanzontologie" verlassen habe[34]. Anders formuliert: Auch Origenes „fängt die strengen Transzendenz-Aussagen der Antike immer wieder durch gegenläufige Immanenz-Aussagen auf"[35]. Man kann durchaus auf der Basis dieser Beobachtung von Schockenhoff vermuten, daß Origenes eine präzise Beschreibung des Verhältnisses zwischen θεός und οὐσία schon deswegen kaum möglich war, weil sie einen Bruch mit der traditionellen substanzontologischen Interpretation des verbreiteten platonischen ἐπέκεινα τῆς οὐσίας verlangt hätte. Eine ganz andere Frage ist natürlich, ob man einen solchen Überschritt im ersten Jahrhundert einer nach antiken Maßstäben „wissenschaftlichen" christlichen Theologie überhaupt hätte erwarten können.

Am Ende unseres ersten Abschnittes zur Gotteslehre des Origenes legt sich mindestens aus der Perspektive einer zeitgenössischen philosophischen Prinzipientheorie eine provokative Frage nahe: Wir beobachteten Unschärfen, die einerseits die exakte Abgrenzung der göttlichen Prinzipien θεός und νοῦς gegeneinander und andererseits das Verhältnis von θεός und οὐσία betreffen.

---

[33]   Max. Tyr., or. 11,8 (BiTeu 138,6-139,9 HOBEIN = PdA Bd. 4, 76; vgl. dazu W. DEUSE, Untersuchungen zur mittelplatonischen und neuplatonischen Seelenlehre, AAWLM.G Einzelveröffentlichungen 3, Wiesbaden 1983.

[34]   E. SCHOCKENHOFF, Zum Fest der Freiheit. Theologie des christlichen Handelns bei Origenes, TThS 33, Mainz 1990, 165; K. LEHMANN, Kirchliche Dogmatik und biblisches Gottesbild, in: J. RATZINGER (Hg.), Die Frage nach Gott, QD 56, Freiburg ⁴1978, 116-140.

[35]   K. LEHMANN, Gott ist größer als der Mensch. Vom Suchen und Finden Gottes als zentralem Schlüssel für die Zukunft von Religion und Kirche im 21. Jahrhundert. Eröffnungsreferat des Vorsitzenden der Deutschen Bischofskonferenz bei der Herbst-Vollversammlung am 20. September 1999 in Fulda, 7.

Sind es gerade diese beobachteten Unschärfen, die Origenes eine mindestens in seinen Augen spannungsfreie Synthese von philosophischen Theoremen und biblischer Schöpfungstheologie ermöglichen? Wird die spezifische Gestalt, in der er vom „Transzendenzbezug des Menschen" redet, durch jene Unschärfen bedingt? Zu diesem Zweck müssen wir nun auch noch einmal die Anthropologie des Origenes wenigstens kurz unter dieser Fragestellung in den Blick nehmen.

Die Anthropologie des Origenes

Es gehört zu den Grundeinsichten der Anthropologie[36] des Origenes, daß die menschliche Seele, die „durch den Abfall und die Abkühlung von dem Leben im Geist" aus νοῦς zu ψυχή wurde, „noch die Fähigkeit zum Aufstieg hat zu dem, was sie im Anfang war"[37]. Für eine platonische „Weltseele" ist hier schon terminologisch kein Platz, da Origenes bekanntlich erwägt, das griechische Wort ψυχή von dem Wort (ἀπο-)ψύχεσθαι, „abkühlen", abzuleiten[38], und diese traditionelle Etymologie als Argument für einen negativen Akzent des Begriffs nimmt: „Man prüfe, ob in den heiligen Schriften leicht eine Stelle zu finden ist, wo das Wort ‚Seele' in lobendem Sinne gebraucht wird; in tadelndem Sinn kommt es dagegen häufig vor"[39]. Platonisch ist diese Etymologie nun ganz gewiß nicht[40]; platonisch ist erst wieder die Rede von einer *Fähigkeit* der Seele zum Aufstieg: Die Seele ist auch nach Platon von Natur aus befähigt, zu der Wölbung des Himmels emporzusteigen und im ‚überhimmlischen Orte' das zu schauen, an dessen Anblick sich die Seligen erfreuen[41]. Insofern kann Origenes

---

[36]   H. KARPP, Probleme altchristlicher Anthropologie. Biblische Anthropologie und philosophische Psychologie bei den Kirchenvätern des dritten Jahrhunderts, BFChTh 44/3, Gütersloh 1950, 186-229.

[37]   Or., princ. II 8,3 (GCS Origenes V, 158,17-20 KOETSCHAU = TzF 24, 392 GÖRGEMANNS / KARPP): *Videndum ergo est ne forte, sicut diximus ex ipso nomine declarari, ab eo quod refrixerit a fervore iustorum et divini ignis participatione* ψυχή, *id est anima, appellata sit, nec tamen amisit facultatem restituendi se in illum statum fervoris, in quo ex initio fuit.* – Der textliche Befund ist freilich etwas schwierig, weil Rufins lateinische Übersetzung offensichtlich korrigiert hat. Griechische Zeugnisse zeigen aber, daß Origenes an dieser Stelle offenbar untersuchen wollte, πῶς νοῦς γέγονε ψυχὴ καὶ ψυχὴ καθαρθεῖσα γίνεται νοῦς (frgm. 23b apud Just., ep. ad Menam [212,3f. SCHWARTZ = TzF 24, 392 GÖRGEMANNS / KARPP]).

[38]   Or., princ. II 8,3 (GCS Origenes V, S. 157,14f. KOETSCHAU = TzF 24, 392 GÖRGEMANNS / KARPP). Wichtig für eine vollständige Darstellung wäre auch die Besprechung der Erörterung, die Origenes an die Frage anschließt, ob es *zwei* Seelen gebe: Or., princ. III 4,2 (GCS Origenes V, 264,17-19 KOETSCHAU = TzF 24, 604 GÖRGEMANNS / KARPP), vgl. dazu auch R. FERWERDA, Two Souls. Origen's and Augustine's Attitude toward the two soul's Doctrine. Its Place in Greek and Christian Philosophy, in: VigChr 37, 1982, 360-378.

[39]   Or., princ. II 8,3 (GCS Origenes V, 158,9f. KOETSCHAU = TzF 24, 392 GÖRGEMANNS / KARPP).

[40]   Sie wird vielmehr kritisch referiert: Vgl. nur Plat., Crat. 399 E, Arist., an. I 2 405 b 20-30 und Tert., an. 27,5 (CChr.SL 2, 823,33f. WASZINK).

[41]   Vgl. Or., Cels. III 80 (GCS Origenes I, 270,20-22 KOETSCHAU): ... περὶ ψυχῆς ..., πεφυκυίας ἀναβαίνειν ἐπὶ τὴν ἁψῖδα τοῦ οὐρανοῦ καὶ ἐν τῷ ὑπερουρανίῳ τόπῳ θεωρεῖν τὰ τῶν

dann von ihrer „Blüte in überhimmlischer und überirdischer Schönheit" sprechen und diese besondere Schönheit der scheinbaren irdischen Schönheit ent-
gegensetzen, die nach den Worten des Propheten verdorrt (Jes 40,6-8)[42]. Weil
Gott, wie wir sahen, als Geist oder noch präziser[43] als ἐπέκεινα νοῦ καὶ οὐσίας
gedacht werden muß, kann er nur von dem „erfaßt werden", wie Origenes mit
Paulus (1Kor 13,12) formuliert, „der nach dem Bilde jenes Geistes geworden
ist" und selbst erkannt worden ist[44].

In solchen Formulierungen ist natürlich trotz der Anspielung auf den Apostel erkennbar auch der platonische Grundsatz vorausgesetzt, daß Gleiches nur
durch Gleiches erkannt wird; nicht zuletzt vor diesem Hintergrund expliziert
Origenes den „Transzendenzbezug" des Menschen. Er verfügt aber neben der
platonischen Terminologie über eine ganze Palette von weiteren Metaphern,
um diesen Zusammenhang und seine Konstitution immer wieder zu entfalten:
An einer Stelle spricht er beispielsweise von der „Verwandtschaft", die zwischen der unvergänglichen geistigen Substanz des Menschen und Gott selbst
besteht: Gott „selbst hat die geistige Substanz unvergänglich gemacht und ihm
selbst verwandt". Origenes beschreibt diesen Prozeß auch als Heilung
(θεραπεία)[45] und expliziert ganz konkret, was eine solche „Heilung" im Leben
von Christen bedeutet: Zunächst die Vorträge der Lehrer hören, die von der
Sünde abschrecken, dann nach einer innerlichen Reinigung durch den Glauben
die Lebensführung verbessern und schließlich zu den „Geheimnissen" gerufen
werden – einen gewissen didaktisch-asketischen Zug wird man diesem gestuften Heilungsprozeß also nicht absprechen können[46].

Die Zusammenhänge werden natürlich auch immer wieder mit Hilfe der
biblischen Terminologie entfaltet: Nur die, die reinen Herzens sind, können
Gott schauen (Mt 5,8); es gebührt sich nicht, daß ein beflecktes Herz Gott

---

εὐδαιμόνων θεατῶν θεάματα. Für den platonischen Hintergrund vgl. Plat., Phaedr. 26 (247 A –
250 C).

[42] Or., or. 17,2 (GCS Origenes II, 339,7-15 KOETSCHAU).

[43] Diese beiden Worte sind ein Interpretament; Origenes verzichtet, wie oben gesagt, auf die
Erörterung dieses Zusammenhanges und formuliert deswegen für unseren Geschmack unpräzise: Νοῦν τοίνυν ἢ ἐπέκεινα νοῦ καὶ οὐσίας λέγοντες ... Or., Cels. VII 38 (GCS Origenes II,
188,11 KOETSCHAU).

[44] Or., Cels. VII 38 (GCS Origenes II, 188,11-14 KOETSCHAU): Νοῦν τοίνυν ἢ ἐπέκεινα νοῦ καὶ
οὐσίας λέγοντες εἶναι ἁπλοῦν καὶ ἀόρατον καὶ ἀσώματον τὸν τῶν ὅλων θεόν, οὐκ ἂν ἄλλῳ τινὶ
ἢ τῷ κατὰ τὴν ἐκείνου τοῦ νοῦ εἰκόνα γενομένῳ φήσομεν καταλαμβάνεσθαι τὸν θεόν.

[45] Or., princ. III 1,13 (GCS Origenes V, 218,11f. KOETSCHAU = TzF 24, 508 GÖRGEMANNS / KARPP):
ἄφθαρτον γὰρ φύσιν πεποίηκε τὴν νοερὰν καὶ αὐτῷ συγγενῆ, καὶ οὐκ ἀποκλείεται ὥσπερ ἐπὶ
τῆς ἐνταῦθα ζωῆς ἡ λογικὴ ψυχὴ τῆς θεραπείας; vgl. É. DES PLACES, Syngeneia. La parenté de
l'homme avec Dieu d'Homère à la patristique, EeC 51, Paris 1964 und für θεραπεία Albinus /
Alkinous, did. 31 (185,22 HERRMANN = CUFr 64 WHITTAKER / LOUIS).

[46] Or., Cels. III 59 (GCS Origenes I, 254,3-15 KOETSCHAU). Eine große Zahl von Belegen findet
sich auch in den Fragmenten seiner Homilien zum ersten Korintherbrief (CPG I, 1458), die
2007 bei den „Griechischen Christlichen Schriftstellern" erscheinen, da Origenes gern
Schriftbelege aus den ersten beiden Kapiteln des Korintherbriefes wählt, um diese
Zusammenhänge zu erläutern.

schaut[47]. Unter dieser Voraussetzung geschieht Erkenntnis; Origenes beschreibt sie als gestuften Prozeß: In der Weisheit erkennt der Mensch die Weisheit, um darauf zum „Vater der Weisheit" aufzusteigen, erkennt die Wahrheit, um dann die οὐσία und schließlich die δύναμις καὶ φύσις τοῦ θεοῦ jenseits der οὐσία zu erkennen: ὑπερέκεινα[48]. Origenes kann diese Vorstellung vom rechten christlichen Leben einerseits in steilen Sätzen zusammenfassen: „Niemand lebt, der sich außerhalb des Glaubens an Christus befindet"[49]; er kann den gestuften Aufstieg zum wahren Leben aber auch in seinen Predigten bilderreich und ausführlich unter Zuhilfenahme von biblischer Terminologie beschreiben[50].

Auch die oben erwähnte Maxime, daß Gleiches nur durch Gleiches erkannt wird, hat für Origenes einen biblischen Hintergrund, nämlich die Vorstellung von der Gottebenbildlichkeit des Menschen. Er bestimmt sie freilich sehr präzise mit einem Terminus der stoischen Philosophie als das ἡγεμονικόν, als das „natürliche Denkvermögen", das Gott in die Menschen gelegt hat[51]. Dadurch können sie begreifen, „was man von Gott erkennen kann"[52]. Dabei ist Origenes sich bewußt, daß „nicht im Vertrauen auf unsere eigene Klugheit", sondern nur durch die Hilfe des inkarnierten Logos selbst „das Dunkle erhellt" wird[53] und theologische Fragen nach dem Zusammenhang von Gott, Welt und Mensch beantwortet werden können. Das Eingangskapitel des paulinischen Römerbriefes interpretiert er so, „daß die ‚Weisen der Welt' nur zur ‚Erkennt-

---

[47]   Or., Cels. VI 69 (GCS Origenes II, 139,12-14 KOETSCHAU): οὐ γὰρ θέμις μεμολυσμένην καρδίαν ἐνορᾶν θεῷ, ἀλλὰ δεῖ καθαρὸν εἶναι τὸ τοῦ καθαροῦ κατ' ἀξίαν θεωρητικόν.

[48]   Or., Jo. XIX 6,36f. (GCS Origenes IV, 305,10-17 PREUSCHEN); vgl. auch G. af HÄLLSTRÖM, Fides Simpliciorum according to Origen of Alexandria, CommHL 76, Helsinki 1984, 19-23 („The Birth of Simple Faith").

[49]   Or., Jo. II 16,10 (GCS Origenes IV, 73,16 PREUSCHEN): μηδένα τῶν ἔξω τῆς πίστεως Χριστοῦ ζῆν; vgl. G. GRUBER, ZΩH. Wesen, Stufen und Mitteilung des wahren Lebens bei Origenes, MThS 23, München 1962, 37-127.

[50]   Beispielsweise in hom. in Num. 27,1-12 (GCS Origenes VII, 255,10-280,18 BAEHRENS); vgl. auch CH. MARKSCHIES: „... für die Gemeinde im Grossen und Ganzen nicht geeignet ..."?, in diesem Sammelband, 35-62.

[51]   Vgl. dazu das Origenes zugeschriebene Fragment aus der palästinischen Katene zu Ps 118,105 (SC 189, 358-362 HARL).

[52]   Or., comm. in Rom. I 16 (FC 2/1, 140,6-11 HEITHER): *Quam veritatem agnovisse credendi sunt homines naturalibus et a Deo animae insitis rationibus; quibus tantum prudentiae concessum est, ut quod notum est Dei, id est quod agnosci de Deo potest, per coniecturam creaturae ex his, quae videri possunt, invisibilia eius agnoscerent.*

[53]   Or., princ. II 9,4 (GCS Origenes V, 167,31-168,9 KOETSCHAU): *Quomodo ergo tanta ista rerum varietas tantaque diversitas iustissima et aequissima possit intelligi, certus sum humano ingenio vel sermone explicari non posse, nisi ipsum verbum ac ‚sapientiam et iustitiam' (cf. 1Kor 1,30), qui est unigenitus filius dei, prostrati ac supplices depraecemur, qui per gratiam suam sensibus se nostris infundens, ‚obscura inluminare' (cf. 1Kor 4,5), clausa patefacere, pandere dignetur arcana: si tamen inveniamur tam digne vel ‚petere' vel ‚quaerere' vel ‚pulsare', ut vel petentes ‚accipere' mereamur quaerentes ‚invenire', vel pulsantibus iubeatur ‚aperiri' (cf. Mt 7,7f. par.). Non ergo freti nostro ingenio sed ipsius sapientiae auxilio, quae fecit universa, et iustitiae eius, quam inesse creaturis omnibus credimus, interim etiamsi adserere non valemus, ipsius tamen confisi misericordia inquirere perscrutari que temptabimus, quomodo ista tanta varietas mundi atque diversitas omni iustitiae ratione constare videatur.*

nis der Wahrheit' gelangen konnten durch Gottes Offenbarung"[54]. Obwohl Origenes diesen Vorgang, wie wir bereits sahen, gern als Erkenntnisprozeß beschreibt, rechnet er durchaus auch mit Offenbarungen im Traum[55] und verbindet die Erhebung des Denkens zu jenem „überhimmlischen Ort" mit dem Gebet der Glaubenden[56]. Aber wieder ist nicht von einem Prozeß die Rede, in dem der Mensch auf sich selbst gestellt ist: Wir werden, wie er formuliert, durch eine „himmlische und sogar überhimmlische Kraft" heftig gedrängt, einzig und allein den Schöpfer zu verehren[57].

Wir können an dieser Stelle unseren paradigmatischen Durchgang durch die Anthropologie des Origenes abbrechen, weil eines bereits vollkommen deutlich geworden ist: Offensichtlich spielen biblische Texte mitsamt ihrer Begrifflichkeit für die Entfaltung der Anthropologie bei Origenes eine gewichtigere Rolle als in der Gotteslehre. Wie hat der alexandrinische Gelehrte sich nun aber das präzise Verhältnis zwischen der biblischen Terminologie und den auf die platonische νοῦς-Metaphysik bezogenen Metaphern im Rahmen seiner Anthropologie zurechtgelegt? Wir haben schon am Beispiel der Erklärung der Gottebenbildlichkeit des Menschen durch das ἡγεμονικόν gesehen, daß Origenes dieses Verhältnis gern durch eine *Synthese* der zentralen Begriffe herstellt. Ein anderes Beispiel für denselben Sachverhalt: καρδία, τουτέστι νῷ, „mit dem Herzen – das bedeutet: mit dem Verstand –". Vor dem Hintergrund unserer Ergebnisse am Ende des letzten Abschnitts legt sich daher nun die Frage nahe, ob die aus der Bibel stammende Vorstellung einer „Gottesebenbildlichkeit" des Menschen deswegen von Origenes so bruchlos mit der platonischen Rede von einer Verwandtschaft zwischen Gott und Mensch synthetisiert werden konnte, weil es in seiner Gotteslehre die von uns beobachteten spezifischen „Unschärfen" gibt.

Ich denke, daß man diese Frage positiv beantworten muß. Hätte Origenes die Begriffe οὐσία und νοῦς präziser verwendet und sich insbesondere präziser über ihre sehr unterschiedliche Anwendung auf ὁ θεός, θεός und ἄνθρωπος Rechenschaft abgelegt, so wäre er vermutlich schnell auf ein großes Problem gestoßen. In vielen Entwürfen des Mittelplatonismus, dessen Terminologie Origenes recht kühn mit biblischen Begriffen synthetisiert, wurde bekanntlich

---

54 Or., comm. in Rom. I 16 (FC 2/1, 136,15-17 HEITHER): *In quibus etiam hoc ostendit apostolus, quod ea quidem, quae ad sapientes saeculi de veritatis scientia pervenerunt, Deo revelante pervenerunt*; vgl. allgemein auch CH. MARKSCHIES, Origenes und die Kommentierung des paulinischen Römerbriefs, in diesem Sammelband, 63-89.

55 Or., Cels. I 48 (GCS Origenes I, 97,19-98,8 KOETSCHAU).

56 Or., Cels. VII 44 (GCS Origenes II, 196,2-5 KOETSCHAU); für das folgende Kapitel vgl. den vorzüglichen Kommentar bei H. DÖRRIE / M. BALTES, Die philosophische Lehre des Platonismus. Einige grundlegende Axiome/Platonische Physik (im antiken Verständnis) I. Bausteine 101-124: Text, Übersetzung, Kommentar, PdA Bd. 4, Stuttgart/Bad Cannstatt 1996, 329-332, für das Gebet v. STRITZKY, Studien (wie Anm. 15), 144-146.

57 Or., princ. IV 1,7 (GCS Origenes V, 304,11-13 KOETSCHAU = TzF 24, 692 GÖRGEMANNS / KARPP): ... δυνάμεως ἡμᾶς οὐρανίου ἢ καὶ ὑπερουρανίου πληττούσης ἐπὶ τὸ σέβειν τὸν κτίσαντα ἡμᾶς μόνον.

gerade kein kategorialer Unterschied zwischen Gott und Mensch angenommen, wie überhaupt diese jüdische wie christliche Grundmaxime für die kaiserzeitliche Antike nicht leicht nachzuvollziehen war. Ungeachtet aller Versuche, die schlechthinnige Transzendenz Gottes zu prädizieren, existierte allein durch das Konzept einer „Weltseele" jene systematische Größe, die zwischen dem schlechthin transzendenten Gott und den Menschen vermittelte. Das Konzept der platonischen Verwandtschaft zwischen Gott und Mensch paßt nun einmal nicht bruchlos zu dem Modell einer Gottebenbildlichkeit, die kategoriale Differenz zwischen Gott und Mensch, zwischen Schöpfer und Geschöpf impliziert[58]. Gerade an diesem neuralgischen Punkt der Gotteslehre unterläßt Origenes eine präzise Verhältnisbestimmung zwischen Gott und Mensch, die die Differenz seiner Gedanken zum schulischen Platonismus seiner Zeit hätte erkennen lassen. Eine solche Differenz kommt – metaphorisch gesprochen – durch die starke Rezeption biblischer Terminologie sozusagen erst durch die Hintertür der Anthropologie wieder in sein theologisches System hinein: Dadurch, daß anstelle der Vorstellung von der Weltseele andere Konzepte wie das des Λόγος stehen[59] und die Seelenlehre sehr stark vor dem Hintergrund der biblischen Rede vom ursprünglichen Fall des Menschen entfaltet wird, wird die Differenz für den aufmerksamen Beobachter deutlich markiert. Origenes vertuscht sie aber immer wieder durch seine Begriffssynthesen. Hätte er Termini wie οὐσία und νοῦς sorgfältiger verwendet und nicht nur einfach die einschlägigen Lexikonartikel zitiert, wäre ihm dieser Ausweg der Begriffssynthesen vermutlich nicht so einfach möglich gewesen. Insofern haben wir am Ende unseres zweiten Abschnittes die Frage vom Ende des ersten positiv beantwortet: Es sind gerade die beobachteten Unschärfen, die Origenes seine Synthese von philosophischen Theoremen und biblischer Schöpfungstheologie ermöglichen. Die spezifische Gestalt, in der er vom „Transzendenzbezug des Menschen" redet, wird durch jene Unschärfen bedingt.

    Natürlich ist es vor dem Hintergrund einer langen Tradition philosophischer Begriffsanalyse und einer ebenso langen Geschichte christlicher Rezeption und Kritik am antiken Platonismus ziemlich leicht, zugleich ahistorisch und auch ein wenig ungerecht, solche fehlenden Differenzierungen einzuklagen. Man müßte mindestens darauf hinweisen, daß Origenes an vielen Stellen sehr sensibel Inhalt und Grenzen von Begriffen auslotet; Norbert Brox hat das schön am Beispiel des Umgangs mit dem Begriff θεός gezeigt[60]. Damit die systematische Leistung gerade auch der synthetischen Elemente im System des Origenes

---

[58]   H. CHADWICK, Christian Platonism in Origen and in Augustine, in: R. HANSON / H. CROUZEL
       (Hgg.), Origeniana Tertia, Rom 1985, 217-230 = DERS., Heresy and Orthodoxy in the Early
       Church, Collected Studies 342, London 1991, nr. XII.

[59]   W.A. BIENERT, Zum Logosbegriff des Origenes, in: Origeniana Quinta, BEThL 105, Leuven
       1992, 418-423 = DERS., Werden der Kirche – Wirken des Geistes. Beiträge zu den Kirchenvätern
       und ihrer Nachwirkung. Hg. v. U. KÜHNEWEG, MThS 55, Marburg 1999, 8-18.

[60]   N. BROX, „Gott" – mit und ohne Artikel. Origenes über Joh 1,1, in: BN 66 (1993), 32-39 = DERS.
       in: F. DÜNZL / A. FÜRST / F.R. PROSTMEIER (Hgg.), Das Frühchristentum. Schriften zur Historischen Theologie, Freiburg u.a. 2000, 423-429.

in diesem Beitrag nicht über Gebühr kleingeredet wird, soll in einem dritten Abschnitt gezeigt werden, daß die Ansichten des Origenes zu den großen Themata „Gott" und „Mensch" an mindestens zwei Punkten auch für gegenwärtige systematische Diskurse noch bedeutsam sind. Mit der ihm durch den Gegenstandsbereich seiner Disziplin gebotenen Zurückhaltung versucht der Kirchenhistoriker, dies im Folgenden anzudeuten.

Aktuelle Bedeutung seiner Position

Man kann die anthropologische Position des Origenes, die wir oben entfaltet und deren Voraussetzungen wir angedeutet hatten, ohne Zweifel mit dem modernen Stichwort „Transzendenzbezug" umschreiben. Freilich kann man auch die immer wieder zum Vergleich herangezogenen platonischen Positionen unter diesem Stichwort rubrizieren. Es müßte also, wenn man Unterschiede und Gemeinsamkeiten dieser beiden Varianten eines „Transzendenzbezuges" wirklich präzise beschreiben wollte, eine Reihe von weiteren Fragen gestellt werden, um zu klären, vor welchem Hintergrund hier überhaupt vom Transzendenzbezug geredet wird. Als eine dieser Fragen – vielleicht sogar als die wichtigste – hat sich uns die Frage nach dem Umgang mit dem kategorialen Unterschied zwischen Schöpfer und Geschöpf aufgedrängt: Wird in der Rede vom „Transzendenzbezug" dieser Unterschied festgehalten bzw. umgekehrt ein Stück weit preisgegeben? Ich merke als evangelischer Kirchenhistoriker hier nur an, daß das Problem der Willensfreiheit, die Frage nach den anthropologischen Folgen des Falls und der ganze Zusammenhang der Rechtfertigung unmittelbar mit systematischen Weichenstellungen an diesem neuralgischen Punkt zusammenhängen. Es genügt, das überaus problematische Stichwort eines „Grundunterschiedes" zwischen westlicher und östlicher Theologie anzutippen, um sich über die Aktualität unseres Themas und den einschlägigen Forschungsbedarf klarzuwerden. Diese Zusammenhänge machen aber auf einen zweiten Punkt aufmerksam, an dem das, was wir entfaltet haben, für gegenwärtige Diskurse bedeutsam bleibt:

Gewöhnlich wird Origenes, wenn solche sehr groben Schemata von einer westlichen und einer östlichen Theologie einander gegenübergestellt werden, als eindeutiger Parteigänger einer Richtung vorgestellt, es fällt dann gern das Stichwort „Synergismus". Wir sahen aber oben, daß nach Origenes nicht der Mensch aufgrund einer wie auch immer gearteten Verwandtschaft zum Schöpfer, allein durch eigene Kraft aus dem tiefen Tal seines Falls aufsteigt, sondern durch eine „himmlische und sogar überhimmlische Kraft" heftig gedrängt wird, einzig und allein den Schöpfer zu verehren[61]. Solche Sätze, für die man

---

[61] Or., princ. IV 1,7 (GCS Origenes V, 304,11-13 KOETSCHAU = TzF 24, 692 GÖRGEMANNS / KARPP), aber vgl. Max. Tyr., or. 11,11a ἀνάμεινον τὴν κλῆσιν (BiTeu 142,15 HOBEIN): In die Gottesschau wird der Mensch berufen, er begibt sich nicht aus eigenem Antrieb hinein.

viele Belege bringen könnte, warnen davor, Origenes allzu schnell vor dem
Hintergrund von späteren Auseinandersetzungen als Parteigänger einer einzigen Seite zu verbuchen, als „Synergist" zu titulieren und sich dabei allein auf
Äußerungen zu kaprizieren, in denen Origenes von einem „Gemisch" zwischen göttlicher δύναμις und menschlicher Entscheidungskraft spricht[62].

Die Äußerungen des Origenes über den „Transzendenzbezug" des Menschen wurden geschrieben, bevor sich die abendländische Kirche über die Frage entzweite, ob und in welcher Form der Mensch am göttlichen Geschenk des
Heils mitwirken könne. Der Streit scheint am Beginn des einundzwanzigsten
Jahrhunderts noch nicht abschließend gelöst zu sein, wie jüngste Auseinandersetzungen zeigen. Wahrscheinlich kann er auch gar nicht in einem schlichten
Sinne „gelöst" werden, sondern man kann nur Modi verabreden, in der einen
Kirche Jesu Christi mit verschiedenen Positionen so umzugehen, daß die Kirchengemeinschaft durch die Lehrunterschiede nicht weiter ausgeschlossen
bleibt. Zu diesem Zweck dürfen die Lehrdifferenzen freilich nicht abgeschliffen
werden. Die Erinnerung an Positionen wie die des alexandrinischen Kirchenvaters Origenes kann vor diesem Hintergrund eine wichtige Funktion übernehmen: Sie kann dabei helfen, daß nicht übersehen wird, daß in einer Theologie, deren anthropologisches Freiheitspathos[63] nur schwer mit Grundeinsichten
der Reformation Martin Luthers in Ausgleich gebracht werden kann, durchaus
von der himmlischen und überhimmlischen Kraft des göttlichen Wortes die
Rede ist. Damit ist aber eine zentrale Einsicht der Theologie Luthers angesprochen[64], die in der einen Kirche zur Geltung zu bringen Aufgabe eines evangelischen Kirchenhistorikers ist und bleibt. Daran, daß so reformatorische Propria
nicht nur in der reformatorischen Theologie des sechzehnten Jahrhunderts und
seitherigen systematischen Ansätzen ihrer Tradition identifiziert werden können, sondern auch in einem gänzlich anders orientierten Entwurf, wird zweierlei deutlich: Man erkennt zum einen, daß der Bezug auf die Heilige Schrift
gemeinsames Charakteristikum rechter christlicher Theologie, nicht Sonderlehre einer Konfessionskirche darstellt. Zum anderen wird aber auch deutlich, daß
dieser Bezug die Entfaltung einer Theologie in je spezifischer Weise zu steuern

---

[62] Vgl. beispielsweise Or., comm. in Ps. 4 nach philoc. 26,7 (SC 226, 258,22 JUNOD): μικτὸν εἶναι.

[63] Aber vgl. schon den Hinweis bei CHADWICK, Platonism (wie Anm. 58), 225 auf zwei Passagen
     im Johanneskommentar, die die Notwendigkeit des göttlichen Gnadengeschenks für angemessene ethische Handlungen des Menschen betonen: Or., Jo. VI 36,181 (GCS Origenes IV,
     145,3-12 PREUSCHEN) und frgm. 45 in Ioh. 3,29 (519,18-520,11) und ausführlich SCHOCKENHOFF, Fest (wie Anm. 34), 116-123 bzw. H.S. BENJAMINS, Eingeordnete Freiheit. Freiheit und
     Vorsehung bei Origenes, SVigChr 28, Leiden 1994, 50-121.

[64] O. BAYER, Promissio. Geschichte der reformatorischen Wende in Luthers Theologie. 2., durchgesehene, um ein Vorwort erweiterte Aufl., FKDG 24, Darmstadt 1989; E. BIZER, Fides ex auditu. Eine Untersuchung über die Entdeckung der Gerechtigkeit Gottes durch Martin Luther,
     Neukirchen-Vluyn ³1966. – Ich verzichte aus naheliegenden Gründen darauf, die Auseinandersetzung um den hier dokumentierten Ansatz zu bibliographieren und nenne nur J. MEHLHAUSEN, Die reformatorische Wende in Luthers Theologie, in: DERS., Vestigia Verbi. Aufsätze
     zur Geschichte der evangelischen Theologie, AKG 72, Berlin 1999, 3-19, bes. S. 14.

vermag[65]. Diese historische Beobachtung verweist auf den systematischen Grund einer Verständigung zwischen Theologen der verschiedenen christlichen Konfessionen. An jenen systematischen Grund muß man den Jubilar nun ganz gewiß nicht erinnern, aber vielleicht freut ihn ein wenig bekannter Beleg dafür, zugleich ein kleines Zeichen der Dankbarkeit für sein Wirken auf dem dornigen Feld der Ökumene.

---

[65]   Also nicht nur dekoriert, was von anderswoher gewonnen ist.

Der Heilige Geist im *Johanneskommentar* des Origenes

Einige vorläufige Bemerkungen

Um präziser in den Blick nehmen zu können, was Origenes in seinem Johanneskommentar über den Heiligen Geist ausführt, möchte ich mich mit zwei Hauptthesen einer schon etwas älteren Monographie auseinandersetzen, die man gleichwohl klassisch nennen darf. Ich meine Wolf-Dieter Hauschilds Münchener Habilitationsschrift „Gottes Geist und der Mensch", genauer die Seiten seiner „Studien zur frühchristlichen Pneumatologie", die sich mit Origenes beschäftigen[1]. Mit der Charakterisierung des Buches als „klassisch" habe ich schon gleich zu Beginn deutlich gemacht, daß alle Kritik auf dem Hintergrund großer Hochachtung vor einem nach wie vor grundlegenden Werk zur Pneumatologie des antiken Christentums vorgetragen wird. Dies gilt allzumal deswegen, weil das Buch jüngst durch die vor dreißig Jahren versprochene Sammlung von übersetzten und kommentierten Texten zur „Pneumatologie in der Alten Kirche" in der Reihe „Traditio Christiana" zu einem handlichen Grundlagenwerk ergänzt worden ist, an dessen Vollendung auch Volker Henning Drecoll beteiligt war[2]. In Rom und dazu in deutscher Sprache einen Dialog mit einer schon etwas älteren deutschen Monographie führen zu wollen, könnte, so scheint mir, als unfreundlich, ja sogar als ein wenig unhöflich empfunden werden, schließlich liegen allerlei kluge italienische Beiträge zum Thema vor, nicht zuletzt der wunderbare Artikel „Spirito Santo" von Manlio Simonetti im „Dizionario"[3], der übrigens Hauschild auch vor vielen Jahren rezensiert hat[4]. Aber ich glaube, daß die beiden Kernthesen von Hauschild zur Pneumatologie des Origenes auch dreißig Jahre nach ihrer Erstveröffentlichung einer Diskussion auch vor einem so internationalen Auditorium durchaus wert sind, weil sie keineswegs eine Außenseiterposition in der Wahrnehmung des Origenes darstellen und uns sofort zu Kernfragen der Lehrbildung über den Heiligen Geist bringen. Natürlich ist mir bewußt, daß mindestens auch die Tübinger Dissertation von Henning Ziebritzki über den Heiligen Geist und die Weltseele oder die Regensburger Habilitationsschrift von Franz

---

[1]   W.-D. HAUSCHILD, Gottes Geist und der Mensch. Studien zur frühchristlichen Pneumatologie, BEvTh 63, München 1972, 86-150.

[2]   W.-D. HAUSCHILD / V.H. DRECOLL, Pneumatologie in der Alten Kirche, TC 12, Bern u.a. 2004.

[3]   M. SIMONETTI, Art. Spirito Santo, in: Origene. Dizionario. La cultura, il pensiero, le opere, a cura di A. MONACI CASTAGNO, Rom 2000, 450-456.

[4]   M. SIMONETTI, Rez. Hauschild, in: VetChr 12, 1975, 469-473, vgl. auch die Rezensionen von H. CROUZEL, in: BLE 77, 1976, 139-146, A. LOUTH, in: JThS 27, 1976, 210f. und H. OPITZ, in: ThLZ 98, 1973, 193-197.

Dünzl über die „Funktionen des theologischen Begriffs" πνεῦμα in der frühchristlichen Literatur ein solches Gespräch über ihre jeweiligen Hauptthesen verdient hätten[5] – hier kann ich also nur um Entschuldigung bitten, daß ich meine Überlegungen zur Pneumatologie des Origenes im Johanneskommentar mit Kommentaren zu einer Monographie des Jahres 1972 beginne und nicht zu einer des Jahres 1994 oder einer des Jahres 2000. Außerdem stellte Hauschilds Arbeit insofern eine Pionierleistung dar, als es damals noch keine größere Arbeit über die Pneumatologie des Origenes gab[6] und Josep Rius-Camps „El Dinamismo Trinitario" aus dem Jahre 1970 von Hauschild nicht berücksichtigt wurde[7]. Und schließlich sind die Kernthesen, mit denen wir uns jetzt ausführlicher beschäftigen wollen, in der Einleitung zum Quellenband „Pneumatologie" nochmals in aller Kürze wiederholt[8].

Die *beiden Kernthesen* von Hauschilds Ausführungen über die Pneumatologie des Origenes, auf die wir uns hier konzentrieren wollen, lassen sich auf zwei knappe Stichworte bringen, nämlich die Stichworte „Binitarismus" und „Überflüssigkeit": Hauschild formulierte in seiner Habilitationsschrift *erstens* die Ansicht, daß die grundlegenden Ausführungen des Origenes zu Schöpfung und Erlösung in der Grundlagenschrift, in Kommentaren und Predigten trotz gelegentlicher trinitarischer Formeln und ungeachtet allen Bemühens um eine Trinitätstheologie als „binitarisch" gelten müßten, „weil sie um die Pole Gott – Christus – Mensch kreisen"[9]. Und für diese behauptete *sprachliche* Konzentration auf die Pole Gott – Christus – Mensch ist nach Hauschild ein *sachlicher* Grund verantwortlich: Auf die Frage, ob das Wirken des Heiligen Geistes in diesen Texten „als ein notwendiges und für ihn charakteristisches Element des Heilswerkes dargestellt wird", habe Origenes negativ geantwortet[10]. Hauschild formuliert provokant, daß im System des Origenes alle Mitteilung Gottes und alle Gnadengaben für die Welt durch den Sohn als Schöpfungs- und Offenbarungsmittler gebracht würden: Ein „drittes Prinzip der göttlichen Selbstentfal-

---

[5]   H. ZIEBRITZKI, Heiliger Geist und Weltseele. Das Problem einer dritten Hypostase bei Origenes, Plotin und ihren Vorläufern, BHTh 84, Tübingen 1994; F. DÜNZL, Pneuma. Funktionen des theologischen Begriffs in der frühchristlichen Literatur, JbAC. Ergbd. 30, Münster 2000.

[6]   „Zu Origenes' Pneumatologie insgesamt gibt es bisher keine Monographie – erstaunlicherweise, denn sie spielt in seiner Theologie keine ganz untergeordnete Rolle, und er hat als erster sich explizit mit dem Thema ‚De spiritu sancto' beschäftigt (De princ. I,3), also den Traktaten des 4. Jh.s vorgearbeitet" (HAUSCHILD, Geist [wie Anm. 1], 13 Anm. 10).

[7]   J. RIUS-CAMPS, El dinamismo trinitario en la divinización de los seres racionales según Orígenes, OCA 188, Rom 1970.

[8]   HAUSCHILD / DRECOLL, Pneumatologie (wie Anm. 2), XX-XXII (einschließlich von Kernformulierungen: „Das Taufsakrament vermittelt – entgegen der kirchlichen communis opinio – nicht ipso facto jedermann den Heiligen Geist" [ebd. XXI]; vgl. dazu DERS., Geist (wie Anm. 1), 101: Origenes leugne den Grundsatz, „daß jeder Getaufte ipso facto den Geist erhalte").

[9]   HAUSCHILD, Geist (wie Anm. 1), 137f. – „Seine Schöpfungslehre weist aber eine binitarische, keine trinitarische Struktur auf und deshalb fehlt der Bezug Pneuma – Heiliger Geist nicht zufällig" (ebd., 92).

[10]   HAUSCHILD, Geist (wie Anm. 1), 138.

tung ist unnötig"[11]. An anderer Stelle heißt es über Origenes: „Er hätte, zugespitzt gesagt, von seinen Voraussetzungen aus das Heilswerk genauso gut
darstellen können, ohne den Geist jemals zu erwähnen. (Und die Darstellungen seiner Theologie, welche die Pneumatologie völlig außer acht lassen, bestätigen es!)"[12].

Zu dieser nach Hauschild durch angeblichen Binitarismus motivierten
strukturellen Überflüssigkeit des Heiligen Geistes bei Origenes kommt noch
zweitens die in der Monographie meines Erachtens richtig beobachtete Tatsache, daß Origenes im Gegenzug zur mehrheitskirchlichen Meinung die Taufe
mit Wasser und die Gabe des Heiligen Geistes entkoppelt. Die Gabe des Heiligen Geistes, so Hauschild, erfolge nicht im Vollzug des Sakraments der Taufe,
sondern sei ein wesentlich ethischer Vorgang. Der Geist wird also nicht nur auf
eine besondere Klasse von Getauften, nämlich die Pneumatiker, begrenzt, sondern von Hauschild (jedenfalls in der Monographie von 1972[13]) auch noch als
ein primär auf die Ethik bezogenes Gnadengeschenk bezeichnet. Die intellektuelle Erleuchtung sei für Origenes kein Proprium des Geistes und werde „in
stärkerem Maße als das Werk Gottes und Christi beschrieben, wobei der Geist
nur gelegentlich als Mittlerinstanz auftritt"[14]. Nach Hauschild kann man daher
auch nicht sagen, daß das menschliche πνεῦμα wesensmäßig (also unabhängig
von der sittlichen Bewährung des Getauften) Anteil am Heiligen Geist habe
oder gebe; Origenes vermeide solche Töne aus antignostischen Motiven[15]. Etwas provokanter formuliert, als es Hauschild selbst tut, kann man sagen, daß –
jedenfalls nach seiner Monographie „Gottes Geist und der Mensch" – der Geist
für Origenes eine etwas unbeholfene *Statistenrolle* in der Trinität, in der Heilsgeschichte und für viele Menschen spielt, selbst wenn Origenes dies nicht wollte und gelegentlich auch anderes sagt. Beim Lesen der Zusammenfassungen
verwandelt sich Hauschilds Abschnitt in eine (wenn auch durch Kautelen immer wieder abgeschwächte) harte Mängeldiagnose: Da wollte ein Theologe die

---

[11] „Das Prinzip solcher Mitteilung und Differenzierung zur Welt hin bildet der ewige ‚Sohn',
sein Abbild, sein Logos, seine Weisheit, der Schöpfungs- und Offenbarungsmittler. Mit ihm
wird die Brücke zur Vielheit hin geschlagen, ein drittes Prinzip der göttlichen Selbstentfaltung
ist unnötig" (HAUSCHILD, Geist [wie Anm. 1], 136).

[12] HAUSCHILD, Geist (wie Anm. 1), 141.

[13] Etwas anders die Akzentsetzung in HAUSCHILD / DRECOLL, Pneumatologie (wie Anm. 2), XXI
– hier wird die ethische *und* intellektuelle Dimension der Geistgabe hervorgehoben.

[14] HAUSCHILD, Geist (wie Anm. 1), 129, vgl. ebd. „Christus ist als das ‚Licht' nicht nur der Offenbarer für alle Menschen, sondern vermittelt die Offenbarung auch jedem einzelnen Christen
durch Erleuchtung von innen her".

[15] HAUSCHILD, Geist (wie Anm. 1), 91 gegen J. DUPUIS, „L'esprit de l'homme". Étude sur
l'anthropologie religieuse d'Origène, ML.T 62, Paris/Brügge 1967, 92-125, H. DE LUBAC, Geist
aus der Geschichte. Das Schriftverständnis des Origenes, übertragen u. eingeleitet von
H.U. VON BALTHASAR, Einsiedeln 1968 (= Histoire et Esprit. L'intelligence de l'Écriture d'après
Origène, Paris 1950), 189f. und H. CROUZEL, L'anthropologie d'Origène dans la perspective du
combat spirituelle, RAM 31, 1955, (364-385) 368 und G. GRUBER, ΖΩΗ. Wesen, Stufen und Mitteilung des wahren Lebens bei Origenes, MThS 23, München 1962, 179.

triadische Struktur der Glaubensregel als Trinität von Vater, Sohn und Heiligem Geist fassen und blieb doch faktisch im Binitarismus stecken.

Aus dem – wie gesagt zugespitzten – Referat der beiden Kernthesen Hauschilds folgt, daß wir unsere eigenen vorläufigen Bemerkungen zur Pneumatologie des Origenes in zwei Hauptabschnitten entfalten: Im *ersten Hauptteil* dieser Ausführungen fragen wir, welche Stellung der Heilige Geist nach Origenes in der Trinität einnimmt. Im *zweiten (wesentlich kürzeren) Hauptteil* geht es uns um die Rolle des Heiligen Geistes in der allgemeinen Heilsgeschichte und in der individuellen Soteriologie. Wir konzentrieren uns, wie es bei einem Symposium über den Johanneskommentar wohl ansteht, auf dieses Werk. Damit wird natürlich (im Unterschied zu Hauschild, Dünzl und Ziebritzki) keine vollständige Pneumatologie des Origenes vorgelegt, denn dafür müßten beispielsweise die Passagen aus der Grundlagenschrift noch einmal ganz gründlich im Blick auf ihre sprachliche Überlieferung überprüft werden[16]. Hier wird lediglich der Blick auf einige zentrale Passagen des Johanneskommentars konzentriert, die ausführlich kommentiert werden.

Der Heilige Geist und die Trinität

Nicht sonderlich lange aufhalten möchte ich mich bei der Kategorie „Binitarismus", die Hauschild zur Charakterisierung des Origenes verwendet[17]; man könnte schon längst – unter anderem von Hauschilds Lehrer Georg Kretschmar – geäußerte Bedenken verstärken[18] und fragen, ob es sich hier nicht um eine Chimäre deutscher dogmengeschichtlicher Forschung handelt, die sich ganz bestimmten theologischen Voraussetzungen bei den Kirchenhistorikern verdankt, die sie aufgebracht haben: Es mag hier reichen, die Namen von Harnack und Loofs zu nennen, deren systematische Prägung ebenso evident ist

---

[16]   B. STUDER, Zur Frage der dogmatischen Terminologie in der lateinischen Übersetzung von Origenes' De Principiis, in: DERS., Dominus Salvator. Studien zur Christologie und Exegese der Kirchenväter, StAns 107, Rom 1992, (67-89) 71, jetzt auch ausführlich bei ZIEBRITZKI, Geist (wie Anm. 5), 203-259.

[17]   Bei W.-D. HAUSCHILD, Lehrbuch der Kirchen- und Dogmengeschichte Bd. 1 Alte Kirche und Mittelalter, Gütersloh 1995, wird die Logostheologie der Apologeten als „vom Ansatz her binitarisch konzipiert" bestimmt (10) sowie Tertullian und Novatian solches Denken zugeschrieben (15f.). Außerdem wird nochmals über Origenes gesagt: „Diese ontologische Gotteslehre mit ihrem erkenntnistheoretischen und kosmologischen Ansatz hat eigentlich eine binitarische Struktur, weil der Gedanke der Selbstmitteilung Gottes als Abbildung nur Zwei einschließt, Urbild und Abbild. Auch in die für diese Lehre benutzte biblische Sprache, das Vater-Sohn-Schema, paßt kein drittes Prinzip". Aber weil Origenes vom Wirken des Heiligen Geistes spreche, verwende er den Begriff Trinität und den Ausdruck drei Hypostasen. „Dies ist keine bloße Formalie" (21).

[18]   G. KRETSCHMAR, Studien zur frühchristlichen Trinitätstheologie, BHTh 21, Tübingen 1956, 7f. 14f. („Aber Origenes hatte eine sehr ausgeprägte Trinitätslehre"; ebd. 7); vgl. auch M. WILES, Some Reflections on the Origins of the Doctrine of the Trinity, JThS 8, 1957, 92-106 = DERS., Working Papers in Doctrine, London 1976, 1-17.

wie ihre latent antitrinitarische Orientierung[19]. Um das Problem eines angeblichen „Binitarismus" des Origenes im Gespräch mit Hauschild wirklich gründlich zu verhandeln, müßte man auch schon seine Dissertation über die „Pneumatomachen" von 1967 mit einbeziehen, in der aufgrund seines „Binitarismus" Origenes zum traditionsgeschichtlichen Ahnherrn der Pneumatomachen stilisiert wird[20]. Für unsere Zwecke mag der Hinweis auf die Problematik und die impliziten systematischen Voraussetzungen dieser Forschungskategorie an dieser Stelle ausreichen[21]. Mir scheint auch, daß spätestens nach der Veröffentlichung der Dissertation von Henning Ziebritzki ganz deutlich geworden ist, daß man die ganze Frage nach einem angeblichen „Binitarismus" von christlichen Theologen des zweiten und dritten Jahrhunderts nur mit Blick auf die Prinzipientheorie des sogenannten Mittelplatonismus und ihre Transformation in den neuplatonischen Prinzipientheorien verhandeln kann. Möglicherweise ist es ja so, daß die Christen bei der reflexiven Explikation der trinitarischen *regula fidei* im zweiten Jahrhundert – also bei den Apologeten und Clemens Alexandrinus – deswegen so wenig über den Geist zu formulieren wissen, weil sie sich zunächst aus missionarischen Gründen sehr stark an die mittelplatonischen Differenzierungen eines ersten und zweiten Gottes anlehnen.

Wie dem auch immer sei – wir brechen die Diskussion über den unglücklichen Begriff an dieser Stelle ab und fragen vielmehr, inwiefern bei Origenes der Heilige Geist als dritte Hypostase im Johanneskommentar sowohl distinkte Instanz als auch Teil der göttlichen Einheit ist[22]. Dazu setzen wir bei einer bekannten Stelle im zweiten Buch des Johanneskommentars ein, in der Origenes *drei* Positionen zur Konstitution und damit zum theologischen Status des Hei-

---

[19]   A. HARNACK, Lehrbuch der Dogmengeschichte, 1. Bd. Die Entstehung des kirchlichen Dogmas, Tübingen ⁴1909, 666; F. LOOFS, Art. Christologie, Kirchenlehre, in: RE IV, Leipzig 1898, (16-56) 26 – HAUSCHILD prägt in seiner Dissertation (s. folgende Anm.) freilich einen davon abweichenden Begriff: „Binitarismus wird hier nicht in dem Sinne verstanden, daß Christus und Heiliger Geist in eins gesehen werden (*so Harnack und Loofs, C.M.*) oder daß der Geist keine eigene Hypostase, sondern eine Kraft sei, ..., sondern so, daß man – unter Anerkennung der Hypostase „Geist" – in der Gottheit nur eine Zweiheit denken kann und diese Zweiheit durch das exklusive Schema ‚Vater-Sohn' ausdrückt" (13).

[20]   W.-D. HAUSCHILD, Die Pneumatomachen. Eine Untersuchung zur Dogmengeschichte des vierten Jahrhunderts, Diss. theol. (masch.), Hamburg 1967, 130-140. Von Origenes heißt es da, daß „seine trinitarischen Äußerungen ... nur ein unausgeführter ‚Brocken' der kirchlichen Tradition" seien. „Seine eigentliche Trinitätstheologie basiert auf einem binitarischen Ansatz, und nicht nur das: Sowohl in seinem System wie in seiner Frömmigkeit spielt die Trinität keine integrale Rolle, weil beide ebenfalls binitarisch konzipiert sind" (ebd. 131). Und: „Die Theologie des Origenes ist also in ihrem *Wesen* nicht trinitarisch ausgerichtet. Gelegentliche trinitarische Äußerungen sind eher erratische Blöcke, die in ihrem sachlichen Gewicht nicht mit der binitarischen Grundstruktur von System und Frömmigkeit konkurrieren können. Sie sind im wesentlichen mitgeschleppte Tradition" (ebd. 134).

[21]   Vgl. zu diesem Thema auch ausführlicher CH. MARKSCHIES, Heis Theos – Ein Gott? Der Monotheismus und das antike Christentum, in: M. KREBERNIK / J. VAN OORSCHOT (Hgg.), Polytheismus und Monotheismus in den Religionen des Vorderen Orients, AOAT 298, Münster 2002, (209-234) 219-228.

[22]   Bei Vorliegen solcher Voraussetzungen kann man nach der einleuchtenden Definition von ZIEBRITZKI, Geist (wie Anm. 5), 1f. von einer „Trinitätslehre im eigentlichen Sinne" sprechen.

ligen Geistes in Form von Syllogismen entwickelt: *Nach der ersten Position ist der Geist durch das Wort* (ὁ λόγος) *geworden.* Für diese Ansicht kann man sich auf das Evangelium selbst berufen. Aus ihm folgt zwingend, daß der Geist durch den Logos geworden ist: Da alle Dinge durch ihn (sc. den Logos) geworden sind (πάντα δι' αὐτοῦ ἐγένετο Joh 1,3), ist auch der Geist durch ihn, durch den λόγος, geworden[23]. *Eine zweite Position muß dagegen annehmen, daß der Heilige Geist ungezeugt ist.* Origenes entwickelt diese Position so, als ob es sich dabei um eine reine Konsequenz aus einer doppelten Grundannahme handeln würde: Wer nicht annehmen möchte, daß der Geist durch Christus geworden ist und auch keine zeitliche Vorordnung des Logos vor den Geist (πρεσβύτερος παρ' αὐτό) zulassen kann, muß ihn, den Heiligen Geist, notwendigermaßen für ungezeugt (ἀγέννητον) halten[24]. Dann stellt Origenes eine *dritte Position* vor, die *eine eigenständige Substanz des Geistes, verschieden vom Vater und vom Sohn, leugnet* (οὐσίαν τινὰ ἰδίαν ... τοῦ ἁγίου πνεύματος ἑτέραν παρὰ τὸν πατέρα καὶ τὸν υἱόν)[25]. Seine eigene Position bereitet Origenes mit einer konditionalen Überlegung vor: „Aber eher wird wohl jemand[26], wenn er glaubt, daß der Sohn vom Vater verschieden ist, sich der Meinung anschließen, daß er (sc. der Geist) derselbe wie der Vater ist, wo bekanntermaßen die Unterscheidung des Heiligen Geistes vom Sohn offenbart wird in der biblischen Aussage: ‚Wer auch immer ein Wort gegen den Menschensohn sagt, es wird ihm vergeben werden; der aber gegen den Heiligen Geist blasphemische Aussagen äußert, wird keine Vergebung haben weder in dieser Welt noch in der künftigen (Mt 12,32)"[27]. Man versteht diesen Satz nur, wenn man sich klarmacht, daß er eine implizite Widerlegung der voraufgehenden dritten Position voraussetzt, denn Vertreter der dritten Position setzen natürlich gerade nicht voraus, daß „der Sohn vom Vater verschieden (ἐὰν ἕτερον νομίζῃ εἶναι τὸν υἱὸν παρὰ τὸν πατέρα) ist", sondern identifizieren im Gegenteil Vater und Sohn[28]. Wieso kann Origenes aber einfach annehmen, daß die beiden, Vater und Sohn, voneinander verschieden und nicht ὁμοούσιος im Sinne einer Identität der Substanz sind? Er kann dies annehmen, weil mit der dritten Position formuliert ist, was die *Monarchianer* lehren (oder formulieren wir vorsichtiger: diejenigen Monarchianer lehren, deren Formeln über Identität von Vater und Sohn[29] auch den Geist ein-

---

23   Or., Jo. II 10,73 (GCS Origenes IV, 64,32-65,3 PREUSCHEN). – Zur ganzen Stelle zuletzt V.H. DRECOLL, Der Begriff Hypostasis bei Origenes. Bemerkungen zum *Johanneskommentar* II,10, in: L. PERRONE (Hg.), Origeniana Octava, Bd. 1 , BEThL 164, Leuven 2004, (479-487) 481-485.

24   Or., Jo. II 10,73 (GCS Origenes IV, 65,4-6 PREUSCHEN).

25   Or., Jo. II 10,74 (GCS Origenes IV, 65,6-10 PREUSCHEN).

26   Sicher nicht „dieser dritte" (so aber R. GÖGLER in seiner Übersetzung: Origenes, Das Evangelium nach Johannes, Zürich/Köln 1959, 149).

27   Or., Jo. II 10,74 (GCS Origenes IV, 65,10-15 PREUSCHEN), Übersetzung nach HAUSCHILD / DRECOLL, Pneumatologie (wie Anm. 2), 267.

28   Dies ist sowohl in der Interpretation von ZIEBRITZKI, Geist (wie Anm. 5), 239 als auch in der von DRECOLL, Hypostasis (wie Anm. 23), 481 übersehen.

29   Eine charakteristische Formel der Noëtianer bei Hipp., haer. IX 10,9-12 (GCS Hippolytus III, 244,11-245,11 WENDLAND).

schließen). Immerhin sagt Praxeas nach dem Referat Tertullians *ipsum eundem-que et Patrem et Filium et Spiritum*[30], und exakt diese Lehre schreibt auch Epiphanius den Sabellianern zu („drei Namen in einer Hypostase")[31]. Callist soll Vater und Sohn als unteilbaren Geist (τὸ πνεῦμα ἀδιαίρετον) bezeichnet haben[32]. Vielleicht ist sogar das lange Matthäus-Zitat im Satz des Origenes nicht ganz zufällig und ohne Bezug zu den Monarchianern: In Hippolyts Schrift gegen Noët – die bekannten Debatten um ihre Authentizität können wir hier einmal ausblenden[33] – heißt es, daß Noët deswegen, weil er den Heiligen Geist lästerte, „vom heiligen Erbe", d.h. aus der Kirche, ausgeschlossen wur-de[34]. Außerdem wird an diesem Text deutlich, daß der Prolog des Johannes-evangeliums eine wichtige Rolle in der Debatte um den Monarchianismus spielte – wie eben auch in der Passage des Johanneskommentars, die wir gera-de diskutieren. Spätestens an dieser Stelle wird klar, daß Origenes hier nicht nur Spiegelfechterei mit Syllogismen treibt, sondern gegen konkrete Positionen argumentiert: Mit dem eben zitierten Satz schließt Origenes die monarchiani-sche Position ohne viel Federlesens – jedenfalls ohne jede ausführliche Argu-mentation – als absurde Ansicht aus. Das kann er, weil er zu Beginn des zwei-ten Buches ausführlich gegen die argumentiert hat, die aus Furcht davor, zwei Götter zu verkünden, behaupten, die individuelle Natur (ἰδιότης) des Sohnes sei keine andere als die des Vaters, und die Individualität des Sohnes lediglich auf seinen Namen beschränken[35]. Im zitierten Satz mit dem langen Matthäus-Zitat setzt er zunächst die Abweisung des Monarchianismus einfach voraus: „Aber eher wird wohl jemand, wenn er glaubt, daß der Sohn vom Vater ver-schieden ist" und nimmt im folgenden an, daß sich ein Antimonarchianer viel-leicht eher der Meinung anschließen werde, „daß er (sc. der Geist) derselbe wie der Vater ist"[36]. Das ist aber exakt die zweite Position derer, die den Geist für ungezeugt (ἀγέννητον) halten[37] und ihm mithin ein klassisches christliches Gottesprädikat zuschreiben[38]. Auch diese – historisch nur schwer zuzuordnen-

---

[30] Tert., Prax. 2,3 (CorPat 12, 146,25 SCARPAT).

[31] Epiph., haer. 62,1,4 (GCS Epiphanius II, 389,12f. HOLL / DUMMER).

[32] Hipp., haer. IX 12,16 (GCS Hippolytus III, 248,27 WENDLAND).

[33] Dazu zuletzt M. SIMONETTI in: DERS. (Hg.), Ippolito, Contro Noeto, BPat 35, Bologna 2000, 70-139, R.M. HÜBNER kündigt in seinen Nachbemerkungen zum Wiederabdruck des Aufsatzes „Melito von Sardes und Noët von Smyrna" (ursprünglich in: D. PAPANDREOU [Hg.], Oecume-nica et Patristica. FS Wilhelm SCHNEEMELCHER zum 75. Geburtstag, Chambésy-Genf 1989, 219-240) in: DERS., Der paradox Eine. Antignostischer Monarchianismus im zweiten Jahrhundert, SVigChr 50, Leiden u.a. 1999, 1-32, eine Widerlegung an anderer Stelle an (33-37, hier 34).

[34] Hipp., Noet. 1,3 (BPat 35, 150 SIMONETTI, zur Begründung der Übersetzung von κλῆρος ebd. 196).

[35] Or., Jo. II 2,16 (GCS Origenes IV, 54,25f. PREUSCHEN).

[36] Or., Jo. II 10,74 (GCS Origenes IV, 65,11f. PREUSCHEN).

[37] Or., Jo. II 10,73 (GCS Origenes IV, 65,5 PREUSCHEN).

[38] Or., princ. IV 2,1 (δημιουργός), ὅς εστιν ἀγέννητος μόνος θεός (GCS Origenes V, 308,1 KOET-SCHAU = TzF 24, 700 GÖRGEMANNS / KARPP).

de[39] – Position vertritt Origenes nicht, selbst wenn Hieronymus und Rufin in ihren Vorreden zur Grundlagenschrift behaupten, er habe gesagt, es sei unklar (d.h. nicht aus den biblischen Schriften zu erheben), ob der Geist ungeboren bzw. ungezeugt sei[40]. Man kann den bislang behandelten Abschnitt aus dem zweiten Buch des Johanneskommentars also als eine mehrfache reductio ad absurdum interpretieren: Man kann im Blick auf den Geist nicht wollen, daß er vom Logos so verschieden ist, daß er durch den Logos geworden ist und demzufolge jünger ist als der Logos, man kann aber auch nicht wollen, daß er vom Logos so verschieden ist, daß er ungezeugt und damit mit dem Vater selbst identisch ist, und schon gleich gar nicht kann man wollen, daß er mit dem Vater und dem Sohn identisch ist. Alle drei Positionen, die er zum Teil sehr knapp entfaltet hat, lehnt Origenes rundweg als absurde Möglichkeiten ab. Daraus folgt bereits implizit eine wichtige Grundentscheidung für die Pneumatologie des Origenes: Weder sind Vater, Sohn und Geist in einem schlichten Sinne identisch (nämlich so, daß sie keine eigene und unterschiedliche οὐσία haben), noch sind sie so unterschiedlich, daß ein *zeitliches* Vorher und Nachher ausgesagt werden kann. Sie sind vielmehr τρεῖς ὑποστάσεις[41] und insofern unterschieden, als daß der Vater allein ἀγέννητος ist, der Sohn also γεννητός und der Geist γεννητός. Allerdings ist der Geist in höherem Maß der Ehre würdig (τιμιώτερον) „als alles, was durch den Logos geworden ist, und zwar aufgrund der Ordnung (τάξις) aller Dinge, die von dem Vater durch Christus geworden sind"[42]. Würdigkeit oder Ehre werden dem Geist hier nicht ohne fundamentum in re und lediglich als bloßer Ehrenvorrang eines Erstgeborenen zugewiesen – es handelt sich auch keinesfalls um „eine etwas verzweifelte Auskunft"[43]. Vielmehr entsprechen Würdigkeit und Ehre der göttlichen Ordnung der Geschöpfe und sind durch eine ontologische Differenz des Geistes zu den übrigen Geschöpfen begründet: „Die Fülle der Erkenntnis über Gott" ist, wie es an anderer Stelle im Johanneskommentar heißt, für Menschen unfaßbar und insofern unbegreiflich (ἄληπτον) und auch für alle anderen Kreaturen (γενητοῖς) „außer für Christus und den Heiligen Geist" (hier paraphrasiert Origenes erkennbar den Apostel Paulus in 1Kor 2,10: τὸ γὰρ πνεῦμα πάντα

---

[39] Ob Origenes implizit sagen will, daß sie in der Konsequenz des sogenannten „Adoptianismus" liegt? Auch in II 2,16 bespricht er Monarchianer und Adoptianer nacheinander: „Sie leugnen die Gottheit des Sohnes" (54,27).

[40] Hier., ep. 124,3 *de quo cum ignorare se dicat utrum factus sit aut infactus …* (CSEL 56/1, 97,24f. HILBERG) und Or. (Ruf.), praef. princ. 4 (Origenes V, 11,5 KOETSCHAU = TzF 24, 90 GÖRGEMANNS / KARPP. Zur Stelle vgl. ZIEBRITZKI, Geist (wie Anm. 5), 199 Anm. 22.

[41] J. HAMMERSTAEDT, Art. Hypostasis, in: RAC XVI, Stuttgart 1994, (986-1035) 1004-1008.

[42] Or., Jo. II 10,75 (GCS Origenes IV, 65,16-21 PREUSCHEN), freilich ohne die Konjektur τάξει <πρῶτον>, die Preuschen vorschlägt. Ob man deswegen gleich sagen sollte, daß Origenes den Geist zur „anbetungswürdigen Trinität" rechnet, wie B. STUDER, Gott und unsere Erlösung im Glauben der Alten Kirche, Düsseldorf 1985, 110, mit unserer Stelle belegen will, kann hier offenbleiben.

[43] HAUSCHILD, Geist (wie Anm. 1), 142: „eine etwas verzweifelte Auskunft, welche die Härte der Subordination keineswegs mildert".

ἐραυνᾷ, καὶ τὰ βάθη τοῦ θεοῦ)[44]. In ganz ähnlicher Weise wird Christus als πρωτότοκος πάσης κτίσεως als „Gott mehr geehrt als die übrigen Götter bei ihm", denn „er saugte als erster durch sein ‚bei Gott-Sein' (Joh 1,1) die Gottheit in sich hinein" (σπάσας τῆς θεότητος εἰς ἑαυτόν)[45]. Πρῶτος dürfte, wie sich aus dem Duktus der Passage und dem ganzen System des Origenes ergibt, nicht zeitlich gemeint sein (der Logos ist eben nicht in einem schlichten zeitlichen Sinne πρεσβύτερος); Henning Ziebritzki hat bedenkenswerte Argumente dafür zusammengetragen, daß Origenes dem Geist eine ewige Existenz zuschrieb[46]. Das bedeutet, daß die Position des Origenes mit keiner der *drei* von ihm entfalteten Ansichten über die Konstitution des Geistes zu identifizieren ist, sondern eine *vierte* darstellt, die Elemente aus allen drei Positionen aufgreift: Der *Geist ist* zwar *durch das Wort* (ὁ λόγος) *geworden*, aber dieses darf ihm nicht in einem schlichten Sinne zeitlich vorgeordnet werden. Auch wenn eine schlichte zeitliche Vorordnung abzulehnen ist, darf man nicht *annehmen, daß der Heilige Geist ungezeugt ist*. Und schließlich gibt es eine *eigenständige Substanz des Geistes, verschieden vom Vater und vom Sohn*, aber ein gemeinsames Wirken aller drei in der Einheit ihres Willens (ὁμόνοια).

Diese Interpretation der Position des Origenes als via media zwischen radikaler Abtrennung des Geistes von Vater und Sohn einerseits und ebenso radikaler Auflösung der dritten Person der Trinität im einen Gott andererseits bestätigt sich an anderer Stelle im Johanneskommentar: „Wir sagen, daß der Erlöser und der Heilige Geist alles Gewordene nicht vergleichsweise, sondern durch ihre außerordentliche Überlegenheit überragen. Um wieviel er selbst (sc. der Logos) und der Heilige Geist das Übrige (...) überragen, um soviel und mehr wird jener (sc. der Logos) vom Vater überragt"[47]. Diese präzise Architektur der Subordination beschreibt aber nur die eine Seite der Pneumatologie des Origenes – wenn das menschliche πνεῦμα „bei uns den sogenannten, ziemlich körperlichen Lebensodem in sich hineinsaugt"[48], Christus aber durch sein „Bei-Gott-Sein" „die Gottheit in sich hineinsaugt" (verwendet wird jeweils das glei-

---

[44] Or., Jo. II 10,172 (GCS Origenes IV, 85,5-7 PREUSCHEN – der Hinweis auf 1Kor 2,9 fehlt bei Preuschen); aufgrund der Hilfe des Heiligen Geistes kann dann auch der Christ τὰ βάθη τοῦ θεοῦ erforschen (Or., frgm. 14 in 1Cor 2,9-11 [Zählung nach meiner in Vorbereitung befindlichen Edition in GCS Origenes XIV]). Mir scheint, daß von daher die Ausführungen bei T. BÖHM, Unbegreiflichkeit Gottes bei Origenes und Unsagbarkeit des Einen bei Plotin – ein Strukturvergleich, in: L. PERRONE (Hg.), Origeniana Octava (wie Anm. 23), (451-463) 453-455 ergänzungsbedürftig ist.

[45] Or., Jo. II 2,17 (GCS Origenes IV, 54,34f. PREUSCHEN).

[46] ZIEBRITZKI, Geist (wie Anm. 5), 240-243 weist vor allem auf die Rede von der Unwandelbarkeit des Heiligen Geistes in princ. I 3,4 (GCS Origenes V, 54,5-19 KOETSCHAU = TzF 24, 166-168 GÖRGEMANNS / KARPP) hin; sie markiert zugleich auch, inwiefern der Heilige Geist auf die Seite des Logos und nicht auf die der λογικά gehört. Ähnlich übrigens G.C. BERTHOLD, Origen and the Holy Spirit, in: R.J. DALY (Hg.), Origeniana Quinta, BEThL 105, Leuven 1992, (444-447) 447.

[47] Or., Jo. XIII 25,151 (GCS Origenes IV, 249,18-22 PREUSCHEN).

[48] Or., Jo. XIII 22,140 (GCS Origenes IV, 247,11-16 PREUSCHEN).

che griechische Wort σπάω)[49], dann wird ungeachtet aller Unterschiede die Geistförmigkeit Gottes – „Gott ist nämlich Geist" (Joh 4,24[50]) – ebenso deutlich wie die Geistförmigkeit Christi, an der qua Schöpfung alle Menschen partizipieren, auch wenn der *Heilige* Geist nur eine Gabe für die *Heiligen* ist (und zwischen irdischem Geist und Gottes Geistförmigkeit natürlich ein struktureller Unterschied besteht)[51]. Schon diese Bemerkung sollte davor warnen, wie Orbe, Rius-Camps und Gruber πνεῦμα einfach als gemeinsames Substrat von Vater und Sohn (und Heiligem Geist) anzunehmen[52]; eher ist – wenn ich recht sehe, mit Simonetti – an eine intelligible feinstoffliche Materialität zu denken, die sowohl mittelplatonischer wie jüdisch-hellenistischer Tradition entspricht[53] – wir können diese spannende Thematik der einheitsbildenden Momente der drei trinitarischen Substanzen nach Origenes hier freilich nicht vertiefen oder gar ausführlich behandeln.

Um es nochmals kurz zusammenzufassen: Origenes wehrt sich gegen eine vollständige ontologische Identifikation, er wehrt sich – wie beim Sohn – auch gegen eine radikale Trennung[54]. Er wehrt sich aber auch gegen das, was die deutsche Dogmengeschichtsschreibung „Geistchristologie" genannt hat, also gegen eine vollständige ontologische Identifikation von Sohn und Geist: Weil nach der göttlichen Ordnung die Dinge – und der Heilige Geist – ὑπὸ τοῦ πατρὸς διὰ Χριστοῦ geworden sind, kann der Geist mit keinem dieser beiden identifiziert werden, ist also auch kein Sohn Gottes[55]. Vielmehr scheint der Heilige Geist des Sohnes zu bedürfen, wie Origenes vorsichtig formuliert: „Der Heilige Geist scheint ihn (sc. den Sohn) zu seiner Verwirklichung zu brauchen, und zwar nicht nur zu seinem Sein, sondern auch zu seinem Weise-, und Vernünftig-, und Gerechtsein und zu allem, was wir ihn aus seiner Teilhabe (μετοχή) an den vorher erwähnten Aspekten (ἐπίνοιαι) Christi besitzend den-

---

[49]   Das erschien Wendland bei der Korrektur von Preuschens GCS-Fahnen so merkwürdig, daß er aaO. ὁπῶντες zu lesen vorschlug, womit die feinsinnige Anspielung zerstört wäre.

[50]   Dazu vgl. die umfangreichen Bemerkungen von C. BLANC, Dieu est *pneuma*. Les sens de cette expression d'après Origène, in: E.A. LIVINGSTONE (Hg.), StPatr 16, (Oxford Patristic Conference 1975), Part II (...), TU 129, Berlin 1985, 224-241.

[51]   Or., Jo. XIII 23,140 (GCS Origenes IV, 247,17f. PREUSCHEN): Für die Explikation des Gegensatzes verwendet Origenes die stoische Konzeption des „mittleren", d.i. natürlichen Lebens (ARNIM, SVF III 491-499, 134-136).

[52]   A. ORBE, Hacia la primera teologia de la procession del Verbo, Estudios Valentinianos Vol. I/1, AnGr 99, SFT sectio A, n. 17, Rom 1958, 431-448, RIUS-CAMPS, dinamismo (wie Anm. 7), 49f. 81 und GRUBER, ΖΩΗ (wie Anm. 15), 196-199; kritisch auch ZIEBRITZKI, Geist (wie Anm. 5), 249 Anm. 218.

[53]   M. SIMONETTI, Sulla teologia trinitaria di Origene, zuerst in: VetChr 8 (1971), 273-307 = DERS., Studi sulla cristologia del II e III secolo (SEAug 44), Rom 1993, (109-143) 118-123; für die mittelplatonische Tradition K.-O. WEBER, Origenes der Neuplatoniker. Versuch einer Interpretation, Zet. 27, München 1962, 104-108.

[54]   Or., Jo. II 2,16 (GCS Origenes IV, 54,28f. PREUSCHEN): ... τὴν ἰδιότητα καὶ τὴν οὐσίαν κατὰ περιγραφὴν τυγχάνουσαν. Zum Verständnis der Passage vgl. J. HAMMERSTAEDT, Der trinitarische Gebrauch des Hypostasisbegriffs bei Origenes, JbAC 34, 1991, (12-20) 15f. und DRECOLL, Hypostasis (wie Anm. 23), 484f.

[55]   Or., Jo. II 10,75f. (GCS Origenes IV, 65,18-22 PREUSCHEN).

ken müssen"[56]. Es ist schade, daß Origenes diesen Gedanken – die Teilhabe des Geistes an den ἐπίνοιαι Christi – in seinem erhaltenen Werk nicht stärker für die Explikation des Geistes genutzt hat, sondern, wenn ich recht sehe, hier nur ganz knapp und so selbstverständlich einführt, daß man meinen möchte, er habe dies anderswo auch deutlicher erläutert. Jedenfalls muß man mit dem argumentum e silentio vorsichtig sein, daß die Teilhabe des Geistes an den ἐπίνοιαι Christi nur eine bloße These ohne Explikation ist, solange so viel aus dem Œuvre des Origenes verloren ist[57].

Schließlich reicht auch zu, was man in den erhaltenen Passagen des Johanneskommentars lesen kann: Das dort gegen Monarchianer und Adoptianer vorgetragene, entschiedene Votum für drei Hypostasen, die hinsichtlich ihrer οὐσία unterschieden werden müssen, aber doch in mehrfacher Hinsicht untereinander verbunden sind, bindet den Geist stärker an Vater und Sohn, als dies vielen Zeitgenossen möglich war. Man kann sich das wieder an der Schrift gegen Noët klarmachen. In *Contra Noëtum* wird die monarchianische Frage, ob die Unterscheidung von Vater und Sohn (und Heiligem Geist) im Johannesprolog nicht auf das Bekenntnis zu zwei (und drei) Göttern führt, mit der Rede von zwei Personen und einer οἰκονομία, der Gnade des Heiligen Geistes, beantwortet[58]. Hippolyt versteht den Geist also nicht als dritte Person, sondern als Gabe Gottes an die Glaubenden[59]. Solchen Schwierigkeiten entgeht Origenes mit seiner Rede von drei Hypostasen. In einem Katenenfragment aus dem Monacensis 208 (Nr. 123) ist aus Joh 3,8 (Ὅπου θέλει πνεῖ), also aus dem selbständigen Wollen des Geistes, geschlossen, daß das πνεῦμα nicht nur eine Kraft Gottes ist, das keine eigene Hypostase hat, sondern οὐσία ist[60]. Und in einem anderen Fragment heißt es: „Wenn er (sc. der Heilige Geist) aber ‚will' und ‚wirkt' und ‚zuteilt', ist er demnach eine wirkende Substanz (οὐσία γοῦν ἐστιν ἐνεργητική) und nicht nur einfach eine Wirkkraft" (ἀλλ' οὐκ ἐνέργεια)[61].

Man muß die Stelle aus dem zweiten Buch des Johanneskommentars, die wir seit längerem auslegen, auch im Kontext des ganzen Kommentars lesen. Natürlich ist bei der Formulierung, daß der „Geist durch das Wort (ὁ λόγος)

---

[56] Or., Jo. II 10,76 (GCS Origenes IV, 65,23-25 PREUSCHEN), zur Übersetzung HAMMERSTAEDT, Hypostasis (wie Anm. 41), 1006 und nun ausführlich DRECOLL, Hypostasis (wie Anm. 23), 482f.

[57] ZIEBRITZKI, Geist (wie Anm. 5), 245.

[58] Hipp., Noet. 14,2 (BPat 35, 176 SIMONETTI).

[59] SIMONETTI verweist im Kommentar z.St. auf Noet. 9,2 (BPat 35, 170 SIMONETTI) und auf ben. Is. (PO 27/1-2, 40.82 BRIÈRE / MARIÈS / MERCIER).

[60] Or., frgm. 123 in Ioh 3,8 [Druckfehler bei Preuschen: 3,11] (GCS Origenes IV, 569,2-4 PREUSCHEN); vgl. auch ZIEBRITZKI, Geist (wie Anm. 5), 230f. und SIMONETTI, Spirito Santo (wie Anm. 3), 452.

[61] Or., frgm. 27 in Ioh 3,8 (GCS Origenes IV, 513,16f. PREUSCHEN). – Die Echtheit beider Katenenfragmente wäre noch einmal kritisch zu diskutieren, was hier nicht geschehen kann. Trotzdem kann man nicht wie HAUSCHILD, Geist (wie Anm. 1), 144, behaupten, Origenes fasse den Heiligen Geist nicht als Person, sondern als Kraft (so auch ZIEBRITZKI, Geist [wie Anm. 5], 231 Anm. 145).

geworden ist"[62], nicht intendiert, daß ausschließlich der Sohn für das Werden des Geistes verantwortlich ist: Der Geist entsteht und wirkt „vom Vater durch den Sohn"[63]. Gott ist seine Prinzipialursache (ὑπ' οὗ), Christus seine Instrumentalursache (δι' οὗ)[64]. Wollte man eine berühmte Formulierung von Theiler aufgreifen, könnte man sagen, daß hier die exakte Hierarchie der trinitarischen Substanzen mit Hilfe der „Metaphysik der Präpositionen"[65] formuliert wird. Diese aus der Philosophie stammende Dissoziation, die Origenes verwendet, um die Subordination[66] als unterschiedlich grundlegende Seins- und Wesensverursachung zu explizieren, hat offenbar der jüdische Alexandriner Philo erstmals in die Bibelexegese und der Valentinianer Heracleon in die Auslegung des Johannesprologs eingeführt[67]. Aus seinem ersten im Johanneskommentar zitierten Fragment übernimmt Origenes die Vorstellung, daß mit dem johanneischen δι' αὐτοῦ die Vermittlung des Logos bei der Schöpfung gemeint sei[68]. Man kann sogar weitergehend fragen, ob die von Heracleon gebotene Variante der traditionell dreigliedrigen Präpositionen-Metaphysik ὑφ' οὗ, ἐξ οὗ, πρὸς ὅ (ὁ κόσμος συνέστηκεν)[69] nicht Origenes zu einer trinitarischen Exegese von Joh 1,3 provozieren mußte, wenn er auf der Basis der *regula fidei* auslegen wollte.

Wenn man sich klarmacht, daß die Pneumatologie des Origenes durchgehend antignostisch pointiert ist und er erstmals eine trinitarische Hypostasenlehre entwickelt, um die gnostische Emanationslehre zurückzuweisen (wie dies eine organisierende, sachlich vollkommen zutreffende Idee der Habilitation von Hauschild ist), dann wird man weder die Originalität noch die systematische Gestaltungskraft des Origenes so pessimistisch einschätzen wollen, wie

---

[62]   Or., Jo. II 10,73 (GCS Origenes IV, 64,33 PREUSCHEN).

[63]   Or., Jo. II 10,75 (GCS Origenes IV, 65,20 PREUSCHEN).

[64]   So richtig ZIEBRITZKI, Geist (wie Anm. 5), 217, der darauf hinweist, daß auch in princ. I 3,7 (GCS Origenes V, 60,14-17 KOETSCHAU = TzF 24, 178 GÖRGEMANNS / KARPP) 1Kor 12,4-6/7 zitiert ist. Die Behauptung bei Photius, daß allein der Sohn den Heiligen Geist hervorbringe, ist Polemik (bibl. cod. 8 [p. 3b,37-39 = I, 9 HENRY]).

[65]   W. THEILER, Die Vorbereitung des Neuplatonismus, Berlin/Zürich ²1964, 33; H. DÖRRIE, Präpositionen und Metaphysik. Wechselwirkung zweier Prinzipienreihen, in: DERS., Platonica minora, STA 8, München 1976, 124-136; vgl. beispielsweise Albinus / Alcinous, did. 12 (CUFr 27,8-19 WHITTAKER; Übersetzung bei A. WUCHERPFENNIG, Heracleon Philologus. Gnostische Johannesexegese im zweiten Jahrhundert, WUNT 142, Tübingen 2002, 143f.).

[66]   GRUBER, ZΩH (wie Anm. 15), 90-120.

[67]   Vgl. nur Philo, cher. 125 (I, 199,26-200,2 COHN) und weitere Stellen bei T.D. RUNIA, Philo of Alexandria and the Timaeus of Plato, PhAnt 44, Leiden 1986, 174, T.H. TOBIN, The Creation of Man: Philo and the History of Interpretation, CBQ.MS, 14, Washington 1983, 66-71 sowie WUCHERPFENNIG, Heracleon (wie Anm. 65), 143f.

[68]   Frgm. 1 bei Or., Jo. II 14,100 (GCS Origenes IV, 70,25-28 PREUSCHEN); vgl. jetzt den ausführlichen Kommentar in der Dissertation von WUCHERPFENNIG, Heracleon (wie Anm. 65), 110-112 (Text) und 117-179 (Kommentar). – Zu Heracleon und seinem Kommentar auch allgemein CH. MARKSCHIES, Valentinianische Gnosis in Alexandrien und Ägypten, in diesem Sammelband, (155-171) 160f.

[69]   Bei Heracleon: ἀφ' οὗ, ὑφ' οὗ, δι' οὗ; vgl. dazu WUCHERPFENNIG, Heracleon (wie Anm. 65), 145-151 und M. SIMONETTI, Eracleone e Origene, in: VetChr 3, 1966, 111-141 bzw. 4, 1967, 23-64.

das gelegentlich getan wird. Mir scheint außerdem, daß man diese sorgfältig abgewogenen Bemerkungen zum Status des Geistes, die weder die Einheit Gottes zerreißen wollen noch die individuelle Substanz des Geistes aufheben wollen, nicht angemessen beschrieben, wenn man Origenes faktischen Binitarismus vorwirft oder gar behauptet, der Heilige Geist spiele bei ihm mehr oder weniger die Rolle eines unbeholfenen Statisten. Man kann nicht leugnen, daß Origenes gelegentlich den Abstand des Geistes vom Sohn mehr, gelegentlich weniger betont. Ein Beispiel: Wir haben bereits gesehen, daß Origenes im zweiten Buch des Johanneskommentars betont, daß Sohn *und* Heiliger Geist den unbegreiflichen Vater im Unterschied zu allen Kreaturen erkennen können (s.o. S. 114f.), während im zweiunddreißigsten Buch gesagt wird, daß nur der Sohn „Abglanz der ganzen Herrlichkeit Gottes" sei und die „übrige rationale Schöpfung" nur teilweise als ihr Abglanz erscheine[70]. Ganz gewiß wird hier der Heilige Geist zur „übrigen rationalen Schöpfung" gerechnet und die identitätsbildende Differenz seiner Unwandelbarkeit und Ewigkeit nicht eigens hervorgehoben. Aber soll man wirklich annehmen, daß Origenes diese Dimension seiner Pneumatologie während der weit über zwanzig Jahre Arbeit am Kommentar vergessen hat oder sie ihm nicht mehr so wichtig war[71]? Oder ist es nicht wahrscheinlicher, daß Origenes in diesen Passagen eine Bibelstelle auslegte (nämlich Hebr 1,3), die eben nur den Sohn im Blick hat? An anderer Stelle wird vollkommen klar, daß die Gotteserkenntnis des Geistes natürlich ebenso wie seine Konstitution und seine Eigenschaften durch den Sohn vermittelt sind: Origenes spricht von einer durch Schülerschaft (des Geistes beim Sohn: μαθητευόμενον) erworbenen Kenntnis[72] – wobei man, wenn man die unangemessene Vorstellung eines zeitlich begrenzten Unterrichts abzublenden versucht, die Instruktion des Geistes durch den Sohn als eine subordinatianische Form der Vorstellung von einem innertrinitarischen Gespräch interpretieren kann. Natürlich spricht ein guter Schüler eines Lehrers auch nicht ἐκ τῶν ἰδίων, sondern gibt das Wort der Wahrheit und Weisheit wieder[73] – was nach einer besonders deutlichen subordinatianischen Herabstufung des Heiligen Geistes aussieht, ist in Wahrheit der Konsens von vornizänischer und neunizänischer Theologie: Der Heilige Geist ist Geist des Vaters und des Sohnes.

Ich plädiere dafür, die selbstverständliche Rede des Origenes von drei Hypostasen, die einander subordiniert sind, ernst zu nehmen und ihren Urheber nicht zu einem schwankenden Rohr im Wind zu erklären, das dann doch wieder in den Binitarismus zurückgefallen ist. Wir alle wissen, daß auch der, der

---

[70] Or., Jo. XXXII 28,353 (GCS Origenes IV, 474,8-12 PREUSCHEN), Kommentar zur Passage bei ZIEBRITZKI, Geist (wie Anm. 5), 245-247.

[71] Ich folge probeweise den Datierungen von R.E. HEINE, Origen. Commentary on the Gospel according to John Books 13-32, FCh 89, Washington 1989, 4-19.

[72] Or., Jo. II 18,127 (GCS Origenes IV, 75,21.26 PREUSCHEN).

[73] Or., Jo. XX 29,263 (GCS Origenes IV, 366,24-30 PREUSCHEN). Es bedeutet hier nichts, daß der Heilige Geist an diesem Punkt mit irgendeinem „Geist eines Engels" zusammengenommen ist (366,25), denn es gibt selbstverständlich auch andere Boten, die vermittelt handeln.

sich mit aller theoretischen Leidenschaft zum neunizänischen Dogma des vierten Jahrhunderts bekennt, im Sinne einer logischen Subordination in der eigenen religiösen Praxis, im Gebet beispielsweise, einzelne Personen der Trinität
besonders hervorhebt, ohne sich doch von seinem Bekenntnis zu distanzieren
oder in den Arianismus zurückzufallen. Ob man nicht auch die Tatsache, daß
Origenes deutlich mehr über Christus und deutlich weniger über den Geist zu
sagen weiß, so verstehen kann? Hauschild hat richtig beobachtet, daß Origenes
den Geist im Rahmen des trinitarischen Bekenntnisses der *regula fidei* verstehen
wollte – aber er hat nicht recht, wenn er ihm vorwirft, daß ihm das nicht wirklich überzeugend gelungen ist. Seine antimonarchianische und antiadoptiani-
sche Argumentation ist kein reines Lippenbekenntnis eines Binitariers. – Damit
können wir zu unserem zweiten Hauptteil kommen.

Der Heilige Geist, die Schöpfung und die Erlösung

Ist der Heilige Geist für das Heilswerk von Schöpfung und Erlösung wieder
nur ein Statist? Oder doch notwendig? Wir setzen für eine Antwort auf diese
Frage wieder bei der Stelle im zweiten Buch des Johanneskommentars an, die
wir schon so ausführlich besprochen haben.

Der Zusammenhang in II 10 schließt mit der Bemerkung, „daß der Heilige
Geist die – um es so zu sagen – Materie (τὴν ... ὕλην) der Gnadengaben von
Gott den Heiligen darreicht, die durch ihn (sc. den Heiligen Geist) auch die
Teilhabe (τὴν μετοχήν) an ihm (Gott) gewinnen[74]. Die Materie der Gnadengaben – nicht ihre äußerliche Form – wird vom Vater her gewirkt (ἐνεργεῖν) und
vom Sohn dargereicht bzw. vermittelt (διακονεῖν) und hat infolge des Heiligen
Geistes Bestand" (auch über die Vernichtung der äußeren Form)[75]. Damit benennt Origenes die operatio specialis des Geistes, an der doch die beiden anderen trinitarischen Substanzen nach der bereits beschriebenen hierarchisch
strukturierten, subordinatianischen Konstitutionsbeziehung ὑπὸ τοῦ πατρὸς
διὰ Χριστοῦ mitwirken. Es gibt ein gemeinsames Wirken aller trinitarischen
Substanzen (auch bei der Taufe), einen gemeinsamen Gegenstandsbereich (sozusagen die Schnittmenge) ihres Handels und doch unterschiedliche Spezifi-
zierungen für Sohn und Geist. Nur der Vater handelt an allen und verleiht der
ganzen geschöpflichen Welt Sein und Leben. Die „Hierarchie der trinitarischen
Personen verhält sich genau umgekehrt zur Qualität ihrer Wirkungsbereiche:
das Wirken des Geistes erstreckt sich auf die Heiligen, die ja zwar gegenüber

---

[74] Or., Jo. II 10,77 (GCS Origenes IV, 65,26-28 PREUSCHEN); eine knappe Zusammenstellung der
     einschlägigen Stellen auch bei D.L. BALAS, The Idea of Participation in the Structure of Ori-
     gen's Thought. Christian Transposition of a Theme of the Platonic Tradition, in: H. CROUZEL /
     G. LOMIENTO / J. RIUS-CAMPS (Hgg.), Origeniana, QVetChr 12, Bari 1975, (257-275) 266f.

[75] Or., Jo. II 10,77 (GCS Origenes IV, 65,29-31 PREUSCHEN). – Bei DRECOLL (Hypostasis [wie Anm.
     23], 484) findet sich die interessante Anregung, daß διακονεῖν wegen der ohnehin auf den
     Sohn bezogenen Präposition διά gewählt ist.

der Gesamtheit des Seienden und der rationalen Kreaturen eine quantitative Minderheit darstellen, aber eben eine ethisch und religiös besonders qualifizierte Minderheit von Auserwählten"[76]. Dem Heiligen Geist kommt substantiell (οὐσιωδῶς) Heiligkeit zu, den durch seine Einwirkung geheiligten Vernunftwesen nur aufgrund der μετοχή bzw. μετουσία[77]. Ist es nun wirklich so, daß diese feinziselierte Architektur als einzigen Grund den hat, daß Origenes die apostolische Tradition ernst nehmen wollte?[78]

Um auf diese Frage eine umfassende Antwort zu geben, müßte man die Funktionen des Heiligen Geistes möglichst vollständig beschreiben, die Eric Junod einmal unter den beiden Stichworten der Erkenntnisvermittlung und der Charismengabe zusammengefaßt hat, Manlio Simonetti unter den Begriffen Inspiration und Heiligung[79]. Wir konzentrieren uns aus naheliegenden Gründen zunächst auf die Taufe, mit der der Geist schon in der vororigenianischen christlichen Theologie verbunden ist. Dabei muß man sich klarmachen – das hat Hauschild schön gezeigt –, daß in den erhaltenen einschlägigen Partien des Johanneskommentars vor allem die Unterscheidung von Wassertaufe[80] und Geistgabe eingeschärft wird: Erst im Vollzug der (ethisch wie intellektuell verstandenen) Bekehrung hat, wie wir schon sahen (s.o. S. 109), das menschliche πνεῦμα Anteil am Heiligen Geist[81]. „Denen, die vor den Menschen schon rein geworden sind und gebadet wurden mit Jesu Taufe und von ihm die Füße gewaschen bekamen, kann auch der Heilige Geist einwohnen"[82]. Der Heilige Geist wirkt im Unterschied zum Logos nicht bei allen Menschen, sondern nur bei den Heiligen. Das bedeutet umgekehrt: „Er (sc. der Heilige Geist) erscheint

---

[76] So gut ZIEBRITZKI, Geist (wie Anm. 5), 211-213 (Zitat 213) zu princ. I 3,7 (GCS Origenes V, 59.4-6 KOETSCHAU = TzF 24, 176 GÖRGEMANNS / KARPP). Vgl. dazu auch M. SIMONETTI, Sull' interpretazione di un passo del De Principiis di Origene (I,3,5-8), RCCM 6, 1964, 15-32.

[77] Princ. I 3,8 (GCS Origenes V, 61,3-5 KOETSCHAU = TzF 24, 180 GÖRGEMANNS / KARPP); RIUS-CAMPS, dinamismo (wie Anm. 7), 25 Anm. 18.

[78] So nicht nur HAUSCHILD, Geist (wie Anm. 1), 138, sondern auch ZIEBRITZKI, Geist (wie Anm. 5), 223. HAUSCHILD (ebd. 148) sagt, daß die „Verwendung der trinitarischen Formeln ... offenbar entscheidend durch die Tauftradition beeinflußt" sei: Jo. VI 33,166 (GCS Origenes IV, 142,30 PREUSCHEN) und XIII 23,140 (247,20). Das scheint mir bei einem so stark im Verkündigungsdienst seiner Kirche engagierten Theologen auch kein Wunder.

[79] E. JUNOD, Art. Origenismus, in: EKL III, Göttingen 1992, 934-938; SIMONETTI, teologia trinitaria (wie Anm. 53), 133.

[80] C. BLANC, Le Baptême d'après Origène, in: F.L. CROSS, StPatr 11 (= TU 108), Berlin 1972, 113-124; zuletzt F. LEDEGANG, Mysterium Ecclesiae. Images of the Church and its Members in Origen, BEThL 156, Leuven 2001, 684-686.

[81] Or., Jo. XXXII 18,224-228 (GCS Origenes IV, 456,4-22 PREUSCHEN). Nur unter dieser Bedingung kann man sagen, daß der Heilige Geist ein „élément divin présent à l'âme" ist (H. CROUZEL, Théologie de l'image de Dieu chez Origène, Théologie 34, Paris 1956, 131; vgl. DERS., L'anthropologie d'Origène [wie Anm. 15], 366).

[82] Or., Jo. XXXII 7,75 (GCS Origenes IV, 436,20-23 PREUSCHEN). HAUSCHILD (Geist [wie Anm. 1], 99) bemerkt nach einem Hinweis auf die consecutio temporum im Satz und den kausalen Sinn des ὡς: „Voraussetzung ist also die Reinheit nach menschlichen Maßstäben. Aufgrund deren erhält man schließlich den Geist"; vgl. auch Or., Jo. XIII 24,141 (247,22-28) und XXXII 7,75 (436,20-23).

nach dem (sc. Bad im) Wasser nicht in allen"[83]. Wer sich nicht vom Irdischen abwendet, den verläßt der Heilige Geist und der wird dann wieder ein χοϊκός[84]. Allerdings darf man hier in die dynamische Anthropologie des Origenes natürlich keine Karikatur einer gnostischen Menschenklassenlehre einlesen[85]: Das „Bad des Wassers, dies Symbol der Reinigung der Seele", ist „schon in sich (καθ' αὐτό) Ursprung und Quelle der Gnadengaben für den, der sich selbst der göttlichen Macht übergibt, welche die Anrufung der angebeteten Trinität hat"[86]. Die dreigliedrige Taufformel repräsentiert also eine δύναμις, die für den, der mit seiner Willensentscheidung (προαίρεσις) den christlichen Lebensweg gehen will[87], Gnadengaben nach bekannter Ordnung ,vom Vater durch den Sohn im Geist' vermittelt. An anderer Stelle heißt es noch präziser und auf den Heiligen Geist bezogen: „Sobald der Geist Gottes sieht, daß unser Geist sich im Kampf gegen das Fleisch abmüht und ihm selbst anhängt, streckt er die Hand aus und kommt der Schwachheit unseres Fleisches zu Hilfe"[88], lautet eine für seine Konzeption eines „Ineinander von Gnade und Freiheit auf dem Boden der Freiheit"[89] charakteristische Formulierung des Origenes aus dem Römerkommentar. Hier ist die platonische Formel von der ὁμοίωσις θεῷ κατὰ τὸ δυνατόν in die paulinische Gnadenlehre eingetragen[90]. Entsprechend kann Origenes diese Zusammenhänge auch so formulieren, daß sich sein Leser sofort an das platonische Sonnengleichnis (Plato, resp. 508 B – 509 D) und die beliebte antike Rede vom „sonnenhaften Auge" (Plot., enn. I 6 9,30) erinnert fühlt[91]: Er spricht dann beispielsweise vom νοῦς φωτιστικός, also einem besonders erleuchteten (also lichthaften und lichtfähigen) Verstand, den Gott einer „besonderen Erleuchtung" für würdig hält (τὸν νοῦν ὧν κρίνει ἀξίους εἶναι τοῦ

---

[83] Or., Jo. VI 33,169 (GCS Origenes IV, 143,15-17 PREUSCHEN): οὐ πᾶσιν μετὰ τὸ ὕδωρ ἐγγινομένου, daher nimmt HAUSCHILD an, es habe wohl auch eine Handauflegung nach der Wassertaufe gegeben (DERS., Geist [wie Anm. 1], 102 gegen G. KRETSCHMAR, Die Geschichte des Taufgottesdienstes in der alten Kirche, in: Der Taufgottesdienst, Leiturgia V, Kassel 1970, [1-348] 133-135).

[84] Or., Jo. XIII 24,141-144 (GCS Origenes IV, 247,22-248,8 PREUSCHEN). Der von Hauschild behauptete Gegensatz zwischen „falscher Naturanlage" und „unzureichender ethischer Disposition" trifft das frgm. 15 in 1Kor 2,12-15 m.E. nicht: Wenn Origenes sagt, daß manche Christen, „nicht wegen der Natur, wie die Heterodoxen (sc. die Gnostiker) glauben, sondern deswegen, weil sie sich selbst nicht vorbereitet haben", „die Dinge des Geistes" (1Kor 2,14) nicht aufnehmen können, dann bezieht sich die Vorbereitung natürlich nicht nur auf die Ethik.

[85] So schon H. RAHNER, Das Menschenbild des Origenes, in: ErJb 15, 1947, 197-248.

[86] Or., Jo. VI 33,166 (GCS Origenes IV, 142,29-143,1 PREUSCHEN).

[87] Or., Jo. VI 33,165 (GCS Origenes IV, 142,21 PREUSCHEN).

[88] Or., Rom. VII 6 in Rom 8,26f. (FC 2/4, 78,15-17 HEITHER = AGLB 34, 580,56-59 HAMMOND BAMMEL); diese Stelle kann also nicht (so aber HAUSCHILD, Geist [wie Anm. 1], 92) dafür in Anschlag gebracht werden, daß der Heilige Geist allen Menschen gegeben ist.

[89] So die schöne Formulierung von HARNACK, Lehrbuch der Dogmengeschichte I, 692, die HAUSCHILD, Geist (wie Anm. 1), 99, zustimmend zitiert.

[90] H. MERKI, Ὁμοίωσις θεῷ. Von der platonischen Angleichung an Gott zur Gottähnlichkeit bei Gregor von Nyssa, Parad. 7, Fribourg/Schweiz 1952, 61-63.

[91] A. DIHLE, Vom sonnenhaften Auge, in: H.-D. BLUME / F. MANN (Hgg.), Platonismus und Christentum. FS für Heinrich Dörrie, JbAC.Ergbd. 10, Münster 1983, 85-91.

οἰκείου φωτισμοῦ)[92]. Um zu erkennen, daß hier wieder nach der bewährten Konstitutionsreihe ὑπὸ τοῦ πατρὸς διὰ Χριστοῦ auch über den Geist geredet wird, muß man sich den philosophischen und naturwissenschaftlichen Hintergrund solcher Bilder vergegenwärtigen[93]: So wie die antike Optik voraussetzte, daß das Auge nicht rein rezeptiv, sondern aktiv mit einem „Sehstrahl" den Gegenstand bzw. die Lichtquelle erreiche und Poseidonius (in stoischer Tradition) annahm, daß ein vom Sehorgan ausgesendeter πνεῦμα-Strahl im Sehakt auf wesensgleiches πνεῦμα treffe, so daß der einzelne Sehakt als eine Wiedervereinigung von πνεῦμα interpretiert werden müsse[94], so setzt Origenes voraus, daß der Vorgang „besonderer Erleuchtung" vermittelt durch den Geist geschieht. Mir scheint allein schon von diesen Passagen her fraglich, ob man wirklich wie Hauschild sagen kann, daß der Vorgang der Geistgabe – ἐμφύσημα – wirklich ausschließlich oder primär das Vorhandensein einer *ethischen* Disposition voraussetzt[95]: Die gewählte Terminologie ist seit hellenistischen Zeiten unmittelbar mit der Erkenntnis verbunden und insofern auch mit dem rechten Verhalten. Hier darf nicht auseinanderdividiert werden, was zusammengehört: Rechtes Verhalten und rechte Erkenntnis bedingen doch auch für Origenes einander (so auch Hauschild)[96]. Ob also nicht eher die „spiritualisierende" Konzeption, die Origenes von einem Sakrament hat, die Voraussetzung für seine Differenzierung von Wassertaufe und Geistgabe ist und weniger ethische Bedenken gegen die Konjunkturfrömmigkeit von Christen in den Friedenszeiten des dritten Jahrhunderts[97]?

---

[92]   Or., Jo. XIII 23,136f. (GCS Origenes IV, 246,22-24 PREUSCHEN).

[93]   Anders HAUSCHILD, Geist (wie Anm. 1), 129: „Der Gedanke der Erleuchtung ist nicht das für Origenes' Pneumatologie charakteristische Element. Dies Werk stellt kein Proprium des Geistes dar und wird in stärkerem Maße als das Werk Gottes und Christi beschrieben, wobei der Geist nur gelegentlich als Mittlerinstanz auftritt. Christus ist als das ‚Licht' nicht nur der Offenbarer für alle Menschen, sondern vermittelt die Offenbarung auch jedem einzelnen Christen durch Erleuchtung von innen her" (mit weiteren Belegen aus dem Johanneskommentar, die wir hier nicht einzeln behandeln können).

[94]   Poseidonius, frgm. 85 (EDELSTEIN / KIDD 92) mit Kommentar von DIHLE, Auge (wie Anm. 91), 85f.

[95]   HAUSCHILD, Geist (wie Anm. 1), 93. HAUSCHILD (ebd. 103) beruft sich beispielsweise auf Or., Jo. frgm. 37 zu Joh 3,8 und übersetzt: „Der Heilige Geist kommt nur zu den Rechtschaffenen, von den Schlechten bleibt er weit entfernt" (GCS Origenes IV, 513,5f.). Aber der Kontext zeigt, daß das gewählte Begriffspaar σπουδαίοις und φαύλων eher im Sinne von „fleißig" und „nachlässig" gemeint ist: Wer fleißig sein christliches Leben nach der Taufe pflegt (und dazu gehört für Origenes natürlich auch das Lesen bzw. Memorieren biblischer Texte), zu dem kommt und in dem bleibt der Heilige Geist.

[96]   Die Hinwendung zur Welt Gottes „drückt sich nicht nur ethisch aus, in Askese, sondern auch intellektuell, in Gnosis" (HAUSCHILD, Geist [wie Anm. 1], 127).

[97]   So aber HAUSCHILD, Geist (wie Anm. 1), 104: „Anders als Clemens trägt Origenes seine pneumatologische Konzeption nicht als Interpretation der gemeinkirchlichen Auffassung, wonach der Gottesgeist dem Menschen durch die Taufe vermittelt wird, vor, sondern als Korrektur an dieser Auffassung. Wenn er die Geistverleihung wie die Taufwirkung an ethische Leistungen des Bekehrten bindet, dann deswegen, weil Theologie für ihn vom Ansatz her mit der Ethik verbunden ist".

Wenn der Geist nur für die Heiligen wirkt (während jeder Mensch mit seinem Logos bzw. Nous an dem Logos Christus teilhat), liegt keine verkappte „binitarische Struktur" vor, sondern eine sorgfältige Differenzierung der gemeinsamen wie unterschiedlichen Wirkweisen der drei göttlichen Hypostasen, die die Besonderheit des Geistes mit einer (wie Hauschild richtig bemerkt) antignostischen Pointe (oder vorsichtiger: einer gegen das häresiologische Klischee des φύσει σωζόμενος gerichteten Pointe) präzise zum Ausdruck bringen will[98]. Man muß sich nur einmal im Rahmen eines Gedankenexperimentes überlegen, was es für die Taufgnade bedeutet hätte, wenn der Geist nach der Taufe nichts brächte, was nicht schon auch ohne und vor der Taufe zu erhalten gewesen wäre. Natürlich trennt Origenes den Akt der Wassertaufe von der Geistgabe, aber man muß gleichzeitig festhalten, daß ohne den Nachweis einer actio specialis des Heiligen Geistes im Zusammenhang der Taufe eben die Taufe als Sakrament funktionslos geworden wäre. Entsprechend sind Formeln, die die Zusammengehörigkeit von Taufe und Geist betonen, nicht reines Traditionsgut, das ein Akademiker mitschleppt, obwohl er es eigentlich nicht glaubt: *Fides una' est et ,unum baptisma' et ,unus spiritus', quo omnes potantur in baptismo, et ,unus Deus pater omnium'* (vgl. Eph 4,5f.)[99]. Anders formuliert: „Für Origenes gehört also die Beziehung des Menschen zum Gottesgeist nicht in den Rahmen der Schöpfung, sondern der Erlösung", sie erfüllt eine unabdingbare und damit schlechterdings wesentliche Rolle für die Erlösung[100]. Von einer Statistenrolle sollte man hier also nicht sprechen.

Wozu hilft aber nun abgesehen von der Taufsituation das πνεῦμα[101]? Es hilft der Seele und dem Menschen, es ist gewissermaßen aufgrund seiner Konstitution ein Organ für das Gute, weil es wie die ganze Trinität durch substantielle Güte ausgezeichnet ist. Es erfüllt den, der seine Sünden bekennt, und brennt wie ein göttliches Feuer alles irdische Material weg[102]. Wer prophezeit, tut dies aus dem Heiligen Geist (falls er nicht, wie Kaiphas, aus einem bösen Geist redet)[103]. Umgekehrt lästert „mit Taten und sündigen Worten gegen den anwesenden Heiligen Geist derjenige (Christ), welcher sündigt, obwohl dieser

---

[98]   Anders HAUSCHILD, Geist (wie Anm. 1), 92: „Seine (sc. des Origenes) Schöpfungslehre weist aber eine binitarische, keine trinitarische Struktur auf und deshalb fehlt der Bezug Pneuma – Heiliger Geist nicht zufällig". A. HERON hat gezeigt, wie die Ansichten des Origenes über die actiones der drei trinitarischen Substanzen von Didymus dem Blinden ohne den subordinatianischen Hintergrund formuliert werden, aber dadurch auch das individuelle Profil verlieren: DERS., The Holy Spirit in Origen and Didymus the Blind: A Shift in Perspective From the Third to the Fourth Century, in: A.M. RITTER (Hg.), Kerygma und Logos. Beiträge zu den geistesgeschichtlichen Beziehungen zwischen Antike und Christentum. FS für Carl Andresen zum 70. Geburtstag, Göttingen 1979, 298-310.

[99]   Or., hom. in Jos. IV 2 (GCS Origenes VII, 310,26 BAEHRENS).

[100]   So HAUSCHILD, Geist (wie Anm. 1), 93. Vgl. auch ebd. 108 seine Bemerkung, daß „Pneumatologie in den Bereich der Vollkommenheitslehre gehört".

[101]   Dazu vgl. die hilfreiche Aufstellung bei M.M. GARJO, Vocabulario origeniano sobre Espíritu Divino, in: ScrVict 11, 1964, (320-358) 323-325.

[102]   Or., Jo. VI 32,162 (GCS Origenes IV, 141,28-31 PREUSCHEN).

[103]   Or., Jo. XXVIII 15,121-18,161 (GCS Origenes IV, 408,4-413,17 PREUSCHEN).

in seiner Seele anwesend ist"[104]. Hauschild stellt gegen diese Liste, die erheblich erweitert werden könnte, eine lange Aufstellung der Funktionen, die der *Logos* für den Getauften hat: „Die Konkurrenz der Werke beider läßt sich nur zum Teil als überlegte Differenzierung verständlich machen"[105]. Natürlich wäre es vermessen zu behaupten, daß Origenes bei jedem Satz, den er in über zwanzig Jahren Arbeit aufschrieb oder diktierte, stets und immer die Reihenfolge „von Gott durch Christus im Geist" im Hinterkopf hatte und daraufhin kritisch alle Texte prüfte. Natürlich ist das Gegenteil der Fall. Aber mir scheint freilich, daß man an sehr vielen Stellen – wie der Autor Origenes – doch die Konstitutionsrichtung des Gnadenwirkens von Gott her durch den Logos im Heiligen Geist im Hinterkopf haben sollte, selbst wenn Origenes nicht an jeder Stelle die ganze Reihe aufzählt oder expliziert, ja an den meisten Stellen das διὰ Χριστοῦ entfaltet und das ἐν πνεύματι dafür zurücktritt. Zwar ist häufig davon die Rede, daß Christus oder der Logos Charismen geben, aber ebenso häufig meines Erachtens mitgedacht, daß der Geist sie vermittelt. Wenn gesagt wird, daß der Geist innerlich heiligt und Christus dies durch sein Wort äußerlich tut[106], dann ist damit natürlich keine Konkurrenz um die Heiligung zwischen Sohn und Geist eröffnet und man hat es auch nicht mit der Konfusion des Autors zu tun, der grundlegende Einsichten seiner Pneumatologie vergessen hat – Christus handelt an den noch nicht getauften Christen, der Geist an den Getauften und somit auf eine besondere und herausgehobene Weise, obwohl er dem Rang nach der Niedrigere ist (wir hatten auf diese Paradoxie schon S. 120f. hingewiesen). Solche impliziten Rahmungen vieler christologischer Sätze durch pneumatologische Einsichten könnten an vielen Stellen des Johanneskommentars gezeigt werden, zumal man sich hier immer wieder klarmachen muß, daß der spezifische Skopus – christologisch oder pneumatologisch oder beides – natürlich auch durch den biblischen Text vorgegeben war und Origenes gar nicht so frei war, wie seine neuzeitlichen Interpreten ihn sich vorstellen[107]. Wir schließen die Belegstellensammlung und die Untersuchung allerdings hier ab, weil sie natürlich nicht auf den Johanneskommentar beschränkt bleiben dürfte, wenn nur irgendwie Vollständigkeit intendiert wäre. Aber das Material reicht aus, um einen kurzen Schluß zu ziehen.

---

[104] Or., Jo. XXVIII 15,125 (GCS Origenes IV, 408,22-25 PREUSCHEN).

[105] HAUSCHILD, Geist (wie Anm. 1), 138.

[106] Or., Jo. X 24,141 (GCS Origenes IV, 196,26 PREUSCHEN) mit hom. in Lev. II 2 (GCS Origenes VII, 292,5 BAEHRENS).

[107] Dies erklärt, warum in Jo. XIII 37,237-243 (GCS Origenes IV, 262,9f. 19-35) nur vom Vater und vom Sohn die Rede ist (anders HAUSCHILD, Geist [wie Anm. 1], 136: „binitarische Konzentration").

Schluß

Origenes ist auch im Blick auf die Pneumatologie der erste christliche Theologe, der sich um ein kohärentes System bemüht, das die biblischen Zeugnisse in Übereinstimmung mit der *regula fidei* interpretiert und vor dem Hintergrund zeitgenössischer Wissenschaft entfaltet (so auch Hauschild[108]). Natürlich bleibt er auch in der Pneumatologie, soweit er sie in seinem Langzeitvorhaben der Kommentierung des vierten Evangeliums entfaltet, der tastende, experimentierende und nie ganz konsequente (und daher auch nicht konsistente) Denker. Ob man mehr die beeindruckende positive Seite oder mehr die erkennbaren Defizite – von denen wir weniger gesprochen haben – betont, ist vermutlich eher eine Geschmacks- und Temperamentsfrage.

Keine Geschmacksfrage, sondern ein Fehlurteil scheinen mir die beiden Grundaussagen der klassischen, auf Harnack zurückgehenden deutschen Dogmengeschichtsforschung zu sein, die wir in dieser Untersuchung behandelt haben: In dieser Tradition gilt Origenes als Binitarist, im günstigsten Falle als Binitarist wider Willen. Während die Dogmengeschichtsschreibung dieser Tradition dem antiken Theologen bescheinigt, daß ein „drittes Prinzip der göttlichen Selbstentfaltung" ebenso unnötig wie überflüssig sei[109], haben unsere Recherchen im Johanneskommentar ergeben, daß Origenes den Heiligen Geist für eine klar profilierte göttliche Hypostase hielt, die für den oberen Teil des menschlichen Rückweges hin zu Gott von schlechthinniger Notwendigkeit ist. Ich muß bei diesem Weg, den Henry Chadwick einmal mit dem wunderbaren Bild einer Treppe beschrieben hat, immer an die große, mehrfach gewundene Doppelstiege im ehemaligen Haupteingang der Vatikanischen Museen denken[110]. Die Pneumatologie hängt bei Origenes nicht als „eine Treppenstufe in der Luft"[111], sondern ist die krönende letzte Stufenfolge am Ende einer langen Stiege, die einem den endgültigen Zugang zu den verheißenen Schätzen bringt. Mit diesen Bemerkungen kann ich dann auch schließen, denn nun bin ich nach einer langen Auseinandersetzung mit deutschen Gelehrten dort angekommen, wo ich spreche: in Rom.

---

[108] „Origenes gibt ihm (sc. Geist) im Ganzen seiner Theologie nicht nur einen beachtlichen Stellenwert, sondern fragt ausdrücklich nach seiner metaphysischen Stellung, unterscheidet sich darin von Clemens und treibt in mancher Hinsicht die Reflexion auch weiter als Irenäus, Tertullian und Hippolyt" (HAUSCHILD, Geist [wie Anm. 1], 135).

[109] HAUSCHILD, Geist (wie Anm. 1), 136.

[110] „The redeemed do not move to their destiny in God by a natural and inevitable process. The steps to heaven are a staircase to be climbed, not an escalator; and predestination is always interpreted by Origen (as most of the Greek Fathers) in terms of foreseen merits" (H. CHADWICK, Early Christian Thought and the Classical Tradition. Studies in Justin, Clement, and Origen, Oxford 1990 [= ebd. 1966], 119).

[111] ZIEBRITZKI, Geist (wie Anm. 5), 224 (ohne expliziten Bezug auf Chadwicks Bild).

Epikureismus bei Origenes und in der origenistischen Tradition

Zugegeben: Der Einsatz bei einem christlichen Theologen, der in der ersten Hälfte des dritten Jahrhunderts in Alexandria und Caesarea/Palaestina lehrte, scheint etwas arbiträr. Aber wenn man versucht, sich einen Gesamtüberblick über das Thema „Epikur und die Christen" zu verschaffen[1], so wird schnell klar, daß Origenes, den man bekanntlich als den ersten nach antiken Maßstäben wissenschaftlichen Theologen bezeichnen könnte, und die sich auf ihn berufenden oder sonstwie an ihn anknüpfenden Theologen in einem solchen Gesamtüberblick eine wichtige Rolle spielen und wir also gewissermaßen im Zentrum ansetzen, wenn wir bei Origenes und seiner Schule ansetzen. Außerdem existiert kaum Sekundärliteratur zu unserem speziellen Thema[2], so daß ein weites und interessantes Feld für die Bearbeitung offen steht. Wie es der Titel schon andeutet, sind unsere Ausführungen in zwei Hauptabschnitte gegliedert; der erste beschäftigt sich mit Origenes, der zweite mit christlichen Theologen des dritten und vierten Jahrhunderts, die in seiner Tradition stehen oder sich mit ihm auseinandersetzen. Gezeigt werden soll einerseits, wie in ein und derselben theologischen Tradition doch ganz verschieden mit der epikureischen Philosophie umgegangen wird, und andererseits, welche Gründe für die sehr unterschiedlichen Formen von Anknüpfung und bzw. oder Widerspruch verantwortlich sind.

---

[1] W. ERLER, Art. Epikuros, in: DNP III, 1997, 1130-1140, bes. 1138 (Nachwirkung); W. SCHMID, Art. Epikur, in: RAC V, 1962, 681-819 (jetzt auch in: W. SCHMID, Ausgewählte philologische Schriften, hg. v. H. ERBSE u. J. KÜPPERS, Berlin/New York 1984, 151-266), bes. 774-814. – Wenig ergiebig ist der neuere Lexikonartikel von L.P. SCHRENK, Art. Epicureism, in: Encyclopedia of Early Christianity, New York/London 1990, 306f.

[2] Vgl. aber H. CROUZEL, Origène et la philosophie, Theol(P) 52, Paris 1962; G. DORIVAL, L'apport d'Origène pour la connaissance de la philosophie grecque, in: R. DALY (Hg.), Origeniana Quinta, BEThL 105, Leuven 1992, 189-216; E. DE FAYE, De l'influence du sceptisme grec sur la pensée chrétienne au IIe et IIIe siècles, in: Actes du Congrès International d'histoire des religions, tenu à Paris en octobre 1923 (Société Ernest Renan), tom. II, Paris 1925, 282-289 sowie R.P. JUNGKUNTZ, Christian Approval of Epicureanism, ChH 31, 1962, 279-293 und DERS., Fathers, Heretics, and Epicureans, JEH 17, 1966, 3-10. – Bei J. FERGUSON† / J.P. HERSHBELL, Epicureanism under the Roman Empire, ANRW II 36.4, Berlin/New York 1990, 2257-2327 finden sich knappe Abschnitte zu christlichen Autoren, 2304f. zu Origenes.

Epikureismus bei Origenes

Origenes, der wahrscheinlich in den achtziger Jahren des zweiten Jahrhunderts in Alexandrien geboren wurde[3], steht in mancherlei Hinsicht in der Tradition eines anderen christlichen Theologen aus Alexandria, der etwa eine Generation älter als er ist – in der Tradition des *Clemens Alexandrinus* (und damit ja wiederum in der Tradition Philos[4]).

Da die Stellung des Clemens zur epikureischen Philosophie gut von Wolfgang Schmid in seinem großen Epikur-Artikel im „Reallexikon für Antike und Christentum" zusammengefaßt ist[5], brauchen wir für unseren Zusammenhang nur einige Stichworte in Erinnerung zu rufen: Auch wenn Clemens gleich zu Beginn seines Hauptwerkes Στρωματεῖς, Teppiche, Epikur „Bahnbrecher der Gottlosigkeit" nennt[6] und die Philosophie Epikurs als einzige, die unbedingt abzulehnen ist, allen anderen philosophischen Richtungen gegenüberstellt[7], konzediert er doch, daß in ihr gute Gedanken enthalten sind, die „Gerechtigkeit, verbunden mit frommem Wissen" lehren[8]. Zu solchen „guten Gedanken" zählte er Epikurs Definition der Vorstellung (πρόληψις) als „den auf etwas Augenscheinliches und auf das augenscheinlich richtige Bild von einer Sache aufgebauten Begriff"[9]. Schon ein Blick in den Testimonienapparat seines Hauptwerkes zeigt außerdem, daß er offenbar trotz aller Polemik Epikurtexte

---

3   Für die biographischen Fragen vgl. jetzt die vorzügliche Einleitung bei R. WILLIAMS, Art. Origenes/Origenismus, in: TRE XXV, 1995, (397-420) 397-403.

4   Vgl. dafür den Beitrag von CH. LÉVY, Philon d'Alexandrie et l'epicurisme, in: W. ERLER / R. BEES (Hgg.), Epikureismus in der späten Republik und der Kaiserzeit. Akten der 2. Tagung der Karl-und-Gertrud-Abel-Stiftung vom 30. September – 3. Oktober 1998 in Würzburg, Philosophie der Antike 11, Stuttgart 2000, 122-136.

5   SCHMID, Epikur (wie Anm. 1), 803-811 und neuerdings A. DESSI, Elementi epicurei in Clemente Alessandrino. Alcune considerazioni, At. 60, 1982, 402-435; speziell zu den Abhängigkeiten zwischen Clemens und Philodem vgl. H. DIELS, Doxographi Graeci, coll., recensuit prolegomenis indicibusque instruxit H.D., Berlin ⁴1965 (= ebd. 1879), 121-130; J. DIETZE, Über die mythologischen Quellen für Philodemos' Schrift Περὶ Εὐσεβείας, JCPh 42, 1896, (218-226) 223-226; R. PHILIPPSON, Zu Philodems Schrift über die Frömmigkeit, Hermes 55, 1920, (225-278) 215-236 und SCHMID, Epikur (wie Anm. 1), 808f.

6   Clem. Al., str. I 1,2 ἀθεότητος κατάρχων (GCS Clemens Alexandrinus II, 3,10 STÄHLIN / FRÜCHTEL / TREU).

7   So SCHMID, Epikur (wie Anm. 1), 803 (ohne Beleg); gedacht ist vermutlich an Clem. Al., protr. 66,5 (SVigChr 34, 101,24f. MARCOVICH): Ἐπικούρου μὲν γὰρ μόνου καὶ ἑκὼν ἐκλήσομαι, ὃς οὐδὲ(ν) μέλειν οἴεται τῷ θεῷ, διὰ πάντων ἀσεβῶν und str. I 50,6 (33,8-10), wo Kol 2,8 lediglich auf die epikureische Philosophie bezogen wird.

8   Clem. Al., str. I 37,6 (24,30-25,2): φιλοσοφίαν δὲ οὐ τὴν Στωϊκὴν λέγω οὐδὲ τὴν Πλατωνικὴν ἢ τὴν Ἐπικούρειόν τε καὶ Ἀριστοτελικήν, ἀλλ' ὅσα εἴρηται παρ' ἑκάστῃ τῶν αἱρέσεων τούτων καλῶς δικαιοσύνην μετὰ εὐσεβοῦς ἐπιστήμης ἐκδιδάσκοντα, τοῦτο σύμπαν τὸ ἐκλεκτικὸν φιλοσοφίαν φημί.

9   Clem. Al., str. II 16,3 (121,10-12): πρόληψιν δὲ ἀποδίδωσιν ἐπιβολὴν ἐπί τι ἐναργὲς καὶ ἐπὶ τὴν ἐναργῆ τοῦ πράγματος ἐπίνοιαν· (frgm. 255 S. 187,31-33 USENER = 155 ARRIGHETTI: vgl. M. POHLENZ, Klemens von Alexandreia und sein hellenisches Christentum, NAWG 1943, [103-180] 152).

kennt[10] und einige Male sogar wörtlich zitiert (bzw. zu zitieren glaubt)[11]; auch einige biographische Informationen finden sich[12]. Den Anfang des Epikurbriefes an Menoeceus, der Junge wie Alte zum Philosophieren anhält, leitet Clemens mit der Bemerkung ein: „Richtig ist daher auch, was Epikur an Menoeceus schreibt"[13]. Und gelegentlich werden zentrale theologische Gedanken oder Argumentationszusammenhänge mit nicht eigens nachgewiesenen Zitaten aus der epikureischen Tradition illustriert[14].

Ganz anders stellt sich nun der Befund bei *Origenes* selbst dar, wie bereits die *Statistik* klarmacht: Wir finden zwar in seinem reichen Œuvre über sechzig Belege des Namens ‚Epikur', was die etwas über zwanzig Einträge bei Clemens bei weitem in den Schatten stellt. Aber angesichts der weit über hundertsechzig Erwähnungen Platons und der etwa fünfundzwanzig seines Schülers Aristoteles[15] wird man trotzdem nicht unbesehen von einem besonderen Schwerpunkt seiner Rezeption griechischer Philosophie sprechen können[16]. Noch deutlicher wird dieser Eindruck, wenn man sich klarmacht, daß nahezu alle Belege aus seiner Schrift gegen den Philosophen Celsus stammen bzw. aus Exzerpten aus dem vierten Buch dieser Schrift in der Philokalie. Im sonstigen Werk mit seinen knapp siebzig erhaltenen oder in Fragmenten bewahrten Texten (von einstmals etwa mindestens siebenhundert[17]) wird Epikur nur noch ein einziges Mal erwähnt: In einer Predigt über einen alttestamentlichen Text wird sein Name mit der bei Christen fast obligatorischen Polemik verbunden, Epikur habe das höchste Vergnügen für das höchste Gut gehalten[18]. Der scheinba-

---

10 Vgl. str. I 67,1 (42,8f.) und Epikur, frgm. 226 USENER = 129 ARRIGHETTI (S. 449); str. V 117,1 (405,5) und frgm. 228 USENER (nicht bei ARRIGHETTI).

11 Clem. Al., str. VI 24,10 (441,22) δικαιοσύνης καρπὸς μέγιστος ἀταραξία = frgm. 519 (S. 317,19 USENER), vgl. 182 ARRIGHETTI (S. 507) oder str. VI 24,8 (441,18): πλουσιώτατον αὐτάρκεια πάντων = frgm. 476 (S. 303,12 USENER), vgl. 193 ARRIGHETTI.

12 Vgl. die ausführlichen Nachweise im Eigennamenregister von O. STÄHLIN / U. TREU, GCS Clemens Alexandrinus IV/1, Berlin ²1980, 107f.

13 Clem. Al., str. IV 69,2 (279,17f.): καλῶς οὖν καὶ Ἐπίκουρος Μενοικεῖ γράφων: ... (folgt ep. 59,1-10 USENER = 122 ARRIGHETTI [S. 107,1-8]); vgl. auch str. V 138,2 (419,21f.): Μητροδώρου τε, καίτοι Ἐπικουρείου γενομένου, ἐνθέως ταῦτά γε εἰρηκότος: (folgt Metrodoros, frgm. 37 KOERTE [S. 557]).

14 Clem.Al., str. VI 104,3 (484,24) (θεός) οὔτε πράγματ' ἔχων οὔτε ἄλλῳ παρέχων (vgl. Epikur, sent. I S. 71,3-5 USENER = 139 ARRIGHETTI (S. 121,1f.).

15 Die Zahlen sind den einschlägigen Registern der Berliner Akademieausgabe und der CD-ROM des Thesaurus Linguae Graecae der University of Irvine/California entnommen.

16 Vielleicht darf man diesen Unterschied zwischen Clemens und Origenes nicht nur mit dem spezifischen Profil der Theologie des Origenes, sondern auch mit der geringeren Attraktivität epikureischen Denkens in der Kaiserzeit erklären (vgl. M. ERLER, § 8 Nachwirkung, in: V.H. FLASHAR [Hg.], Grundriss der Geschichte der Philosophie. Die Philosophie der Antike, Bd. 4, Die hellenistische Philosophie, Basel 1994, [188-202] 189).

17 Vgl. dafür die übersichtliche Präsentation und Diskussion der Nachrichten bei WILLIAMS, Origenes (wie Anm. 3), 403f.

18 Rufin/Or., hom. in Lev. VIII 9 (GCS Origenes VI, 406,14-18 BAEHRENS): *Vide ergo, si potest fieri, ut ‚lepra capitis' (Lev 13,25) putetur in eo, qui non habet ‚caput Christum' (1Kor 11,3), sed alium aliquem, verbi causa, Epicurum voluptatem summum bonum praedicantem; non tibi et caput et barba talis hominis videtur immunda?* Der Katenist (ebd. 406,28-30) hat die entsprechende griechische

re Widerspruch zwischen der ausführlichen Auseinandersetzung mit Epikur und seiner Philosophie in der Schrift gegen Celsus und der groben Polemik in dieser Predigtpassage löst sich schnell, wenn man sich klarmacht, daß Origenes in einer Predigt gewöhnlich nicht besonders differenziert argumentiert, sondern im Interesse einer gemeindegerechten Auslegung heiliger Schrift für eine konkrete Ortsgemeinde vereinfacht[19].

Freilich darf man sich nun auch nicht vorstellen, daß Origenes die Behandlung der epikureischen Philosophie und die Auseinandersetzung mit ihr aus der innergemeindlichen Polemik in den theologischen Lehrbetrieb verlagert habe, an dem er in Alexandria und Caesarea maßgeblich beteiligt war. Er scheint vielmehr in diesen, am akademischen Unterricht orientierten Schulzusammenhängen die Schriften Epikurs von der Lektüre und Diskussion ausgeschlossen zu haben – jedenfalls hat man so eine Passage aus der „Dankrede an Origenes" interpretiert, die wohl von seinem Schüler Gregor dem Wundertäter stammt[20]:

> „Denn er hielt es für richtig, daß wir Philosophie trieben, indem wir unter Einsatz unserer ganzen Kraft alle vorhandenen Schriften der alten Philosophen und Dichter lasen, ohne etwas zu übergehen oder zu verwerfen, denn, so meinte er, wir könnten darüber ja auch noch gar kein Urteil fällen. Ausgenommen sollten alle Schriften der Atheisten sein, weil diese sich zugleich sogar von der menschlichen Gedankenwelt ausgrenzen mit ihrer Behauptung, Gott oder die Vorsehung existiere nicht. Diese Schriften, so meinte er, seien es nämlich nicht wert, gelesen zu werden, damit unsere Seele nicht bei der erstbesten Gelegenheit besudelt werde, wenn sie in ihrem Bestreben, fromm zu sein, Worte hören müsse, die der Verehrung Gottes zuwiderliefen .... Die Schriften der Atheisten verdienten es also überhaupt nicht, auch nur aufgezählt zu werden bei Männern, die es sich zur Aufgabe gemacht haben, fromm zu sein"[21].

Belegt die Passage aber wirklich den Ausschluß der *epikureischen* Texte vom Schulbetrieb? Das Unterrichtsprogramm der Schule des Origenes und ihre Organisationsform sind oft behandelt worden[22]; uns interessiert hier nur die Frage, ob mit den „Schriften der Atheisten" (ὅσα τῶν ἀθέων) überhaupt die

---

Passage gekürzt, so daß man nicht mehr sagen kann, ob Rufin die Passage in ihrer ganzen Länge übersetzt hat.

[19] CH. MARKSCHIES, „.... für die Gemeinde im Grossen und Ganzen nicht geeignet ..."?, in diesem Sammelband, 35-62.

[20] Vgl. dafür jetzt H. CROUZEL, Art. Gregor I (der Wundertäter), in: RAC XII, 1983, (779-793) 782-785.

[21] Greg. Thaum. 13,152f.: Φιλοσοφεῖν μὲν γὰρ ἠξίου ἀναλεγομένους τῶν ἀρχαίων πάντα ὅσα καὶ φιλοσόφων καὶ ὑμνῳδῶν ἐστι γράμματα πάσῃ δυνάμει, μηδὲν ἐκποιουμένους μηδ' ἀποδοκιμάζοντας – οὐδέπω γὰρ οὐδὲ τὴν κρίσιν ἔχειν –· πλὴν ὅσα τῶν ἀθέων εἴη, ὅσοι ἐκκυλισθέντες ὁμοῦ καὶ τῶν ἀνθρωπίνων ἐννοιῶν οὐκ εἶναι θεὸν ἢ πρόνοιαν λέγουσι – ταῦτα γὰρ οὔτ' ἀναγινώσκειν ἄξιον, ἵνα μηδ' ἐν τῷ τυχόντι μολύνοιθ' ἡμῖν ἡ ψυχή, εὐσεβεῖν μέλλουσα λόγων δὲ ἀκούουσα ὑπεναντίων τῇ τοῦ θεοῦ θεραπείᾳ· (...) τὰ τούτων τοίνυν οὐδ' ὅλως οὐδὲ ἀριθμεῖσθαι ἄξιον παρ' ἀνδράσιν εὐσεβεῖν ἐπανελομένοις (FC 24, 184,22-186,8 CROUZEL / KLEIN).

[22] A. KNAUBER, Das Anliegen der Schule des Origenes zu Cäsarea, MThZ 19, 1968, (182-203) 193-196. 200-202.

Texte der Epikureer gemeint sind, mindestens *mit*gemeint sind[23]. Für neuzeitliche Ohren kann der Vorwurf des Atheismus angesichts diverser antiker Beiträge zu einer epikureischen Theologie ja nur leicht grotesk klingen[24], aber Origenes nennt gewöhnlich diejenigen, die (wie die Epikureer) die πρόνοια leugnen, ἄθεοι in einem weiteren Sinne des Wortes[25] und folgt darin Apologeten wie Justin[26]. Es ist also aufgrund seines Sprachgebrauchs nahezu sicher, daß durch den Ausdruck „Schriften der Atheisten" epikureische Texte mindestens *mit*gemeint sind.

Origenes rubrizierte die Epikureer wie viele andere christliche Theologen unter dem pauschalen Stichwort „Atheisten", und daher könnte sich die Frage stellen, ob im Vorwurf des Atheismus ein Differenzpunkt zwischen der paganen und der jüdisch-christlichen Epikurkritik liegt. Aber ein Blick auf die Texte zeigt, daß dieser Eindruck nicht zutrifft. Zwar versteigen sich – wenn ich recht sehe – nicht viele gelehrte pagane Äußerungen über epikureische Philosophie zu dem nämlichen harschen Vorwurf[27] (obwohl Epikur bekanntlich andere Philosophen durchaus mit schroffen Urteilen charakterisierte[28]), aber Plutarch

---

[23] Vgl. dazu R. KLEIN, in: P. GUYOT / R. KLEIN (Hgg.), Das frühe Christentum bis zum Ende der Verfolgungen, Bd. 2, Die Christen in der heidnischen Gesellschaft, Darmstadt 1994, 290 (Anm. 61): „Er denkt hier nicht nur an Epikur und seine Schüler (vgl. schon Cic. nat. deor. I 123), sondern an jene bekannte Liste der großen Atheisten, wie sie seit dem 2. Jh. v.Chr. bestanden hat: Kritias von Athen, Diagoras von Melos, Prodikos von Keos, Theodoros von Kyrene, Euhemeros".

[24] Vgl. nur die knapp gefaßten lexikalischen Darstellungen bei ERLER, Epikuros (wie Anm. 1), 1136 oder bei SCHMID, Epikur (wie Anm. 1), 730-739.

[25] Or., or. 5,1 (GCS Origenes II, 308,13-15 KOETSCHAU): ἔστι γὰρ τὸ δόγμα ἤτοι τῶν πάντη ἀθέων καὶ τὴν οὐσίαν τοῦ θεοῦ ἀρνουμένων ἢ τῶν μέχρις ὀνόματος τιθέντων θεὸν τὴν πρόνοιαν δὲ αὐτοῦ ἀποστερούντων und Cels. VIII 38 (GCS Origenes II, 253,11-13 = SC 150, 258,12-15 BORRET): ὅπου γε καὶ οἱ πάντη ἄθεοι καὶ τὴν πρόνοιαν ἀνελόντες καὶ σύστημα νομιζομένων φιλοσόφων διὰ τῶν μοχθηρῶν δογμάτων καὶ ἀσεβῶν γεννήσαντες; vgl. auch A. v. HARNACK, Der Vorwurf des Atheismus in den ersten drei Jahrhunderten, TU 28/4, Leipzig 1905, 7.

[26] Iust., 1apol. 28,4 (PTS 38, 74,11-16 MARCOVICH): Εἰ δέ τις ἀπιστεῖ μέλειν τούτων τῷ θεῷ, ἢ μὴ εἶναι αὐτὸν διὰ τέχνης ὁμολογήσει, ἢ ὄντα χαίρειν κακίᾳ φήσει ἢ λίθῳ ἐοικότα μένειν, καὶ μηδὲν εἶναι ἀρετὴν μηδὲ κακίαν, δόξῃ δὲ μόνον τοὺς ἀνθρώπους ἢ ἀγαθὰ ἢ κακὰ ταῦτα ἡγεῖσθαι· ἥπερ μεγίστη ἀσέβεια καὶ ἀδικία ἐστί. – Die von FERGUSON, Epicureanism (wie Anm. 2), 2299 genannte Stelle „Exh. add Gr. 4" stammt aus Ps.-Justin, Ad Graecos de vera religione 4,1 (einem Text des vierten Jahrhunderts!) und hat Ps.-Plutarch, plac. 1,3 zur Quelle (so CH. RIEDWEG, Ps.-Justin [Markell von Ankyra?], Ad Graecos de vera religione [bisher „Cohortatio ad Graecos", Einleitung und Kommentar, Bd. 2 Kommentar, SBAW 25/2, Basel 1994, 229-233).

[27] Vgl. für stoische Epikur-Kritik beispielsweise Ps.-Heracl., quaest. Hom. 79,2-13 (CUFr 86-88 BUFFIÈRE) und dazu T. DORANDI, Gli scritti antiepicurei di Plutarco, in: Συζήτησις. Studi sull' Epicureismo greco e romano offerti a M. Gigante, Vol. II, Neapel 1983, 679-682 sowie A.D. SIMPSON, Epicureans, Christians, Atheists in the Second Century, TAPA 72, 1941, (372-381) 374f.

[28] Diogenes Laertius X 8 (OCT II, 497,16-498,7 LONG = H. DÖRRIE / M. BALTES / F. MANN, Der Platonismus in der Antike. Grundlagen – System – Entwicklung, Bd. 2, Der hellenistische Rahmen des kaiserzeitlichen Platonismus, Bausteine 36-72: Text, Übersetzung, Kommentar. Aus dem Nachlaß hg. und bearb. v. M. BALTES [...], Stuttgart/Bad Cannstatt 1990, Baustein 36.7, S. 6-9 = 93, S. 419f. ARRIGHETTI).

setzt beispielsweise die Lehre Epikurs und die ἀθεότης nebeneinander, auch wenn er sie unterscheidet[29]. Und gelegentlich findet sich auch im paganen Bereich der Vorwurf des Atheismus an den Epikureismus, so bei Sextus Empiricus, (eine Generation vorher) bei Alexander von Abonuteichos und natürlich in populäreren Kontexten[30]. Auf der anderen Seite wissen gebildete jüdische Autoren wie Philo, daß der nämliche Vorwurf des Atheismus gegen den Epikureismus nicht zutrifft[31], und Apuleius führt ihn auf „die falsche Vorstellung philosophischer Laien" zurück[32].

Man kann also festhalten, daß im theologischen Unterrichtsprogramm des Origenes höchstwahrscheinlich die epikureische Philosophie bewußt ausgeblendet wurde; das ist vielleicht auch deswegen nicht ganz verwunderlich, da Epikur bekanntlich die Bildungsgüter der ἐγκύκλιος παιδεία abwertete, die zum Erreichen der Eudaimonie nicht unmittelbar notwendig sind[33]; Origenes aber eben diese Form der παιδεία durch seine spezifische Form des Unterrichts in den christlichen Bildungskanon zu integrieren versuchte. Solche Beobachtungen zur Zurückhaltung, mit der Origenes in Predigt und Unterricht den Epikureismus behandelte, verschärfen den Eindruck, daß die Schrift gegen Celsus (CPG I, 1476) mindestens in dieser Hinsicht einen Solitär im Werk des alexandrinischen Theologen darstellt.

Wenn man die Rolle, die der Epikureismus in jenem apologetischen Hauptwerk des Origenes spielt, untersuchen will, ist natürlich streng zwischen dem mittelplatonischen Philosophen Celsus von Alexandrien in der zweiten Hälfte des zweiten Jahrhunderts[34] und seiner Wahrnehmung durch Origenes

---

[29] Plut., mor. 73,20 (1101 B): καὶ λέγω μιμούμενος, ὡς οὐχ ἧττόν ἐστι κακὸν ἀθεότης ὠμότητος καὶ δοξοκοπίας, εἰς ἣν ἄγουσιν ἡμᾶς οἱ τὴν χάριν ἐκ τοῦ θείου μετὰ τῆς ὀργῆς ἀναιροῦντες (BiTeu VI/2, 158,11-14 POHLENZ / WESTMAN); vgl. J.P. HERSHBELL, Plutarch and Epicureanism, ANRW II 36.5, Berlin/New York 1992, 3336-3352, insbesondere 3364f.

[30] Sextus Empiricus, adv. math. IX 58 (BiTeu II, 228,14-229,1 MUTSCHMANN): καὶ Ἐπίκουρος δὲ κατ' ἐνίους ὡς μὲν πρὸς τοὺς πολλοὺς ἀπολείπει θεόν, ὡς δὲ πρὸς τὴν φύσιν τῶν πραγμάτων οὐδαμῶς. οὐ μᾶλλον δὲ εἶναι ἢ μὴ εἶναι θεοὺς διὰ τὴν τῶν ἀντικειμένων λόγων ἰσοσθένειαν ἔλεξαν οἱ ἀπὸ τῆς σκέψεως; Luc., Alex. 25 (ich zitiere nach U. VICTOR, Lukian von Samosata: Alexandros oder der Lügenprophet, RGRW 132, Leiden 1997): λέγων ἀθέων ἐμπεπλῆσθαι καὶ Χριστιανῶν τὸν Πόντον, ... (ebd., 100,27; der Kontext zeigt, daß es Alexander neben den Christen um die Epikurer geht; für die historische Zuverlässigkeit vgl. VICTOR, ebd. 149f.); vgl. auch SIMPSON, Epicureans (wie Anm. 27), 372-375.

[31] Philo unterscheidet in opif. 61,170/171 (I, 59,18/60,4 COHN) „Atheisten" (d.i. Skeptiker: διὰ τοὺς ἀθέους) und solche, die unendlich viele begrenzte Einzelwelten annehmen (d.i. Epikureer: εἰσὶ γὰρ οἱ πλείους ὑπολαμβάνοντες εἶναι κόσμους); FERGUSON, Epicureanism (wie Anm. 2), 2274.

[32] Apul., apol. 27,1: *verum haec ferme communi quodam errore imperitorum philosophis obiectantur* (SQAW 36, 54,16f. HELM).

[33] M.L. CLARKE, Higher Education in the Ancient World, London 1971, 70f.

[34] Vgl. C. ANDRESEN, Logos und Nomos. Die Polemik des Kelsos wider das Christentum, AKG 30, Berlin 1955; R. BADER, Der Ἀληθὴς Λόγος des Kelsos, TBAW 33, Stuttgart/Berlin 1940; S. BENKO, Pagan Criticism of Christianity During the First Two Centuries A.D., ANRW II 23.2, Berlin/New York 1980, (1055-1118) 1101-1118; H. DÖRRIE, Die platonische Theologie des Kelsos in ihrer Auseinandersetzung mit der christlichen Theologie aufgrund von Origenes c. Celsum 7,42ff., NAWG.PH 2/1967, 19-55 = DERS., Platonica minora, STA 8, München 1976, 229-

etwa sechzig Jahre später zu unterscheiden[35] – der alexandrinische Theologe hielt Celsus bekanntlich für einen Epikureer. Erst in zweiter Linie stellt sich die Frage, wie sich Celsus selbst zum Epikureismus verhält; interessanter für unsere Zusammenhänge ist die davon zu unterscheidende Frage, wie Origenes dieses Verhältnis gesehen hat und warum er es so gesehen hat, wie er es sah[36]. Jedenfalls hat seine spezifische Sichtweise bis in unser Jahrhundert hinein das Bild des Celsus geprägt; auch die antike Origenes-Doxographie hat Celsus ausschließlich in der Perspektive seines Gegners als epikureischen Philosophen wahrgenommen[37].

Warum ordnete Origenes aber einen mittelplatonischen Philosophen als Epikureer ein? Die Frage verschärft sich, wenn man sich klarmacht, daß Origenes an anderen Stellen natürlich streng zwischen Platonikern und Epikureern unterschied[38]. Sie findet freilich eine überraschend triviale Antwort, weil sich zeigen läßt, daß Origenes an diesem Punkt ein „Opfer" der Begrenztheit seiner eigenen Handbibliothek wurde[39]: Offenbar trug das Exemplar der Schrift des Celsus, das er für seine Widerlegung zur Hand hatte, nur den schlichten Autorennamen „Celsus" und den Titel des nämlichen Werkes. Um den Autor des Textes, den er zu behandeln gedachte, näher einordnen zu können, informierte

---

262; Ph. MERLAN, Art. Celsus, in: RAC II, 1954, 954-965 und K. PICHLER, Streit um das Christentum: Der Angriff des Kelsos und die Antwort des Origenes, RSTh 23, Frankfurt/M. u.a. 1980 – weitere Literatur bei M. BORRET, Origène, Contre Celse, Tome V, Introduction, tables et index, SC 227, Paris 1976, 141-182.

[35] Für die Datierung auf die Jahre 245-250 vgl. WILLIAMS, Origenes (wie Anm. 3), 401 und (ausführlich) H.-U. ROSENBAUM, Zur Datierung von Celsus' Ἀληθὴς Λόγος, VigChr 26, 1972, 102-111 und M. BORRET, Origène (wie Anm. 34), 128f. Vgl. jetzt auch die Übersicht von A. LE BOULLUEC, Vingt ans de recherches sur le Contre Celse; état des lieux, in: L. PERRONE (Hg.), Discorsi di Verita'. Paganesimo, giudaismo e cristianesimo a confronto nel Contro Celso di Origene. Atti di II convegno del gruppo italiano di Ricerca su „Origene e la Tradizione Alessandrina", SE-Aug 61, Rom 1998, 9-28 und M. FREDE, Celsus philosophus Platonicus, ANRW II 36.7, Berlin/New York 1994, 5183-5213.

[36] Q. CATAUDELLA, Celso e l'epicureismo, Annali della Scuola Normale Superiore di Pisa, Lettere, Storia e Filosofia, Ser. 2, 12, 1943, 1-23. Vgl. bes. S. 22: „In conclusione: Celso può essere altrettanto bene un epicureo platoneggiante, che un platonico epicureggiante". – Cataudella verweist auf u.a. auf die bekannte Kritik an den Göttern der Ägypter (Cels. III 19) und das euhemeristische Argument (III 22).

[37] Eus., h.e. VI 36,2 (GCS Eusebius II/2, 590,18-20 SCHWARTZ): ἐν τούτῳ καὶ τὰ πρὸς τὸν ἐπιγεγραμμένον καθ' ἡμῶν Κέλσου τοῦ Ἐπικουρείου Ἀληθῆ λόγον ὀκτὼ τὸν ἀριθμὸν συγγράμματα συντάττει; in der Übersetzung Rufins VI 36,2 (GCS Eusebius II/2, 591,16f. SCHWARTZ): tunc adversum quendam Celsum Epicureum philosofum, qui contra nos libros conscripserat, octo voluminibus respondit.

[38] Vgl. beispielsweise Cels. VI 26 (GCS Origenes II, 96,24-27 KOETSCHAU = SC 147, 244,21-24 BORRET).

[39] Anders PICHLER, Streit (wie Anm. 34), 196: „Versuche, den ,Irrtum' des Origenes zu erklären, und Hinweise darauf, daß er ja selbst in seinem Urteil schwankend, ,vorübergehend stutzig' werde, verkennen die polemische Funktion sowohl des Vorwurfs als auch des angeblichen Schwankens des Origenes (...). Denn das Schwanken bezüglich der philosophischen Schulzugehörigkeit des Kelsos soll dem Leser nicht etwa ein Schwanken des Origenes verraten, es soll vielmehr deutlich machen, welch unphilosophischer Wirrkopf Kelsos ist" (ähnlich ANDRESEN, Logos [wie Anm. 34], 386).

sich Origenes nach eigenen Angaben zunächst (vermutlich in einem Lexikon) über diese Person. Leider fand er in seinem Referenzwerk nur die Angabe, daß zwei epikureische Philosophen des Namens Celsus bekannt gewesen seien, „von denen der ältere unter Nero, ein anderer aber unter Hadrian und noch später lebte"[40]. Insofern ist es wenig verwunderlich, daß Origenes seinen literarischen Gegner mit dem unter Hadrian lebenden epikureischen Philosophen Celsus[41] identifizierte, zumal der Mittelplatoniker Celsus in den Anfangspartien seines Werkes sich selbst offensichtlich auch nicht explizit als Platoniker bezeichnet hat. Man erkennt dies noch heute daran, daß Origenes in seiner Schrift bereits zu Beginn bemerkt, daß Celsus sich nicht offen als Epikureer erklärt habe – nach Meinung des Alexandriners deswegen, weil er sonst mit seiner Polemik gegen göttliche πρόνοια und göttliche Weltregierung nicht genügend ernst genommen worden wäre und weniger Wirkung entfalten hätte können[42]. Im Verlauf der Argumentation fordert Origenes seinen Gegner so auch auf, sich „frei und offen als Epikureer zu bekennen"[43].

Man kann sogar noch zeigen, daß Origenes bei seinem (aus heutiger Perspektive besehen fehlgeschlagenen) Versuch der Identifikation seines literarischen Gegners keineswegs leichtfertig vorgegangen ist; so behauptet er, auch dessen „andere Schriften" gelesen und auch darin die epikureische Orientierung identifiziert zu haben[44]. Ich würde aufgrund meiner sonstigen Kenntnis des Werkes des alexandrinischen Theologen vorschlagen, diese Angaben zunächst einmal ernst zu nehmen: Auch wenn Origenes an keiner weiteren Stelle

---

[40]   Or., Cels. I 8 (61,6-8 = SC 132, 96,24-26 BORRET).

[41]   K.J. NEUMANN, Art. Celsus 19), in: PRE III/2, 1899, 1884 erwog dessen Identität mit dem Adressaten von Lukians Schrift Alexander; ausführlicher begründete sie Th. KEIM, Celsus' wahres Wort. Älteste Streitschrift antiker Weltanschauung gegen das Christentum vom Jahr 178 n.Chr. (...), Zürich 1873, 275-293; eine zusammenfassende Übersicht zum Forschungsstand bei PICHLER, Streit (wie Anm. 34), 27-38. VICTOR bleibt im Kommentar seiner Ausgabe gegenüber allen Identifikationsversuchen skeptisch (Lukian [wie Anm. 29], 132), ebenso schon MERLAN, Celsus (wie Anm. 34), 954.

[42]   Or., Cels. I 8 (61,4-6 = 96,21-24): ᾔδει γὰρ ὅτι ὁμολογῶν Ἐπικούρειος εἶναι οὐκ ἂν ἔχοι τὸ ἀξιόπιστον ἐν τῷ κατηγορεῖν τῶν ὅπως ποτὲ πρόνοιαν εἰσαγόντων καὶ θεὸν ἐφιστάντων τοῖς οὖσι; aber vgl. Philodem, de pietate col. 66A, Z. 1886f.: [... εἶναι] πρόληψιν: S. 236 und Kommentar bei Philodemus, On Piety, Part 1 Critical Text with Commentary, ed. by D. OBBINK, Oxford 1996, 562; vgl. auch A. MANUWALD, Die Prolepsislehre Epikurs, Habelts Dissertationsdrucke, Reihe klassische Philologie Heft 15, Bonn 1972.

[43]   Or., Cels. III 35 (231,19 = SC 136, 82,10); vgl. auch den Hinweis in Cels. III 49 (246,5f. = 118,26f.) und in III 80 (271,2f. = 180,14f.).

[44]   Or., Cels. I 8 (60,24f. = 96,10f.): εὑρίσκεται μὲν γὰρ ἐξ ἄλλων συγγραμμάτων Ἐπικούρειος ὤν. P. KOETSCHAU verweist in seiner deutschen Übersetzung (Des Origenes acht Bücher gegen Celsus, BKV Origenes II, München 1926, 14 Anm. 1) neben I 68 auf IV 36: In Cels. I 68 (122,18 = 268,20-22) erwägt Origenes, ob „sein" Celsus mit dem gleichnamigen Verfasser von „mehreren Büchern gegen die Magie" identisch ist – offenbar hält Celsus ja Jesus auch für einen Magier: II 50 (173,10 = 400,28); in IV 36 (307,16-18 = 276,34-38), ob er mit dem Autor von zwei anderen Büchern gegen die Christen identisch ist. Auch der bei Lucian erwähnte Celsus hat gegen die Magie geschrieben: Alex. 21 (98,22 VICTOR). Auch an dieser Stelle gewinnt man den Eindruck, als ob die Bezeichnung des Verfassers des „Wahren Wortes" daran hängt, daß der Autor der anderen Schriften epikureischer Philosoph war.

explizit auf diese Werke zurückgreift, hat er offenbar Texte eines epikureischen Philosophen Celsus in der Hand gehabt und deren Autor mit dem des Ἀληθὴς Λόγος identifiziert[45]. Freilich sollte man einmal erwägen, ob Origenes nicht in der Streitschrift seines Gegners Sätze und Ansichten fand, die seine Einschätzung bestätigen konnten. So sagt Celsus beispielsweise, daß es „die schwierigste Sache von der Welt sei, seine Natur völlig zu verändern"[46]. Hierin könnte man ein Echo auf bestimmte Weisungen Epikurs aus dem Gnomologium Vaticanum erblicken[47]. Weiter meint der Autor der „wahren Lehre", daß die Christen durch „leere Hoffnungen" auf Unsterblichkeit und Fortexistenz der Seele „verlockt würden" (κούφαις ἐλπίσι ... ὑπάγεσθαι)[48], was man, wenn es sich denn um ein wörtliches Zitat handelt, nicht gerade für eine charakteristische (mittel-)platonische Position halten kann[49]. Ich breche hier ab, eine ganze Reihe weiterer Beispiele findet sich in derjenigen älteren Literatur, die die Beziehungen zwischen dem Celsus des Origenes und dem Epikureismus untersuchte[50]. Außerdem war Origenes davon überzeugt, daß sein Gegner an gewissen Stellen absichtlich dunkel redete, um die Schwäche der eigenen und die Stärke der christlichen Argumentation zu vertuschen[51].

Origenes begann jedenfalls seine Widerlegung des Celsus unter der Prämisse, die ihm seine Handbibliothek nahegelegt hatte, also unter der Prämisse, im Autor des Ἀληθὴς Λόγος einen Epikureer vor sich zu haben. Und daher ist das Leitthema der Auseinandersetzung des Origenes auch kein Element der Philosophie des historischen Celsus, sondern ein vertrautes Thema der Auseinandersetzung mit der epikureischen Philosophie: Der alexandrinische Theologe ringt mit Menschen, die sich „zu voreilig der Ansicht" anschließen, „daß es gar keine πρόνοια gebe"; sie „entscheiden sich dann für die Lehre des Epikur und des Celsus"[52]. Und so fällt der Name ‚Epikur' immer wieder im Zusammenhang mit der Polemik gegen die Leugner der πρόνοια[53] und verführt Origenes zu schärfster Polemik. Es entspricht seiner bereits erwähnten Grundentscheidung, die epikureischen Texte aus dem akademischen Unterricht auszuschließen, wenn er diese Richtung nicht einmal als Philosophie anerkennt:

---

[45] Darin etwa vergleichbar der Verwechslung, die Origenes bei Antiphon unterläuft: Cels. IV 25 (294,11f. = 242,12f.): Ἀντιφῶν ἄλλος ῥήτωρ.

[46] Or., Cels. III 69 (261,12 = 156,2): ... ὅτι φύσιν ἀμεῖψαι τελέως παγχάλεπον.

[47] Vgl. G. ARRIGHETTI, Epicuro Opere, Turin ²1973, 145 (nr. 21) und 147 (nr. 37).

[48] Or., Cels. III 80 (270,16f. = 178,1).

[49] Merkwürdigerweise wird die Stelle bei ANDRESEN, Logos (wie Anm. 34), nicht diskutiert; allerdings zeigt Cels. IV 17 (286,24 = 222,16), daß Origenes durchaus wahrgenommen hat, daß Celsus eine platonische Seelenwanderungslehre vertritt. Numenius bezeichnet er an zwei Stellen seines Werkes (I 15 [67,23f. =116,4] und IV 51 [324,18 = 316,14-16]) als „Pythagoreer" und lobt seine Bildung.

[50] Vgl. vor allem CATAUDELLA, Celso (wie Anm. 36), 9-13 mit Hinweisen auf weitere Literatur (S. 2 Anm. 5).

[51] Or., Cels. IV 33 (303,24-27 = 266,8-12) und 35 (305,12f.16f. = 270,1f.5f.).

[52] Or., Cels. I 10 (63,10-13 = 104,20-24).

[53] Vgl. z.B. Cels. I 21 (72,10-12 = 128,9-11) oder II 13 (142,7f. = 320,25-27).

Die Tatsache der Existenz von Sophisten oder Epikureern oder Peripatetikern „oder wer sonst auch falschen Lehren huldigt", darf, so schreibt Origenes, nicht als Vorwurf gegen die Philosophie insgesamt gerichtet werden[54]. So wie es innerhalb der Kirche Menschen gibt, die sich als Gnostiker ausgeben und in Wahrheit nichts wissen, so nennen sich die Epikureer Philosophen[55]; deutlicher kann man als ‚kirchlicher Gnostiker' und ‚wahrer Philosoph' sein Mißfallen an einer philosophischen Richtung kaum äußern.

Diese besondere Leitperspektive hat aber auch Folgen für das Bild, das Origenes in seiner Schrift gegen Celsus vom Epikureismus entwirft. Denn stets und immer wieder werden die auf ein Detail bezogenen Vorwürfe gegen Celsus gegen den Epikureismus insgesamt gerichtet: Die Erklärung der Visionen des Auferstandenen vor den Jüngern als „irregeleitete Phantasie" und „Trugbild" wird von Origenes auf den epikureischen Standpunkt des Celsus zurückgeführt[56]; es „scheint Celsus *und den Epikureern* richtig zu sein", daß die leeren Fabeln des Mose nicht einmal eine allegorische Auslegung zulassen[57]. Auf der anderen Seite werden epikureische Positionen ohne Nennung des einschlägigen Namens referiert und so die im Lehrprogramm des Origenes intendierte pädagogische *damnatio memoriae* fortgesetzt: „Wie ja einige von der Menschenseele annehmen, daß sie sofort beim Tode vernichtet werde"[58].

Es entspricht der leicht zerstreuten Natur des literarischen Autors Origenes wie der an der Bibel orientierten Argumentation des Celsus, wenn die skizzierte Leitperspektive des Buches – also die Verteidigung der πρόνοια gegenüber Celsus und den Epikureern – über weite Strecken des Werkes schon allein aufgrund der detaillierten Auseinandersetzung vollkommen außer Blick gerät. Freilich läßt Celsus den Juden, der in einem ersten Teil seines Werkes die Argumente vorträgt, selbst sagen, daß er die Widerlegung der Christen vor allem

---

[54]   Or., Cels. II 27 (156,8-10 = 356,9-11): καὶ ὥσπερ οὐ φιλοσοφίας ἔγκλημά εἰσιν οἱ σοφισταὶ ἢ οἱ Ἐπικούρειοι ἢ οἱ Περιπατητικοὶ ἢ οἵτινές ποτ' ἂν ὦσιν οἱ ψευδοδοξοῦντες.

[55]   Or., Cels. V 61 (64,27-65,1 = 166,22-24).

[56]   Or., Cels. II 60 (182,28-183,2 = 424,3-6): ἐπιφέρει ὡς Ἐπικούρειος καὶ λέγει κατά τινα διάθεσιν ὀνειρώξαντά τινα ἢ κατὰ τὴν αὐτοῦ βούλησιν δόξῃ πεπλανημένῃ φαντασιωθέντα τὸ τοιοῦτον ἀπηγγελκέναι, ὅπερ, φησί, μυρίοις ἤδη συμβέβηκε.

[57]   Or., Cels. I 20/21 (71,27-72,2 = 128,22-24): μῦθοι κενοὶ νομίζονται μηδ' ἀλληγορίαν ἐπιδεχόμενοι οἱ λόγοι αὐτοῦ: τοῦτο γὰρ Κέλσῳ καὶ τοῖς Ἐπικουρείοις δοκεῖ.

[58]   Or., Cels. III 22 (218,25f. = 52,18-20); vgl. Lucr. III 417-829, bes. 438 (für den Nachweis, daß die betreffenden Bilder auf Epikur zurückgehen, siehe R. HEINZE, T. Lucretius Carus, De Rerum Natura Buch III, Sammlung wissenschaftlicher Commentare zu griechischen und römischen Schriftstellern, Leipzig 1897, 117f.). Analoge Bezüge auf epikureische Lehren finden sich in Cels. III 47 (243,19-22 = 112,9-12).

mit Hilfe ihrer eigenen Bücher durchführt[59]; außerdem finden sich immer wieder deutliche Anspielung auf das πρόνοια-Thema[60].

Aber Origenes verliert nicht nur sein Leitthema immer wieder aus dem Blick, sondern interessanterweise im Laufe seiner Argumentation auch die Leitperspektive auf seinen Gegner. Und so wirkt es bereits ganz merkwürdig, wenn Origenes zu Beginn des vierten Buches zugibt, daß Celsus in seiner Schrift „eine πρόνοια zu kennen vorgibt", und dies wieder mit dem Versuch seines Gegners erklärt, seine philosophische Herkunft zu tarnen[61]. In der Mitte desselben Buches erwägt er schließlich sogar – nachdem er bei Celsus die Anspielung auf einen Satz über die Unsterblichkeit aus dem platonischen Timaeus identifiziert hat –, ob jener „entweder seine epikureischen Ansichten nicht betont oder sie, wie man sagen könnte, später mit besseren vertauscht hat oder, wie man auch behaupten könnte, nur denselben Namen führt wie der Epikureer Celsus"[62]. An diesen Stellen wird erkennbar, daß Origenes offenbar im Verlauf der Widerlegung des Celsus immer deutlicher wurde, daß er es doch nicht mit einem epikureischen Philosophen zu tun hatte, ohne daß er in der Lage oder willens gewesen wäre, die bereits diktierten Passagen und die Leitperspektive seines Werkes entsprechend umzugestalten. Im Gegenteil: Origenes griff weiterhin energisch alles scheinbar epikureische Gut im Denken des Gegners auf, um seinen Grundansatz und die Leitperspektive seines Buches zu retten. So konnte er nur wenige Kapitel nach seinen eben zitierten Erwägungen über die Identität des Autors Celsus schreiben, daß Celsus „sich deutlicher als Epikureer" zeige, wenn er Donner, Blitz und Regen nicht als Werke Gottes verstehe, sondern sie – ὡς ἀληθῶς Ἐπικούρειος – für ein Werk des Zufalls, nicht der πρόνοια halte[63]. Und wiederum einige Kapitel später resumiert Origenes angesichts der Seelenlehre des Celsus: καὶ γὰρ ἐν πολλοῖς

---

59   Or., Cels. II 74 (195,7f. = 458,17f.); vgl. N.R.M. DE LANGE, Origen and the Jews. Studies in Jewish-Christian Relations in Third-Century Palestine, University of Cambridge Oriental Publications 25, Cambridge u.a. 1976, 63-73; M. SIMON, Verus Israel. A Study of the Relations between Christians and Jews in the Roman Empire (AD 135-425), London 1996 (= 1986), 173-175.

60   Vgl. z.B. Or., Cels. III 28 (225,6 = 66,1): Τί μὲν γὰρ βουλομένη ἡ πρόνοια ... oder den Schluß von Cels. IV 75 an.

61   Or., Cels. IV 4 (277,3-5 = 196,7f.): σοὶ δέ, μὴ πάνυ ἐμφαίνοντι διὰ τοῦ συγγράμματος τὸν Ἐπικούρειον ἀλλὰ προσποιουμένῳ πρόνοιαν εἰδέναι, ...

62   Or., Cels. IV 54 (326,28-30 = 322,8-11, freilich ohne Einfügung): ἐλέγχοντες τὸν ἤτοι μὴ προσποιούμενον τὴν ἑαυτοῦ Ἐπικούρειον γνώμην ἤ, ὡς ἂν εἴποι ἄν τις, ὕστερον μεταθέμενον ἐπὶ τὰ βελτίω ἤ καί, ὡς ἂν <ἄλλος τις> λέγοι, τὸν ὁμώνυμον τῷ Ἐπικουρείῳ; vgl. BADER, Λόγος (wie Anm. 34), 117.

63   Or., Cels. IV 75 (344,18.23 = 370,1f.5); KOETSCHAU notiert im Testimonienapparat seiner Ausgabe etwas hilflos Parallelen aus den verschiedenen Epikur-Doxographien, die DIELS (Doxographi Graeci, S. 326b,4; 330a,1-4; 572,5-11; 589,9 und 593,15f.) ediert hat. Freilich betreffen diese nur die grundsätzliche Einstellung zur πρόνοια, also das Leithema der Schrift, aber nicht die spezielle Frage, wer nach Meinung der Epikureer für Donner, Blitz und Regen verantwortlich sei. Er hätte verweisen können auf Epikurs Brief an Pythokles (Epic., ep. ad Pyth. apud Diogenes Laertius X 101-104 [541,4-542,16] = ARRIGHETTI, 101,1-104,4 [S. 91-93]). – Für die Einschätzung, daß Celsus vielleicht doch epikureischer Philosoph war, spielt natürlich auch immer das Thema Magie eine Rolle (Cels. IV 86 [357,11 =398,17]; s. o. S. 134 Anm. 44).

Πλατωνίζειν θέλει[64]. Am deutlichsten werden solche Widersprüche und Spannungen sichtbar, wenn man den Beginn des ersten und des fünften Buches vergleicht: Hatte Origenes zu Beginn – wie wir sahen – gemeint, Celsus habe sich nicht offen als Epikureer erklärt, weil er sonst mit seiner Polemik weniger Wirkung entfalten hätte können[65], so schreibt er nun, der, „der in seinem ganzen Buch sich nicht als Epikureer bekennt", sei in der Absicht, die christliche Lehre zu vernichten, nun doch zu den Epikureern übergelaufen"[66].

Warum hielt Origenes aber so zäh an der einmal gewählten Leitperspektive fest, selbst wenn er zunehmend empfand, daß sie unzutreffend war und Celsus als epikureischer Philosoph nicht richtig identifiziert war? Die Schrift des Origenes gegen Celsus und insbesondere die sie prägende falsche philosophische Einordnung des Gegners verlockt natürlich zur Rückfrage, ob ihr Autor überhaupt epikureische Texte kannte, mindestens in dem Maß, das für Philo und Clemens zu veranschlagen ist – und man also sein philosophisches Bildungsniveau auch im Blick auf den Epikureismus für so gut wie das bekannt hohe Niveau seiner Kenntnisse platonischer und stoischer Philosophie halten kann[67]. Bildete eine solide Unkenntnis der epikureischen Philosophie auf Seiten des Origenes vielleicht die Basis, auf der eine Einordnung des Celsus als Angehöriger dieser Richtung überhaupt nur möglich war? Was wußte Origenes vom Epikureismus?

Sicher ist zunächst, daß er über philosophische Lexika und Handbücher verfügte[68] und sich so über epikureische Positionen informieren konnte: Für mehrere Passagen aus diversen Schriften des Origenes hat René Cadiou schon 1932 nachgewiesen, daß Origenes hier aus dem Spezialwörterbuch Περὶ Στωϊκῆς ὀνομάτων χρήσεως des Herophilus zitiert[69]. Und ebenso sicher ist, daß er selbstkritisch zugleich und polemisch dem Satz des Celsus πάντα γὰρ οἶδα den anderen entgegenstellt: οὐδεὶς ἡμῶν ἐρεῖ· πάντα γὰρ οἶδα τὰ Ἐπικούρου[70]. Ich bin u.a. deswegen nahezu sicher, daß Origenes epikureische Positionen

---

[64] Or., Cels. IV 83 (354,11 = 392,38f.).

[65] Or., Cels. I 8 (61,4-6 = 96,21-24).

[66] Or., Cels. V 3 (GCS Origenes II, 3,21-23 KOETSCHAU = SC 147, 18,1-3 BORRET): ὅρα δὴ ὅτι βουλόμενος τὰ ἡμέτερα ἀνελεῖν ὁ μὴ ὁμολογήσας δι' ὅλου τοῦ συγγράμματος Ἐπικούρειος εἶναι πρὸς τὸν Ἐπίκουρον αὐτομολῶν ἐλέγχεται; zu allgemein: BADER, Λόγος (wie Anm. 34), 3f.

[67] Vgl. nur Cels. IV 48 (321,5-22 = 308,17-36) und H. CHADWICK, Origen, Celsus and the Stoa, JThS 48, 1947, 34-49.

[68] CH. MARKSCHIES, Was bedeutet οὐσία?, in diesem Sammelband, (173-193) 175-183. – Während der Editor des Werkes gegen Celsus, Paul Koetschau, annahm, Origenes habe die Schriften der Epikureer sorgfältig studiert (GCS Origenes I, Leipzig 1899, XXXf.), äußerte sich schon H. KOCH, Pronoia und Paideusis. Studien über Origenes und sein Verhältnis zum Platonismus, AKG 22, Berlin/Leipzig 1932, 170 Anm. 1 knapp, aber skeptisch.

[69] R. CADIOU, Dictionnaires antiques dans l'œuvre d'Origène, REG 45, 1932, 271-285; vgl. auch MARKSCHIES, οὐσία (wie Anm. 68), 175f. und jetzt DORIVAL, Origène (wie Anm. 2), 198.

[70] Or., Cels. I 12 (64,12f.25f. = 106,3/108,17); vgl. A. MIURA-STANGE, Celsus und Origenes. Das Gemeinsame ihrer Weltanschauung, ZNW Beiheft 4, Berlin 1926, 5 Anm. 2. BADER, Λόγος (wie Anm. 34), 50 (zu Cels. I 26) erwägt, daß der betreffende Satz des Celsus eigentlich gelautet habe: πάντα γὰρ οἶδα τὰ Χριστιανῶν καὶ Ἰουδαίων.

ausschließlich aus Lexika und Handbüchern stoischer und platonischer Provenienz und also aus gegnerischer Perspektive kannte: Zwar referiert er beispielsweise die Position des Epikur zur Natur der Bezeichnungen (περὶ φύσεως ὀνομάτων)[71]; aber auch hier kann man wieder zeigen, daß er sein Wissen wohl wieder einem Lexikon oder einem Handbuch verdankt, weil hintereinander zunächst die aristotelische, stoische und schließlich die epikureische Position mitgeteilt werden. Ganz analog ist ein Abschnitt zu den Begriffen „Gerechtigkeit" und „Tapferkeit" konstruiert, obwohl hier die Pointen der jeweiligen Position nur angedeutet werden und Origenes für die ausführlichere Behandlung auf ein anderes Werk verweist[72]. An einer Stelle behauptet er, man könne „aus den Schriften des Epikur und seiner Schüler" Aussprüche über das Thema „Orakel" anführen[73], und obwohl der Herausgeber Koetschau im Testimonienapparat freundlicherweise einen Passus aus Useners Sammlung nennt[74], bleibt angesichts des Gesamtbildes durchaus fraglich, ob Origenes diese Passage überhaupt kannte. Denn von den zehn Einträgen, die sich aus unserer Schrift in Useners *Epicurea* finden, sind natürlich längst nicht alle Texte direkte Zitate aus Schriften Epikurs oder aus Werken epikureischer Philosophen[75]; auch neuere Versuche, Fragmente zu identifizieren, überzeugen nicht[76]. Und ebenso interessant wie angebliche Zitate in der Schrift gegen Celsus ist, was Origenes *nicht* sagt (und wahrscheinlich auch gar nicht wußte): Er verweist beispielsweise zwar gern auf die schismatischen Entwicklungen in der platonischen Akademie[77], aber erwähnt nie die Überlieferungen, daß Epikur bei Platonikern studiert hat[78]. Und er bezieht sich zwar auf die stoische Vorstellung

---

[71] Or., Cels. I 24 (74,10-17, bes. 15-17 = 136,7-16, bes. 13-16 = K. HÜLSER, Die Fragmente zur Dialektik der Stoiker. Neue Sammlung der Texte mit deutscher Übersetzung und Kommentaren, Bd. 2, Stuttgart-Bad Cannstatt 1987, nr. 643 S. 750f. = frgm. 334 S. 226,6-11 USENER).

[72] Or., Cels. V 47 (51,17-52,10 = 134,8-136,25); verwiesen wird S. 52,9 auf den Römerkommentar, KOETSCHAU verweist auf Or., comm. in Rom. II 12/13 (FC 2/1, 248,9-300,11 HEITHER), dort finden sich keine einschlägigen Passagen, aber das mag am Kürzungsinteresse des Übersetzers Rufin liegen.

[73] Or., Cels. VII 3 (GCS Origenes II, 154,28-155,1 = SC 150, 18,12-14 BORRET).

[74] Nämlich H. USENER, Epicurea, Leipzig 1887: nr. 395, S. 261,21[-28] (GCS Origenes II, 154 zu Z. 29).

[75] USENER, Epicurea: nr. 68 = Cels. III 80; nr. 334 = I 24; nr. 368 = II 13; nr. 369 = I 13, I 10, III 75, V 61; nr. 390 = VII 66; nr. 391 = VIII 45, I 43; nr. 395 = VII 3; nr. 517 = V 47; nr. 518 = V 47 sowie nr. 535 = VII 63.

[76] H. CHADWICK hat eine Passage in Cels. IV 14 (284,21-26 = 216,22-218,27: οἱ δὲ τοῦ Ἐπικούρου θεοί, σύνθετοι ἐξ ἀτόμων τυγχάνοντες καὶ τὸ ὅσον ἐπὶ τῇ συστάσει ἀναλυτοί, πραγματεύονται τὰς φθοροποιοὺς ἀτόμους ἀποσείεσθαι. ἀλλὰ καὶ ὁ τῶν Στωϊκῶν θεός, ἅτε σῶμα τυγχάνων, ὁτὲ μὲν ἡγεμονικὸν ἔχει τὴν ὅλην οὐσίαν, ὅταν ἡ ἐκπύρωσις ᾖ· ὁτὲ δὲ ἐπὶ μέρους γίνεται αὐτῆς, ὅταν ᾖ διακόσμησις) als Scholion zu den Κύριαι Δόξαι interpretiert (H. CHADWICK, Origen, and the Resurrection of the Body, HThR 41, 1948, [83-102] 92 Anm. 2; zustimmend referiert von G. DORIVAL, Origène [wie Anm. 2], 196). M.E. könnte der Text – schon allein wegen des deutlichen Schwergewichts auf der *stoischen* Interpretation – eher aus dem bereits erwähnten Lexikon des Herophilus stammen.

[77] Or., Cels. III 13 (313,3-6 = 288,64-67), polemischer in II 12 (140,29-141,18 = 316,14-318,37).

[78] Diogenes Laertius X 13/14 (500,7: Xenokrates / 500,15: Pamphilus).

von allgemeinen Begriffen, κοιναὶ ἔννοιαι[79], aber erwähnt die epikureische Kritik daran nicht[80]. Natürlich kennt Origenes die Position des Epikureismus zur Verehrung der althergebrachten Götter[81], aber dieses Detail wird man auch nicht als besonders esoterisches Wissensgut einstufen können.

Man kann also festhalten, daß die vermutlich durch ein Lexikon grundgelegte Identifikation des Origenes offenbar unbekannten Autors des Ἀληθὴς Λόγος namens Celsus mit einem Epikureer gleichen Namens in sehr deutlicher Weise Architektur und Polemik des Werkes bestimmte, das der Alexandriner gegen ihn richtete. Obwohl Origenes im Unterschied zu Philo und Clemens Alexandrinus kaum Texte und Positionen der epikureischen Philosophie kannte und obwohl er im Verlauf der Arbeit am Text des Celsus merkte, daß er ihn offensichtlich fälschlicherweise als Epikureer identifiziert hatte, hielt er an der einmal eingeschlagenen Richtung seiner Polemik fest. Das wird nicht zuletzt daran gelegen haben, daß der Epikureismus für ihn den Charakter eines Gespenstes trug, eines bösen Geistes, den man aus den Hallen philosophischer Diskussion verbannen muß. Und wie man von einem Geist ja nur verschwommene Konturen sieht, so kannte Origenes den Epikureismus nur schematisch aus Lexika und Handbüchern platonischer und stoischer Provenienz.

Heinrich Dörrie hat in einem wichtigen Aufsatz zur „platonischen Theologie des Kelsos" verwundert gefragt, warum der christliche Theologe in seiner umfangreichen Schrift an keiner Stelle den Anspruch der von seinem Kontrahenten vertretenen „platonischen Fundamental-Theologie" argumentativ zurückgewiesen hat[82]. Die Antwort ergibt sich aus dem bislang referierten Bild vollkommen klar: Dies lag an der eminenten Bedeutung, die die πρόνοια – im Unterschied zu Clemens – für sein eigenes theologisches System besaß[83], und an der Energie, mit der er deswegen eine Richtung bekämpfte, die seiner Ansicht nach diese Vorstellung zerstören wollte. Die Auseinandersetzung mit dem Platonismus interessierte ihn angesichts dieser Herausforderung deutlich weniger; man könnte eine solche Konzentration auf Epikur im Interesse der

---

[79] Or., Cels. I 4 (58,9 = 84,5f.); III 40 (236,9 = 94,1f.); IV 14 (284,26f. = 218,28f.); vgl. dafür die frgm. 310-314 bei K. HÜLSER, Fragmente (wie Anm. 71), Bd. 1, 316-325 (= SVF II 473; III 75¹; I 628; III 285) und für die Unterschiede zwischen der Vorstellung des Origenes und der der Stoiker KOCH, Pronoia (wie Anm. 68), 52 Anm. 2.

[80] Vgl. frgm. 33,19 aus Pap. Herc. 1431 col. 7 III Z. 3 bei ARRIGHETTI (S. 372).

[81] Or., Cels. VII 66 (215,18-22 = 166,1-168,5).

[82] DÖRRIE, Theologie (wie Anm. 34), 46-49, bes. 49: „Die Perikope 7,45 bot Anlaß und Stoff genug, der platonischen Fundamental-Theologie entgegenzutreten und die Unterschiede der christlichen Theologie an diesem Modell zu erläutern oder zu begründen. Kein Wort davon findet sich bei Origenes. Das befremdet umso mehr, als Origenes den rationalistischen Anspruch des Kelsos sehr wohl kannte, alles gradlinige und legitime Denken müsse auf die platonische Theologie konvergieren (...). Warum hat Origenes zu diesem Postulat, vorgetragen im Namen eines *consensus omnium eruditorum*, keine Stellung genommen?".

[83] H.S. BENJAMINS, Eingeordnete Freiheit. Freiheit und Vorsehung bei Origenes, SVigChr 28, Leiden 1994 und KOCH, Pronoia (wie Anm. 68), 19-34; vgl. auch P. KOETSCHAU, Die Gliederung des ἀληθὴς λόγος des Celsus, JpTh 18, 1892, (604-632) 613f.

Verteidigung der πρόνοια systematisch mit Plutarchs ungleich gewichtigeren Angriffen vergleichen[84]. Weil für ihn das epikureische Übel in der Ablehnung der πρόνοια kulminierte, konnte Origenes das Schlagwort „Epikureismus" auch für die innerchristliche antihäretische Polemik verwenden: Bei Hieronymus ist ein vermutlich auf ihn zurückzuführendes Textstück[85] erhalten, in dem Epikur die Folie für die antihäretische Polemik gegen den frühchristlichen Theologen Marcion bildet[86]: Epikur leugne mit der Vorsehung Gottes gnädiges Handeln, Marcion dagegen behaupte, daß der Schöpfergott schlecht gehandelt habe. Eine solche Theologie sei noch schlimmer als der Epikureismus.

Da Origenes sich bei seiner Epikurkritik auf das eine theologische Thema der πρόνοια konzentrierte, spielt die übliche Polemik gegen den angeblichen Hedonismus dieser Bewegung bei ihm nur eine geringe Rolle. Das hielt den alexandrinischen Theologen aber natürlich nicht davon ab, sowohl die ethische Haltung seines literarischen Gegners als auch die der ganzen Richtung ins Zwielicht ziehen – er tat dies beispielsweise, indem er in leicht grotesker Zuspitzung die Haltung verschiedener Menschen zum Thema Ehebruch referierte und dabei unmittelbar nacheinander Epikureer und ungebildete Leute behandelte[87], die beide – jedenfalls nach Origenes – nur zur Vermeidung größerer Übel bzw. aus Furcht auf die entsprechende Handlung des Ehebruchs verzichten. Das ist angesichts dessen, was wir jetzt aus den neugefundenen Fragmenten der Inschrift von Oenoanda über den kaiserzeitlichen Epikureismus wissen[88], ein geradezu grotesker Vorwurf, rundet aber das Bild von einer „Gespensterpolemik" ab.

Nachdem wir bisher die Haltung des Origenes dargestellt haben, die trotz aller Gemeinsamkeiten recht deutlich von der Art abweicht, in der jüdische und christliche Theologen des ersten und zweiten Jahrhunderts in Alexandria Epikur behandelt haben, wollen wir uns nun in einem zweiten Teil der Frage zuwenden, ob die Schule des Origenes die schroffe Haltung ihres Lehrers bewahrt hat oder zu der offeneren Position der vororigenistischen alexandrinischen Theologie zurückgekehrt ist.

---

[84] So schon KOCH, Pronoia (wie Anm. 68), 236f., der diesen Gedanken leider nicht ausgeführt hat.

[85] So jedenfalls A.V. HARNACK, Marcion. Das Evangelium vom fremden Gott. Eine Monographie zur Geschichte der Grundlegung der katholischen Kirche, Neue Studien zu Marcion, Darmstadt 1960 (Nachdruck von TU 45 und 44/4, Leipzig 1924/23), 270*: „wohl nach Orig.".

[86] Hier., comm. in Is. VII 9 zu Jes 18,1 (AGLB 27, 791,52-57 GRYSON): *Verbi gratia dicit Epicurus non esse prouidentiam, et uoluptatem maximum bonum. Comparatione huius sceleratior Marcion et omnes haeretici qui uetus lacerant testamentum. Cum enim recipiant prouidentiam, accusant Creatorem et asserunt eum in plerisque operibus errasse et non ita fecisse ut facere debuerant.*

[87] Or., Cels. VII 63 (213,12-20 = 162,18-28): Epikureer würden nur deswegen nicht zum Ehebruch raten, weil der Lustgewinn nicht sicher sei; für die tatsächliche Position Epikurs vgl. Diogenes Laertius X 119 (549,22f.).

[88] Vgl. dazu M.F. SMITH, Digging up Diogenes: New Epicurean Texts from Oinoanda in Lycia, in: ERLER / BEES (Hgg.), Epikureismus (wie Anm. 4), 64-75.

Epikureismus in der origenistischen Tradition

Wir konzentrieren uns in diesem Abschnitt vor allem auf einen alexandrinischen Theologen des dritten Jahrhunderts, *Dionysius von Alexandrien* und behandeln am Schluß noch sehr knapp zwei kappadozische Theologen des vierten Jahrhunderts – natürlich müßte man, wäre Vollständigkeit intendiert, unter der Überschrift „Epikureismus in der origenistischen Tradition" etwa noch Eusebius von Caesarea oder Hieronymus behandeln, aber dann wäre ein erster Schritt zur Revision von Wolfgang Schmids erwähntem Artikel im „Reallexikon für Antike und Christentum"[89] getan und der Rahmen eines Kongreßbeitrages gesprengt.

Dionysius von Alexandrien ist in unserem Zusammenhang von besonderem Interesse, weil er sich in einer eigenen Schrift ausführlich mit dem Epikureismus auseinandergesetzt hat. Er war einst in der Bildungsmetropole persönlicher Schüler des Origenes[90] und zeigt schon durch den exegetischen Schwerpunkt seines leider bis auf Reste verlorenen Œuvres (CPG I, 1583-1593), daß er durch seinen Lehrer offenbar tief geprägt wurde. Ob man ihn auch als „Origenisten" bezeichnen kann, ist freilich gegenwärtig umstritten: Dionysius wurde schließlich im Jahre 247/248, also noch zu Lebzeiten des Origenes, Bischof von Alexandria und damit Nachfolger der Bischöfe Demetrius und Heraklas, die auf dramatische Weise mit Origenes gebrochen und seinen Ortswechsel ins palästinische Caesarea zu verantworten hatten. Man kann sich nun kaum vorstellen, daß Dionysius in der damaligen theologischen Atmosphäre der Stadt als glühender Origenist Bischof werden konnte. Und entsprechend haben wir einige Hinweise darauf, daß er sich nicht nur kirchenpolitisch, sondern auch in einigen dogmatischen Details von seinem ehemaligen Lehrer distanziert hatte[91]. Allerdings dürfen diese Differenzen angesichts der fragmentarischen Überlieferung, die teilweise auch aus antiorigenistischen Kreisen stammt, nicht überakzentuiert werden.

Betrachtet man nun das Verhältnis des Dionysius zur epikureischen Philosophie, werden freilich diejenigen Historiker bestätigt, die den alexandrinischen Bischof nicht als Origenisten, sondern nur als Origenes-Schüler, freilich sehr eigener Prägung, ansprechen. Denn er verfaßte eine Schrift, die sich (jedenfalls ausweislich der Einleitungen ihrer Fragmente) vor allem mit der Widerlegung der Theorie des Atomismus und der antiepikureischen Verteidigung der πρόνοια beschäftigte, sich aber in Anlage wie Detail deutlich von der

---

[89]   Vgl. oben Anm. 1.

[90]   Eus., h.e. VI 29,4 (GCS Eusebius II/2, 584,9f. SCHWARTZ), danach Hieronymus, vir. ill. 69,1 (BPat 12, 172 CERESA-GASTALDO); vgl. auch W.A. BIENERT, Dionysius von Alexandrien. Zur Frage des Origenismus im dritten Jahrhundert, PTS 21, 1978, 71-75 und knapper DERS., Art. Dionysius von Alexandrien, in: TRE VIII, 1981 = 1993, (767-771) 767.

[91]   W.A. BIENERT, Neue Fragmente des Dionysius und des Petrus von Alexandrien aus Cod. Vat. 236, Kleronomia 5, 1973, 308-314; DERS., Dionysius der Große und Origenes, StPatr 16 (= TU 129), Berlin 1985, 219-223.

„Widerlegung" des Epikureismus durch Origenes unterscheidet. Dieser Text trug den programmatischen Titel περὶ φύσεως[92]; das mehrbändige Werk war dem Sohn des Bischofs, Timotheus, gewidmet[93] und stellte offenbar lediglich eine Epitome[94] aus der Stoffmasse, die dem Verfasser vorlag, dar (CPG I, 1576)[95]. Nach Eusebius, der die meisten Fragmente in seiner *Praeparatio Evangelica* bewahrt hat, wendete sich Dionysius von Alexandrien in περὶ φύσεως gegen Epikur[96]; das bestätigen zwei dieser neun Fragmente durch explizite Rekurse auf den Philosophen[97], allerdings wird er in der Polemik praktisch stets mit Demokrit zusammengestellt, so daß man sich fragt, ob die Schrift tatsächlich ausschließlich gegen Epikur gerichtet war oder diese Zuspitzung eher im Interesse des Programms der *Praeparatio Evangelica* geschah und Eusebius zu verdanken ist. Mustert man die von ihm erhaltenen Fragmente, so fällt auch hier (genauso wie bei Origenes) zunächst einmal auf, wie wenig bei Dionysius auf spezifische epikureische Lehren eingegangen wird; es findet sich kein einziges Zitat Epikurs, wohl aber zwei von Demokrit[98]: Gleich im ersten von Eusebius von Caesarea überlieferten Fragment, das man sich durchaus als ursprünglichen Buchbeginn vorstellen könnte, wird die Position, daß das Universum ein untereinander verbundenes Eines ist, den „verständigsten Griechen" und in der Sonderheit Platon, Pythagoras und Heraklit zugeschrieben, während die gegenteilige Ansicht, es gäbe viele Universen in unendlicher Zahl, nach Dionysius nur von „einigen anderen Leuten" vertreten wird, denen

---

[92] Vgl. dafür BIENERT, Dionysius (wie Anm. 90), 109-115; FERGUSON, Epicureanism (wie Anm. 2), 2305f.; R.M. GRANT, Miracle and Natural Law, Amsterdam 1952, 16f.; Ph.S. MILLER, Studies in Dionysius the Great of Alexandria, Diss. phil., Erlangen 1933, 2-25 (zu den rhetorischen Mitteln in der Argumentation); M. POHLENZ, Die Stoa. Geschichte einer geistigen Bewegung. Bd. 1, Göttingen ⁴1970, 431; G. ROCH, Die Schrift des alexandrinischen Bischofs Dionysius des Großen „Über die Natur". Eine altchristliche Widerlegung der Atomistik Demokrits und Epikurs, Diss. phil., Leipzig 1882 und W. SCHMID, Epikur (wie Anm. 1), 782.

[93] Eus., h.e. VII 26,3 (700,19-21); vgl. ROCH, Schrift (wie Anm. 92), 23-25.

[94] Eus., p.e. XIV 26,6 (332,14: κεφαλαιωδῶς); 26,9 (333,7f.: τὴν δὲ ἐναργεστέραν ἔτι τούτων ἐπίσκεψιν); vgl. ROCH, Schrift (wie Anm. 92), 26-28.

[95] Eus., p.e. XIV 23-27 (GCS Eusebius VIII/2, 324,10-337,23 MRAS / DES PLACES = ΔΙΟΝΥΣΙΟΥ ΛΕΙΨΑΝΑ. The Letters and other Remains of Dionysius of Alexandria, ed. by CH.L. FELTOE, CPT, Cambridge 1904, 131-163 (Einleitung S. 127-131); K. HOLL, Fragmente vornizänischer Kirchenväter aus den Sacra Parallela, TU 20/2, Leipzig 1899, nr. 363-366, S. 147f.; eine kommentierte deutsche Übersetzung bei: ROCH, Schrift (wie Anm. 92), 28-41 (freilich nur die bei Eusebius erhaltenen Texte) sowie bei: Dionysius von Alexandrien, das erhaltene Werk, eingel., übers. und mit Anmerkungen vers. v. W.A. BIENERT, BGrL 2, Stuttgart 1972, 63-74. – Leider ist das epikureische Vergleichsmaterial, das Usener für die Dionysius-Passagen angibt, bisher kaum ausgewertet worden.

[96] Eus., p.e. XIV 22,17 (324,5f.): πρὸς Ἐπίκουρον; 27,13 (338,1): πρὸς Ἐπίκουρον.

[97] Eus., p.e. XIV 26,2 (331,14f.); 26,14 (334,5) = frgm. 8 FELTOE; 27,1 (334,11); 27,7 (336,2); 27,9 (336,15) = frgm. 9 FELTOE.

[98] Eus., p.e. XIV 27,4 (335,8f.) = H. DIELS / W. KRANZ, Die Fragmente der Vorsokratiker griechisch und deutsch, 2. Bd., Berlin ⁹1959, frgm. 118 (S. 166,8f.); 27,5 (335,16-20) = frgm. 119 (S. 166,24-167,1).

er „Tollheit des Denkens" bescheinigt[99]. Dabei hätte man hier wunderbar einen Satz Epikurs aus seinem Brief an Herodot zitieren können: ᾿Αλλὰ μὴν καὶ κόσμοι ἄπειροί εἰσιν[100]. Erst nach einem weiteren Abschnitt, in dem eine grundsätzliche und lexikalisch knappe Einleitung in die Vorstellung Demokrits von Atomen gegeben wird[101], werden schließlich zwei Namen genannt: ταύτης δὲ τῆς δόξης ᾿Επίκουρος γεγόνασι καὶ Δημόκριτος[102]. Der ganze Abschnitt wirkt wie ein stark gekürztes Exzerpt aus einem doxographischen Werk; zudem ist die philosophische Richtung, um die es dem alexandrinischen Bischof nach Eusebius ja eigentlich ging, relativ stark in den Hintergrund gedrängt. Vermutlich exzerpierte Dionysius also wieder ein Lexikon oder ein Handbuch platonischer und stoischer Provenienz. Erst am Ende des Fragmentes werden noch zwei Details der philosophischen Theoriebildung zu den Atomen nachgetragen und dem alexandrinischen Philosophen Diodor Kronos sowie Herakleides Pontikos und dem römischen Mediziner Asklepiades von Bithynien zugeschrieben[103]; aber auch hier handelt es sich um Handbuchwissen[104]. Wenn das περὶ φύσεως überschriebene Werk des Dionysius tatsächlich so, wie Eusebius schreibt, durch die Widerlegung der Vorstellung von Atomen als einem ihrer beiden argumentativen Schwerpunkte geprägt wurde, dann wundert man sich schon, welche geringe Rolle die jeweils ja noch unterschiedlichen Atomtheorien Demokrits und Epikurs spielen. Denn gerade diese Unterschiede hätten ja

---

[99]   Eus., p.e. XIV 23,1 (324,10-15): Πότερον ἕν ἐστι συναφὲς τὸ πᾶν, ὡς ἡμῖν τε καὶ τοῖς σοφωτάτοις Ἑλλήνων Πλάτωνι καὶ Πυθαγόρᾳ καὶ τοῖς ἀπὸ τῆς Στοᾶς καὶ Ἡρακλείτῳ φαίνεται, ἢ δύο, ὡς ἴσως τις ὑπέλαβεν, ἢ καὶ πολλὰ καὶ ἄπειρα, ὡς τισιν ἄλλοις ἔδοξεν, οἳ πολλαῖς τῆς διανοίας παραφοραῖς καὶ ποικίλαις προφοραῖς ὀνομάτων τὴν τῶν ὅλων ἐπεχείρησαν κατακερματίζειν οὐσίαν ἄπειρόν τε καὶ ἀγένητον καὶ ἀπρονόητον ὑποτίθενται; (= frgm. 1 FELTOE; Feltoe verweist in seinem Kommentar, S. 131, auf Platon, soph. 242 C, 245 E, 255 B, 257 C und 258 D: „I think, that Plato's passage has suggested D.'s classification: but it is hardly to be regarded as a quotation). – Offenbar hielt Dionysius nicht nur Epikur für verrückt (ebenfalls p.e. 27,1 [334,10f.]), sondern auch die Epikureer für ungebildet (XIV 25,10 [329,9; vgl. den Hinweis auf eine Parallele bei USENER, Epicurea, 246 App.]), jedenfalls möchte ich so die etwas rätselhafte Passage p.e. XIV 26,6 verstehen (332,14-17 [= frgm. 8 FELTOE]), in der der Bischof von Alexandria eine sorgfältigere Darstellung ankündigt, wenn er sich mit „dem" beschäftigt, „der als gelehrter gilt" (sc. als die Epikureer): κεφαλαιωδῶς γὰρ νῦν ὀλίγα τῶν τῆς πανσόφου Προνοίας ἔργον ἐπιδραμούμεθα, μετ᾽ ὀλίγον ἀκριβέστερον τοῦ θεοῦ διδόντος ἐπεξεργασόμενοι, ὅταν πρὸς τὸν δοκοῦντα λογιώτερον ἀποτεινώμεθα. Wer aber ist dieser Philosoph? Platon? Feltoe referiert S. 151 die Ansicht Dittrichs, daß ein stoischer Philosoph gemeint sei (F. DITTRICH, Dionysius der Große von Alexandrien, Freiburg/Breisgau 1867, 13).

[100]   Epic., ep. ad Herod. apud Diogenes Laertius X 45 (515,21) = ARRIGHETTI, 45,3f. (S. 43).

[101]   ROCH (Schrift [wie Anm. 92], 42-48) weist anhand von Zitaten aus Aristoteles und Theophrast nach, daß es sich um verbreitetes doxographisches Material handelt.

[102]   Eus., p.e. XIV 23,3 (324,21).

[103]   Eus., p.e. XIV 23,4 (325,7f.); vgl. V. NUTTON, Art. Asklepiades, in: DNP II, 1997, 89-92; P. NATORP, Art. Diodoros 42), in: PRE V/1, 1903, 705-707 sowie H. DAEBRITZ, Art. Herakleides 45), in: PRE VIII/1, 1912, 472-484.

[104]   Vgl. Sextus Empiricus, Pyrrh. hyp. III 6,32 = adv. Math. IX 363 (BiTeu I, 142,21-25 MUTSCHMANN / NAU = II, 287,8-14 MUTSCHMANN): Δημόκριτος δὲ καὶ ᾿Επίκουρος ἀτόμους, ᾿Αναξαγόρας ὁ Κλαζομένιος (καλεῖ τὰ στοιχεῖα) ὁμοιομερείας, Διόδωρος δὲ ὁ ἐπικληθεὶς Κρόνος ἐλάχιστα καὶ ἀμερῆ σώματα, Ἡρακλείδης δὲ ὁ Ποντικὸς καὶ ᾿Ασκληπιάδης ὁ Βιθυνὸς ἀνάρμους ὄγκους (…).

reichen Raum für Argumentation und Polemik geboten. Eusebius beispielsweise, der nicht einmal hundert Jahre nach Dionysius sein großes apologetisches Werk schrieb, zitiert aus einer doxographischen Quelle eine recht präzise Beschreibung von Unterschieden zwischen Demokrit und Epikur[105], um damit gleich beide zu widerlegen.

Das zweite Fragment ist als Dialogszene gestaltet und wird durch die Frage eingeleitet, wie man sich gegenüber Menschen verhalten sollte, die behaupteten, daß die weisen und schönen Schöpfungswerke Gottes nur Zufall seien[106]. Hier werden nun keinerlei Referate epikureischer Philosophie geboten, geschweige denn authentische Texte zitiert, sondern es wird ein argumentatives Arsenal für Missionsgespräche mit Epikureern zusammengestellt. Entsprechend schlicht sind die Beispiele: Gewebte Kleidungsstücke entstehen nicht ohne einen Weber, Steine für Häuser werden nicht zufällig gelegt usf.; mit dem gewöhnlichen Niveau der antiatomistischen Argumentation römischer Philosophie sollte man diese Passagen besser nicht vergleichen, die seit Aristoteles klassischen Argumente gegen die Vorstellung von endlich teilbaren Atomen spielen hier keine Rolle, sondern lediglich eine rhetorisch aufgeputzte jüdisch-christliche Schöpfungstheologie[107].

Erst im dritten Fragment wird, freilich wieder in rhetorisch sehr fülliger Diktion einer Dialogszene, erstmals ein spezifischer Punkt epikureischer Dogmatik in den Blick genommen: Dionysius fragt, ob κόσμος aus ἀκοσμία entstanden sein könnte, und greift dann explizit die epikureische Theorie von spontanen Abweichungen der Atome als Grund ihrer Verbindung an, freilich nicht mit den einschlägigen Fachbegriffen (παρέγκλισις bzw. *clinamen* o.ä.[108]), sondern mit allgemeiner Polemik, indem er die platonische Vorstellung harmonischer Sphärenbewegungen gegen die „regellose Bewegung" (ἄτακτος φορά) stellt[109]. Angesichts solcher Scheingegensätze, die doch wohl wieder einfach nur auf platonische Lexika und Handbücher zurückgehen, fragt man sich, ob Dionysius nur aus Gründen der Polemik die minimale Abweichung der Atome im Fall von der Senkrechten[110] als „regellose Bewegung" bezeichnet oder es einfach nicht präziser zu sagen weiß. Der Rest der Passage ist wieder der ausführlichen Anwendung eines traditionellen Argumentes auf die The-

---

105   Eus., p.e. XIV 14,5 (295,15f.) = Pseudo-Plutarch, De placitis philosophorum I 3 18 (285,15-286,1 DIELS).
106   Eus., p.e. XIV 24,1 (325,12f.): Πῶς αὐτῶν ἀνασχώμεθα τυχηρά λεγόντων εἶναι συμπτώματα τὰ σοφὰ καὶ διὰ τοῦτο καλὰ δημιουργήματα; (= frgm. 2 FELTOE).
107   A. STÜCKELBERGER, Die Atomistik in römischer Zeit: Rezeption und Verdrängung, ANRW II 36.4, 1990, (2561-2580) 2562f.
108   Vgl. ERLER, Epikuros (wie Anm. 1), 1135.
109   Eus., p.e. XIV 25,2 (327,2f.) = frgm. 3 FELTOE; für den platonischen Hintergrund, von dem aus Dionysius argumentiert, vgl. den Kommentar bei Feltoe, 138.
110   So präzise beschrieben z.B. bei Lucr. II 219 (*spatio depellere paulum*); Cicero, fin. I 19 (BiTeu 8,20-24 SCHICHE); weitere Belege bei STÜCKELBERGER, Atomistik (wie Anm. 107), 2567 Anm. 18.

matik gewidmet[111]: Dionysius versucht zu zeigen, daß die verschiedenen Verbindungsformen von Atomen entweder unwillentlich zustande kommen (und dann einen weisen Demiurgen voraussetzen) oder eben willentlich (und dann θαυμάσιός τις αὐτῶν ἀρχιτέκτων dies alles geordnet hat)[112]. Auf das Argument Epikurs, daß es keinen Anfang solcher atomaren Bewegungen gebe, „weil die Atome ... von Ewigkeit her sind"[113], geht Dionysius nicht ein; kennt er es überhaupt? Auch für das – mindestens für heutigen Geschmack – größte Problem epikureischer Philosophie hat der alexandrinische Bischof kein Sensorium; ohne jede kritische Bemerkung teilt er mit, Epikur habe die Götter aus Atomen konstruiert und doch zugleich aus der Welt verbannt[114]. Anstelle einer philosophischen Diskussion versucht er die Absurdität dieser Theologie dadurch zu demonstrieren, daß er die Vorstellung von Nektar und Ambrosia aus Atomen lächerlich macht[115]. Nur an einer Stelle wird man erwägen, daß Dionysius je eine Zeile Epikurs gelesen hat; im neunten Fragment behauptet er, es fänden sich in den Werken Epikurs ständig die Schwüre μὰ Δία bzw. νὴ Δία und die Beschwörung πρὸς τῶν θεῶν[116] – dieser Vorwurf läßt sich zwar an den erhaltenen Papyrus-Fragmenten aus Epikurs περὶ φύσεως jetzt wunderbar bestätigen[117], dürfte aber aus der paganen Epikurpolemik stammen. Dasselbe scheint mir für eine Passage aus dem vierten Fragment zu gelten, wo Dionysius mit aller Ironie ein Bild der Welt aus Atomen zeichnet; dort findet sich das wunderbare Bild einer wundervollen Demokratie von Atomen, die einander in Freundschaft begegnen und ein gemeinsames Haus bewohnen[118]. Dieses Bild scheint Dionysius so begeistert zu haben, daß er es im sechsten Fragment

---

111 Vgl. dazu M. BALTES, Zur Nachwirkung des Satzes Τὸ μακάριον καὶ ἄφθαρτον οὔτε αὐτὸ πράγματα ἔχει ..., in: ERLER / BEES (Hgg.), Epikureismus (wie Anm. 4), 93-108.

112 Eus., p.e. XIV 25,7 (328,10f.).

113 Epic., ep. ad Herod. apud Diogenes Laertius X 45 (515,12f.) = ARRIGHETTI, 44,5f. (S. 41); vgl. auch die Polemik gegen die Ordnung der Bewegungen der Himmelskörper durch ein „höheres Wesen" ebd. X 76/77 (530,5-11) = 76,10-77,5 (S. 67-69).

114 Eus., p.e. XIV 26,14 (334,5-7 = frgm. 301, S. 29f. USENER): ἡ γὰρ ἐκ τῶν ἀτόμων Ἐπικούρου θεογονία τῶν μὲν ἀπείρων κόσμων ἐξόριός ἐστιν, εἰς δὲ τὴν ἄπειρον ἀκοσμίαν πεφυγάδευται; vgl. für die betreffenden Probleme der epikureischen Theologie J. MANSFELD, Aspects of Epicurean Theology, Mn. 46, 1993, 172-210; G. PFLIGERSDORFFER, Cicero über Epikurs Lehre vom Wesen der Götter (nat. deor. 1,49), WSt 70, 1957, 235-253 und SCHMID, Epikur (wie Anm. 1), 735-739. Für die Vorstellung von ἄπειροι κόσμοι epikureisches Vergleichsmaterial bei USENER, Epicurea, nr. 301, S. 213.

115 Eus., p.e. XIV 27,9 (337,1f.).

116 Eus., p.e. XIV 27,10 (337,4f.); die Passage selbst als Testimonium bei USENER, Epicurea, nr. 389, S. 259.

117 Vgl. folgende Passagen aus περὶ φύσεως: Pap. Herc. 1148, fol. 13 I (27/18, Z. 3f., S. 258 ARRIGHETTI); Pap. Herc. 1479/1417, fol. 5 I (29/10, Z. 5, S. 297) und aus Briefen: ep. ad Dosit. apud Plut., mor. 73,20 (1101 A [BiTeu VI/2, 158,5 POHLENZ] = 120 USENER = 40 Z. 5, S. 386 ARRIGHETTI) sowie ep. ad Idomen. apud Philodem, pragm. 26 (52 Z. 5, p. 392); vgl. den Kommentar bei ARRIGHETTI, S. 551.

118 Eus., p.e. XIV 25,9 (328,25-329,1) = frgm. 4 FELTOE: θαυμαστή γε τῶν ἀτόμων ἡ δημοκρατία, δεξιουμένων τε ἀλλήλας τῶν φίλων καὶ περιπλεκομένων εἰς μίαν τε κατασκηνοῦν συνοικίαν ἐπειγομένων – diese Vorstellung findet sich nicht in den erhaltenen Epikurfragmenten.

sogleich auf die Sterne anwendete, die – so ironisiert er die epikureische Astronomie – in friedvoller Gemeinschaft die von ihnen als „von königlichen Atomen" (ὑπὸ τῶν βασιλίδων ἀτόμων[119]) selbst gesetzten Regeln beachten. Man
könnte an dieser Stelle natürlich die Frage diskutieren, ob Dionysius damit
nicht auch implizit den Versuch des Origenes, pagane philosophische Theorien
über das Leben und die Natur der Sterne in eine christliche Theologie zu integrieren[120], angriff – aber solche Fragen der theologiegeschichtlichen Einordnung des alexandrinischen Bischofs Dionysius sind an anderer Stelle zu verhandeln[121]. Das gilt auch für die These, daß das christliche πρόνοια-Konzept
des Autors sich fundamental von dem seines Lehrers Origenes unterscheidet[122].
     Unsere bisherige Interpretation der Schrift des alexandrinischen Bischofs
als eines Werkes, das eher ein argumentatives Arsenal für die christliche Mis-
sion zusammenstellen will und kaum epikureische Argumente präzise referiert
und widerlegt, bestätigt sich vor allem im achten Fragment, das mit der reichlich geschmacklosen Frage eröffnet wird, wieviel Atome der Vater Epikurs
verlor, als er seinen Sohn zeugte[123]. Wenn Eusebius an dieser Stelle nicht gekürzt hat, haben wir in diesem Fragment auch den etwas hilflosen Versuch
erhalten, die beiden Themata des Werkes περὶ φύσεως zu verbinden: Die Frage,
woher die Atome stammten, aus denen der im Mutterleib heranwachsende
Epikur gebildet wurde, bringt Dionysius auf die These, daß der gesamte
menschliche Leib nur aufgrund der πρόνοια zustandekommt und beieinander
bleibt und man dies an ihm wie an seinen Teilen auch erkennen könne[124]. Gott
schuf einen wohlgestalten Leib; es handelt sich nicht um eine vernunftlose

---

[119] Eus., p.e. XIV 25,13 (330,4; Feltoe erläutert S. 146 z.St. zutreffend: „as if some of the atoms were
       regal in power"); für die epikureische Position vgl. Epic., ep. ad Herod. apud Diogenes Laer-
       tius X 77 (530,9-17) und ep. ad Pythoc. 92/93 (536,21-537,20) = ARRIGHETTI, 92,1-93,12 bzw. (S.
       69/83-85) und das Referat bei H. V. ARNIM, SVF II, 687.

[120] A.B. SCOTT, Origen and the Life of the Stars. A History of an Idea, Oxford Early Christian
       Studies, Oxford 1994 (= 1991), 113-149.

[121] Man müßte dann freilich bedenken, daß die Stellung des Origenes von Theologen seiner
       Tradition sehr unterschiedlich interpretiert wurde: Während Ambrosius von Mailand die An-
       sichten des Origenes übernommen hat (Ambr., ep. Sir. [PL 16, 1121f. = CSEL 82/3, 296-301
       ZELZER]), distanzierten sich Basilius (hex. III 9 [PG 29, 75 A]) und Didymus (trin. I 32 [BKP 44,
       214,1-8 HÖNSCHEID]) von ihr; vgl. Greg. Naz., or. 38,9 (SC 358, 120,6-9 MORESCHINI)/ 45,5 (PG
       36, 629 B) und SCOTT, Origen (wie Anm. 120), 166.

[122] So BIENERT, Dionysius (wie Anm. 90), 114f. Bienert beruft sich bei seiner Argumentation auf
       das Bild, das KOCH [Pronoia (wie Anm. 68)] von der πρόνοια-Konzeption des Origenes ge-
       zeichnet hat. Selbst wenn man diese Monographie nicht in allen Punkten für überzeugend
       hält, kann Bienerts These m.E. auch mit veränderter Begründung beibehalten werden – dies
       ist freilich an anderer Stelle weiterzuverfolgen.

[123] Eus., p.e. XIV 26,2 (331,14f.) = frgm. 8 FELTOE; epikureisches Vergleichsmaterial bei USENER,
       Epicurea, nr. 178, p. 155.

[124] Eus., p.e. XIV 26,2-4 (331,15-332,9) = frgm. 8 FELTOE. Feltoe illustriert in seinen Kommentarno-
       ten den platonischen Hintergrund dieser Argumentation, der bis in die Wortwahl prägt (S.
       150): Phaed. 96 B und Tim. 70 A.

Ansammlung von Atomen[125]. Auch dieser als Erweis göttlicher πρόνοια verwendete Hinweis auf die wohlgestalte Existenz der Menschen gehört natürlich zum traditionellen Arsenal jüdisch-christlicher Apologetik seit biblischen Tagen. Auch der Versuch, diejenigen griechischen Philosophen, die die πρόνοια leugnen, mit Homer[126] und der Etymologie des Wortes θεός zu widerlegen[127], ist vollkommen traditionell.

Es mag an der Auswahl des Eusebius liegen, daß man als heutiger Leser der bei ihm aufbewahrten Fragmente der Schrift des alexandrinischen Bischofs Dionysius den Eindruck gewinnt, auch dieser habe sein Wissen über die epikureische Philosophie weniger aus deren Originalquellen als vielmehr aus platonischen und stoischen Handbüchern und gängigen antiepikureischen Polemiken bezogen[128]. Selbst wenn dieser Eindruck, den man aufgrund der wenigen Fragmente gewinnt, zutrifft, wäre er kaum verwunderlich – angesichts des Unterrichtsprogramms des Origenes, der epikureische Texte ja bewußt ausblendete, wäre leicht verständlich, warum auch sein Schüler und Nachfolger in der Leitung des kirchlichen Unterrichtes in Alexandria kein sonderliches Schwergewicht auf epikureische Texte legte, weder in der eigenen Ausbildung noch in der literarischen Information für seine Leser. Im Vergleich zu Origenes ist interessant, daß natürlich auch sein Schüler Dionysius für die christliche Vorstellung einer πρόνοια Gottes argumentiert, aber diese Argumentation systematisch gründlicher als sein Lehrer anlegt. Dionysius erkannte offenbar deutlicher als Origenes, daß Polemik gegen epikureische Theologie – systematisch betrachtet – eine Behandlung der epikureisch-demokritischen Atomistik voraussetzt, die Origenes in seiner Schrift gegen Celsus gar nicht in den Blick nimmt. Dionysius von Alexandrien hat offenbar bemerkt, daß der epikureische Angriff auf die πρόνοια nur zu widerlegen war, wenn man sich grundsätzlicher mit den kosmologischen und physikalischen Rahmentheorien dieser Philosophie auseinandersetzte. Man darf freilich mindestens fragen, ob der Bischof für ein solches grundsätzliches Unternehmen überhaupt genügend vorbereitet war, d.h. die Philosophie Epikurs genügend kannte und über eine so breit entfaltete und gut argumentierte philosophische Theologie wie sein Lehrer verfügte. Wir sahen, daß an beiden Voraussetzungen mit Fug und

---

[125]   Eus., p.e. XIV 26,10 (333,10-13): καθόλου δὲ καὶ συλλήβδην ὅλον τοῦτο τὸ σκῆνος τίς τοιοῦτον ἐσκηνοποίησεν, ὑψηλόν, ὀρθόν, εὔρυθμον, εὐαίσθητον, εὐκίνητον, εὐεργόν, παντουργόν; ἤ τῶν ἀτόμων ἄλογος, φασί, πληθύς.

[126]   Eus., p.e. XIV 27,8 (336,5f.) = Homer, Od. VIII 325 = frgm. 9 FELTOE.

[127]   Eus., p.e. XIV 27,8 (336,6-14); Vergleichsmaterial bei FELTOE, 159 (Kommentar zu Z. 7) und USENER, Epicurea, nr. 364, S. 242.

[128]   Eine ausführliche Interpretation der bei Johannes von Damascus erhaltenen Fragmente des Buches könnte allerdings wahrscheinlich zeigen, daß das philosophische Argumentationsniveau der Schrift an gewissen Stellen deutlich höher war, vgl. vor allem Jo. Dam. frgm. 365 (= Cod. Vat. Graec. 1553, fol. 274r; S. 148 HOLL) zu Fragen der Erkenntnistheorie. Aber hier sind nur Fragmente ausgeschnitten worden, die Positionen des Dionysius referieren; ihre antiepikureische Spitze müßte erst rekonstruiert werden. – ROCH hat in seiner Leipziger Dissertation diese Texte leider nicht behandelt (Schrift [wie Anm. 92], 28), zudem verweist er auf Fragmente im Vat. Graec. 1553, die ihm nicht zugänglich gewesen seien (ebd.).

Recht gezweifelt werden darf; im Vergleich zu seinem Lehrer war Dionysius theologisch viel weniger originell und griff auf traditionelle Schemata jüdisch-christlicher Apologetik zurück. Aber auf der anderen Seite bezeugt Dionysius trotz solcher Defizite wieder die Lebendigkeit epikureischen Denkens in der hohen Kaiserzeit.

Für einen ähnlich ausführlichen Durchgang durch die weitere Geschichte der origenistischen Theologie fehlt hier nicht nur der Raum, sondern sind leider auch weitgehend die Quellen verloren gegangen. Die spannende Frage, wie *Eusebius*, ein hochgelehrter Enkelschüler des Origenes im palästinischen Caesarea, mit Texten und Themen epikureischer Philosophie in seiner großen *Praeparatio Evangelica* umgeht, muß ich hier ausblenden. Wir werden uns vielmehr auf zwei der sogenannten großen Kappadozier konzentrieren, auf *Basilius von Caesarea* und seinen Freund *Gregor von Nazianz*, und dies einfach deswegen, weil sie das bisherige Bild vom Thema „Epikureismus bei Origenes und in der origenistischen Tradition" noch um eine wichtige Note ergänzen. Für beide Mönchstheologen aus der zweiten Hälfte des vierten Jahrhunderts gilt nämlich, daß sie einen – im Vergleich mit vielen anderen antiken christlichen Autoren – überraschend unbefangenen Umgang mit Vertretern und Positionen epikureischer Philosophie pflegen; uns interessiert, ob für die Erklärung dieses Befundes nur biographische oder auch inhaltliche Gründe heranzuziehen sind, die in der Theologie dieser Mönchstheologen des vierten Jahrhunderts liegen.

Basilius von Caesarea zählt zu einer hochgebildeten Schicht von Mönchstheologen und Kirchenführern des vierten Jahrhunderts aus den Oberschichten des Reiches; er hatte zur Jahrhundertmitte in Konstantinopel und Athen studiert[129], wurde im Herbst 370 zum Bischof im kappadozischen Caesarea gewählt und amtierte damit als Metropolit der Kirchenprovinz Kappadozien. Und obwohl man nahezu sicher sein kann, daß Basilius vor allem während seiner Studientage in Konstantinopel und Athen reichlich Gelegenheit hatte, den Epikureismus mindestens auf dem Niveau doxographischer Handbücher kennenzulernen, spielt er in seinem reichen Œuvre eine ganz geringe Rolle[130] – vielleicht muß man dies auch als eine Folge des auf Origenes zurückgehenden Anathems ansprechen. Natürlich kann man im strengen Sinne nicht ausschließen, daß Basilius vor allem im ethischen Bereich einzelne Ansichten der Begegnung mit epikureischer Philosophie verdankt, ohne daß er dies nun explizit sagt, aber es ist wenig wahrscheinlich[131]. Ältere Anregungen, seine asketischen

---

129   W.-D. HAUSCHILD erwägt in seinem Art. Basilius von Cäsarea (TRE V, 1980 = 1993, [296-313] 302) für diese beiden Bildungsabschnitte eine Datierung auf die Jahre 346-350 und 350-356.

130   Die von SCHMID (Epikur [wie Anm. 1], 804) genannten Passagen aus Homilien des Basilius (invid. 5 [PG 31, 381 C-D] und ascet. 1,2 [31, 873 A/B] sowie 2,2 [885 C]) sind nicht in besonderer Weise auf Epikur bezogen.

131   So ist mir durchaus fraglich, ob Basilius tatsächlich den Gedanken, daß die Guten den Neid nicht verdienen, während die Schlechten eher Mitleid als Neid verdienen, in seiner genannten Homilie (invid. 5) so formelhaft ausdrückt, wie sich dies im *Gnomologium Vaticanum* Nr. 53 (S. 151 ARRIGHETTI) findet. Die zweite Hälfte des Gedankens finde ich so bei Basilius gar nicht; im Zuge seiner eher sozialkritischen Einstellung erwägt Basilius, ob nicht „der Reichtum ein Rei-

Schriften auf mögliche Epikur-Anspielungen durchzusehen[132], verdanken sich eher der Euphorie der religionsgeschichtlichen Schule beim Auffinden von Parallelen, wobei gelegentlich Konvergenzen mit direkten historischen Abhängigkeiten verwechselt wurden. Der Name „Epikur" fällt im ganzen Werk nicht; einschlägige und eindeutige Belege findet man nicht zufälligerweise in der reichen Korrespondenz des Metropoliten, und sie sind die einzigen bisher identifizierten, wenn man von knappen polemischen Stereotypen absieht[133]. In einem Freundschaftsbrief spielt Basilius – wie Peter von der Mühll[134] erstmals beobachtet hat – auf den Brief an, den Epikur kurz vor seinem Ende an Idomeneus schrieb[135]. Aber angesichts der reichen Belege für antike Anspielungen auf diesen Brief, die beispielsweise Usener gesammelt hat und die sich noch leicht ergänzen lassen[136], darf man diesen einen Beleg auch nicht überschätzen; er liegt auf derselben Ebene wie ein Echo des berühmten Λάθε βιώσας im Briefwechsel[137]. Solche Anspielungen zeigen immerhin, daß es unter den origenistischen Theologen neben aller Auseinandersetzung mit epikureischer Philosophie auch eine schlichte Rezeption ihrer Texte als rhetorische oder stilistische Vorbilder gab.

Zum Schluß dieses kurzen Durchgangs durch einige Theologen der origenistischen Schule wollen wir uns dem Freund des Basilius zuwenden, *Gregor von Nazianz*, einem hochgebildeten Theologen und Kirchenführer, der im zweiten Drittel des vierten Jahrhunderts im heimatlichen Nazianz in Kappadozien, im kappadozischen wie palästinischen Caesarea, in Alexandrien und Athen ausgebildet wurde, dann in asketischer Zurückgezogenheit lebte und schließlich für stürmische vier Jahre als Bischof der kaiserlichen Residenzstadt Kon-

---

segeld auf dem Weg zur Ungerechtigkeit sei" (ebd. [PG 31, 381 A]), dann sei *der Reiche* zu bedauern. Man müßte dann wenigstens von einer Konkurrenzbildung sprechen. – Ebenso problematisch ist SCHMIDS zweiter Beleg: Natürlich wendet sich Basilius in seinem *Asceticon magnum* an diversen Stellen mehrfach gegen μετεωρισμός (z.B. in asc. 1,2 [PG 31, 873 A] in einer Reihe mit Ὀργὴ καὶ φθόνος, καὶ μνησικακία, ψεῦδος καὶ ὑπερηφανία, μετεωρισμὸς καὶ ἀκαιρολογία, προσευχῶν ἀργία), aber ich habe Mühe, die Bedeutung dieses Begriffs in der epikureischen Ethik zu belegen.

[132] So z.B. H. USENER (bei A. KÖRTE, Metrodori Epicurei Fragmenta, Neue Jahrbücher. Suppl. 17, 1890, [531-591] 573 Anm. 1).

[133] Vgl. z.B. Bas., spir. 17,42 (FC 12, 202,10 PRUCHE / SIEBEN): Zusammen mit denen, die in der Trinität zählen (und damit trennen, was zusammengehört), soll man doch gleich Stoiker und Epikureer nennen!

[134] Bas., ep. 11 (CUFr I, 41,1f. COURTONNE = Corona Patrum 1, 118,1f. FORLIN PATRUCCO): τῇ τοῦ θεοῦ χάριτι ... ἑορτάσαντες; vgl. P. VON DER MÜHLL, Basilius und der letzte Brief Epikurs, MH 12, 1955, 47-49 sowie H.D. SAFFREY, Homo bulla. Une image épicurienne chez Grégoire de Nysse, in: J. FONTAINE / CH. KANNENGIESSER (Hgg.), Epektasis. Mélanges patristiques offerts au Cardinal Jean Daniélou, Paris 1972, (533-544) 544 und SCHMID, Epikur (wie Anm. 1), 783.

[135] Überliefert bei Diogenes Laertius X 22 (504,4-10 = nr. 45, S. 389 ARRIGHETTI = nr. 138, S. 143 USENER).

[136] USENER, Epicurea, 143f.

[137] Vgl. frgm. 551, S. 326,23 USENER Λάθε βιώσας mit Bas., ep. 9,4 καὶ ἅμα τὸ λαθεῖν βιώσαντες (40,26 COURTONNE = 116,7f. FORLIN PATRUCCO).

stantinopel amtierte[138]. In einem seiner Gedichte, mit denen der gealterte Gregor u.a. der Jugend christliche Lehren in eingängiger Diktion nahebringen wollte[139], nämlich der iambischen Diatribe über die Tugend (CPG II, 3035[140]), bezieht sich Gregor in überraschend positiver Weise[141] auf ein zentrales Element der Philosophie Epikurs[142]:

Ἐπίκουρος ἡδονὴν μὲν ἠγωνίζετο |
εἶναι τὸ ἆθλον τῶν ἐμοὶ πονουμένων, |
εἰς ἣν τελευτᾷ πάντα [τ'] ἀνθρώπων καλά. |
Ὡς ἂν δὲ μὴ δόξειεν ἡδονῇ τινι |
ταύτην ἐπαινεῖν, κοσμίως καὶ σωφρόνως |
ἔζη, βοηθῶν ἐκ τρόπου τῷ δόγματι.

Die Versicherung, daß Epikur persönlich „anständig und züchtig" lebte und so mit seiner Haltung „seine Lehre stützte", überrascht angesichts der schroff polemischen Bezüge bei Origenes und Dionysius von Alexandrien einerseits und der vornehmen Nichterwähnung bei Basilius andererseits. Ist sie repräsentativ für das Œuvre Gregors? Wenn man Gregors Reden durchsieht, fällt zunächst auf, daß er – ganz im Gegensatz zu Origenes – den Epikureismus nicht aus der Reihe der philosophischen Schulen als eine Pseudo-Philosophie ausgrenzt: So erklärt er in seiner Trauerrede auf seinen als Arzt und Beamten tätigen und recht prominenten jüngeren Bruder Caesarius[143] (etwa 368/369 n.Chr.), dieser könne sich nun zwar nicht mehr „mit Aussprüchen von Plato, Aristoteles, Pyrrhon, Demokrit, Heraklit, Anaxagoras, Kleanthes und Epikur und irgendwelchen Worten der ehrwürdigen Stoa und Akademie schmücken", aber er müsse sie eben auch nicht mehr widerlegen[144]. Auf der anderen Seite polemisiert er in einer ganz vertrauten Weise gegen den „Atheismus des

---

[138] Erste Informationen bei J. MOSSAY, Art. Gregor von Nazianz, in: TRE XIV, 1985 = 1993, 164-173.

[139] So Greg. Naz. selbst in carm. II 1,39 Zz. 33-57 (PG 37, 1331-1333); vgl. B. WYSS, Art. Gregor II (von Nazianz), in: RAC XII, 1983, (793-863) 808f.

[140] Greg. Naz., carm. I 2,10 (PG 37, 680-752); neue Edition Gregorio Nazianzeno, Sulla Virtù, carme giambico [I,2,10], Introduzione, testo critico e traduzione di C. CRIMI, commento di M. KERTSCH, appendici a cura di C. Crimi e José Guirau, Poeti Cristiani 1, Pisa 1995.

[141] Vgl. SCHMID, Epikur (wie Anm. 1), 804: „Zu dem früher über eine Epikurreminiszenz bei Basilius Bemerkten fügt sich gut, daß sein einstiger Studiengenosse, Gregor von Nazianz, (...) die Sophrosyne E[pikur]s zu rühmen wagt und bemerkt, der Hedoniker habe in seinem System die Lust (ἡδονή) als ‚Kampfpreis der Mühen' (τὸν ἆθλον τῶν ... πονουμένων) gefaßt, sie nicht aus Gründen der Annehmlichkeit (ἡδονῇ τινι) gelobt, und so könne E[pikur]s Lebens u[nd] Sinnesart seiner Lehre zur Empfehlung dienen (βοηθῶν ἐκ τρόπου τῷ δόγματι)"; zitiert im Kommentar von M. KERTSCH z.St., S. 342. Auf die Stelle, die bei Usener fehlt, hat wohl erstmals WILAMOWITZ-MOELLENDORFF hingewiesen: Commentariolum Grammaticum III (1889), in: DERS., Kleine Schriften Bd. 4, Berlin 1962, (635-639) 635.

[142] Greg. Naz., carm. I 2,10 Zz. 787-792 (PG 37, 736 A – 737 A = 170 CRIMI / KERTSCH).

[143] Vgl. dafür M.M. HAUSER-MEURY, Prosopographie zu den Schriften Gregors von Nazianz, Theoph. 13, Bonn 1960, s.v. sowie O. SEECK, Caesarius 3) von Nazianz, in: PRE III/1, 1897, 1298-1300.

[144] Greg. Naz., or. 7,20 (SC 405, 230,22-232,27 CALVET-SEBASTI): Οὐ καλλωπιεῖται τοῖς Πλάτωνος καὶ Ἀριστοτέλους καὶ Πύρρωνος καὶ Δημοκρίτοις δή τισι καὶ Ἡρακλείτοις, καὶ Ἀναξαγόραις,

misiert er in einer ganz vertrauten Weise gegen den „Atheismus des Epikur, die Atomenlehre und die eines Philosophen unwürdige Konzeption der ἡδονή"[145], nennt die Atomistik mit einer biblischen Phrase ein „Altweibermärchen" (1Tim 4,7)[146]. In einem Kapitel seiner ersten Rede gegen Julian, das von grober Polemik gegen die Lebensführung griechischer Philosophen geprägt wird, ist in der Philosophie des Epikur „die ἡδονή das einzige Gut"[147]. Diese und andere Stellen, an denen Gregor in ganz traditioneller Weise polemisiert, zeigen[148], daß man nicht einfach so, wie es Wolfgang Schmid in seinem verdienstvollen Epikur-Artikel getan hat, zusammenfassend sagen kann, daß sowohl Basilius wie sein Freund Gregor von Nazianz „eine im christl[ichen] Lager ungewohnte Achtung vor dem Menschen Epikur" bekundeten[149]. Man wird als Ergebnis unseres Durchgangs durch das Material allenfalls sagen können, daß sich zwischen ihrer vollkommen konventionellen Polemik offenbar Reste einer ausführlicheren, vielleicht sogar gemeinsamen Beschäftigung mit dem Epikureismus in der Studienzeit erhalten haben. Mehr als Reste sind es aber nicht, denn diese Philosophie bildet für die beiden kappadozischen Theologen ja längst keinen wichtigen aktuellen Gesprächspartner oder einen gefährlichen und schon dadurch bedeutsamen Gegner mehr, sondern lediglich ein Gespenst aus der Vorzeit, das mit den ritualisierten Formeln der Häretikerpolemik gebannt wird.

Unser Durchgang durch das in der bisherigen Sekundärliteratur nicht einmal im Ansatz erschöpfte Thema „Epikureismus bei Origenes und in der origenistischen Tradition" bleibt Fragment, weil die westliche Gruppe der von Origenes geprägten Theologen, also vor allem *Ambrosius*[150] und *Hieronymus*, hier nicht mehr dargestellt wird. Freilich kann man vor allem bei Hieronymus, einem westlichen Theologen, der einerseits tief von Origenes beeinflußt war, aber auf der anderen Seite auch in sehr deutlicher Weise gegen ihn agitierte[151], mit guten Gründen fragen, ob die in unserem Zusammenhang einschlägigen Passagen aus Kommentaren des Hieronymus auf Origenes zurückgehen[152] –

Κλεάνθαις τε καὶ Ἐπικούροις, καὶ οὐκ οἶδ' οἶστισι τῶν ἐκ τῆς σεμνῆς Στοᾶς καὶ Ἀκαδημίας; Ἀλλ' οὐδὲ φροντίσει ὅπως διαλύσῃ τούτων τὰς πιθανότητας.

145 Greg. Naz., or. 27,10 (SC 250, 94,6f. GALLAY / JOURJON = FC 22, 8f. GALLAY / JOURJON / SIEBEN): βάλλε μοι (...) Ἐπικούρου τὴν ἀθείαν καὶ τὰς ἀτόμους καὶ τὴν ἀφιλόσοφον ἡδονήν.

146 Greg. Naz., or. 28,8 (114,10f. GALLAY / JOURJON = 106,14f. GALLAY / JOURJON / SIEBEN).

147 Greg. Naz., or. 4,72 (SC 309, 186,12-14 BERNARDI): καὶ τῆς Ἐπικούρου φιλοσοφίας, οὐδὲν ὑπὲρ τὴν ἡδονὴν ἀγαθὸν ὁρίσαντος.

148 Vgl. die Aufstellung bei WYSS, Gregor (wie Anm. 139), 829f. und seine *conclusio*: „Ob G[regor] Schriften Epikurs selber gelesen hat, muß offen bleiben".

149 WYSS, Gregor (wie Anm. 139), 830.

150 Zu den Beziehungen zwischen Ambrosius und Origenes vgl. CH. MARKSCHIES, Ambrosius und Origenes, in diesem Sammelband, 195-222; für den Umgang mit Epikur G. MADEC, Saint Ambroise et la Philosophie, EAug, Paris 1974, 87f. 138f. und 264.

151 E.A. CLARK, The Origenist Controversy. The Cultural Construction of an Early Christian Debate, Princeton 1992, 121-151 (Lit.!).

152 Vgl. z.B. Hier., ep. 50,5 (CSEL 54, 394,18); adv. Iov. II 38 (PL 23, 349 A), in Eccl. 9 (PL 23, 1138 C) und Is. XI 39,16 (PL 24, 395 B); vgl. SCHMID, Epikur (wie Anm. 1), 795.

wir wären somit wieder am Ausgangspunkt unserer Darstellung angelangt und können schließen.

Schlußbemerkungen

In seinem äußerst gründlichen Epikur-Artikel im „Reallexikon für Antike und Christentum" hat Wolfgang Schmid zusammenfassend formuliert, was eigentlich Ergebnis einer noch zu schreibenden Monographie zum Thema „Epikureismus und antike christliche Theologie" sein sollte (wir haben einen kleinen Baustein für eine solche künftige Gesamtdarstellung vorgelegt):

> „In der Weise, wie man von einem Stoizismus u(nd) erst recht von einem Platonismus der Väter sprechen kann, läßt sich das Vorhandensein eines ‚Epikureismus der Väter' nicht behaupten. Denn auch bei denjenigen christl(ichen) Denkern, die auf längere Strecken hin zu ‚epikureisieren' scheinen, wird zumeist der Punkt bald genug erreicht, wo sich das epikureische Element als nur zeitweiliges oder untergeordnetes Vehikel der Denkbewegung herausstellt"[153].

Wir haben in unserer Untersuchung zu zeigen versucht, daß dieses etwas lineare Bild noch viel weiter differenziert werden muß. Wir haben weder bei Origenes noch bei Theologen, die sich seinem Denkansatz verbunden fühlten, beobachten können, daß sie in Schmids Sinne „epikureisieren". Die etwas offenere Einstellung der beiden kappadozischen Freunde Basilius und Gregor hatten wir als Reminiszenz an die gemeinsame Studienzeit zu erklären versucht, sie hat auch mehr formale Bedeutung als rhetorisches Stilmittel denn Folgen für die Theologie dieser Bischöfe. Aber wenn man Clemens von Alexandrien als den eigentlichen Ahnherrn dieser Form von Theologie hinzunimmt, wandelt sich das Bild noch einmal: Innerhalb dieser theologischen Richtung, die sich um nach antiken Maßstäben wissenschaftliche Theologie in Auseinandersetzung mit den Standards der Zeit bemühte, kann man sowohl eine explizite Verwendung Epikurs für die eigene Argumentation wie eine energische Bekämpfung und schroffe Polemik finden. Mir scheint, daß die zunehmend schroffere Haltung gegenüber Epikur und das schließliche Auslaufen der theologischen Auseinandersetzung in reiner Polemik gegen ein Gespenst wesentlich dadurch zu erklären ist, daß sich die alexandrinische Theologie immer stärker am Mittel- und Neuplatonismus orientiert hat und schon deswegen alle ihre eklektizistischen Anfänge und Experimente weit hinter sich lassen mußte. Auf der anderen Seite aber hat man es bei allen Theologen, die uns beschäftigt haben, mit Individuen zu tun, deren Umgangsweise mit dem Epikureismus nicht einfach in eine Entwicklung verrechnet werden kann, sondern eigene Akzente zeigt. Daran wird deutlich, daß weder die origenistischen Theologen des dritten noch die des vierten Jahrhunderts im Blick auf ihre Einstellung zu Epikur einfach bruchlos dem verehrten Meister folgten – und eine Untersu-

---

[153] SCHMID, Epikur (wie Anm. 1), 816.

chung des Themas „Epikureismus bei Origenes und in der origenistischen Tradition" ein weiteres Beispiel dafür bietet, daß auch in den christlichen Schulzusammenhängen der Antike dieselbe freie Traditionsweitergabe üblich war wie im Bereich einzelner paganer Philosophenschulen[154]. Wir treffen also am Ende einer Beschäftigung mit Origenes und den origenistischen Theologen nicht nur auf viele eher bekümmerliche Züge einer wenig soliden Auseinandersetzung mit einer anregenden antiken philosophischen Richtung, sondern auch auf viele deutliche Zeichen dafür, daß die antiepikureische Polemik der christlichen Theologen im Kontext paganer antiepikureischer Polemik gesehen werden muß.

---

[154] Vgl. dafür zuletzt CH. MARKSCHIES, Lehrer, Schüler, Schule: Zur Bedeutung einer Institution für das antike Christentum, in: U. EGELHAAF-GAISER / A. SCHÄFER (Hgg.), Religiöse Vereine in der römischen Antike. Untersuchungen zu Organisation, Ritual und Raumordnung, STAC 13, Tübingen 2002, 97-120.

Valentinianische Gnosis in Alexandrien und Ägypten

Über die „Valentinianische Gnosis in Alexandrien und Ägypten" sprechen zu wollen, ist ein wenig verwegen. Wenn wir nämlich das vorhandene Quellenmaterial nüchtern bilanzieren, dann haben wir es mit einer außerordentlich schmalen und unsicheren literarischen Überlieferung für unser Thema zu tun: So existieren nur ganz wenige prosopographische Nachrichten. Von den meisten Valentinianern wissen wir nicht präzise, wann sie wo und in welchen Kontexten ihre Jahre zugebracht haben. Die doxographischen Nachrichten sind, wie wir in den letzten Jahren immer deutlicher wahrnehmen, von außerordentlich spannenden häresiologischen Konzepten überformt[1]. Ein ehrliches Interesse, die interne systematische Logik, die hinter den valentinianischen Mythen steht, der Nachwelt zu überliefern, und sei es zum Zwecke der Widerlegung, kann man einem Irenaeus, Tertullian oder Epiphanius nicht bescheinigen. Viel eher waren diese Autoren daran interessiert, durch möglichst ausführliche Referate des wirren „Götterschwarms" der Valentinianer[2] deren Theologie als bar jeder Logik zu demaskieren. Sodann existieren einige Fragmente der valentinianischen Gnosis, aber ihre Interpretation ist wie schon im neunzehnten Jahrhundert so auch in den letzten Jahren wieder umstritten. Und schließlich überliefert uns der Bibliotheksfund von Nag Hammadi Schriften, deren Zuordnung zur valentinianischen Gnosis erst einmal begründet werden muß[3] und deren Datierung in aller Regel vollkommen hypothetisch ist: Das einzige wirklich sichere Datum in diesem chronologischen Treibsand ist für die meisten Texte der Zeitpunkt ihrer Abschrift in die wunderschönen Ledercodices der Bibliothek, also das vierte Jahrhundert. Wohl werden trotz dieser mehr als bescheidenen Quellenlage immer wieder vergleichsweise schlichte Entwicklungsgeschichten der valentinianischen Gnosis vorgelegt – beliebt ist beispielsweise die Rede von einer allmählichen „Verkirchlichung" oder „Verchristlichung" der Bewegung[4], wobei man sich dann fragt, an *welche* Kirche

---

[1]   A. LE BOULLUEC, La notion d'hérésie dans la littérature grecque IIᵉ-IIIᵉ siècles, 2 Bde., EAug, Paris 1985; J. MANSFELD, Heresiography in Context. Hippolytus' Elenchus as a Source for Greek Philosophy, PhA 56, Leiden 1992; C. OSBORNE, Rethinking early Greek philosophy. Hippolytus of Rome and the Presocratics, London 1987; A. POURKIER, L'hérésiologie chez Épiphane de Salamine, ChrAnt 4, Paris 1992 (Frau POURKIER setzt bestimmte Thesen ihres Lehrers NAUTIN voraus: K.-H. UTHEMANN, Rez. Pourkier, in: BZ 86/87, 1994, 135f.).

[2]   So Tert., Val. 3,3 und 7,8 (SC 280, 84,13 bzw. 96,53 FREDOUILLE).

[3]   Ausführlicher: H. STRUTWOLF, Gnosis als System. Zur Rezeption der valentinianischen Gnosis bei Origenes, FKDG 56, Göttingen 1993, 19-23.

[4]   Ein repräsentatives Beispiel für diese Tendenz ist die Darstellung der Entwicklungsgeschichte der valentinianischen Gnosis bei STRUTWOLF, Gnosis (wie Anm. 3), 27-209.

oder *welches* Christentum sich die Valentinianer angenähert haben sollen. Im Kern handelt es sich bei diesem Modell der „Verkirchlichung" oder „Verchristlichung" auch nur um die Applikation einer bestimmten Rahmentheorie von einer vor- bzw. nichtchristlichen Gnosis auf valentinianische Texte bzw. deren chronologische oder systematische Anordnung nach eben diesem Modell. Ebenso gut könnte man behaupten, daß sich vielmehr ein allgemeiner Konsolidierungsprozeß der christlichen Theologie im zweiten und dritten Jahrhundert, die allmähliche Verwissenschaftlichung und Normierung bestimmter Standards, auch in der valentinianischen Gnosis spiegelt.

Ich möchte heute nur versuchen, die wenigen prosopographischen und doxographischen Nachrichten über die valentinianische Gnosis in Ägypten einer etwas gründlicheren Durchsicht zu unterziehen und zusätzlich durch einige neue Beobachtungen zu Texten von Clemens und Origenes zu ergänzen, um mindestens einige Momentaufnahmen zur Entwicklung der valentinianischen Gnosis vorzustellen, wenn schon gegenwärtig keine wirklich zuverlässige Entwicklungsgeschichte der Bewegung geschrieben werden kann. Dabei beginne ich zunächst mit einem rein prosopographischen Durchgang und setze bei der Figur ein, die uns seit der Antike als ἥρως ἐπώνυμος der Bewegung präsentiert wird, bei Valentin, und behandle dann jeweils sehr knapp die Valentinianer Ambrosius, Candidus, Droserius, Heracleon und Theodotus. In einem zweiten Hauptteil wird dieser prosopographische Durchgang dann doxographisch vertieft. Ein Schlußabschnitt dieses Teils fragt, welche Bedeutung die gewonnenen Ergebnisse für unser Bild der Geistesgeschichte der Metropole und der Theologie des Origenes haben könnten.

Zur Prosopographie der Valentinianer in Alexandria und Ägypten

In den letzten Jahren ist es – nicht zuletzt mit Hilfe der Berner Dissertation von Peter Lampe über die stadtrömische Christenheit[5] und der Heidelberger Dissertation von Johannes Hahn über antike Berufsbilder von Philosophen[6] – gelungen, das bildungssoziologische Profil der sogenannten „valentinianischen Gnosis" mit größerer historischer Präzision nachzuzeichnen[7]. Dieses Profil muß daher auch den Rahmen bilden, in den die erhaltenen prosopographischen Nachrichten über die Valentinianer in Alexandria und Ägypten einge-

---

5   P. LAMPE, Die stadtrömischen Christen in den ersten beiden Jahrhunderten. Untersuchungen zur Sozialgeschichte, WUNT 2.R. 18, Tübingen 1989, 320-345.

6   J. HAHN, Der Philosoph und die Gesellschaft. Selbstverständnis, öffentliches Auftreten und populäre Erwartungen in der hohen Kaiserzeit, HABES 7, Stuttgart 1987.

7   Vgl. die bibliographischen Hinweise bei CH. MARKSCHIES, Valentinian Gnosticism: Toward the Anatomy of a School, in: J.D. TURNER / A.M. McGUIRE (Hgg.), The Nag Hammadi Library after Fifty Years. Proceedings of the 1995 Society of Biblical Literature Commemoration, NHS 44, Leiden 1997, 401-438, bes. 421-438.

zeichnet werden. Schon unsere erste ausführlichere erhaltene Quelle, das antihäretische Werk des Bischofs Irenaeus von Lyon, zeigt, daß sich die von ihm „Valentinianer" genannten Christen in Analogie zu den offenen Schulzirkeln freier philosophischer Lehrer als Gruppen innerhalb der christlichen Gemeinden um herausragende Lehrerpersönlichkeiten sammelten. Irenaeus war nach eigener Aussage auf ὑπομνήματα von Menschen gestoßen, die von sich selbst sagten, Schüler Valentins zu sein, nach Recherchen des Bischofs aber zum Umkreis des römischen Lehrers Ptolemaeus gehören[8]. Aus diesen ὑπομνήματα[9] der Ptolemaeus-Schüler zitierte Irenaeus offensichtlich das große Systemreferat zu Beginn seines antihäretischen Werkes, das wir mit Sagnard gewöhnlich „große Notiz" nennen[10]. Er entnahm den Werken der Schüler des Ptolemaeus aber auch die διαδοχή, mit deren Hilfe dieser Schülerkreis ganz nach dem Brauch zeitgenössischer philosophischer Zirkel[11] seine eigene Traditionsgeschichte rekonstruierte: Der Schülerkreis des Ptolemaeus stellte sich in eine Sukzessionskette, die auf den ebenfalls in Rom wirkenden Lehrer Valentinus führte[12].

Damit haben wir nun den bildungssoziologischen Rahmen skizziert, in dem wir die erhaltenen prosopographischen Nachrichten über Valentinianer in Alexandria und Ägypten diskutieren können. Der natürliche Einsatzpunkt einer solchen Debatte ist die bei Epiphanius erhaltene Nachricht, daß Valentinus aus Nordägypten stammte, in Alexandria ausgebildet wurde[13] und dort auch predigte, bevor er etwa um das Jahr 140 n.Chr., vielleicht auch schon früher, nach Rom wechselte[14]. Ich habe diese Informationen vor einigen Jahren in

---

[8] Iren., haer. praef. 2 (SC 264, 22,34f. und 22f.,44f. ROUSSEAU / DOUTRELEAU); vgl. dazu CH. MARKSCHIES, Nochmals: Valentinus und die Gnostikoi. Beobachtungen zu Irenaeus, haer. I 30,15 und Tertullian, Val. 4,2, VigChr 51, 1997, 179-187, 180f. und DERS., New Research on Ptolemaeus Gnosticus, ZAC 4, 2000, 225-254, 249-253. – Im Beitrag von J. HOLZHAUSEN, Irenäus und die Valentinianische Schule. Zur Praefatio von Adv. Haer. 1, VigChr 55, 2001, 341-355 wird aufgrund mangelnder Sensibilität für die historische Situation und für die Wege von Schulüberlieferungen im zweiten Jahrhundert im Text des Irenaeus eine Glosse postuliert. Auf diese Weise kommt man natürlich der Geschichte der valentinianischen Schule eher nicht auf die Spur.

[9] In der lateinischen Übersetzung: *commentarii*.

[10] F.M.M. SAGNARD, La gnose valentinienne et le témoignage de Saint Irénée, EPhM 36, Paris 1947, 31-291.

[11] W. V. KIENLE, Die Berichte über die Sukzessionen der Philosophen in der hellenistischen und spätantiken Literatur, Diss. phil. (masch.), Berlin 1959, 76-100. Natürlich spielt das Konzept auch bei Irenaeus selbst eine Rolle: BOULLUEC, notion (wie Anm. 1), 162-167 sowie POURKIER, L'hérésiologie (wie Anm. 1), 62f.

[12] Iren., haer. praef. 2 (SC 264, 22f.,45 ROUSSEAU / DOUTRELEAU).

[13] Epiph., haer. 31,2,2f. (GCS Epiphanius I, 384,4-11 HOLL): τὴν μὲν οὖν αὐτοῦ πατρίδα ἢ πόθεν οὗτος γεγέννηται, οἱ πολλοὶ ἀγνοοῦσιν· οὐ γάρ τινι ῥᾴδιον τῶν συγγραφέων μεμέληται τούτου δεῖξαι τὸν τόπον. εἰς ἡμᾶς δὲ ὡς ἐνηχήσει φήμη τις ἐλήλυθε· διὸ οὐ παρελευσόμεθα, καὶ τὸν τούτου τόπον μὴ ὑποδεικνύντες, ἐν ἀμφιλέκτῳ μέν (εἰ δεῖ τὰ ἀληθῆ λέγειν), ὅμως τὴν εἰς ἡμᾶς ἐλθοῦσαν φάσιν οὐ σιωπήσομεν, ἔφασαν γὰρ αὐτόν τινες γεγεννῆσθαι Φρεβωνίτην, τῆς Αἰγύπτου Παραλιώτην, ἐν Ἀλεξανδρείᾳ δὲ πεπαιδεῦσθαι τὴν τῶν Ἑλλήνων παιδείαν.

[14] Epiph., haer. 31,7,1 (GCS Epiphanius I, 395,16-396,1 HOLL): Ἐποιήσατο δὲ οὗτος τὸ κήρυγμα καὶ ἐν Αἰγύπτῳ, ὅθεν δὴ καὶ ὡς λείψανα ἐχίδνης ὀστέων ἔτι ἐν Αἰγύπτῳ περιλείπεται τούτου ἡ σπορά, ἔν τε τῷ Ἀθριβίτῃ καὶ Προσωπίτῃ καὶ Ἀρσινοΐτῃ καὶ Θηβαΐδι καὶ τοῖς κάτω μέρεσι τῆς

meiner Dissertation ausführlich untersucht und will dies hier nicht wiederholen[15]. Man muß sich allerdings klarmachen, daß der Bischof von Salamis nach eigener Aussage lediglich ein Gerücht referiert und einleitend mit umständlichen Worten den Wahrheitswert seiner Information problematisiert: „Zu mir gelangte irgendein Gerücht gleichsam durch mündliche Überlieferung. Deswegen werden wir es nicht einfach übergehen". Die Tradition, daß Basilides zu etwa derselben Zeit in Alexandria lehrte, ist älter und weit besser bezeugt – man findet sie bekanntlich schon zwei Jahrhunderte vorher bei Irenaeus[16]. Der Quellenwert der Informationen des Epiphanius über Valentin ist daher äußerst schwer zu beurteilen; vielleicht darf man soviel vermuten: Ägyptische Valentinianer des vierten Jahrhunderts, mit denen der palästinische Mönch Epiphanius in Kontakt kam, behaupteten, daß ihr verehrter Gründungsheros eine Zeitlang in Alexandria gelebt hatte und dort ausgebildet wurde. Die mutmaßliche alexandrinische Lebensphase Valentins fällt also genau in jene dunklen und seit Walter Bauer so grundverschieden rekonstruierten Jahre der Frühgeschichte des Christentums in Alexandria[17]. Angesichts dieser Situation wie einst Colin H. Roberts eine Wirksamkeit von Valentin (und Basilides) an der sogenannten „Katechetenschule" zu postulieren, ist mehr als kühn[18]. Man muß vielmehr

---

Παραλίας καὶ ᾿Αλεξανδρειοπολίτῃ: ἀλλὰ καὶ ἐν ῾Ρώμῃ ἀνελθὼν κεκήρυχεν. – Diese Information steht merkwürdig spät bei Epiphanius und nicht im Kontext seiner Angaben zu Geburtsort und Ausbildung Valentins.

15   CH. MARKSCHIES, Valentinus Gnosticus? Untersuchungen zur valentinianischen Gnosis mit einem Kommentar zu den Fragmenten Valentins, WUNT 65, Tübingen 1992, 314-331. – Die bei A.M. RITTER geäußerte Ansicht (Das frühchristliche Alexandrien im Spannungsfeld zwischen Judenchristentum, „Frühkatholizismus" und Gnosis, in: DERS., Charisma und Caritas. Aufsätze zur Geschichte der Alten Kirche, Göttingen 1993, 117-136, 43 Anm. 43), Valentinus stamme aus Arsinoe (also Medīnet el-Faijūm, dem antiken Krokodilopolis) hängt an einer bestimmten Interpretation des sogenannten „Kanon Muratori": Arsinoi autem seu ualentini. Uel mitiad(ei)is .... (Zeile 81; vgl. G.M. HAHNEMAN, The Muratorian Fragment and the Development of the Canon [Oxford Theological Monographs], Oxford 1992, 28). Ritter nimmt (wie Harnack, Details bei MARKSCHIES, Valentinus, 335) Arsinoi nicht als Name eines Individuums (Arsinous), sondern offenbar als Ortsbegriff „die Arsinoiten". Einmal abgesehen davon, daß der Begriff im falschen Kasus stünde (was im arg korrupten Text des Kanon nicht verwunderlich wäre), wäre auch das Wort ungewöhnlich: Bei Plinius (nat. hist. XXXVI 165) ist belegt: Arsinoiticus.

16   Iren., haer. I 24,1 (SC 264, 320,4 ROUSSEAU / DOUTRELEAU); vgl. den Kommentar bei W.A. LÖHR, Basilides und seine Schule. Eine Studie zur Theologie- und Kirchengeschichte des zweiten Jahrhunderts, WUNT 83, Tübingen 1996, 17-19.

17   Vgl. W. BAUER, Rechtgläubigkeit und Ketzerei im ältesten Christentum, BHTh 10, Tübingen 1934, 49-64; C.H. ROBERTS, Manuscript, Society and Belief in Early Christian Egypt (The Schweich Lectures of the British Academy 1977), London 1979, 49-73; A.J.F. KLIJN, Jewish Christianity in Egypt, in: B.A. PEARSON / J.E. GOEHRING (Hgg.), The Roots of Egyptian Christianity, SACh, Philadelphia ²1992, 161-175; B.A. PEARSON, Earliest Christianity in Egypt: Some observations, in: The Roots of Egyptian Christianity, 132-156.

18   ROBERTS, Manuscript (wie Anm. 17), 54. – D.T. Runia und Frau van den Hoek sind (m.E. vollkommen zu Recht) der Ansicht, daß ohne einen christlichen Schulzusammenhang die Werke Philos nicht in der Vollständigkeit hätten überliefert werden können, die die Philo-Rezeption bei Clemens Alexandrinus voraussetzt: D. RUNIA, Philo in Early Christian Literature. A Survey, CRI.3/3, Assen/Minneapolis 1993, 135-137 und A. VAN DEN HOEK, The 'Catechetical' School of Early Christian Alexandria and its Philonic Heritage, HTR 90, 1997, 59-87. Zur

nach zusätzlichen Evidenzen in den erhaltenen Fragmenten dieses Lehrers suchen, um die behauptete Beziehung zu Alexandria wenigstens wahrscheinlich machen zu können. Ich habe das in meiner Dissertation zunächst im Blick auf das hellenistische Judentum, vor allem auf Philo, und dann auch im Blick auf einige mittelplatonische Traditionen versucht und darf es hier daher bei einem Hinweis auf diese Partien belassen[19], die mindestens meines Erachtens den Quellenwert der Nachricht des Epiphanius in einem – vorsichtig gesagt – nicht ungünstigen Licht erscheinen lassen. Wichtig für unsere Fragestellung ist noch die Beobachtung, daß die erhaltenen Fragmente Valentins zeigen, daß hier die großen Fragen nach der Erschaffung von Welt und Mensch, von Erlösung und Erlöser, nicht nur mit stetem Blick auf platonische und jüdisch-hellenistische Denkansätze, sondern auf biblische Texte verhandelt werden – und zwar sowohl des Alten wie Neuen Testaments.

Die übrigen Valentinianer aus Alexandria und Ägypten, von denen wir Nachrichten besitzen, können mit Hans Leisegang[20] in zwei Gruppen unterteilt werden. Da sind zunächst Personen, von denen wir aufgrund von Textfragmenten oder Überlieferungen wissen, daß sie selbständig als *Lehrer* tätig waren. In einer zweiten Gruppe kann man Valentinianer zusammenstellen, „die nicht als Lehrer auftraten"[21].

Zu der ersten Gruppe der Lehrer werden neben Valentin gern drei Personen gezählt: Theodotus, der beispielsweise für Adolf Harnack ein „alexandrinischer Schüler Valentin's" war[22], Heracleon, den Origenes in seinem Johanneskommentar einen „sogenannten γνώριμος" des Valentinus nennt[23], und Markus, „der Magier", den Hieronymus einmal als *Marcum Aegyptium* bezeichnet[24]. Aber von keiner der drei Personen kann mit Sicherheit behauptet werden, daß sie in Alexandria oder Ägypten lebte.

Über das Leben *Theodots* wissen wir leider gar nichts, und das, was Clemens von Alexandrien exzerpierte, hilft auch kaum weiter, zumal Exzerpte aus Theodot, Zitate und Referate über das, was οἱ δ' ἀπὸ Οὐαλεντίνου sagen, erkennbar durcheinander gewürfelt sind[25], wie bereits der Titel der Schrift mit

---

sogenannten „Katechetenschule" vgl. jetzt auch C. SCHOLTEN, Die alexandrinische Katechetenschule, JbAC 38, 1995, 16-37, bes. 37.

[19] MARKSCHIES, Valentinus (wie Anm. 15), 318-331 und Register s.v. Philo, 475-477.

[20] H. LEISEGANG, Art. Valentinus 1) Valentinianer, in: PRE 2.14, 1948, 2261-2273.

[21] LEISEGANG, Valentinus (wie Anm. 20), 2272.

[22] A. V. HARNACK, Geschichte der altchristlichen Litteratur bis Eusebius, 2.Tl. Die Chronologie der altchristlichen Litteratur, Bd. 1, Leipzig 1896, 295.

[23] Or., Jo. II 14,100 (GCS IV, 70,3 PREUSCHEN): ... τὸν Οὐαλεντίνου λεγόμενον εἶναι γνώριμον Ἡρακλέωνα ....

[24] Hier., comm. in Is. XVII zu Jes 64,4f. (CChr.SL 73A, 735,28 ADRIAEN). – Die Stelle fehlt leider in der gründlichen Monographie von N. FÖRSTER, Marcus Magus. Kult, Lehre und Gemeindeleben einer valentinianischen Gnostikergruppe. Sammlung der Quellen und Kommentar, WUNT 114, Tübingen 1999.

[25] Clem. Al., exc. Thdot. 2,1 (GCS Clemens Alexandrinus III, 105,14f. STÄHLIN / FRÜCHTEL / TREU), in der Ausgabe von SAGNARD sind die verschiedenen Quellenangaben durch Randschriften übersichtlich markiert, im Beispiel: Clément d'Alexandrie, Extraits de Théodote.

seinem Hinweis auf die „sogenannte orientalische διδασκαλία" deutlich macht[26]. Offenkundig bestehen aber die Theodot explizit zugeschriebenen oder zuschreibbaren Passagen zu einem guten Teil aus Erklärungen neutestamentlicher, vor allem paulinischer Passagen, während von den Valentin-Schülern hauptsächlich Definitionen von Begriffen mitgeteilt werden: τὸν ἄγγελον ὡρίσαντο οἱ δ' ἀπὸ Οὐαλεντίνου , „die Valentin-Schüler definieren den Engel als ..."[27]. Harnack hat daraus den meines Erachtens treffenden Schluß gezogen, daß (mindestens für die Schüler) „Excerpte aus Excerpten"[28] vorliegen und Clemens nicht eine große Zahl von Valentinianer-Schriften auf seinem Schreibpult zu liegen hatte, sondern zum einen exegetische Notizen Theodots zu den Paulusbriefen[29] und zum anderen eine Art valentinianischer Definitionen-Sammlung. Davon ist dann noch ein dritter Abschnitt abzuheben, eine separate geschlossene mythologische Erzählung valentinianischer Provenienz, deren Selbständigkeit seit der bahnbrechenden Analyse des Harnack-Schülers Otto Dibelius allgemein anerkannt ist und die Clemens auch praktisch unkommentiert ließ[30]. Da sie mit Partien der erwähnten sogenannten „großen Notiz" bei Irenaeus verwandt ist, können wir sie hier außer Acht lassen. Interessanter ist vielmehr die Tatsache, daß Theodotus uns in den Exzerpten vor allem als Kommentator – oder sagen wir vorsichtiger: Glossator – neutestamentlicher Texte entgegentritt; das verbindet ihn mit Heracleon.

Auch von *Heracleons* Leben wissen wir praktisch nichts; Irenaeus und Hippolyt nennen ihn aber jeweils einmal zusammen mit Ptolemaeus[31], und Hippolyt ergänzt diese Angabe durch die knappe Information, Heracleon und Ptolemaeus seien Vertreter der Ἰταλιωτικὴ διδασκαλία gewesen, also der „Italischen Schule" des Valentinianismus[32]. Der unmittelbare Kontext macht deutlich, daß

Texte Grec, introduction, traduction et notes de F. SAGNARD (SC 23), Paris ⁹1979, 54f. Vgl. beispielsweise auch das Mischreferat in exc. Thdot. (112,4-7 STÄHLIN / FRÜCHTEL / TREU). SAGNARD schlägt (30f.) vor, Theodot auch die Exzerpte zuzuschreiben, in denen ein φασί steht; mir scheint das ebenfalls sinnvoll (zur Begründung vgl. die Charakteristik der Exzerpte Theodots, die auch für die φασί-Stücke zutrifft).

[26] Zu der Unterscheidung in Schulen vgl. meine Ausführungen in MARKSCHIES, Gnosticism (wie Anm. 7) 432-436.

[27] Clem. Al., exc. Thdot. 25,1 (GCS Clemens Alexandrinus III, 115,10 STÄHLIN / FRÜCHTEL / TREU).

[28] HARNACK, Geschichte (wie Anm. 22), 181.

[29] Wenn man exc. Thdot. 38,2 (GCS Clemens Alexandrinus III, 118,32 STÄHLIN / FRÜCHTEL / TREU) ernst nimmt, kommentierte Theodot auch den Hebräerbrief.

[30] Clem. Al., exc. Thdot. 43,2-65; vgl. O. DIBELIUS, Studien zur Geschichte der Valentinianer, I. Die Excerpta ex Theodoto und Irenäus, ZNW 9, 1908, 230-247. Vorher schon beobachtet bei: G. HEINRICI, Die Valentinianische Gnosis und die Heilige Schrift. Eine Studie, Berlin 1871, 92.

[31] Iren., haer. II 4,1 (SC 294, 46,25f. ROUSSEAU / DOUTRELEAU) – übrigens die einzige Erwähnung im Werk des Irenaeus; Hipp., haer. VI 29,1 (PTS 25, 237,5 MARCOVICH = GCS Hippolyt III, 155,29 WENDLAND).

[32] Hipp., haer. VI 35,5 (249,27f.). – Für die Biographie Heracleons vgl. jetzt A. WUCHERPFENNIG, Heracleon Philologus. Gnostische Johannesexegese im zweiten Jahrhundert, WUNT 142, Tübingen 2002, 360-371. Der Autor argumentiert ebd. 367 einsichtig für einen stadtrömischen Aufenthalt Heracleons.

Hippolyt jedenfalls damit rechnete, daß Heracleon wie Ptolemaeus in Italien lebte: οἱ μὲν ἀπὸ τῆς Ἰταλίας, „die Leute aus Italien". Dazu paßt, daß sich zahlreiche Latinismen in den Fragmenten Heracleons beobachten lassen[33]. Nun kann man aber mit Caroline Bammel vermuten, daß Origenes mindestens an zwei Stellen Kommentare zu Auslegungen Heracleons referiert, die er aus mündlichen Informationen von Valentinianern in Alexandria bezogen hat[34]. Das führt natürlich auf die Frage, ob Heracleon – ähnlich wie vielleicht Valentin – zeitweilig in Alexandria lebte. Das von Origenes für Heracleon verwendete Wort γνώριμος kann zwar eine persönliche Lehrer-Schüler-Beziehung zwischen Valentin und Heracleon implizieren, muß es aber auch nicht. Gegen eine gemeinsame alexandrinische Zeit beider Lehrer spricht schon die spürbare Distanz, mit der Origenes diese Charakterisierung einführt[35]. Auf eine engere Verbindung zwischen Heracleon und Alexandria kommt man meines Erachtens eher, wenn man den Stil seiner Kommentierung analysiert, soweit dies aus den bei Origenes überlieferten Fragmenten noch möglich ist. Man erkennt dann nämlich, daß die ganze Anlage des Kommentars an der entsprechenden Praxis alexandrinischer Philologie orientiert ist – Ansgar Wucherpfennig hat dies gerade in einer Münchner Dissertation so schön im Detail nachgewiesen, daß ich es hier mit einem Hinweis bewenden lassen kann: Im Unterschied zu der schlichten Glossierung biblischer Texte bei Theodot legt Heracleon einen regelrechten Kommentar vor und wendet das ganze Instrumentarium alexandrinischer Philologie an[36]. Ähnlich interessant für unsere Fragestellung sind die durchgängigen Bezüge auf platonische und mittelplatonische philosophische Vorstellungen. So ist schon häufiger gesehen worden, daß Heracleon beispielsweise mit seiner Auslegung der Aussage πάντα δι' αὐτοῦ ἐγένετο in Joh 1,3[37] die mittelplatonische Differenzierung von *causae* mit Hilfe von Präpositionen, beispielsweise ὑφ' οὗ, ἐξ οὗ, πρὸς ὅ, voraussetzt, die Willy Theiler und Heinrich Dörrie als „Präpositionen-Metaphysik" bezeichnet haben[38]. Diese philosophische Vorstellung hat aber, wie Runia zeigte, schon Philo für die

---

[33] So E. PREUSCHEN im Vorwort seiner Ausgabe: GCS Origenes IV Der Johanneskommentar, Leipzig 1903, CIII.

[34] Or., Jo. XX 20,170 (GCS Origenes IV, 352,34 PREUSCHEN = Heracleon, frgm. 44 BROOKE): οἱ ἀπ' αὐτοῦ; XIII 20,122 (244,11 = frgm. 23): οἱ ἀπὸ τῆς γνώμης αὐτοῦ; vgl. auch C. BAMMEL, Art. Herakleon, in: TRE XV, 1986, 54-57, bes. 54.

[35] Zu der rhetorischen Geste der Distanznahme vgl. MARKSCHIES, Gnosticism (wie Anm. 7), 430f. mit n. 117-120.

[36] Vgl. schon W. V. LOEWENICH, Das Johannesverständnis im zweiten Jahrhundert, BZNW 13, Gießen 1932, 92: „Her[acleon] will wirklich Joh[annes] auslegen; er will nicht sein System durch Joh[annes] belegen".

[37] Frgm. 1 bei Or., Jo. II 14,100 (GCS Origenes IV, 70,25-28 PREUSCHEN); vgl. jetzt den ausführlichen Kommentar in der Dissertation von WUCHERPFENNIG, Heracleon (wie Anm. 32), 104-179.

[38] W. THEILER, Die Vorbereitung des Neuplatonismus, Berlin/Zürich ²1964, 33; H. DÖRRIE, Präpositionen und Metaphysik. Wechselwirkung zweier Prinzipienreihen, in: DERS., Platonica minora, STA 8, München 1976, 124-136, bes. 124; vgl. beispielsweise Albinus/Alcinous, did. 12 (CUFr 27,8-19 WHITTAKER).

Interpretation der Schöpfung Gottes herangezogen[39]. Nun wird natürlich niemand behaupten, daß man alexandrinische Kommentarphilologie nur in Alexandria lernen oder gar lehren konnte und mit platonisierender jüdisch-hellenistischer Genesis-Exgese nur in der Heimatstadt Philos vertraut werden konnte. Aber auch hier sind wie bei Valentin Beziehungen nach Ägypten und Alexandria mindestens nicht ausgeschlossen.

Markus schließlich, der dritte Lehrer im Bunde der angeblichen ägyptischen Valentinianer, wird nach allem, was wir wissen, eher in Kleinasien oder Italien gelebt haben; seine Bezeichnung als *Aegyptius* (vom griechischen Αἰγύπτιος) dürfte, wie bei anderen lateinischen und griechischen Autoren, auf die bekannten magischen Künste der Person bezogen sein[40]. Auch Hilgenfelds alte These, der Name des Valentinianers Kolarbasos „sei ägyptisch"[41], hält einer näheren Überprüfung nicht stand: Die wenigen epigraphischen Belege des Namens verweisen vielmehr nach Kilikien[42].

Es bleibt also – mit allen erwähnten Kautelen – aus unserer knappen Übersicht über die drei Lehrergestalten der Eindruck zurück, daß sich die valentinianische Art des Umgangs mit biblischen Texten im Laufe des zweiten Jahrhunderts professionalisierte. Erst Heracleon legt nach antiken Maßstäben einen regelrechten wissenschaftlichen Kommentar vor; Valentin geht für seine Gedanken wohl von biblischen Texten aus und Theodot exegesiert einzelne Verse des paulinischen Textes, aber ohne Anwendung der klassischen Methoden alexandrinischer Kommentarphilologie. Unser Eindruck von einem durchgängigen Interesse valentinianischer Theologen an biblischen Texten bestätigt sich, wenn man kurz die übrigen Personen durchgeht, die mit Ägypten in Verbindung gebracht werden. Wirklich überzeugende Beweise für eine lebendige „orientalische Schule" des Valentinianismus, die nicht nur eine bloße doxographische oder häresiologische Ordnungskategorie darstellt[43], sondern eine stabile institutionelle Realität – gar noch in Alexandria –, haben wir im Rahmen unserer Untersuchungen allerdings nicht gefunden.

Zu der zweiten Gruppe von Valentinianern, die nicht als Lehrer auftraten, zählt zunächst Ambrosius, dann vielleicht auch Candidus, zwei Personen, die mehr oder weniger mit der Biographie des Origenes verbunden sind.

---

[39]   Vgl. nur Philo, cher. 125 (Werke I, 199,26-200,2 COHN) und weitere Stellen bei T.D. RUNIA, Philo of Alexandria and the Timaeus of Plato, PhAnt 44, Leiden 1986, 174 und T.H. TOBIN, The Creation of Man: Philo and the History of Interpretation, CBQ.MS 14, Washington 1983, 66-71.

[40]   G. BARDY, Le patriotisme égyptien dans la tradition patristique, in: RHE 45, 1950 5-24; vgl. beispielsweise auch die Belege bei G. MÜLLER, Lexicon Athanasianum, Berlin 1952 s.v., 28 und auch Apg 7,22. – A. HILGENFELD, Die Ketzergeschichte des Urchristentums, Leipzig 1884, 370 hält die Nachricht offenbar für nicht unglaubwürdig, anders E. PREUSCHEN, Art. Valentinus, Gnostiker, in: RE 20, Leipzig 1908, (395-417) 411.

[41]   HILGENFELD, Ketzergeschichte (wie Anm. 40), 288 mit Anm. 491: „Der Name Κολάρβασις findet sich Inscr. Gr. 6585 [= IG XIV, nr. 1685], Κολορβάσιος bei Nilus, epp. 3, 52 [= PG 79, 416]". Vgl. den Exkurs bei FÖRSTER, Marcus (wie Anm. 24), 169-173.

[42]   FÖRSTER, Marcus (wie Anm. 24), 169f. Anm. 9.

[43]   Wobei durchaus möglich ist, daß Valentinianer diese Bezeichnung aufgebracht haben: MARKSCHIES, Gnosticism (wie Anm. 7), 432 mit Anm. 124.

Selbstverständlich können und müssen wir hier nicht die gesamte Beziehung zwischen Origenes und seinem Patron *Ambrosius* behandeln[44]. Uns interessiert im Zusammenhang unserer Beobachtungen zum Profil der valentinianischen Gnosis und ihrer Orientierung an verschiedenen Formen der Bibelexegese nur die Frage, ob auch Ambrosius als ein Zeuge dieser spezifischen Orientierung des Valentinianismus verstanden werden kann. Eusebius informiert uns darüber, daß Ambrosius, ein Anhänger der Häresie des Valentinus, „durch die von Origenes verkündete Wahrheit überführt wurde und ... zur Lehre der kirchlichen Orthodoxie übertrat"[45]. Gewöhnlich übersehen wir, daß im literarischen wie doxographischen Konzept des Eusebius diese Nachricht einen ganz bestimmten Platz hat, aber diese Beobachtung berechtigt natürlich nicht, den Wahrheitswert der Information in Zweifel zu ziehen. Eher könnte man schon darüber grübeln, warum er bei Hieronymus an zwei Stellen in *De viris illustribus* zu einem einstigen Anhänger Markions wird, obwohl jedenfalls die zweite Passage deutlich den erwähnten Abschnitt bei Eusebius zur Voraussetzung hat[46]: Zum einen könnte man zur Erklärung darauf hinweisen, daß an verschiedenen Stellen *Marcion et Ualentinus* bei Hieronymus zu einer Art Ketzerpaar verschwimmen, beide Namen sozusagen die Paradeketzer des Hieronymus darstellen und das Interesse an einer Differenzierung der für unseren Geschmack so gegensätzlichen Positionen beider nicht gerade sehr ausgeprägt ist[47]. Zum anderen erwägt auch Epiphanius in seinem Origenes-Referat, ob Ambrosius, den er im Kaiserpalast tätig sein läßt, nicht zu den Markioniten gehörte, und diese Passage wurde von Hieronymus als Quelle verwendet[48]. Damit ist aber noch nicht alles gesagt, was wir über den Valentinianer Ambrosius wissen können: Pierre Nautin und Henri Crouzel hatten die ansprechende Idee, die Einleitung in das fünfte Buch des Johanneskommentars von Origenes auszuwerten und von daher auf die Biographie des Ambrosius zurückzuschließen[49]: Wenn man die Informationen des Origenes in dieser Wei-

---

[44] Vgl. dazu A. MONACI CASTAGNO, Origene e Ambrogio: L'indipendenza dell'intellettuale e le pretese del patronato, in: L. PERRONE (Hg.), Origeniana Octava, BEThL 164, Leuven 2004, 165-193.

[45] Eus., h.e. VI 18,1 (GCS Eusebius II/2, 556,9-12 SCHWARTZ): Ἐν τούτῳ καὶ Ἀμβρόσιος τὰ τῆς Οὐαλεντίνου φρονῶν αἱρέσεως, πρὸς τῆς ὑπὸ Ὠριγένους πρεσβευομένης ἀληθείας ἐλεγχθεὶς καὶ ὡς ἂν ὑπὸ φωτὸς καταυγασθεὶς τὴν διάνοιαν, τῷ τῆς ἐκκλησιαστικῆς ὀρθοδοξίας προστίθεται λόγῳ.

[46] Hier., vir. ill. 56,1: Ambrosius primum Marcionites, deinde ab Origene correctus ... (BPat 12, 158 CERESA-GASTALDO), ebd. 61,3 (164).

[47] Hier., comm. in Eccl. 8,2 (CChr.SL 72, 314,30f. ADRIAEN); vgl. auch comm. in Is. XVIII zu Jes 65,4f. (CChr.SL 73A, 747,30 ADRIAEN), ad Eph. II PL 26, 514,20; ad Phil. prol. PL 36, 638,18 und an vielen weiteren Stellen.

[48] Epiph., haer. 65,3,1 (GCS Epiphanius III, 405,13-16 HOLL / DUMMER); die Beziehung zwischen Epiphanius und Hieronymus erwägt auch Karl Holl im App. z.St.

[49] P. NAUTIN, Origène. Sa vie et son œuvre, ChrAnt 1, Paris 1977, 50 bzw. H. CROUZEL, Origen, Edinburgh 1989, 13. NAUTIN stellt auch Erwägungen über die Herkunft der Information an, daß Ambrosius im Kaiserpalast tätig gewesen sei, und erklärt sie als Exegese von Or., mart. 36 (74f.).

se auswerten darf, bestätigen sie unser bisher gewonnenes Bild vom Profil der valentinianischen Gnosis: Unter dem Vorwand, Erkenntnis zu haben und zu vermitteln (προφάσει γνώσεως), bieten die Valentinianer in vielen Texten vor allem Erklärung der Schrift (διήγησιν τῶν τε εὐαγγελικῶν καὶ ἀποστολικῶν λέξεων) an. Und Ambrosius wendete sich ihnen zu, weil er einen vernunftlosen und ungebildeten Glauben nicht ertragen konnte (μὴ φέρων τὴν ἄλογον καὶ ἰδιωτικὴν πίστιν)[50], bei den Valentinianern offenbar eine rationalen Standards genügende Theorie des christlichen Glaubens versprochen bekam, die sich im Modus der Schriftexegese präsentierte. Daß bei solchen Interessen das Johannesevangelium in den Mittelpunkt rückte, verwundert nicht und wird durch Heracleon ebenso bestätigt wie durch Ambrosius selbst.

Wesentlich weniger historisches Profil gewinnt der Valentinianer *Candidus*, der zudem nicht direkt nach Ägypten und Alexandria zu gehören scheint. Origenes berichtete in seinem Brief *ad quosdam caros suos Alexandrinum* bekanntlich von einer Disputation in Athen[51]. Wahrscheinlich kann man mit Hieronymus den Gesprächspartner des Origenes als eben jenen Valentinianer Candidus identifizieren. Jedenfalls sind in der Apologie gegen Rufin zwei inhaltliche Punkte des Gesprächs referiert[52], von denen der eine – die Frage nach der Natur der Teufels – gut zum Brieffragment des Origenes paßt, auf den zweiten der beiden Punkte – die Frage nach der οὐσία des Sohnes im Verhältnis zu der des Vaters – werden wir im zweiten Abschnitt noch kommen[53]. Ob Harnacks Idee, den Gesprächspartner des Origenes mit einem bei Eusebius und Hieronymus genannten Verfasser eines „wunderschönen" Hexaemeron-Kommentars zu identifizieren, mehr als ein geistreicher Einfall ist, wage ich nicht zu sagen[54]. Zudem bleiben Ort und Zeit des Gesprächs umstritten, ohne daß wir hier auf Details eingehen können[55].

Es ist in unserem Zusammenhang nun nicht notwendig, die verstreuten späten Nachrichten über ägyptische Valentinianergemeinden ausführlich zu diskutieren, das hat zu Teilen schon Klaus Koschorke getan. Zudem fügen die Nachrichten zum bisher gezeichneten Bild nichts Wesentliches hinzu[56]. Wir können daher zu unserem zweiten, doxographischen Hauptabschnitt kommen.

---

[50] Or., Jo. V 8 (GCS Origenes IV, 105,4.6f.17 PREUSCHEN; vgl. auch SC 302, 296-298 HARL).

[51] Ruf., epil. in apol. Pamph. (Opera Omnia XXV, 389 LOMMATZSCH = PG 17, 625 B); vgl. J.D. GAUTHIER, A Letter from Origen „to Friends in Alexandria", in: H. CROUZEL (Hg.), The Heritage of the Early Church. Essays in Honour of G.V. Florovsky, OChrA 195, Rom 1973, 135-150.

[52] Hier., adv. Ruf. II 19 (SC 303, 154,7-156,24 LARDET); skeptisch gegenüber einer Identifikation ist CROUZEL, Origen (wie Anm. 49), 21.

[53] S. u. S. 167-169.

[54] Eus., h.e. V 27 (GCS Eusebius II/1, 498,22-498,1 SCHWARTZ); Hier., vir. ill. 48 (BPat 12, 146 CERESA-GASTALDO), dort auch die Charakterisierung *pulcherrimos*, die nicht unbedingt auf eigenständige Lektüre zurückgehen muß (so der Kommentar zur Stelle). Vgl. HARNACK, Geschichte (wie Anm. 22) I/2, 759.

[55] J. SCHERER votierte in SC 67 (Paris 1960), 13 für 229 n.Chr.

[56] Vgl. die schon bei HARNACK, Geschichte (wie Anm. 22) I/1, 174 genannten Belege: Aphrahat, hom. 3,9[6]; Julian, ep. 115 [59], Makarius Magnes (über die Anhänger des Droserius) IV 15 (184); Epiph., haer. 31,7; Thdot., ep. 81 (49-64) sowie K. KOSCHORKE, Patristische Materialien

Zur Doxographie der Valentinianer in Alexandria und Ägypten

Im zweiten Abschnitt dieses Vortrages kann es natürlich nicht darum gehen, eine auf die Doxographie bezogene Entwicklungsgeschichte der valentinianischen Gnosis in Ägypten vorzulegen, mithin die in fünf Punkte gegliederte, bei der Gotteslehre ansetzende und in der Eschatologie endende Geschichte des valentinianischen Systems von Holger Strutwolf auf wenigen Seiten neu zu schreiben[57] oder François Sagnards ungleich umfangreichere klassische Darstellung mit wenigen Worten zu überholen[58]. Ich möchte mich vielmehr vor allem auf die Prinzipientheorie konzentrieren und lediglich an zwei Beispielen zeigen, daß eine Analyse von valentinianischen Positionen in ihrem alexandrinischen Kontext einerseits dabei hilft, das spezifische Profil des „Valentinianismus" in seinen unterschiedlichen Varianten besser zu verstehen, und es andererseits auch erlaubt, den Stellenwert dieser Bewegung für die Ausformung der Theologie eines Clemens oder Origenes präziser zu beschreiben.

Wir setzen zu diesem Zweck nochmals bei den bereits erwähnten „Exzerpten" des *Clemens* „aus den Werken des Valentinianers Theodot und der sogenannten orientalischen Schule" ein. Hier findet sich eine leider meist übersehene frühe Auseinandersetzung mit der valentinianischen Gnosis auf sehr hohem Niveau – gemeint ist die knappe, aber sehr gehaltvolle Kommentierung, die Clemens zwischen die Exzerpte und Referate stellt. Dabei betont Clemens Alexandrinus gegenüber den Valentinianern vor allem den Monotheismus: Gegen die valentinianische *Differenzierung* von Christusfiguren setzt er sein Bekenntnis zur *Einheit*, ὅτι εἷς καὶ ὁ αὐτὸς ὤν: Jesus ist in der Schöpfung der πρωτότοκος, in der göttlichen Fülle der μονογενής[59]. Nur kurz kann ich hier die Frage aufwerfen, ob nicht auch die Valentinianer schon die letztliche Einheit der Christus-Figuren, die sie in der mythologischen Rede unterschieden, zum Ausdruck zu bringen versuchten – beispielsweise durch die zusammengehörigen Namen – und sich so von der schlichten Aufspaltung Gottes bei Markion distanzierten[60]. Besonders leicht wird dieses valentinianische Interesse an der Einheit an einem Systemreferat deutlich, das Irenaeus einem anonymen ἐπιφανὴς διδάσκαλος, einem „berühmten Lehrer", zuschreibt – Harnack hatte ihn noch mit Heracleon identifiziert[61]: Dieser Lehrer nennt den obersten,

zur Spätgeschichte der valentinianischen Gnosis, in: M. KRAUSE (Hg.), Gnosis and Gnosticism, NHS 12, Leiden 1981, 120-139.

57   STRUTWOLF, Gnosis (wie Anm. 3), 27-209.

58   SAGNARD, Gnose (wie Anm. 10), 451-561.

59   Clem. Al., exc. Thdot. 7,3 (CGS Clemens Alexandrinus III, 108,12f. STÄHLIN / FRÜCHTEL / TREU).

60   Ausgeführt und näher begründet ist diese Position an diversen Texten in einem Beitrag für das Marcion-Kolloquium in Mainz (15.-18. August 2001): CH. MARKSCHIES, Die valentinianische Gnosis und Marcion – einige neue Perspektiven, in: G. MAY / K. GRESCHAT / M. MEISER (Hgg.), Marcion und seine kirchengeschichtliche Wirkung / Marcion and His Impact on Church History, TU 150, Berlin/New York 2002, 159-175.

61   A. HARNACK, Zur Quellenkritik der Geschichte des Gnosticismus, Leipzig 1873, 62f.

schlechterdings transzendenten Gott, der anderswo im Valentinianismus Uran-
fang, Urvater und Abgrund heißt, μονότης, zu deutsch „Einheit" oder „Einzig-
keit". Wenn dann aber mit der „Einheit" eine ἑνότης, also nochmals eine „Einheit", existiert und diese gemeinsam als Anfang von allem eine μονάς, also
wieder eine „Einheit", hervorbringen[62], dann wird durch die Sprachspielerei
mit den verschiedenen griechischen Begriffen für „Einheit" deutlich, daß im
valentinianischen System kein polytheistischer „Götterschwarm"[63] verkündigt
wird, sondern ein striktes Bekenntnis zur *Einheit* Gottes die Voraussetzung
aller Theorien über die Entfaltung des Göttlichen in seine „Ewigkeiten", also in
seine Teilaspekte, ist[64]. Wenn dem so wäre und die Valentinianer zwar Dimen-
sionen Christi unterschieden, aber den einen Christus dabei nicht letztlich
trennen wollten, dann hätte Clemens bei seiner Kommentierung der „Exzerpte", sei es bewußt oder sei es unbewußt, ein zentrales Anliegen der valentinianischen Gnosis mißverstanden, nämlich ihr missionarisch motiviertes Interesse an einer möglichst ausgefeilten Differenzierung innerhalb des einen
und einzigen Gottes – konnte man doch mit einer solchen Differenzierung als
Christ besser vor dem Forum der philosophisch gebildeten Zeitgenossen bestehen.

Wie dem auch immer sei: Clemens bemühte sich in den Exzerpten nicht
nur, gegen die Valentinianer ein energisches Votum für die Einheit der Chri-
stus-Figur auszusprechen. Er versuchte darüber hinaus noch, eine im Hintergrund stehende systematische Frage möglichst präzise zu beantworten, die
Frage nach der Einheit des stets in sich selbst ruhenden Logos mit dem auf
Erden wirkenden Sohn. Clemens verwarf in seiner Kommentierung der „Exzerpte" daher nicht nur die Vorstellung, daß hier eine οὐσία aus einer anderen
οὐσία entstanden sei (so verstand er offenkundig die valentinianische Position). Vielmehr explizierte er, daß der Sohn als eine eigene gedankliche Umgrenzung innerhalb derselben göttlichen Substanz, nicht als eigene Substanz
verstanden werden müsse[65]. Damit folgte Clemens einer alten stoischen Theoriebildung, nach der die Differenzierung zwischen einem λόγος ἐνδιάθετος und
einem λόγος προφορικός auch immer vor dem Hintergrund der Konzeption
eines einheitlichen, monistischen Prinzips entwickelt worden war: Plutarch

---

[62] Iren., haer. I 11,3 (SC 264, 172,44-174,56 ROUSSEAU / DOUTRELEAU); vgl. Epiph., haer. 32,5,4-6
      (GCS Epiphanius I, 445,6-15 HOLL); zur Identifikation des „berühmten Lehrers" vgl. den
      Kommentar, SC 263, Paris 1979, 232 und FÖRSTER, Marcus (wie Anm. 24), 14f. Ausführlich
      kommentiert ist unsere Passage bei FÖRSTER (ebd.) 295-312.

[63] Tert., adv. Marc. I 5,1 (CChr.SL 1, 446,13-16 KROYMANN); vgl. dazu MARKSCHIES, Valentinus
      (wie Anm. 15), 385.

[64] Man könnte Entsprechendes auch an anderen valentinianischen Texten, beispielsweise am
      sogenannten „Tractatus Tripartitus" aus Nag Hammadi (NHC I,5) zeigen: Vgl. CH. MARK-
      SCHIES, Gnosis (Beck-Wissen), München 2001, 89-95.

[65] Clem. Al., exc. Thdot. 19,1 (CGS Clemens Alexandrinus III, 112,28f. STÄHLIN / FRÜCHTEL /
      TREU): ... ἀλλὰ καὶ ἐν ἀρχῇ ὁ ἐν ταὐτότητι λόγος κατὰ περιγραφὴν καὶ οὐ κατ' οὐσίαν γενό-
      μενος [ὁ] υἱός; für die christologische Vorstellung vgl. Clem. Al., frgm. 36 (ebd. 219,6f.) und
      strom. VI 120,2 (GCS Clemens Alexandrinus II, 492,11 STÄHLIN / FRÜCHTEL / TREU).

sprach beispielsweise vom ἁπλοῦς λόγος der Stoiker[66], um diese Einheit zu beschreiben. Clemens betonte, wie wir sahen, ganz analog die substantielle Einheit von in sich ruhendem Logos und auf Erden wirkendem Sohn. Dazu verwendete er das Wort περιγραφή, das ich mit den deutschen Worten „rein gedankliche Umgrenzung" übersetzt habe[67]. Das Wort περιγραφή steht aber systematisch an der Stelle, an der Origenes und die ihm folgenden Theologen von der doppelten ὑπόστασις des Sohnes reden. Wenn man diese Beobachtungen am Text der Kommentierung der valentinianischen „Exzerpte" aber ernst nimmt, dann wird man sagen müssen, daß für die Ausbildung der christologischen wie der trinitätstheologischen Reflexion offenbar die Auseinandersetzung mit der Prinzipientheorie des Valentinianismus eine nicht zu unterschätzende Rolle spielte. Gerade weil die valentinianische Gnosis im zweiten Jahrhundert das Verhältnis von Einheit und Differenz im Göttlichen noch so vorläufig und experimentell bestimmte, forderte sie andere christliche Theologen heraus, hier gründlicher nachzudenken.

Nun fehlt freilich in den Kommentaren des Clemens zu den „Exzerpten" eine Überlegung zu einer weiteren, schlechterdings zentralen Frage. Clemens äußert sich hier nämlich nicht zu der Frage, wie sich Gott selbst, der schlechterdings transzendente, ἐπέκεινα τοῦ νοητοῦ καὶ τῆς οὐσίας, jenseits aller gedanklichen Vorstellungen und jenseits aller Substanz[68], befindliche Urgrund aller Dinge zu jenem einheitlichen Logos / Sohn verhält. In den „Exzerpten" entfaltet Clemens seine streng negative Theologie, die die Antwort auf diese Frage vorgibt, nämlich nicht. *Origenes* aber wurde offenkundig durch die unklare Position der Valentinianer zum Verhältnis von Einheit und Differenz im Göttlichen herausgefordert, an exakt dieser Stelle weiterzudenken. Er entfaltete seine Ansichten über das Verhältnis von Vater und Sohn daher konsequent vor dem Hintergrund valentinianischer Vorstellungen – an diesem Punkt jedenfalls bin ich mir vollkommen mit Holger Strutwolf einig[69]. Den entsprechenden Zusammenhang zwischen der valentinianischen Prinzipientheorie und der Entwicklung der Trinitätstheologie und Christologie bei Origenes kann man

---

[66]   Plut., de comm. not. adv. Stoicos 44 = mor. 72, 1083 B (BiTeu VI/2, 115,18 POHLENZ / WESTMAN); für Details vgl. M. MÜHL, Der λόγος ἐνδιάθετος und προφορικός von der älteren Stoa bis zur Synode von Sirmium 351, ABG 7, 1962, 7-56, bes. 16.

[67]   Vgl. dafür auch Clem. Al., str. IV 156,1-2 (GCS Clemens Alexandrinus II, 317,21-318,2 STÄHLIN / FRÜCHTEL / TREU).

[68]   Für diese Bezüge auf Platon, res publ. 509 B vgl. vor allem Clem. Al., paed. I 71,1 (GCS Clemens Alexandrinus I, 131,18-20 STÄHLIN / FRÜCHTEL / TREU) und str. VI 38,6 (GCS Clemens Alexandrinus II, 352,14 STÄHLIN / FRÜCHTEL / TREU); zum Verhältnis von Gott und Logos, das ebenfalls mit dem platonischen ἐπέκεινα beschrieben wird: str. I 177,1 (109,8), vgl. aber D. WYRWA, Die christliche Platonaneignung in den Stromateis des Clemens von Alexandrien, AKG 53, Berlin/New York 1983, 130 und zum allgemeinen Hintergrund: J. WHITTAKER, ἐπέκεινα νοῦ καὶ οὐσίας, VigChr 23, 1969, 91-104 = DERS., Studies in Platonism and Patristic thought, London 1984, nr. XIII.

[69]   STRUTWOLF, Gnosis (wie Anm. 3), 216-241; vgl. aber auch A. SCOTT, Opposition and Concession. Origen's Relationship to Valentinianism, in: R. DALY (Hg.), Origeniana Quinta, BEThL 105, Leuven 1992, 79-84.

besonders gut durch eine Passage illustrieren, die für seine Prinzipientheorie von zentraler Bedeutung ist. Ich meine den berühmten Abschnitt im zweiten Buch des Johanneskommentars über Joh 1,4, in dem Origenes ebenso wie Philo[70] zwischen ὁ θεός und θεός ohne Artikel differenziert. Dort wendet er sich nämlich gegen Menschen, die die περιγραφή des Sohnes so durchführen, daß sie ihm eine spezifische Individualität (ἰδιότης) und eine eigene Substanz (οὐσία) so zuschreiben, daß sie damit zugleich die Gottheit des Sohnes leugnen[71]. Eben das aber ist in den Augen des Origenes die Pointe der valentinianischen Prinzipientheorie[72]. Auf der anderen Seite lehnt Origenes aber auch eine rein gedankliche περιγραφή ab, mithin also eine Vorstellung, die sich ergeben könnte, wenn man die Ansichten des Clemens über das Verhältnis von Logos und Sohn auf das Verhältnis von Vater und Sohn überträgt: Dann, so sagt Origenes in seiner Auslegung von Joh 1,1, wäre der Sohn ja nicht vom Vater unterschieden, hätte keine Subsistenz und wäre auch nicht Sohn. Es ist klar, daß er hier die monarchianische Theologie im Blick hat, die eben das mit antignostischer Spitze lehrte und sich dabei, wie Reinhard Hübner gezeigt hat, besonders gegen die Valentinianer wendete[73]. Für Origenes ist also weder eine περιγραφή des Sohnes erlaubt, die diesem eine eigene οὐσία zuschreibt, „aber um den Preis des Getrenntseins vom Vater"[74], noch eine rein gedankliche περιγραφή, die die Individualität des Sohnes aufhebt. Den Mittelweg zwischen den beiden abgewiesenen Alternativen versucht Origenes mit seiner bekannten Lösung, auf der einen Seite zwei Hypostasen von Vater und Sohn zu unterscheiden, aber gleichzeitig die ὁμόνοια, συμφωνία und ταὐτό της τοῦ βουλήματος beider zu betonen[75]. So stark er auf der einen Seite die Unterschiedenheit

---

[70] Philo, De somn. I 229f. (Werke III, 253,24-254,2 WENDLAND); vgl. auch das bei Eus., p.e. VII 13,1 erhaltene Stück aus den quaestiones et solutiones (GCS VIII/1, 389,5-12 MRAS / DES PLACES). Zum Thema vgl. auch: A. VAN DEN HOEK, Philo and Origen. A Descriptive Catalogue of their Relationship, in: The Studia Philonica Annual 12, 2000, 44-121.

[71] Or., Jo. II 2,16 (GCS Origenes IV, 54,27-29 PREUSCHEN); zur Interpretation N. BROX, „Gott" – mit und ohne Artikel, in: DERS., Das Frühchristentum. Schriften zur historischen Theologie, Freiburg u.a. 2000, 423-429.

[72] In Jo. XX 18,158 (GCS Origenes IV, 351,8-11 PREUSCHEN) ergänzt Origenes diese Kritik durch den Vorwurf, daß die Valentinianer im Grunde eine Körperlichkeit Gottes annehmen müßten und eine Teilung der οὐσία, also eine Verminderung der göttlichen Substanz. Das ist natürlich ein polemisches Mißverständnis der Ontologie, die im Gedanken der προβολή bis hin zu Plotin impliziert ist: Selbstverständlich wird beim Prozeß der Selbstentfaltung des Einen die „Substanz" des Einen nicht reduziert. Deswegen wird die systematische Kraft der Lösung des Origenes nur ansatzweise deutlich, wenn man hier mit der Darstellung der Kritik an den Gnostikern beginnt. So aber STRUTWOLF, Gnosis (wie Anm. 3), 219f. und ihm folgend E. NORELLI, Art. Gnosticismo, in: A. MONACI CASTAGNO (Hg.), Origene. Dizionario. La cultura, il pensiero, le opere, Roma 2000, 209-216, bes. 211.

[73] Vgl. dazu R.M. HÜBNER, Der antivalentinianische Charakter der Theologie des Noët von Smyrna, in: DERS., Der paradox Eine. Antignostischer Monarchianismus im zweiten Jahrhundert, SVigChr 50, Leiden 1999, 95-129 (mit Nachträgen) und die antimonarchianische Pointe in Or., princ. I 2,2 (GCS Origenes V, 28,13-30,8 KOETSCHAU).

[74] Or., Jo. I 24,151 (GCS Origenes IV, 29,25f. PREUSCHEN).

[75] Or., Cels. VIII 12 (GCS Origenes II, 229,32-230,2 KOETSCHAU); vgl. dazu auch L. ABRAMOWSKI, Dionys von Rom († 268) und Dionys von Alexandrien († 264/5) in den arianischen Streitkei-

von Vater und Sohn hinsichtlich ihrer οὐσία betont, so stark bindet er beide durch die ewige Zeugung wieder zusammen[76]. Und vor diesem Hintergrund muß man natürlich auch die Lehre von den ἐπίνοιαι bei Origenes, die man gern in Beziehung zum Valentinianismus gesetzt hat, als eine ganz entscheidende Umprägung der valentinianischen Lehre von der Selbstentfaltung der Ewigkeiten Gottes zu einer göttlichen Fülle ansprechen[77].

Wir sahen, daß sowohl Clemens wie Origenes das ebenso unklare wie experimentelle Schwanken der meisten valentinianischen Entwürfe zwischen einer monistischen Gotteskonzeption und einer möglichst elaborierten Differenzierung im Gottesbegriff zum Anlaß nahmen, eigene Theorien über das Verhältnis des Logos zum Sohn und des Vaters zum Sohn / Logos zu entwickeln. Zwei interessante Fragen bleiben zum Abschluß dieser paradigmatischen Nachzeichnung einer Diskussion zwischen Valentinianern und alexandrinischen Theologen zu beantworten. Gab es nicht auch bei den Valentinianern eine Entwicklung im Bereich der Prinzipientheorie oder blieb es – mindestens systematisch betrachtet – bei dem ebenso unklaren wie experimentellen Schwanken zwischen einer monistischen Gotteskonzeption und einer Differenzierung im Gottesbegriff? Und wenn es solche Entwicklungen gab – können Spuren solcher Entwicklungen bei Clemens von Alexandrien oder Origenes beobachtet werden?

Beginnen wir mit der zweiten Frage, weil sie noch vergleichsweise leicht zu beantworten ist. Weder Clemens noch Origenes hatten ein gesteigertes Interesse daran, die unterschiedlichen Nuancen valentinianischer Systembildung exakt wahrzunehmen. Clemens hat beispielsweise, wie ich in meiner Dissertation zu zeigen versucht habe, die Fragmente Valentins in aller Regel durch die Brille einer späteren valentinianischen Auslegung betrachtet[78]. Origenes kannte nicht nur Schüler des Heracleon und die ὑπομνήματα ihres Meisters, sondern beispielsweise auch den berühmten Brief des Ptolemaeus an die römische Matrone Flora. Wenn man die in Katenen bewahrten Reste seiner Auslegung des ersten Korintherbriefs, deren Edition für das Berliner Kirchenväterkorpus ich demnächst zu einem Abschluß zu bringen hoffe, genau studiert, wird das ganz deutlich[79]: Origenes entfaltet nämlich für genau die Bibelstelle, die auch Ptolemaeus heranzieht (Mt 19,8), exakt dieselbe Unterscheidung eines Gesetzes Gottes von einem Gesetz des Mose mit ganz analoger Terminologie. Über die sehr unterschiedlichen Prinzipientheorien aber, wie sie sich im Brief des Ptolemaeus, im Kommentar des Heracleon und in den Systementwürfen der Schü-

---

ten des 4. Jahrhunderts, ZKG 93, 1982, 240-272, bes. 268-272 (Appendix B: Zu den Anfängen der Drei-Hypostasen-Lehre) und J. HAMMERSTAEDT, Art. Hypostasis (ὑπόστασις), in: RAC 16, 1994, 986-1035, bes. 1004-1007 sowie DERS., Der trinitarische Gebrauch des Hypostasisbegriffs bei Origenes, JbAC 34, 1991, 12-20.

[76] Or., hom. IX 4 in Jer. (GCS Origenes III, 76,14-16 KLOSTERMANN / NAUTIN).

[77] Etwas anders STRUTWOLF, Gnosis (wie Anm. 3), 222.

[78] MARKSCHIES, Valentinus (wie Anm. 15), 149-152 u.ö.

[79] Or., frgm. 42 (zu 1Kor 7,8-12): οἱ νόμοι οἱ κατὰ Μωσέα οἱ μὲν θεοῦ εἰσιν, οἱ δὲ Μωσέως.

ler finden, hat sich Origenes offenkundig wenig Gedanken gemacht. Im Gegenteil: In seiner erwähnten Disputation mit dem Valentinianer Candidus in Athen diskutierte er anscheinend über die in vielen valentinianischen Systemen belegte Vorstellung, daß das eine Göttliche sich durch προβολή in seine Ewigkeiten ausdifferenziert habe, aber nicht über spezifische Pointen einzelner Entwürfe – wenn wir dem Referat des Hieronymus trauen dürfen, in dem natürlich auch die Streitigkeiten des vierten Jahrhunderts durchscheinen[80]. Clemens und Origenes helfen also nur sehr indirekt dabei, Entwicklungen innerhalb der sogenannten valentinianischen Gnosis wahrzunehmen.

Es bleibt unsere zweite Frage nach den Entwicklungen innerhalb des Valentinianismus, die wir auch schon eingangs kurz angeschnitten hatten[81]. Für eine umfassende Antwort müßten wir jetzt in eine Diskussion über eine große Zahl von griechischen und koptischen Texten eintreten. Das kann selbstverständlich hier nicht geschehen. Aber unsere bisherige Untersuchung hatte wenigstens einen neuen Baustein für eine solche umfassende Antwort ergeben: Wir hatten im ersten prosopographischen Abschnitt die dünne Spur einer Entwicklung von Valentin über Theodot zu Heracleon wahrgenommen. Wir hatten nämlich gesehen, daß die valentinianische Art des Umgangs mit biblischen Texten sich mit der Zeit professionalisierte: Während Theodot einzelne biblische Verse auslegte, kommentierte Heracleon nach wissenschaftlichen Maßstäben zumindest Teile des Johannesevangeliums. In dieser zunehmenden Tendenz zur Professionalisierung der Theologie unterscheidet sich freilich die valentinianische Gnosis in keiner Weise von der übrigen christlichen Reflexion, man vergleiche nur die Bibelauslegung in den „Hypotyposen" des Clemens von Alexandrien[82] mit der Bibelkommentierung des Origenes. An dieser Stelle müßte und könnte nun weitergearbeitet werden; ich nenne nur den sogenannten „Tractatus Tripartitus" aus Nag Hammadi (NHC I,5), an dem man die Professionalisierung der valentinianischen Gotteslehre demonstrieren könnte. Es bleiben freilich Schwierigkeiten, die einer erschöpfenden Darstellung der Entwicklungsgeschichte der valentinianischen Gnosis in Alexandria und Ägypten im Wege stehen: Da Clemens und Origenes, wie wir sahen, ungeachtet aller Entwicklungen den Valentinianismus als eine mehr oder weniger stabile Einheit wahrnahmen, sind sie wie die meisten anderen großkirchlichen Häresiologen keine besonders zuverlässigen Zeugen, mit deren Hilfe die bislang fehlende große neue Entwicklungsgeschichte des Valentinianismus zu schreiben wäre. Ungeachtet aller solcher bleibenden Schwierigkeiten kann aber kein

---

[80]　Hier., adv. Ruf. II 19 (SC 303, 154,9-15 LARDET); zum zeitgenössischen Hintergrund I. OPELT, Hieronymus' Streitschriften (Bibliothek der klassischen Altertumswissenschaften, Reihe 2, NF, Band 44), Heidelberg 1973, 102f.

[81]　S.o. S. 156f.

[82]　CH. MARKSCHIES, „Die wunderliche Mär von zwei Logoi ...". Clemens Alexandrinus, Fragment 23 – Zeugnis eines Arius ante Arium oder des arianischen Streites selbst?, in: DERS., Alta Trinità Beata. Gesammelte Studien zur altkirchlichen Trinitätstheologie, Tübingen 2000, 70-98, bes. 71-73.

Zweifel daran bestehen, daß die ganze Palette der valentinianischen Denker und ihrer Lehrbildungen in Alexandria und Ägypten große Bedeutung für die Entwicklung dessen hatte, was wir „alexandrinische Theologie" nennen. Die sehr flächige Wahrnehmung der valentinianischen Gnosis durch alexandrinische Theologen wie Clemens und Origenes sollte allerdings auch davor warnen, diesen Einfluß zu überschätzen. Und das gilt allzumal, wo wir doch letztlich so wenig über die Geschichte des Valentinianismus in Ägypten und Alexandria wissen.

Was bedeutet οὐσία?

Zwei Antworten bei Origenes und Ambrosius und deren Bedeutung für ihre Bibelerklärung und Theologie[1]

Was bedeutet οὐσία? Die Frage klingt akademisch und scheint wohl auch eher auf ein Kolloquium über spätantike Philosophiegeschichte zu gehören als auf eines über Origenes. Außerdem hat uns Christopher Stead ja nachdrücklich darauf hingewiesen, „daß die Väter das Wort οὐσία mit großer Ungenauigkeit gebrauchten"[2] – was soll man also von ihren Antworten an Klärung schon erwarten? Und doch, diese ersten Befürchtungen trügen. Einerseits hat man es nicht mit einer rein akademischen und philosophiegeschichtlichen Frage zu tun, wiewohl sie das gewiß auch ist. Denn wenn Gott, wie Origenes in seiner Gebetsschrift schreibt, als unwandelbarer und unveränderlicher gleichsam immer nur einen Namen trägt und dieser ὁ ὤν lautet[3], dann stellt man mit der Frage nach der Bedeutung des Wortes οὐσία zugleich ja auch immer die große und zentrale Frage: Wer ist das, Gott? Und andererseits kann man Steads Kritik an den Vätern – jedenfalls für Origenes – noch präzisieren: Er gebrauchte den Terminus οὐσία in der Tat mit großer Ungenauigkeit, obwohl er es hätte besser wissen können. An Ambrosius schließlich lassen sich Motive eines solchen selektiven Umganges mit philosophiegeschichtlichen Kenntnissen besonders gut deutlich machen.

Zeit und Komplexität der Materie verlangen aber Beschränkung; daher soll es in den folgenden Ausführungen weder um alle (ca. 250) Belege des Wortes οὐσία bei Origenes[4] noch um das ganze Wortfeld οὐσία / *substantia* (9/213) bei Ambrosius gehen, sondern vor allem um eine charakteristische Antwort des Origenes und ihre gleichfalls charakteristische Aufnahme und Modifikation bei Ambrosius.

---

[1] Der Vortragstext anläßlich des Symposions zu Ehren von Herrn Professor Dr. H.J. Vogt wurde lediglich um die Anmerkungen ergänzt; folgende Abkürzung wird verwendet: FDS bezieht sich auf K. HÜLSER, Die Fragmente zur Dialektik der Stoiker, 4 Bände, Stuttgart 1987/88.

[2] CH. STEAD, Philosophie und Theologie I. Die Zeit der Alten Kirche, ThW 14/4, Stuttgart/Berlin/Köln 1990, 114. – Von Stead stammt auch die einschlägige Monographie zum Thema: Divine Substance, Oxford 1977.

[3] Or. 24,2 (GCS Origenes II, 354, 10 KOETSCHAU). Ambrosius fragt: *Aut quid est οὐσία uel unde dicta, nisi ἀεὶ οὖσα quod semper maneat? Qui enim est et est semper, deus est, et ideo manens semper οὐσία dicitur divina substantia* (fid. III 15,127 [CSEL 78, 152,29-32 FALLER]; vgl. inc. 9,100 [CSEL 79, 272,101-273,108 FALLER]).

[4] Der Computer zählt für die Kasus des Singular fast 250 Belege (201 Belege ohne Dativ); freilich sind die 33 Belege aus dem 24. Kapitel der Philokalia (i. e. Methodius, Abitr.) abzuziehen.

Eine „Antwort" des Origenes

Eine erste Antwort auf die Frage nach der Bedeutung des Begriffes οὐσία erhält man aus einer Passage der ca. 233/234 entstandenen Schrift *De Oratione*[5]
des Origenes, um die es in einem ersten Abschnitt gehen soll. Im Rahmen seiner Erklärung der Bitten des Vater-Unsers kommt der Autor natürlich auch auf
das Stichwort ἐπιούσιος in der vierten Bitte zu sprechen – „Unser tägliches Brot
gib uns heute"[6], wie die uns vertraute Übersetzung des schwierigen Begriffes
lautet. Der Exeget wollte mit seiner Auslegung zugleich die widerlegen, die
den Vers als Bitte um das ‚leibliche (σωματικός) Brot' verstanden[7] – die Diskussion darüber, ob ein wörtliches Verständnis der Stelle angemessen ist, zieht
sich ja von der alten Kirche bis in die Neuzeit hinein und ist nicht verstummt[8].
Bekanntlich ist auch Origenes' Bemerkung, das Wort ἐπιούσιος fände „sich bei
keinem griechischen Schriftsteller" und sei auch in der Alltagssprache nicht
nachgewiesen[9], noch vor dem heutigen Stande wissenschaftlicher Exegese eine
diskutable Position[10] – aber dies ist jetzt nicht unser Thema. Uns interessiert
vielmehr die folgende Partie der Erklärung – Origenes geht, da er das Kompositum ἐπι-ούσιος selbst nicht erklären kann, auf das zugrundeliegende Sub-
stantiv οὐσία zurück und schlägt als vorläufige Deutungshypothese eine Paraphrase vor, die allerdings sowohl eine fremde Präposition wie ein zusätzliches
Verb einführt: Unter ἐπιούσιος versteht er τὸν εἰς τὴν οὐσίαν συμβαλλόμενον

---

5   CPG I, 1477; W. GESSEL, Die Theologie des Gebetes nach ‚De Oratione' von Origenes, Pader-
     born, Wien 1975; M.-B. VON STRITZKY, Studien zur Überlieferung und Interpretation des Va-
     terunsers in der frühchristlichen Literatur, MBTh 47, Münster 1989, 70-180; A. DAHLE, Origen
     on ‚Our daily bread', ET 16, 1918, 13-24.

6   Mt 6,11 (vgl. Lk 11,3), erläutert in or. 27,1-17 (GCS Origenes 11, 363,23-375,19 KOETSCHAU). Die
     Passage besprechen GESSEL, Theologie (wie Anm. 5), 180-186; STRITZKY, Studien (wie Anm. 5),
     154-163.

7   Or. 27,1 (363,25f.); ganz ähnlich die Argumentation in frgm. 180 (RAUER = 75 SIEBEN) in Luc.
     11,3 (FC 4/2, 464,6-15). Die lateinischen Väter halten eine solche Auslegung in gewissen Gren-
     zen für möglich; Tertullian spricht in seiner mindestens dreißig Jahre zuvor entstandenen Ge-
     betsschrift von einer Auslegung *carnaliter* (orat. 6,3 [CChr.SL 1, 261,13 DIERCKS]; vgl. H. PÉTRÉ,
     Les leçons du ‚Panem nostrum cottidianum', RSR 38, 1951 [Mélanges Lebreton], 63-79); Cypri-
     an rechnet etwa 20 Jahre später ebenfalls mit zwei Verständnismöglichkeiten: *quod potest et
     spiritaliter et simpliciter intellegi* (or. 18 [EHPhR 58, 104,4f. RÉVEILLAUD]; wenig ergiebig ist W.
     DÜRIG, Die Deutung der Brotbitte des Vaterunsers bei den lateinischen Vätern bis Hierony-
     mus, LJ 18, 1968, 72-76).

8   Zuletzt U. LUZ, Das Evangelium nach Matthäus (Mt 1-7), EKK I/1, Zürich/Neukirchen-Vluyn
     ²1989, 345-347: „Die *Brotbitte* ist nach wie vor nicht sicher zu deuten" (345).

9   Or. 27,7 (366,34-367,2); vgl. Hieronymus, Matth. I 6 zu 6,11 (PL 26, 44 B/C = P. VIELHAUER / G.
     STRECKER, NTApo I⁵, 134) bzw. Gal. 1,12 (PL 26, 348 B/C; J. HENNIG, Our Daily Bread, TS
     [Woodstock] 4, 1943, 445-454).

10   Zuletzt hat dies R.G. KRATZ mit kritischen Bemerkungen zum einzigen Beleg in SGU I 5224,20
     (S. 522) bestätigt: Die Gnade des täglichen Brotes. Späte Psalmen auf dem Weg zum Vaterun-
     ser, ZThK 89, 1992, (1-40) 10 Anm. 33. Der Hawara-Papyrus ist inzwischen verloren; das Wort
     selbst war dort verstümmelt (U. LUZ, EKK I/1, 345 – S. 332 Literatur zu ἐπιούσιος).

ἄρτον, „Brot, das sich mit unserer οὐσία vereinigt"[11]. Dieses Verfahren der Worterklärung raten zwar die zeitgenössischen Grammatiken an[12]; es verlangt aber hier, ein schwieriges Wort durch ein noch diffizileres zu erklären.

Origenes unterzieht sich im folgenden Abschnitt (27,8[13]) dann aber nur scheinbar der Mühe, ‚den Begriff οὐσία zu untersuchen und dies darzulegen, um die Bedeutungen von οὐσία voneinander zu sondern'[14]: René Cadiou hat schon 1932 zu zeigen versucht, daß der ganze Abschnitt einfach aus einem Lexikon abgeschrieben (beziehungsweise diktiert) worden ist, und durch Textvergleich sogar bis zu einem gewissen Grade wahrscheinlich machen können, daß es sich um das Spezialwörterbuch περὶ Στωϊκῆς ὀνομάτων χρήσεως („Über stoischen Wortgebrauch") des Herophilus gehandelt haben wird[15]. Origenes zitierte aus diesem Sammelbuch der Wortbedeutungen, von dessen Existenz wir bisher nur durch ihn selbst wissen[16], zweimal im Prolog seines Psalmenkommentars[17], nämlich die Artikel zu den Stichworten τέλος beziehungsweise θεός unter ausdrücklicher Angabe seiner Quelle[18]. Besonders eine formale Ähnlichkeit brachte Cadiou dazu, die scheinbar bemühte Sammlung des Origenes in *De Oratione* als schlichtes Zitat zu interpretieren und die nicht gekennzeichnete Entlehnung ebenfalls dem Wörterbuch des Herophilus zuzuweisen: Beide Texte, der Artikel θεός und der mutmaßliche Artikel οὐσία enthalten aneinandergereihte Definitionen, die nur relativ lose verbunden sind: Die acht

---

11 Er begründet dies mit der Vokabel περιούσιος: Der Ausdruck Ex 19,5f. λαός περιούσιος bedeute ἡ δὲ τὸν περὶ τὴν οὐσίαν καταγινόμενον λαὸν καὶ κοινωνοῦντα αὐτῇ (or. 27,7 [367,11 f.]). Ganz entsprechend erklärt er den Ausdruck in Mt 6,11: ἡ μὲν τὸν εἰς τὴν οὐσίαν συμβαλλόμενον ἄρτον δηλοῦσα (367,10f.). Allerdings ergibt sich ein Ungleichgewicht:

περιούσιος = ὁ περὶ τὴν οὐσίαν καταγινόμενος λαός.

ἐπιούσιος = ὁ εἰς τὴν οὐσίαν συμβαλλόμενος ἄρτος.

Das erste Kompositum kann durch Beibehaltung der Präposition und die schlichte Einfügung einer Art von ‚Hilfsverb' erklärt werden; bei ἐπιούσιος wird die Präposition ersetzt durch den Ausdruck εἰς ... συμβάλλειν. Im Grunde wird also an dieser Stelle eine Gleichartigkeit der Erklärung vorgetäuscht, die Origenes nicht einlösen kann.

12 B. NEUSCHÄFER, Origenes als Philologe, SBA 18/1-2, Basel 1987, 140-155 über die Worterklärung (γλωσσηματικόν), zur Differenzierung mittels semantisch verwandter Begriffe besonders S. 142 mit Anm. 24/25 (auf S. 400).

13 Der zweite Teil (368, 1-19 KOETSCHAU) entspricht SVF 11,318 (114,31-117,8).

14 27,9: ἐπεὶ δὲ περὶ τῆς οὐσίας ζητοῦντες (...) εἰς τὸ τὰ σημαίνοντα διακριθῆναι τῆς οὐσίας ταυτ' εἰρήκαμεν (368,20-369,1).

15 R. CADIOU, Dictionnaires antiques dans l'oeuvre d'Origène, REG 45, 1932, 271-285; zum Werk des Herophilus auch NEUSCHÄFER, Origenes (wie Anm. 12), 146 („ein doxographisches Handbuch"); eine vollständige Liste philosophischer Definitionen versuchte E. KLOSTERMANN zu geben: Überkommene Definitionen im Werke des Origenes, ZNW 37, 1938, 54-61.

16 H. V. ARNIM, Art. Herophilos, in: PRE VIII/l, 1912, 1104. Arnims Zeitangabe („dürfte im 1./2. Jh. gelebt haben") bleibt also spekulativ. Die Identifikation mit dem alexandrinischen Mediziner Herophilus scheidet aus chronologischen Gründen aus, er lebte um 290 n.Chr. in Alexandria. Zu anderen Lexika bei Origenes vgl. die sorgfältigen Untersuchungen bei NEUSCHÄFER, Origenes (wie Anm. 12), 149-154.

17 CPG 1426 I(2) S. 150.

18 PG XII, 1053 A/54 A bzw. W. RIETZ, De Origenis in Psalterium Quaestiones Selectae, Diss. Phil. Jena 1914, 14,20-15,17 (= Text IV, nach Vat.Graec. 754 und 1422 [= KARO / LIETZMANN, 41.47]).

aufeinanderfolgenden verschiedenen stoischen οὐσία-Definitionen in der Gebetsschrift sind z.T. durch ἤ – ἤ, „oder – oder", die sechs verschiedenen Definitionen im θεός-Artikel dagegen mit ἄλλως und einer Verbform verbunden[19]. Cadiou hat auch darauf hingewiesen, daß beide ‚Artikel' eine recht ähnliche Ordnung haben, nicht mit einer stoischen, sondern mit platonischen Definitionen beginnen – der Titel des Werkes „Über den stoischen Wortgebrauch" hätte eigentlich ein anderes Anordnungsprinzip nahegelegt – und mit pythagoreisch-neupythagoreischen Definitionen schließen[20]. Schließlich – und diese Beobachtung ist für das Verständnis der origeneischen Passage besonders wichtig – bietet keiner der Abschnitte im Wörterbuch des Herophilus eine abschließende Entscheidung für eine der Begriffsbedeutungen und spezifiziert auch nicht, auf wen die jeweilige Bedeutung zurückgeht. Während man das erste von einem reinen Wörterbuchartikel auch nicht erwarten möchte, empfindet man die mangelnden Quellenbelege doch als empfindlichen Nachteil des verlorenen Werkes – vergleicht man den von Origenes zitierten Artikel θεός etwa mit dem Abschnitt τίς ἐστιν ὁ θεός in den *Placita* des Aëtius, deren Ordnung uns Diels rekonstruiert hat[21], fällt Aëtius durch weitaus größeren Materialreichtum und seine Autoren-Angaben auf. Origenes hätte mit diesem Werk freilich in *De Oratione* kaum etwas anfangen können, da es keinen Abschnitt περὶ οὐσίας enthielt.

Sehen wir uns also nun die Antwort des Origenes – oder sollten wir mit Cadiou besser sagen, die Antwort des Herophilus? – auf die Frage „Was bedeutet οὐσία?" einmal näher an. Zunächst wird man dann kritisch gegen Cadiou einwenden müssen, daß zumindest die Redewendung in der ersten Klammerbemerkung ἵν' οὕτως εἴπω[22] – „um es einmal so zu sagen" kaum auf ein Wörterbuch zurückgehen kann. Ich denke also im Gegensatz zu Cadiou, daß Origenes den Artikel zumindest in dieser erläuternden Klammerbemerkung sehr wohl bearbeitet und nicht einfach herunterdiktiert hat, werde mich aber hüten, das angesichts der geradezu desaströsen Quellenlage bezüglich des Lexikons noch präziser auszuführen. Die Grundarchitektonik seines Abschnittes wird aber gewiß aus einem Lexikonartikel stammen, vielleicht eben dem des Herophilus.

Als ‚Grundarchitektonik' verstehe ich, wie das folgende Schema illustrieren will, die Gliederung in zwei Hälften, die zwei generell unterschiedliche Antworten enthalten – wie es genau dem zeitgenössischen Diskussionsstand ent-

---

19   ἄλλως δέ, κατ' ἄλλον, ἄλλως λέγουσι, ἄλλως λέγει.

20   Cadiou erklärt sich diesen Befund mit einer historischen Anordnung des Materials der Artikel (Dictionnaires [wie Anm. 15], 279). Zu der Einordnung der letzten Definition als ‚pythagoreisch' vgl. allerdings unten, 181f.

21   Dazu jetzt J. MANSFELD, Doxography and Dialectic. The *Sitz im Leben* of the ‚Placita', ANRW II 36.4, Berlin/New York 1990, 3056-3229.

22   367,20 KOETSCHAU.

spricht[23]. Der Begriff οὐσία betrifft im eigentlichen Sinne nach dieser Doppeldefinition entweder die immateriellen νοητά der Platoniker (so die erste These[24]) oder die materielle οὐσία, von der Gedanken und Begriffe erst abhängig sind (so die zweite, stoische These[25]). Soweit wirkt der Abschnitt auch ausgeglichen[26] – das Problem, ob οὐσία im eigentlichen Sinne sich auf immaterielle oder materielle Substanzen bezieht, wird häufig, zum Beispiel auch in den pseudojustinischen *Quaestiones Graecorum ad Christianos*, diskutiert[27]. Wenn man die Feinstruktur des Artikels bei Origenes in or. 27,8 ansieht, wird man allerdings nicht mehr von einer Ausgewogenheit reden können:

οὐσία κυρίως bedeutet für

(a) die, die die ὑπόστασις der ἀσώματα für ursprünglich erklären: οὐσία bei ἀσώματα, die τὸ εἶναι beständig haben, weder Zusatz noch Beraubung dulden (wie die σώματα – es folgen Erklärungen zu den σώματα: Zunahme / Abnahme – nur Abnahme).

(b) die, die die οὐσία der ἀσώματα für eine Folge erklären, die der σώματα aber für ursprünglich bestimmen:

(b1) οὐσία πρώτη	τῶν ὄντων	ὕλη	καὶ ἐξ ἧς τὰ ὄντα
(b2)	τῶν σωμάτων	ὕλη	καὶ ἐξ ἧς τὰ σώματα
(b3)	τῶν ὀνομαζομένων		καὶ ἐξ ἧς τὰ ὀνομαζόμενα

(b4) τὸ πρῶτον ὑπόστατον ἄποιον

(b5) τὸ προϋφιστάμενον τοῖς οὖσιν

(b6) τὸ πάσας δεχόμενον τὰς μεταβολάς τε καὶ ἀλλοιώσεις, αὐτὸ δὲ
ἀναλλοίωτον κατὰ τὸν ἴδιον λόγον.

(b7) τὸ ὑπομένον πᾶσαν ἀλλοίωσιν καὶ μεταβολήν.

(b8) οὐσία ist ἄποιός τε καὶ ἀσχημάτιστος
ἔγκειται πάσῃ ποιότητι καθάπερ ἕτοιμόν τι χωρίον

---

23 So STEAD, Philosophie I (wie Anm. 2), 114. – Interessanterweise enthält auch der Lexikonartikel der Suda, die freilich über 700 Jahre später entstanden ist, eine Reihe von drei mit ἤ – ἤ voneinander getrennten Definitionsvarianten (0 961 [I/3, 592, 6-11 ADLER]).

24 Or. 27,8: ἡ μέντοι κυρίως οὐσία τοῖς μὲν προηγουμένην τὴν τῶν ἀσωμάτων ὑπόστασιν εἶναι φάσκουσι νενόμισται (367,13f.). Für die erste Ansicht sind als ungefähr zeitgenössisch zu vergleichen: Numenius: εἰ δ' ἔστι μὲν νοητὸν οὐσία καὶ ἰδέα (frgm. 16 [CUFr 57,2 DES PLACES], zur Interpretation jetzt J. HOLZHAUSEN, Eine Anmerkung zum Verhältnis von Numenios und Plotin, Hermes 120, 1992, 253f.); Celsus: οὐσία καὶ γένεσις, νοητόν, ὁρατόν (bei Origenes, Cels. VII 45 [196, 19f.]); Alkinoos: Die Idee ist im Blick auf sie selbst οὐσία (didaskalikos, § 9 [CUFr 20,17 WHITTAKER = BSGRT 163,17 HERMANN]); Atticus (frgm. 5 [CUFr 57,55-57 DES PLACES] = Eusebius, p.e. XV 7,1-7 [GCS VIII/2, 365,6-8]) – natürlich sind auch die verschiedenen mittelplatonisch geprägten Platonreferate bei DIELS (Aëtius, placita I 3,21: ἰδέα δὲ οὐσία ἀσώματος ἐν τοῖς νοήμασι καὶ ταῖς φαντασίαις τοῦ θεοῦ S. 288 a, 4-6; 308 a 16) heranzuziehen.

25 SVF II,533 (170,23f.) = Proclus, in Ti. 138 E (I, 456, 14 DIEHL).

26 Nach der von STEAD entwickelten Typologie der οὐσία-Bedeutungen werden also die Bedeutungen E (Form) 3 (Subjektiv-Allgemein) und D (Stoff/Material) 3 (Subjektiv-Allgemein) gegenübergestellt (so DERS., Substance [wie Anm. 2], 139 und Philosophie I [wie Anm. 2], 115). – Die von STEAD mehrfach notierte weitgehende vornizänische christliche Unkenntnis der aristotelischen Unterscheidung von πρώτη οὐσία und δευτέρα οὐσία (Substance, 113-118 bzw. Philosophie, 113) kann auch bei Herophilus/Origenes konstatiert werden.

27 CorpAp V, 334 D OTTO – deutsche Übersetzung bei A. VON HARNACK, Diodor von Tarsus, TU 21, Leipzig 1901, 161-181, hier 165.

οὐσία ist   aber zugleich ποῖος
(8a)   wegen πάθος
(8b)   δι' ὅλων μεταβλητὴν καὶ δι' ὅλων διαιρετὴν λέγουσιν
                     εἶναι, καὶ πᾶσαν οὐσίαν πάσῃ συγχεῖσθαι δύνασθαι,
                     ἡνωμένην μέντοι.

Der Blick auf die Gliederung zeigt das deutliche Übergewicht in den stoischen
Partien des Wörterbuchartikels: Die platonische Theorie (a) wird nicht etwa
mit Hinweisen auf die Ideen (oder die Seele[28]) erläutert oder mit der Bemerkung, daß es Ziel wahrer Philosophie sei, zur Erkenntnis τῆς νοητῆς οὐσίας zu
kommen (Alkinoos)[29]. Im Gegenteil, fast apologetisch wird in der Klammerbemerkung von (a) erklärt, daß die σώματα im Gegensatz zu den ἀσώματα im
Bestand fließen[30], durch äußere Dinge gestützt und ernährt werden, zunehmen
oder abnehmen, je nachdem, was überwiegt. Den Sinn des letzten Satzes der
Klammerbemerkung kann man sich am Beispiel eines Steines klarmachen: Er
nimmt keinen Stoff auf, aber wird durch Luft und Meer ständig verkleinert, in
– ἵν' οὕτως εἴπω, μειώσει – reiner Verkleinerung[31].

Wieso muß aber der sinnfällige Tatbestand erklärt werden, daß bei den so
fließenden σώματα nicht οὐσία im eigentlichen Sinne vorliegt? Hier hilft wieder Cadious Hypothese: Schließlich soll der „stoische Wortgebrauch" erläutert
werden, also muß zur Begründung auch platonischer Thesen implizit von den
stoischen Einwänden her argumentiert werden[32]. Auch das zweite Ungleichgewicht, das bereits optisch sichtbar ist, erklärt sich so schnell: In einem Wörterbuch stoischer Begriffsverwendung mag es angehen, daß dem Platonismus
zehn Zeilen (ohne die Klammerbemerkung eigentlich nur vier), dem Stoizis-
mus doppelt so viel, nämlich fast zwanzig Zeilen zur Verfügung stehen. Der
einen platonischen Position stehen nach meiner Zählung acht stoische Positionen gegenüber – aber auch dieses Ungleichgewicht ist einem Stoiker abzu-
nehmen. In einem platonischen Lexikon hätten wir gern zum Beispiel noch ein
paar Bemerkungen über Gott, der ἐπέκεινα τῆς οὐσίας ist[33], und das Verhältnis

---

28 Alkinoos, didaskalikos § 25: ἀσώματος γάρ ἐστιν οὐσία (CUFr 48,22 WHITTAKER = BSGRT
    177,22 HERMANN); Aëtius, placita IV 2,5 (386 a, 12-14 DIELS).
29 § 1 (CUFr 1,10 WHITTAKER = BSGRT 152,10 HERMANN).
30 Die Metapher von der fließenden Materie verwenden Stoiker wie Platoniker: καὶ τὴν ὕλην δὲ
    (...) καὶ ὁ τῶν Στωϊκῶν ὁρμᾶτος τρεπτὴν καὶ ἀλλοιωτὴν καὶ ῥευστὴν ἔφασαν εἶναι (SVF II, 305
    [111,33-112,2 = Theodoret, Graec. Aff. Cur. 58,101]; ähnlich Aëtius, placita I 9,2 (307 a, 23-25
    DIELS = SVF II, 324 [116,20-24]); platonisch: Numenius, frgm. 3 ποταμὸς γὰρ ἡ ὕλη ῥοώδης
    (CUFr 45,11 = Eus., p.e. XV 17,2 [VIII/2, 381,16]); Alkinoos § 10,11 W. = 152,11 H.); Porphyrius,
    antr. 34 (BSGRT 80, 1f. NAUCK); vgl. auch CH. MARKSCHIES, Valentinus Gnosticus? Untersu-
    chungen zur valentinianischen Gnosis mit einem Kommentar zu den Fragmenten Valentins,
    WUNT 65, Tübingen 1992, 247 Anm. 182.
31 367,20-368,1 KOETSCHAU.
32 Tatsächlich stammt auch einer der Belege, den KOETSCHAU zum Vergleich angibt, aus einem
    Stoiker-Referat: Aëtius, placita I 9,2 (307,24f. DIELS).
33 Platon, resp. 509 b, dazu STEAD, Substance (wie Anm. 2), 40-42; J. WHITTAKER, ἐπέκεινα νοῦ καὶ
    οὐσίας, VigChr 23, 1969, 91-104 = DERS., Studies in Platonism and Patristic Thought, Series 201,
    London 1984, nr. XIII.

der Ideen oder der Seele zu ihm gelesen. (Im Handbuch platonischer Lehren, das jetzt Alkinoos zugeschrieben ist[34], wird zum Beispiel auch erst nach den Paragraphen über die Ideenlehre zwischen der νοητὴ οὐσία ἀμέριστος und der ἄλλη οὐσία περὶ τὰ σώματα μεριστή unterschieden[35].) Diese von Cadiou übersehenen Punkte könnten also seine Identifikation mit Herophilus' Wörterbuch nur stützen.

Koetschau und Cadiou haben leider nur vier der acht folgenden stoischen Positionen (präziser: der weitgehend synonymen Definitions-Varianten) nachgewiesen und ausführlich kommentiert; ich muß mich hier auf die andeutungsweise Ergänzung ihrer Angaben beschränken – aber auch so wird schon deutlich, daß das Schwergewicht des Artikels auf der Mitteilung von acht Varianten stoischer Terminologie liegt: Von οὐσία als πρώτη τῶν ὄντων ὕλη redet Zenon[36]; die *zweite* Formel von der οὐσία als τῶν σωμάτων ὕλη beruht auf der (nicht allein) stoischen Verbindung von κόσμος und σῶμα[37] beziehungsweise der späten stoischen Identifikation von σῶμα, οὐσία und ὕλη[38]; die *dritte* Formel stellt wohl die ‚sprachphilosophische Variante' dar, sie könnte auf Gedanken Chrysipps zurückgehen und entspricht stoischer Sprachphilosophie, weil das Wort das Einzelding seiner Natur nach darstellt (im Gegensatz zum Gattungsbegriff, dem Allgemeinbegriff)[39]. Die *vierte* Definition, die οὐσία als τὸ πρῶτον ὑπόστατον ἄποιον erklärt, wird gleichfalls Chrysipp zugeschrieben[40] und in den doxographischen Quellen mit der *fünften* und *sechsten* verbunden[41], was Herophilus vielleicht nur künstlich auseinanderriß; in der Tat ist die Bezeichnung der οὐσία als τὸ προϋφιστάμενον τοῖς οὖσιν der vierten Position ja

---

34   J. WHITTAKER, Parisinus Graecus 1962 and the writings of Albinus, Phoenix 28, 1974, 320-354. 450-456 = DERS., Studies (wie Anm. 33), nr. XX.

35   § 14 (32,22-24 WHITTAKER = 169,22-24 HERMANN).

36   Nahezu wörtlich bei Arius Didymus, fr.Phys. 20 (457,25 DIELS) = Stobaeus I 11,5 (I, 132,27-133,1 WACHSMUTH) oder Diogenes Laërtius VII 150 (SCBO II, 361,19f. LONG) = SVF I, 87 und II, 316 (24,28-32/114,16-21) = HÜLSER, FDS 742 (II, 876f.).

37   πᾶν τὸ ποιοῦν σῶμά ἐστιν (Diogenes Laërtius VII 56 [II, 320,21f.] = SVF II, 140 [44,2f.] = HÜLSER, FDS 476 [II, 522,11]; vom Schulhaupt der Stoa ab 140 v.Chr., Antipater von Tarsos wird berichtet: σῶμα δέ ἐστι κατ' αὐτοὺς ἡ οὐσία καὶ πεπαρασμένη, καθά φησιν Ἀντίπατρος ἐν δευτέρῳ περὶ οὐσίας (D.L. VII 150 [II, 362,1f.] = SVF III, 32 [249,8f.]). Vgl. auch die Formulierung σῶμα δὲ (...) τὸ πᾶν (Epiph., anc. 7,1 [GCS Epiphanius I, 25, 166,1f.] über die Stoiker).

38   Οἱ Στωϊκοὶ σῶμα τὴν ὕλην ἀποφαίνονται (Aëtius, placita I 9,7 [308 b, 14f. DIELS] = Stobaeus, I 11, 5b [I, 133,16 W.] = SVF II, 325); σῶμα δέ ἐστι κατ' αὐτοὺς ἡ οὐσία (Diogenes Laërtius VII 150 [II, 362,1] = SVF III, 4 [259,16]); SVF II, 309 (112,22-25 = Sextus Empiricus, adv.Math. X 312 = adv.Dogm. IV 312); 315 (114,6-13 = Plotin, en. VI, 1 [42] 26,12-19); 359 (123,16-20 = Clem. Al., strom. II 15,1 [120,10-12 STÄHLIN]): ταὐτὸν σῶμα καὶ οὐσίαν ὁριζόμενοι (123,17f. = 120,12); 394 (130,34-36); 533 (170,19-24 = Proclus, comm. in Ti. 138 E [I, 456,10-15 DIEHL]) – zum Thema vgl. auch M. POHLENZ, Die Stoa. Geschichte einer geistigen Bewegung, Bd. I, Göttingen ⁴1970, 69-75.

39   POHLENZ, Stoa I (wie Anm. 38), 32-47; vgl. z.B. Arius Didymus, fr.Phys. 25 (460,21 D.) = Stobaeus I 18,4 (161, 13 W.) = SVF II, 503 (163,2f.) = HÜLSER, FDS 728 (II, 862-864).

40   τῶν κατὰ ποιότητα ὑφισταμένων πρώτην ὕλην (Arius Didymus, fr.Phys. 20 [458,4 D.] = Stobaeus I 11,5 [I, 133,6f. W.] = SVF II, 317 [S. 114,25f.] = K. HÜLSER, FDS 741 [II, 874f.]).

41   Das zeigt der synoptische Druck von Origenes und Arius Didymus bei CADIOU, Dictionnaires (wie Anm. 15), 276f.

weitgehend synonym. Die *sechste* Definition führt noch einmal weiter und präzisiert die stoische Doktrin einer ἄποιος ὕλη, einer eigenschaftslosen Materie, die den vier Elementen zugrunde liegt: οὐσία ist τὸ πάσας δεχόμενον τὰς μεταβολάς τε καὶ ἀλλοιώσεις, αὐτὸ δὲ ἀναλλοίωτον κατὰ ἴδιον λόγον[42]. Die *siebente* Definition der οὐσία halte ich wieder für eine der sechsten weitgehend synonyme terminologische Variante, sie lautet τὸ ὑπομένον πᾶσαν ἀλλοίωσιν καὶ μεταβολήν[43].

Die *achte* Definition müssen wir dagegen schon aus formalen Gründen von den vorangegangenen abtrennen. Bei ihr wird nicht nur knapp die Definition angegeben, sondern es sind relativ umfangreiche Erläuterungen beigegeben, die etwa ein Drittel des ganzen Abschnittes ausmachen[44]. Cadiou hat durch einen Vergleich mit Arius Didymus zeigen wollen, daß dieser Abschnitt Poseidonius' Position wiedergebe[45]. Aber die eigentliche Pointe des Abschnittes liegt ja gar nicht in der Wiedergabe der Position eines Einzelnen (er beginnt κατὰ τούτους[46], das bezieht sich doch gewiß auf einige Stoiker), sondern in der ausführlichen Entfaltung eines bekannten Problems stoischer οὐσία-Definition[47]. Außerdem spielt das bei Poseidonius verhandelte Problem, wie sich ὕλη und οὐσία zueinander verhalten, im Lexikon-Text auffälligerweise keine Rolle – die Abschnitte identifizieren ohne jeden Hinweis auf die häufige Kritik an der stoischen Identifikation οὐσία und ὕλη[48] – auch an diesem Detail zeigt sich, daß Origenes ein stoisches Lexikon verwendete. Der Abschnitt besteht in der ausführlicheren Erläuterung der schon im Altertum angegriffenen stoischen Ansicht, daß die eigenschafts- beziehungsweise qualitätslose Materie als „ein zu-

---

[42]   ταύτην δέ ἀίδιον, οὔτε αὔξησιν οὔτε μείωσιν ὑπομένουσαν, διαίρεσιν δὲ καὶ σύγχυσιν ἐπιδεχομένην (Arius Didymus, fr.Phys. 20 [458,5, D.] = Stobaeus I 11,5 [I, 133,7-9 W.] = SVF II, 317 [114,26f.]; vgl. SVF II, 309 [112,22-25 = Sextus Empiricus, adv.Math. X 312 = adv.Dogm. IV 312]; Cicero, acad. I 27 und auch Alkinoos, did. 8 [19,36 W. = 162,36 H.]. – Weitere Belege bei STEAD, Substance (wie Anm. 2), 120f. Anm. 23 und J. WHITTAKER, Alcinoos, Enseignement des doctrines de Platon, CUFr, Paris 1990, 96 Anm. 139.

[43]   SVF II, 309 (112,22-25 = Sextus Empiricus, adv.Math. X 312 = adv.Dogm. IV 312: καὶ δι' ὅλων τρεπτή, μεταβαλλούσης τε ταύτης γίγνεται τὰ τέσσαρα στοιχεῖα, πῦρ καὶ ἀήρ, ὕδωρ καὶ γῆ; SVF II, 405 (133,35f.); SVF II, 495 ἀλλοίωσις καθ' ὅλην τὴν οὐσίαν (161,9).

[44]   368,8-19 KOETSCHAU.

[45]   CADIOU, Dictionnaires (wie Anm. 15), 277: Ἔφησε δὲ ὁ Ποσειδώνιος τὴν τῶν ὅλων οὐσίαν καὶ ὕλην ἄποιον καὶ ἄμορφον εἶναι, καθ'ὅσον οὐδὲν ἀποτεταγμένον ἴδιον ἔχει σχῆμα οὐδὲ ποιότητα καθ' αὑτήν ἀεὶ δ' ἔν τινι σχήματι καὶ ποιότητι εἶναι (Arius Didymus, fr.Phys. 20 [458,8-10 D.] = Stobaeus I 11,5 [I, 133,18,21 W.] = frgm. 92 EDELSTEIN / KIDD [99] = 267 THEILER [190]; Kommentar Vol. II, 140-142). Dazu vgl. jetzt den Kommentar von I.G. KIDD (II/1, 368-374) und CH. STEAD, Divine Substance in Tertullian, JThS.NS 14, 1963, (46-66) 59 n. 1 = DERS., Substance and Illusion in the Christian Fathers, Collected Studies Series 224, London 1985, nr. II.

[46]   368,8 KOETSCHAU.

[47]   STEAD, Substance (wie Anm. 2), 120f.

[48]   Zur Diskussion jetzt I.G. KIDD, Poseidonius, Vol. II The Commentary, (I) Testimonia and Fragments, Cambridge Classical Texts and Commentaries 14 A, Cambridge 1988, 371f.

bereitetes Feld jeder Eigenschaft zugrunde" läge[49]. Interessanterweise werden nun zwei Erklärungen dieses Tatbestandes gegeben, die mir widersprüchlich scheinen, aber im Text ohne jeden Hinweis auf diese Widersprüchlichkeit folgen: Für die Fähigkeit der eigenschaftslosen οὐσία, sich mit Eigenschaften (Qualitäten) zu verbinden, wird *einmal* die in ihr wohnende Qualität der Veränderung (πάθει, 368,14)[50], *dann* aber die mit ihr zusammenseiende Spannung (συνὼν αὐτῇ τόνος, 368,16) verantwortlich gemacht. Nur passiv rezipieren oder aber aktiv geben zu können scheinen mir jedenfalls zwei sehr verschiedene Dinge zu sein, die gleichwohl beide in der Stoa belegt sind[51]. Ich möchte daher auch diese scheinbare Widersprüchlichkeit auf das Lexikon schieben, das ja gern, wie wir sahen, lose verbundene synonyme oder eben auch sich ausschließende Erklärungen zusammenstellte. Allerdings sollte man erwägen, ob die achte Definition nicht schon zu Teilen aus einem weiteren Artikel stammt, in dem es um das Verhältnis von οὐσία und Eigenschaft(en) ging – aber das bleibt Spekulation. Für eine Erläuterung des Origenes möchte ich sie aber – im Gegensatz offenbar zu Stead[52] – schon deswegen nicht halten, weil es sich um eine für den Fortgang vollkommen folgenlose Erörterung handelt[53]. Denn die geistliche Nahrung des Origenes ist selbstverständlich alles andere als eigenschaftslos.

Folgt man René Cadiou, so muß man die letzte Angabe, daß οὐσία vollkommen veränderlich und teilbar sei, sich mit anderen οὐσίαι zu einer neuen Einheit verbinden könne[54], als *neunte* Definition abtrennen. Er schreibt sie Tha-

---

49   So P. KOETSCHAU in BKV Origenes I, 101 für πάσῃ δὲ ὁ ὑπόκειται (!) ποιότητι καθάπερ ἕτοιμόν τι χωρίον (GCS 368,10 mit Korrektur KOETSCHAU).

50   P. KOETSCHAU übersetzt „infolge ihrer Empfänglichkeit", das ist aber wohl nicht der präzise Sinn; als Aussage des Stoikers Apollodor von Seleucia (nach 120/119 v.Chr.) wird berichtet: σῶμα δέ ἐστι κατ' αὐτοὺς οὐσία καὶ πεπερασμένη, καθά φησιν Ἀντίπατρος ἐν δευτέρῳ Περὶ οὐσίας καὶ Ἀπολλόδωρος ἐν τῇ φυσικῇ. καὶ παθητὴ δέ ἐστιν, ὡς ὁ αὐτός φησιν εἰ γὰρ ἦν ἄτρεπτος, οὐκ ἂν τὰ γινόμενα ἐξ αὐτῆς ἐγίνετο (D.L. VII 150 [II, 362,1-4] = SVF III, 4 [259,16-20]). Auch Origenes vertritt eine ähnliche Ansicht: comm. in Gen. III frgm. bei Eus., p.e. VII 20,2.5-7 (GCS Eusebius VIII/1, 402,12-16. 403,2-9 MRAS) und Cels. IV 57 (330,7-9).

51   πάθος ist im Register Arnims in dieser Bedeutung nicht nachgewiesen (SVF IV, 109f.), aber häufiger bei Aristoteles, z.B. metaph. Δ 21, 1022 b 15f. oder H 7, 1049 a 29 (vgl. dazu den Sammelband ‚Concepts et catégories dans la pensée antique' [P. AUBENQUE (Hg.), Bibliothèque d'Histoire et de la Philosophie, Paris 1980]; für τόνος gibt Arnims Register die Origenes-Stelle (SVF II, 318 [115,5] sowie SVF II, 407 [134,20] = Plutarch, de prim. frig. 2 = mor. 61, 946 a); die geläufige stoische τόνος-Vorstellung könnte einen terminologischen Einfluß ausgeübt haben: Plutarch, de Stoicorum repugn. 43 = mor. 70, 1054 A/B; SVF II, 876 (235,3-5); SVF II, 766 (215,14f.) = D.L. VII 158 (II, 356,17).

52   STEAD, Substance (wie Anm. 2), 121 Anm. 126.

53   Mir ist bewußt, daß sich in princ. II 1,4 (110,4-6 KOETSCHAU = 290 KARPP / GÖRGEMANNS) und besonders IV 4,6 (357,16-28 = 802) diese Theorie mit Worten des Origenes findet, ebenso in Cels. III 41 (237,12f.) und Jo. XIII 61 (198,18).

54   δι' ὅλων μεταβλητὴν καὶ δι' ὅλων διαιρετὴν λέγουσιν εἶναι, καὶ πᾶσαν οὐσίαν πάσῃ συγχεῖσθαι δύνασθαι, ἡνωμένην μέντοι (368,17-19).

les und Pythagoras zu[55]. Aber die Vorstellung einer – um es so auszudrücken – συγχυτικὴ ἕνωσις (das uns auf der Zunge liegende Adjektiv συγχυτός gibt es m. W. nicht) ist doch auch ganz stoisch[56] und zieht nur die *conclusio* des langen Abschnittes der achten Definition zum Problem ‚Substanz', ‚Materie' und ‚Eigenschaft'. Für die Formulierung, die οὐσία sei vollkommen veränderlich, gibt es ebenfalls recht wörtliche stoische Parallelen[57].

Auch ohne den vollständigen Nachweis der Beobachtung, daß sich fast alle diese Definitionen in ähnlichen doxographischen Kompendien (zum Beispiel in recht analoger Reihenfolge in den bei Stobaeus bewahrten Resten des Arius Didymus[58]) finden[59], zeigt ein Durchgang durch den οὐσία-Artikel des Herophilus, daß in ihm lediglich die gewöhnlichen Schlagworte der *communis opinio* zusammenstellt sind. Besonders die Struktur der zweiten Hälfte des Artikels, die Zitation von acht weitgehend inhaltlich synonymen stoischen Definitionsvarianten, belegt nochmals, daß die Zuweisung Cadious an das stoische Begriffslexikon eine große Wahrscheinlichkeit für sich reklamieren darf. Man versteht angesichts der Oberflächlichkeit dieses Werkes aber auch, warum Johannes Stobaeus beispielsweise Arius Didymus und nicht Herophilus exzerpierte.

Kehren wir vom Lexikon-Artikel des Herophilus wieder zurück zu Origenes: Warum zitierte Origenes nun diesen bunten Fächer von neun Antworten, der in Wahrheit nur aus zwei Grundfarben mit diversen Abschattungen der zweiten Grundfarbe besteht? Und – vielleicht die wichtigste Frage: Wofür entschied sich der christliche Theologe, um den Terminus ἐπιούσιος besser zu verstehen?

An dieser Stelle zeigt sich nun, daß den Antworten des Herophilus nicht die zu erwartende Antwort des Origenes folgt. Im Gegenteil: Die origeneische Antwort auf die Frage „Was bedeutet οὐσία?" entfällt einfach. Obwohl er am Beginn des neuen Abschnittes seine eigentliche Frage nach der Bedeutung dieses Wortes nochmals in Erinnerung ruft[60], spricht er dann nur davon, daß die οὐσία mit dem Brot eng verwandt sein müsse, weil das Brot geistig zu ver-

---

[55]   CADIOU, Dictionnaires (wie Anm. 15), 276 mit Berufung auf Aëtius, placita I 8,2 (307,9-14 DIELS). Aber die dort referierte Meinung wird auch gleich noch den Stoikern und Platon zugeschrieben, was Cadiou unterschlägt (307,9f. D.).

[56]   Vgl. die Schemata bei H. DÖRRIE, Porphyrios' „Symmikta Zetemata". Ihre Stellung im System und Geschichte des Neuplatonismus nebst einem Kommentar zu den Fragmenten, Zet. 20, München 1959, 26f. 39.

[57]   27,8: δι' ὅλων μεταβλητὴν καὶ δι' ὅλων διαιρετὴν λέγουσιν εἶναι (368,17f.) vgl. mit SVF II, 309 (112,22-25 = Sextus Empiricus, adv.Math. X 312 = adv.Dogm. IV 312): καὶ δι' ὅλων τρεπτή, μεταβαλλούσης τε ταύτης γίνεται τὰ τέσσαρα στοιχεῖα, πῦρ καὶ ἀήρ, ὕδωρ καὶ γῆ.

[58]   E. HOWALD, Das philosophiegeschichtliche Compendium des Areios Didymus, Hermes 55, 1920, 68-98; MANSFELD, Doxography (wie Anm. 21), 3056-3229.

[59]   Vgl. die Zusammenstellung bei CADIOU, Dictionnaires (wie Anm. 15), 276f. Daraus sollte man aber nicht auf Abhängigkeit des uns fast gänzlich unbekannten Herophilus von Arius (zur Zeit des Tiberius, 14-37 n.Chr.) schließen – er gibt wohl doch nur wieder, was *en vogue* war.

[60]   ἐπεὶ δὲ περὶ τῆς οὐσίας ζητοῦντες διὰ τὸν ἐπιούσιον ἄρτον (...) εἰς τὸ τὰ σημαίνοντα διακριθῆναι τῆς οὐσίας ταῦτ' εἰρήκαμεν (or. 27,9 [368,20-369,1 KOETSCHAU]).

stehen sei[61]. Um den eigentlich notwendigen Satz, welche der beiden Grundbedeutungen von οὐσία dafür in Frage käme, drückt sich Origenes aber – gerade wie der Verfasser des Lexikonartikels auch, freilich mit dem gewichtigen Unterschied, daß Origenes ja keinen Lexikonartikel schreibt! Für den Benutzerkreis eines stoischen Begriffswörterbuches war auch klar, was man unter οὐσία zu verstehen hatte. Aber war es den Lesern der Gebetsschrift des Origenes klar? Hier hätte gerade ein spannender Höhepunkt seiner Auslegung liegen können, und ihn hat er – jedenfalls mit heutigen Augen gesehen – kommentarlos verschenkt. Kann man seine Antwort, auch wenn sie nicht explizit dasteht, wenigstens rekonstruieren, und kann man Gründe angeben, warum sie fehlt?

Ich halte beides für möglich. Zunächst zur Antwort: Man möchte ja zunächst denken, er habe – gegen die Architektur des zitierten stoischen Lexikonartikels – für die platonische Bedeutung optieren müssen. Im Ausdruck ὁ ἄρτος ἡμῶν ἐπιούσιος betrifft οὐσία ein immaterielles Himmelsbrot (Joh 6,51), was „in der οὐσία beständig bleibt und weder Zusatz noch Beraubung verträgt" – gerade, wie es definiert war[62]. Da schließlich gut johanneisch Himmelsbrot und Logos identifiziert werden[63], wäre es zugleich eine schwierige Aussage über die οὐσία Christi, des Logos und das Sein des Logos im Menschen geworden[64]. Fehlen vielleicht also einfach wegen dieser komplizierten Zusammenhänge alle solchen Schlüsse und Ausführungen in der Auslegung der Brotbitte? Jedenfalls macht dadurch der Gedankengang den von Marguerite Harl treffend charakterisierten konfusen Eindruck[65].

---

[61]   ἀναγκαῖον συγγενῆ τῷ ἄρτῳ τὴν οὐσίαν εἶναι νοεῖν (or. 27,2f. [369,2f.]). Ich glaube im Gegensatz zu GESSEL, Theologie (wie Anm. 5), 183 nicht, daß Origenes durch die Definitionen in 27,8 ein unterschiedliches Verständnis von ἐπιούσιος in 27,7 und 9 verbinden wollte. Gessel kommt zu dieser These, weil er or. 27,7 ἡ μὲν τὸν εἰς τὴν οὐσίαν συμβαλλόμενον ἄρτον δηλοῦσα (367,10f. KOETSCHAU) als Aussage über die göttliche Substanz versteht: Brot mit göttlicher οὐσία vereinigt. Aber der Punkt des Vergleiches ist doch für Origenes der Begriff οὐσία, nicht seine spezielle Konnotation im Wort περιούσιος. Koetschaus Ergänzung „Brot, das sich mit unserer Substanz (οὐσία) vereinigt" (BKV Origenes I, 100), ist m. E. vollkommen zutreffend.

[62]   Or. 27,8 (367,14-16 KOETSCHAU).

[63]   Or. 27,9 (369,21 KOETSCHAU); V. STRITZKY, Studien (wie Anm. 5), 154f.

[64]   τί γάρ μοι ὄφελος, εἰ ἐπιδεδήμηκεν ὁ λόγος τῷ κόσμῳ, ἐγὼ δὲ αὐτὸν οὐκ ἔχω (hom. 9 in Jer. 11,1-10 [GCS Origenes III 64,7 KLOSTERMANN / NAUTIN]; R. GÖGLER, Zur Theologie des biblischen Wortes bei Origenes, Düsseldorf 1963, 260-270).

[65]   M. HARL wies darauf hin, daß Origenes über dem exegetischen Detail gern die große Linie vergißt (Origène et la fonction révélatrice du Verbe Incarné, PatSor 2, Paris 1958, 350). Bereits am Anfang der Gebetsschrift wird die sorgfältige Distinktion von εὐχή und προσευχή kaum fruchtbar gemacht. – Anders E.G. JAY, Origen's Treatise on Prayer, London 1954, 33. Die fehlende Entscheidung in or. 27,8 bemängelt auch H. CROUZEL (Origène et la Philosophie, Théol(P) 52, 1962, 22), freilich ohne den Grund anzugeben, während sie in der Paraphrase des Abschnittes bei STRITZKY (Studien [wie Anm. 5], 159) nahezu untergeht. Natürlich wird in der Aussage über das ‚Himmelsbrot' „die stoische Konzeption der Vermischung zweier Substanzen zu einer Einheit mit der platonischen Auffassung von der μέθεξις verbunden" – aber eben nicht explizit! Die Definition (b 8b) kann ich (anders als Stritzky, 161) als Hintergrund von or. 27,12 nicht erkennen.

Ist aber mit solch' einliniger Option für Platon wirklich schon Origenes'
implizite (ich scheue mich zu sagen: implizierte) Antwort rekonstruiert? Ist
denn sein ‚Himmelsbrot' wirklich mit den νοητά der Platoniker zu vergleichen? Für unser heutiges Empfinden gewiß nicht – und *darin* liegt, wie ich
meine, Schlüssel und Grund dafür, daß Origenes die Antwort auf die Frage
„Was bedeutet οὐσία?" nicht selbst gab. Denn er beschreitet in seiner Erläuterung des ‚Himmelsbrotes' eigentlich einen *dritten Weg* zwischen platonischer
und stoischer οὐσία-Definition: Wie soll man auch die unkörperliche platonische Idee, sei sie nun Gedanke Gottes, sei sie ewiges Vorbild der Naturdinge[66],
mit dem Leben schaffenden Brot des vierten Evangelisten zusammenbringen?
Dieses Brot gibt nach Johannes und Origenes der Seele „zugleich Gesundheit
und Wohlbefinden und Stärke", ja sogar „dem von ihm Essenden Anteil an der
Unsterblichkeit"[67]. Das wäre von der Warte eines strengen Platonikers schon
eine sehr sonderbare μέθεξις der σώματα an den ἀσώματα[68]. Ganz gewiß liegt
aber auch nicht einfach darin die Verbindung zweier körperlicher οὐσίαι im
stoischen Sinne vor. Spricht Origenes mit dem ‚täglichen Brot' also nicht über
eine οὐσία, die den Rahmen der platonischen wie der stoischen Definition
sprengt, über eine unkörperliche und doch so ganz unserem Körper verwandte
und für ihn passende Substanz[69], wie er hier selbst zugibt?[70] Und wenn das
himmlische, geistige Brot Kraft mitteilt und ähnlich wie leibliches Brot in die
Substanz dessen eingeht, den es nährt[71] – ist es dann wirklich noch im Sein
unveränderlich und fest, wie wohl es natürlich nicht beraubt und verkleinert
wird?

Ist es lediglich unser geschärfter neuzeitlicher, Platon-kritischer Blick, der
uns die Widersprüche zwischen den platonischen ἀσώματα und Origenes'

---

66   Alkinoos, didaskalikos § 9 (21,33 W. = 163,33 H. / 21,24 W. = 163,24 H.) – weitere Belege dieser
      allgemeinen Vorstellungen im Apparat Whittakers 98f.

67   Or. 27,9: ὑγείαν ἅμα καὶ εὐεξίαν καὶ ἰσχὺν περιποιῶν τῇ ψυχῇ καὶ τῆς ἰδίας ἀθανασίας
      (ἀθάνατος γὰρ ὁ λόγος τοῦ θεοῦ) μεταδιδοὺς τῷ ἐσθίοντι αὐτοῦ (369,20-22); vgl. GÖGLER, Theo-
      logie (wie Anm. 64), 270-274.

68   Das bei Origenes verwendete Wort μεταδιδόναι (369,21 KOETSCHAU) kommt bei Platon zwar
      nicht im Zusammenhang der Vorstellung von der μέθεξις (Parm. 132 d) vor, konnte aber als
      aktive Formulierung an Stelle von μετέχειν verwendet werden: Alc. I 134 c; leg. 715 a; 730 e.

69   ἐπιούσιος τοίνυν ἄρτος ὁ τῇ φύσει τῇ λογικῇ καταλληλότατος καὶ τῇ οὐσίᾳ αὐτῇ συγγενής (27,9
      [369,18-20]). Was bedeutet οὐσία αὐτή hier? Gessel denkt von or. 27,7 (367,11f.) an die göttli-
      che Substanz (Theologie [wie Anm. 5], 185) und interpretiert daher als von Origenes inten-
      dierten Inhalt des Bittgebetes „eine Bitte um die Teilhabe am Wesen, also an der Geistigkeit
      Gottes". Angesichts der von Gessel selbst hervorgehobenen Belege für die Selbständigkeit
      Christi κατ' οὐσίαν καὶ ὑποκείμενον (or. 15,1 [334,3f.]; GESSEL, 97f. mit Anm. 73) und des Gei-
      stes (frgm. 37 in Joh. 3,8 [513,12-18]; in Prov. 8,22 [PG 17, 185 A: Οὐσία οὖσα ἡ τοῦ θεοῦ σοφία]
      – authentische Texte?) bleibt dies aber ein problematischer Vorschlag.

70   Diese Stelle wäre natürlich auch mit seiner Eucharistie-Auffassung zu vergleichen; vgl. L. LIES,
      Wort und Eucharistie bei Origenes. Zur Spiritualisierungstendenz des Eucharistieverständnis-
      ses, Innsbrucker Theologische Studien 1, Innsbruck ²1982, 239-241.

71   ἵν' ὥσπερ ὁ σωματικὸς ἄρτος ἀναδιδόμενος εἰς τὸ τοῦ τρεφομένου σῶμα χωρεῖ αὐτοῦ εἰς τὴν
      οὐσίαν, οὕτως ὁ ζῶν (...) ἄρτος ἀναδιδόμενος εἰς τὸν νοῦν καὶ τὴν ψυχὴν μεταδῷ τῆς ἰδίας
      δυνάμεως τῷ ἐμπαρεσχηκότι ἑαυτὸν τῇ ἀπ' αὐτοῦ τροφῇ (or. 27,9 [369,3-7]).

‚Himmelsbrot' in so grellem Licht sehen läßt? Ich glaube das nicht. Der gelehrte Exeget ahnte wohl, daß sich das Phänomen, worüber er gerade diktierte, nicht auf das Prokrustes-Bett der Definitionen des Herophilus-Lexikons zwängen ließ und verzichtete vielleicht daher auf den klärenden Satz über die οὐσία, auf den wir an dieser Stelle warten. Die eigentlich implizierte dritte οὐσία-Definition, die jenseits von platonischer und stoischer Vorgabe steht, aber diese Vorgaben integriert hat, fehlt. Und das scheint mir nicht allein eine Folge von konfusem Stil in der Exegese zu sein, sondern an der Sache selbst zu hängen – offenbar scheute sich der Autor, den ‚dritten Weg' jenseits der philosophischen Vorgaben zu beschreiten. So pendelt sein eigener οὐσία-Begriff nur *zwischen* den Positionen, die Herophilus als Alternativen gibt: Die erste Definition von οὐσία im eigentlichen Sinne als unkörperlicher Substanz entspricht Origenes' Sicht der unkörperlichen Materie[72] – zum Ausdruck τὸ εἶναι βεβαίως ἔχειν gibt es zum Beispiel eine vergleichbare Formulierung über Christus[73] –; aber ebenso beschreiben die verschiedenen Elemente der stoischen Definitionen körperlicher Substanz seine Ansicht von der irdischen Materie[74] – auf diese doppelte Affinität zu den Definitionen bei Herophilus hat Henri Crouzel vollkommen zutreffend hingewiesen[75]. Origenes hat zwar anderswo an der stoischen Leugnung von νοηταὶ οὐσίαι Kritik geübt[76], verzichtete hier aber auf solche klärende Schelte. Und ich denke eben auch, daß es mit einer klärenden Schelte an Definitionen allein nicht getan gewesen wäre. Origenes hätte am Ausdruck ἄρτον ἐπιούσιον eine οὐσία-Definition entwickeln können – ja vielleicht sogar entwickeln müssen, die zwischen platonischer und stoischer Definition einen ‚dritten Weg' beschritten hätte.

Das tat er aber nicht, konnte diesen gewagten Schritt vielleicht in seiner Zeit auch noch nicht tun. Daher, denke ich, fehlt an dieser Stelle die Entscheidung, fehlen die differenzierenden Gedankengänge zum sorgfältigeren Umgang mit dem schwierigen Wort οὐσία in der Gebetsschrift – obwohl der Lexi-

---

72 Πολὺς δ' ὁ περὶ τῆς οὐσίας λόγος καὶ δυσθεώρητος καὶ μάλιστα, ἐάν κυρίως οὐσία ἡ ἑστῶσα καὶ ἀσώματος ἦ (Cels. VI 64 [GCS Origenes II, 135,2-4 KOETSCHAU]). – Als Aufgabe dieser schwierigen Untersuchung bestimmt Origenes u.a. die Frage, ob Gott αὐτός ἐστιν οὐσία oder ἐπέκεινα οὐσίας nur οὐσία mitteilt und schließlich der Logos als οὐσία οὐσιῶν und ἰδέα ἰδεῶν bezeichnet werden kann [135,4-7.9]) Bezeichnenderweise wird auch hier die Untersuchung nicht durchgeführt (zur Stelle auch STEAD, Substance [wie Anm. 2], 152f. 161f. 187 Anm. 66 [χώρα ἰδεῶν: Philo, Cher. 49; somn. I 127; Clemens, str. IV 155,2; ἰδέα ἰδεῶν: Philo, opif. 25]). Nach Cels. VII 38,1 ist Gott ἐπέκεινα νοῦ καὶ οὐσίας (188,11; Jo. XIII 21, 123 [244,210; dazu WHITTAKER, ἐπέκεινα νοῦ [wie Anm. 33], 91-104); eine Diskussion zur οὐσία Gottes auch im Johanneskommentar XIII 21, 123/124 (244,19-27). Die Unterscheidung des Celsus (οὐσία καὶ γένεσις, νοητὸν, ὁρατόν) in VII 45 (196,19) kommentiert er etwas unentschieden: εἴτ' οὐσίαν αὐτά τις βούλεται (VII 46 [198,10f.]).

73 Or. 27,8 (367,14f.); vgl. Ps.(?)-Orig., Scholion 22 in Apoc. 3, 14. 16: Ὁ πιστὸς καὶ ἀληθινὸς ὁ σωτὴρ ὑπάρχει οὐ διὰ τὸ πίστεως καὶ ἀληθείας μετέχειν, ἀλλὰ διὰ τὸ βέβαιον κατ' οὐσίαν εἶναι (TU 38/3, 30,1-2); vgl. auch Scholion 20 in Apoc. 3,7 (29,1f.).

74 Cels. III 41 (237,12); IV 56 (329,5-8); Jo. XIII 21,125 (244,29-245,5).

75 CROUZEL, Origène (wie Anm. 65), 22; ähnlich GESSEL, Theologie (wie Anm. 5), 184.

76 Cels. VII 37 (187,23-25).

konartikel des Herophilus und das unklare Wort ἐπιούσιος doch Grund und
Anregung hätten sein *können*. Und diese Beobachtung bestätigt sich auch an
anderen Texten des Autors, es finden sich für fünf von sieben Hauptnuancen,
die Christopher Stead im Begriff οὐσία zu unterscheiden versuchte, Belege; in
etwa einem Drittel aller Fälle bedeutet οὐσία das, was die deutsche Übersetzung – Stead würde hier sicher protestieren – ganz schwammig mit dem Wort
‚Wesen' wiedergibt[77], das Lexikon von Liddell/Scott mit „that which is one's
own, ... property"[78]. Auch hier hätte es viele Stellen gegeben, die zum Beschreiten eines ‚dritten Weges' der οὐσία-Definition verlockt hätten. Origenes tat es
an keiner Stelle und war trotzdem zum Beispiel der Ansicht, bereits der Name
‚ἄνθρωπος' mache die οὐσία des Menschen klar[79] – man steht angesichts seines
schwammigen Wortgebrauches stracks verwundert vor so viel Optimismus,
den er der Transparenz des Begriffes entgegenbrachte.

Ich möchte mit diesen Überlegungen also versuchen, Steads Bild von der
wenig differenzierenden Begriffsverwendung bei den Kirchenvätern noch etwas zu präzisieren: Es hat, wie man an der besprochenen Stelle sieht, durchaus
heidnische Versuche gegeben, präziser zu erfassen, was οὐσία heißt. Und vor
allem: Das Bedenken biblischer Texte ließ christliche Theologen erahnen, daß
weder die platonische Definition der οὐσία als ἀσώματα noch die stoische Definition als σώματα die Wirklichkeit der Heilsgüter Gottes für die Menschen
ausreichend beschrieb. Origenes nahm mit dem stoischen Lexikonartikel gewiß

---

[77]   Die folgende, lediglich vorläufige Liste folgt der Unterscheidung in Hauptnuancen bei STEAD
       und soll lediglich einen ersten Eindruck verschaffen; eine ausführliche Diskussion und Präzi-
       sierung der Einordnung bleibt einer späteren Gelegenheit vorbehalten:
       A₁: Cels. I 23, 48; IV 14; frgm. 33 zu princ. IV 4, 1 (?); Jo. II 2,16; frgm. 1 in Joh. 1,1; 4 in Joh.
            1,4; or. 5,1; schol. 22 in Apc.
       B₄: Cels. IV 14 (Gott hat τὴν ὅλην οὐσίαν).
       D₂: (‚Wesen') Cels. III 75; IV 3, 15, 17, 18; V 38; VI 19, 31, 64, 70, 71; VII 16; VIII 67; Jo. I 19,115;
            24,151; 28,200; II 10,74; 23,149; VI 14,85; 30,154; X 38,246; XIII 21,123/124; 25,152; XIX 6,37;
            XX 18,157; frgm. 1 in Joh. 1,1; 9 in Joh. 1,14; 18 in 1,23f.; mart. 47,2; or. 15,1; 23,5; dial. 3,15;
            hom. in Jer. 20,1; comm. in Mt. XIII 2; XV 15; comm. in Rom. III 8 (162,17 SCHERER); schol.
            25 in Apoc.
            (‚Besitz') Cels. II 41; comm. in Mt. XII 28.
            (‚Stoff') frgm. 30 in Joh. 3,19; hom. 12,1 in Jer.; comm. in Mt. XVII 27.
       E: Jo. XIII 61,429 (οὐσία θνητή); or. 26,9.
       G: [Cels. VIII 12]; [comm. in Eph., 19 GREGG];
            (für die Auflösung der Buchstaben vgl. STEAD, Philosophie I [wie Anm. 2], 113f.; die proble-
            matischen Belege aus den Arbeiten zu den Pss. sind hier nicht aufgeführt).
[78]   LSJ s.v. I (1274); es steht in Steads Kategorisierung wohl zwischen B („something like the
       ontological status of χ, its nature" [Substance, wie Anm. 2, 137]) und F („'special character'
       and 'individuality'" [149]); οὐσία gibt an, „what 'χ' means" (= Aussagemodus 2 [153]). Hier
       erweist sich die sehr verdienstvolle Unterscheidung als kaum praktikabel, da der Ausdruck
       „Wesen" zwischen B, D/E und F oszilliert.
[79]   Origenes zugeschriebene Catene zu Ps. 115,2 (PG 12, 1576 D); in den fragmenta in Numeros
       (PG 12, 577 D) wird zwischen einer Eigenschaft καθ' ἕξιν μόνον und κατ' οὐσίαν unterschie-
       den (vgl. die abweichende Verwendung des καθ' ἕξιν bei Alkinoos, didaskalikos, 26 [52 WHIT-
       TAKER = 179,25f. HERMANN]).

nicht den tauglichsten Versuch dieser Art der Begriffsdissoziation zur Kenntnis, aber er hätte immerhin die Möglichkeit gehabt, von daher eine präzisere
Terminologie zu entwickeln und den ‚dritten Weg', von οὐσία zu reden, zumindest anzudenken. Er tat es freilich nicht und wurde so zum Ahnherren
aller der neuzeitlichen Kommentatoren und Autoren, die in ihren Arbeiten mit
der reichen Gelehrsamkeit der Lexika und Konkordanzen prunken, ohne diese
Schätze fruchtbar anwenden zu können. Bevor man aus dieser Tatsache allerdings negative Schlüsse über Origenes als Philosophen und seine Kompetenz
zieht, sollte man sich für einen Augenblick die endlosen Streitigkeiten über die
Substanz der eucharistischen Elemente ins Gedächtnis rufen und bedenken,
daß die bisher genaueste Schematisierung und Systematisierung des Begriffes
οὐσία aus dem Jahre 1977 stammt und nicht zufällig von einem englischen
Theologen vorgenommen wurde, der als Student in Cambridge den Feind
unsauberer Begriffsverwendung par excellence, Ludwig Wittgenstein, hörte:
Christopher Stead.

Die „Antwort" des Origenes bei Ambrosius

Ambrosius gilt gemeinhin als ein unphilosophischer Denker – obwohl vor
allem französische Arbeiten der Nachkriegszeit dieses Bild etwas zu erschüttern vermochten[80]. Wenn man fragt, wie Ambrosius die Überlegungen des
Origenes zum ἐπιούσιος und zur οὐσία rezipierte, dann ist dies allerdings die
falsche Fragestellung, um die an sich sinnvolle Rehabilitierung der philosophischen Kompetenz des Kirchenvaters voranzutreiben. Wir treffen nämlich auf
eine entschlossene und sehr einseitige Rezeption der Passage aus der Gebetsschrift bei Ambrosius, um in einer bestimmten kirchenpolitischen und theologischen Lage Gegner möglichst effektiv zu widerlegen und Schwankende möglichst effektiv zu überzeugen. Aber damit erfährt man natürlich auch etwas
ganz Charakteristisches, weniger über den Bildungsstand des Mailänder Bischofs als vielmehr über seine taktischen Fähigkeiten im Kampf um das rechte
Bekenntnis.

Im dritten, wohl Ende 380 publizierten Buch[81] seiner Schrift über den Glauben an den Kaiser Gratian spielt Ambrosius deutlich auf die Erklärung der
Brotbitte mit ihren οὐσία-Definitionen an. Er argumentiert an dieser Stelle
gegen den homöischen Versuch, den Begriff ὁμοούσιος wegen der Gefahr eines
sabellianischen Mißverständnisses[82] aus der Diskussion auszuschließen – und

---

[80] Ich nenne als Beispiel G. MADEC, Saint Ambroise et la Philosophie, EAug, Paris 1974.

[81] So das ausführliche begründete Urteil der Edition O. FALLERS (CSEL 78,8*-10*). Auch nach der
Neudatierung der Bücher I/II durch G. GOTTLIEB (Ambrosius von Mailand und Kaiser Gratian,
Hyp. 40, Göttingen 1973) auf Frühjahr 380 kann man kaum auf ein späteres Datum gehen, da
die bei FALLER (10*) zitierten Chroniken auf 380 datieren und das Werk vor *De Spiritu Sancto*
fertiggestellt gewesen sein muß.

[82] Fid. III 15,126 (151,22-152,23).

implizit auch gegen das Verbot der Verwendung der Begriffe οὐσία und ὁμοούσιος als unbiblische Ausdrücke auf der (dritten) Synode von Sirmium 357[83]. Ambrosius widerlegt die Behauptung[84], οὐσία sei ein unbiblischer Begriff, durch die zwei bekannten Beispiele: Der Herr habe vom *panis epiusios* und vom λαός περιούσιος geredet[85] – er verwendet genau jene beiden Ausdrücke, die schon Origenes zusammenstellt, und gibt dann, auch darin seinem Vorbild folgend, zunächst eine Definition des Wortes οὐσία. Sie unterscheidet sich aber charakteristisch von der, die Origenes heranzog:

> Aut quid est οὐσία vel unde dicta, nisi ἀεὶ οὖσα, quod semper maneat? Qui enim est et est semper, deus est, et ideo manens semper οὐσία dicitur diuina substantia[86].

Aus der Fülle der von Origenes zitierten Definitionen wird bei Ambrosius eine kurze Definition, die im Grunde lediglich dreimal wiederholt wird, damit sie sich dem Hörer einprägt. Es ist dabei durchaus möglich, daß Ambrosius die erste, platonischer Sicht entsprechende Definition des Lexikonartikels auswählte und umformulierte – aber er hätte sie dann erheblich verkürzt: Während das Lexikon οὐσία in einem längeren Satz definiert als τὴν τῶν ἀσωμάτων ὑπόστασιν ... τὸ εἶναι βεβαίως ἔχοντα[87], verwendet Ambrosius nur zwei griechische Worte, die er ins Lateinische übersetzt: ἀεὶ οὖσα, *quod semper maneat*[88]. Und seine Definition bezieht sich auch gar nicht mehr allgemein auf οὐσία im eigentlichen Sinne, auf die ἀσώματα; durch die Einfügung eines neuen Elementes, was sich bei Origenes nicht findet, hat er den Inhalt der Definition radikal geändert. Dieses Element, das sich im ganzen Werk des Origenes nicht findet, ist das etymologische Wortspiel οὐσία – ἀεὶ οὖσα[89]. Er entnahm es auch einer Art von Lexikon, nämlich einem der etymologischen Sammelwerke der Antike, wie noch heute das *Etymologicum Gudianum* bezeugen kann[90]. Und interessan-

---

83   *Quod vero quosdam aut multos movebat de substantia, quae graece usia appellatur, id est (ut expressius intelligatur), homoousion, aut quod dicitur homoeusion, nullam omnino fieri oportere mentionem* (lat. Text: Hil., syn. 11 [PL 10, 488 A] = A. HAHN, BSGR § 161 S. 200; vgl. H.CH. BRENNECKE, Hilarius von Poitiers und die Bischofsopposition gegen Konstantius II. Untersuchungen zur dritten Phase des Arianischen Streites (337-361), PTS 26, Berlin/New York 1984, 312-325).

84   Zu diesem Interesse vgl. auch fid. I 19,129 (54,43-45).

85   Fid. III 15,127 (152,27-29).

86   Fid. III 15,127 (152,29-32).

87   Or. 27,8 (367,13-15 KOETSCHAU).

88   152,30 FALLER.

89   H. DE ROMESTIN (NPNF X, 260 Anm. 5) bezeichnet die Ableitung von οὐσία aus dem femininen Ptz. Präs. οὖσα als „philologically incorrect"; vgl. STEAD, Substance (wie Anm. 2), 1 Anm. 1: „Οὐσία is formed from ὤν (...). It resembles the feminine form οὖσα; but there is no reason to think that it derives from it specifically". In den Origenes zugeschriebenen Scholien zu Prov. 8,22 (CPG I, 1430[3c]) wird ἡ τοῦ θεοῦ σοφία als οὐσία οὖσα bezeichnet (PG 17,185 A; vgl. comm. in Gen. III Frgm. bei Eus., p.e. VII 20,4 [GCS Eusebius VIII/1, 402,241 = PG 12, 49 A). Die Verbindung ἀεὶ οὖσα findet sich nach Auskunft des Thesaurus Linguae Graecae nicht bei Origenes.

90   Wir besitzen leider nur die byzantinischen Kompilationen (R. REITZENSTEIN, Geschichte der griechischen Etymologie, Leipzig 1897 [= Amsterdam 1964]), aber im sog. Etymologicum Gudianum findet sich folgende, gewiß aus älteren Werken übernommene Erläuterung: Οὐσία, ὡς οὖσα κάλλιστος, τοῦ τυχόντος ὕπαρξις (...). ἡ οὖσα ἀεὶ καὶ ὑπάρχουσα, ὥσπερ παρὰ τὸ γέρων

terweise wendet der Bischof das Wortspiel nun außerordentlich geschickt *allein* auf Gott an – im Gegensatz zu Origenes hat er die Definition also sofort auf den Gegenstand der Auseinandersetzung zugespitzt. Damit bedient er sich freilich eines Tricks: Natürlich verstand man allgemein unter οἱ ἀεὶ ὄντες die griechischen Götter[91]; ἀεὶ οὖσα ist ganz zutreffend auf Gott bezogen. Aber darf es ausschließlich auf Gott bezogen werden? Ein Neuplatoniker, der Plotins Bezeichnung der Seele als ἀεὶ οὖσα[92] kannte, dürfte an dieser Stelle Einspruch erhoben haben.

Ambrosius hat – und darin besteht sozusagen der „homiletische Kniff" dieser Stelle – die entscheidende Voraussetzung seines Argumentes gar nicht genannt: ἀεὶ οὖσα bezieht sich dann und nur dann allein auf Gott, wenn er allein wirklich ewig ist und alle anderen von ihm nur verliehenes (mithin sekundäres) ewiges Leben haben. So ist natürlich die Definition des Herophilus beziehungsweise des Origenes in einem entscheidenden Sinne modifiziert worden und lautet im Grunde nun: οὐσία im eigentlichen Sinne ist Gott. Diese Aussage hat zwar theologische Tradition[93], ist aber, weil sie Gott, der doch allen Kategorien transzendent ist, als eine Kategorie prädiziert, problematisch und nicht sehr häufig[94]. Eher bemühte man sich, das platonische ἐπέκεινα οὐσίας[95] zum Ausdruck zu bringen: ὁ ὑπὲρ τὴν οὐσίαν θεὸς ὤν heißt es beispielsweise in der *oratio ad sanctorum coetum*, die Kaiser Konstantin zugeschrieben wird[96].

Der Mailänder Bischof hielt allerdings diese theologische Definition des Begriffes οὐσία nicht wie wir für etwas problematisch und mißverständlich, sondern offenbar im Gegenteil für einleuchtend, einprägsam und passend; sonst hätte er kaum diese Erklärung bereits Anfang 382[97] in seiner Schrift *De Incarnationis Dominicae Sacramento* wiederholt. Dort dient sie dazu, die Bezeichnung Christi als *factum ... aut creatum* zu widerlegen[98]. Und an dieser Stelle

---

γέροντος, γερουσία ἡ ἐντιμότης, καὶ γερούσιος ὁ ἔντιμος, τὸ σι ἰῶτα διάτι, τὰ διὰ τοῦ ι α παροξύτονα θηλυκά, διὰ τοῦ ἰῶτα γράφεται·οἶον μετουσία, γερουσία, παρρησία, παρουσία, ἀφθαρσία (F.W. STURZ [Hg.], Leipzig 1818, 442). Das Etymologicum Magnum (TH. GAISFORD [Hg.], Oxford 1848 [= Amsterdam 1962]), die Fragmente von Orion und Oros sowie das Onomasticum des Pollux enthalten keine vergleichbaren Angaben.

[91]   Xenophon, Cyr. I 6,46; vgl. z.B. Athanasius, Ar. I 18 (PG 26, 49 A); aber auch bei Platon, Phaed. 79 d; resp. X, 611 e: ὡς συγγενὴς οὖσα τῷ τε θείῳ καὶ ἀθανάτῳ καὶ τῷ ἀεὶ ὄντι; Plotin, enn. 2,5 [25] 3,21: οὐκ ἀεὶ οὖσα.

[92]   Enn. 5,1 [10] 2,9 (PhB Ia, 210 HARDER).

[93]   Ps.-(?)Clemens Alexandrinus, Fragment 39 aus Περὶ Προνοίας: Τί θεός; θεός ἐστιν, ὡς καὶ ὁ κύριος λέγει, πνεῦμα. πνεῦμα δέ ἐστι κυρίως οὐσία ἀσώματος καὶ ἀπερίγραπτος (GCS Clemens Alexandrinus III, 220,6f.).

[94]   So auch STEAD, Substance (wie Anm. 2), 162.

[95]   Resp. 509 b; s.o. Anm. 33.

[96]   § 3 (GCS Eusebius, 156,9 HEIKEL). – Gegen eine Authentizität von CPG II, 3497 = BHGa 361y votierte R.P. HANSON, The ‚Oratio ad Sanctos' attributed to the Emperor Constantine and the Oracle at Daphne, JThS 24, 1973, 505-511; dafür mit guten Argumenten T.D. BARNES, Constantine and Eusebius, Cambridge/London 1981, 73-76; andere Beispiele solcher Formulierungen christlicher Theologen bei STEAD, Substance (wie Anm. 2), 161.

[97]   Zum Datum O. FALLER, CSEL 79, 44*-48*.

[98]   Inc. 9, 100 (272,98).

erklärt er auch noch einmal ganz deutlich, woher er seine Einsicht über Gott als eigentliche οὐσία gewinnt, aus einer Etymologie:

> Οὐσία autem dei cum dicitur, quid aliud significatur nisi deum semper esse? Quod litterae ipsae exprimunt, quoniam vis divina οὖσα ἀεί, hoc est ,cum sit semper', οὐσία dicitur, unius litterae mutato ordine propter sonum et conpendium decoremque sermonis. Ergo οὐσία quod semper sit deus significat[99].

Trotz der Zuspitzung der οὐσία-Definition von den ἀσώματα auf Gott selbst folgt Ambrosius in der früheren Schrift über den Glauben der Architektonik des Origenes noch ein gutes Stück, weil er die Bedeutung des zusammengesetzten Ausdruckes ἐπι-ούσιος vom Wort οὐσία her erschließt[100]:

> Et propterea epiusios panis, quod ex uerbi substantia substantiam uirtutis manentis cordi et animae subministret; scriptum est enim: Et panis confirmat cor hominis[101].

Auffällig an dieser Rezeption ist natürlich nicht die Tatsache, daß Ambrosius Origenes rezipierte – wir haben eine Reihe von Belegen dafür, daß er das bereits seit den ersten Jahren seines Episkopates tat[102] – sondern wieder der freie Umgang mit dem Grundtext. Wie oben die überflüssigen Definitionen gestri-

---

99 Inc. 9,100 (273,103-108). Vorher hat Ambrosius rekapituliert, daß οὐσία als *substantia* zu übersetzen sei (ebd. [272,101f.]), was sich seit Tertullian gegenüber *essentia* durchgesetzt hatte, denn das Wort οὐσία wurde im Lateinischen in philosophischen Zusammenhängen ursprünglich eher mit *essentia* übersetzt (so T.B. STRONG, The History of the Theological Term ‚Substance', JThS 2, 1900/1, 224-235; 3, 1901/2, 22-40; 4/1902/3, 28-45, hier 1901/2, 38), wie man etwa an Seneca, ep. 58,6 (468/70 PRÉHAC / ROSENBACH); Quintilian, inst. III 6,23 (BSGRT 144,30f. RADERMACHER) und Apuleius, dogm. Plat. I 6 οὐσίας, *quas essentias dicimus* (BSGRT 94,1 MORESCHINI) sehen kann (vgl. CH. MARKSCHIES, Italien [wie Anm. 105], 11-18). Die Unsicherheit spiegelt sich in der Übersetzung des nizänischen Anathematismus (I) bei Hilarius (II/III) und Ambrosius (IV):

> Grch.: (BSGR § 142) ἢ ἐξ ἑτέρας ὑποστάσεως ἢ οὐσίας
> Lat.: (CSEL 65, 150) *uel alia substantia* -.-
> Lat.: (PL 10, 536 B) *uel alia substantia aut essentia*
> Lat.: (CSEL 38, 51) *uel ex alia substantia uel usia*
>
> Grch.: φάσκοντας εἶναι (...) ἀναθεματίζει ἡ καθολικὴ
> Lat.: *dicentes (...) hos anathematizat catholica et apostolica*
> Lat.: *dicentes (...) hos anathematizat catholica*
> Lat.: *dicunt esse (...) anathematizat catholica et apostolica*
>
> Grch.: ἐκκλησία.
> Lat.: *ecclesia.*
> Lat.: *ecclesia.*
> Lat.: *ecclesia.*

  (Vgl. auch die lateinischen Übersetzungen bei C.H. TURNER, EOMJA I 2,1, 298-320 und die Synopse der betreffenden Ausdrücke unter Nr. 52 auf S. 324).

100 Viel schlichter dagegen die (späte) Auslegung des ἐπιούσιος in De Sacramentis: *hoc est substantialem* (5,24 [FC 3, 172,13]).

101 Fid. III 15, 127 (152,32-35); vgl. dazu Luc. IV 20: göttliches Brot, das *per inuisibilem substantiam humana corda confirmat* (CChr.SL 14, 113,256-261 ADRIAEN).

102 So C. MORESCHINI in der Mailänder Ambrosius-Ausgabe zu fid. III 10,74 (Vol. 15, La Fede, Mailand, Rom 1984, 229 Anm. 6).

chen und die platonische Definition präzisiert wurde, wird hier die Auslegung des Origenes auf das göttliche Wort mit der Substanz-Problematik in Beziehung gesetzt: Erst Ambrosius spricht explizit von der *substantia verbi* – das ‚Brot' versorgt *(subministro)* Herz und Seele aus der *substantia verbi* mit Substanz bleibender Kraft.

Hielt Ambrosius nun tatsächlich Gott für die *substantia* im eigentlichen Sinne? Er hat jedenfalls – ohne daß dies hier noch vertieft werden kann – auch an mindestens einer anderen Stelle den Begriff *substantia* anstelle des Wortes ‚Gott' verwendet[103]; die Substanz der *anima rationabilis et intellegibilis* von Gen 2,7 her als göttlichen Geist bezeichnet[104] – und also eng mit der einen Substanz Gottes verbunden, andererseits aber nicht minder heftig auf der Unteilbarkeit der göttlichen Substanz, der *substantia trinitatis* bestanden[105].

Trotzdem scheint mir eher, daß die schnelle und uns heute so problematische Identifikation von οὐσία und Gott an den besprochenen Stellen als eine Art von ‚homiletischem Schnellschuß' interpretiert werden muß, zu dem der Prediger durch den Kontext und das aufgelesene Wortspiel οὐσία – ἀεὶ οὖσα verführt war. Ich denke, daß Ambrosius auf eine Rückfrage hin doch sorgfältiger zwischen οὐσία / *substantia* und Gott differenziert hätte und das etwa in dem Sinne, wie die philosophisch gebildeten Zeitgenossen eben auch differenzierten – also nicht vollkommen klar und präzise, aber zumindest in Ansätzen. Darauf deutet meines Erachtens hin, daß die sonstigen Äußerungen des Ambrosius über die *substantia* durchaus Kenntnis der Diskussionen verraten: Es finden sich bei ihm Äußerungen gegen die stoische Vorstellung einer Teilbarkeit der *substantia*, die sich in der trinitätstheologischen Debatte natürlich hervorragend als Argument gegen das ὁμοούσιος eignen[106]; darüber, daß eine Substanz zwar eine Eigenschaft beziehungsweise Qualität annehmen kann (etwa die, geschaffen zu sein), aber dies eben eine Qualität und keine Eigenschaft der an sich eigenschaftslosen Substanz ist[107]. Selbstverständlich trennt

---

[103] Abr. II 11,86 (CSEL 32, 636,25f.: *sola illa inmutabilis stat semper substantia*).

[104] De Noe 25,92 (CSEL 32, 478,8f.). – Zur Stelle siehe auch CH. MARKSCHIES, Art. Innerer Mensch, in: RAC XVIII, 1997, 266-312.

[105] Abr. II 8,56 (CSEL 32, 610,1); 8,58 (611,26); Luc. I 34 (23,514f. ADRIAEN); VI 107 (213,1177-1183); VII 120 (254,1226-1230). – Für die verschiedenen Belege in *De Fide* vgl. meine Habilitationsschrift ‚Ganz Italien zum rechten Glauben bekehren'. Kirchen- und theologiegeschichtliche Studien zu Antiarianismus und Neunizänismus bei Ambrosius und im lateinischen Westen (364-381), Tübingen 1993, 203-220.

[106] Fid. V 3,46 (234,62-64): *Euidens est igitur quia, quod unius est substantiae, separari non potest, etiamsi non sit singularitatis, sed unitatis.*

[107] Vgl. aber inc. 9,100 (von Christus): *Ceterum si factum dicas aut creatum (...), non proprietatem substantiae videris significasse, sed speciem qualitatis. Aliud enim substantia, aliud qualitas est* (272,98-101). Diese Passage hängt eng mit der Argumentation des Basilius gegen Eunomius zusammen, ohne sie ganz exakt wiederzugeben: Bei Basilius sind τὸ γεννητὸν καὶ ἀγέννητον bestimmte unterscheidende Eigentümlichkeiten (ἰδιότητα) an der οὐσία Gottes (Eun. II 28 [SC 305, 118,27]; vgl. auch II 9 [36,20-23]), gehören also nicht zum τὸ κοινόν (wie θεότης: II 28 [120,35]). An dieser Stelle steht bei Ambrosius aber der äußerst mißverständliche Ausdruck *proprietas* – denn die einenden *proprietates* der Substanz (wie „Gottheit" als *proprietas substantiae*: fid. I 27 [14,55]; 68 [30,7]; 108 [47,7]; II prol. 2 [58,9-11]; V 103 [253,32]; spir. I 81 [49,4]; III 108

auch er eine *intellegibilis substantia* explizit von einer *uisibilis uel sensibilis sub-stantia*, mit dieser Doppelheit hat er zum Beispiel das Paar ‚Himmel und Erde‘ von Gen 1,1 erklärt[108]. Die *substantia trinitatis* will er nicht mit der *quinta usia* identifiziert wissen, sondern bezeichnet sie als ‚rein und einfach und von un-versehrter und unvermischter Natur‘[109].

Natürlich ist kaum anzunehmen, daß Ambrosius alle diese eben genannten Einsichten zum Begriff *substantia* dem Lexikonartikel bei Origenes verdankte – schließlich konnte sich der Mailänder Bischof ja an vielen anderen Stellen lite-rarisch und mündlich über die Bedeutungen von οὐσία kundig machen. Aber der Befund zeigt, daß man jedenfalls mit dem theoretischen Instrumentarium, was ein Lexikon wie das des Herophilus bot und was Origenes zunächst rein schematisch festgehalten hatte, in den Kontroversen des vierten Jahrhunderts einigermaßen bestehen konnte – zeigt aber natürlich auch den Unterschied zu dem Niveau, auf dem die Kappadozier über οὐσία zu reden vermögen[110].

Man sollte sich zum Schluß nochmals ins Gedächtnis rufen, daß fast alle diese ambrosianischen Belege aus Predigten stammen – oder jedenfalls aus hastig zu Büchern umgearbeiteten Predigten[111]. Diese Tatsache aber sollte beim

---

[196,50]) haben ja einen ganz anderen Charakter als die besonderen und gegebenenfalls tren-nenden Eigentümlichkeiten, die freilich auch *proprietates* genannt werden können (fid. II 7 [60,42]; IV 81 [184f., 135f.]; 82 [185,44 – *proprietas* mit *qualitas* verbunden]; 86 [186,71]; 90 [188,5]; 103 [194,97]; 106 [195,83]; 115 [198,159 – *proprietas* und *qualitas*]). Ambrosius gibt also τὸ κοινόν wie τὸ ἴδιον als *proprietas* wieder, weil er nicht begrifflich zwischen Eigenschaft und Eigentümlichkeit differenziert. Man kann sich dies mit folgender Gegenüberstellung unter Verwendung eines Schemas von B. Sesboüé (SC 299, 80) klarmachen (vgl. dazu R. Hübner, Gregor von Nyssa als Verfasser der sog. Ep. 38 des Basilius. Zum unterschiedlichen Verhältnis der οὐσία bei den kappadozischen Brüdern, in: J. Fontaine / Ch. Kannengiesser (Hgg.), Ep-ektasis. Mélanges patristiques offerts au Cardinal Jean Daniélou, Paris 1972, 463-490, hier 472f. 479):

Basilius

οὐσία	ποιότητες
κοινόν	ἰδιότητες
κοινῶς ποιόν	ἡ πρός ἔτερον σχέσις

Ambrosius

substantia (= οὐσία)	*qualitates*
proprietates	*proprietates*
proprietates	*species*

Natürlich unterscheidet sich schon der zugrundeliegende Begriff von *substantia*: Ambrosius rechnet mit *diversae species et diversae creaturarum substantiae* (Inc. 99 [272,94]). Basilius hätte das ganz gewiß so nicht sagen können (zu seiner Ansicht Hübner, 481).

108   Abr. II 8,46 (CSEL 32, 600,1f. Schenkl).

109   Abr. II 8,58 (CSEL 32, 612, 1-3 Schenkl).

110   R. Hübner, Gregor von Nyssa als Verfasser der sog. Ep. 38 des Basilius, 463-490. Kritische Worte zur Konsistenz der kappadozischen Trinitätstheologien bei Ch. Stead, Individual Per-sonality in Origen and the Cappadocian Fathers, in: Arché e Telos. L'Anthropologia di Orige-ne e di Gregorio di Nissa. Analisi storico-religiosa (Atti del Colloquio, Milano 17-19 maggio 1979), SPMed 12, Mailand 1981, 170-191 = Ders., Substance and Illusion, XIII.

111   Einige Beispiele für das, was in der Eile stehen blieb, nennt O. Faller in seiner Edition: 9*; ausführlich jetzt Markschies, Italien (wie Anm. 105), 89-97.

Urteil über die ambrosianische Verwendung des Begriffes *substantia* zumindest milder stimmen: Ist uns denn klarer, was ‚Sein' ist? Und könnten wir in Predigten besser sagen, was ‚Sein' etwa in Bezug auf die Elemente des Abendmahls heißt? Auch uns bleibt da ja wohl nur die Frage ohne eine wirklich überzeugende Antwort: Was bedeutet οὐσία?

Ambrosius und Origenes

Bemerkungen zur exegetischen Hermeneutik zweier Kirchenväter[1]

Die bedeutsamen philologischen und exegetischen Aufbrüche von Humanisten und Reformatoren haben dazu geführt, daß sich seit dem sechzehnten Jahrhundert bei der Wahrnehmung der exegetischen Arbeit des Origenes und der origenistischen Tradition häufig allein die allegorische Auslegungsmethode, deren Geschichte und Gestalt, aber auch deren Recht und Grenze in den Vordergrund von Betrachtung wie Beurteilung geschoben hat. Denn bekanntlich erfreute sich über längere Zeit hin – gerade im protestantischen Bereich, aber nicht nur dort – die allegorische Schriftauslegung keiner besonders freundlichen Beurteilung. Und so geriet auch der Mailänder Bischof Ambrosius mit unter den Bann, den man von der Warte neuzeitlicher historisch-kritischer Exegese über Origenes aussprach: Hans Freiherr von Campenhausen, dem wir eine bis heute grundlegende Monographie über „Ambrosius als Kirchenpolitiker" verdanken[2], nannte die Auslegungen des Origenes „phantastisch"; man könne sie gar nicht mehr von den Texten her kontrollieren[3]. Ambrosius predigte aber nach Campenhausens Eindruck auf dieser Linie des Origenes; allerdings so, daß er „die allegorische Auslegung" dazu noch „in gutgläubig-ahnungsloser Mißachtung jedes historischen Sinnes" anwendete[4]. Für Josef Huhn ist der Kirchenvater bei seiner allegorischen Auslegung „entschieden zu

---

[1]   Die folgenden Ausführungen wurden auszugsweise auch auf dem Kolloquium anläßlich des 65. Geburtstages von Hermann Josef Vogt im Juli 1997 in Heiligkreuztal (Oberschwaben) vorgetragen. Herrn Kollegen Basil Studer (Rom/Engelberg) danke ich für die Gespräche im Vorfeld des Kongresses.
      Folgende Literatur wird nur abgekürzt zitiert: H. CROUZEL, Origen, transl. by A.S. WORRALL, Edinburgh 1989 (= Paris 1985); T. GRAUMANN, Christus Interpres. Die Einheit von Auslegung und Verkündigung in der Lukaserklärung des Ambrosius von Mailand, PTS 41, Berlin/New York 1994; P. NAUTIN, Origène. Sa vie et son œuvre, ChrAnt I, Paris 1977; L.F. PIZZOLATO, La dottrina esegetica di Sant'Ambrogio, SPMed 9, Mailand 1978 sowie M. SIMONETTI, Biblical Interpretation in the Early Church. A Historical Introduction to Patristic Exegesis (= Profilo storico dell'esegesi patristica, Rom 1981, transl. by J.A. HUGHES), Edinburgh 1994.

[2]   H. FREIHERR V. CAMPENHAUSEN, Ambrosius von Mailand als Kirchenpolitiker, AKG 12, Berlin/Leipzig 1929.

[3]   H. FRHR. V. CAMPENHAUSEN, Griechische Kirchenväter, UB 14, Stuttgart u.a. [6]1981, 52.

[4]   H. FRHR. V. CAMPENHAUSEN, Lateinische Kirchenväter, UB 50, Stuttgart u.a. [4]1978, 82.

weit gegangen" (oder, etwas freundlicher: „er tat allerdings dabei des Guten zuviel")[5].

Zu dem Vorwurf naiv-phantastischer Allegorese um jeden Preis (Campenhausen spricht von „rücksichtsloser" Anwendung[6]), der an beide Kirchenväter gerichtet wurde, kam dann auch noch der Vorwurf geistloser Abschreiberei an den Mailänder Bischof: „Ambrosius hat diese Methode der spiritualisierenden Umdeutung nicht selbst erfunden, sondern im wesentlichen von seinen griechischen Vorlagen und insbesondere den alexandrinischen Theologen übernommen". Und so besaß auch der Exeget Ambrosius keine gute Presse: „Seine zahlreichen praktischen, erbaulichen und dogmatischen Schriften sind weder besonders originell noch besonders geistreich; aber sie haben in ihrer Sachlichkeit und Geradheit etwas Ernstes und Vertrauenerweckendes, das überzeugt"[7]. Noch erheblich schärfer klingt das Urteil von Gustave Bardy, einem gleichfalls verdienten Erforscher der Theologie- und Kirchengeschichte der christlichen Antike, dessen Beiträge man bis heute gern zur Hand nimmt: Er nannte Ambrosius 1937 einen „imitateur fantaisiste de l'allégorisme de Philon et d'Origène"[8].

Nun hat sich dieses Bild in den letzten Jahren drastisch verändert; es nochmals aufzurufen, heißt eher, an ein überwundenes Zerrbild von altkirchlicher Exegese und literarischer Rezeption zu erinnern als gegenwärtige Forschungstendenzen zu beschreiben. In beiden erwähnten Problembereichen differieren bekanntlich einstiges Bild und gegenwärtige Sichtweise: Es gibt allerlei Versuche, die bei Origenes wie Ambrosius verwendete Allegorie als exegetische Methode zu rehabilitieren oder wenigstens partiell verständlich zu machen, und dazu eine ganze Reihe von Untersuchungen, die die Eigenständigkeit und Originalität des Ambrosius neu herausstellen wollen[9]. Mehrfach ist

---

[5]   J. HUHN, Bewertung und Gebrauch der Heiligen Schrift durch den Kirchenvater Ambrosius, HJb 77, 1957, (387-396) 394 bzw. 389. – Kritische Urteile über die Allegorese sammelte auch CH. JACOB, „Arkandisziplin", Allegorese, Mystagogie. Ein neuer Zugang zur Theologie des Ambrosius von Mailand, Theoph. 32, Frankfurt/M. 1990, 150-153.

[6]   CAMPENHAUSEN, Griech. Kirchenväter (wie Anm. 3), 52. – Es ist aus Gründen der historischen Gerechtigkeit unbedingt notwendig, an dieser Stelle darauf hinzuweisen, daß CAMPENHAUSEN die Funktion der Allegorese gut beschreibt: „Unzählige atmeten auf, als sie besonders das Alte Testament mit einem Male von allen scheinbar sinnlosen ‚Äußerlichkeiten', sonst unbegreiflichen und peinlichen Menschlichkeiten und vielen, für das gebildete Bewußtsein ‚unwürdigen' Vorstellungen über Gott und das göttliche Wesen befreit sahen und statt dessen überall ungeahnte geistliche Geheimnisse und wunderbar tiefsinnige Offenbarungen vorfanden" (DERS., Lat. Kirchenväter [wie Anm. 4], 82).

[7]   CAMPENHAUSEN, Lat. Kirchenväter (wie Anm. 4), 82 bzw. 79.

[8]   G. BARDY, Art. Ambroise (Saint), in: DSp I, 1937, (425-428) 428.

[9]   Zu nennen wären hier – ohne jeden Anspruch auf Vollständigkeit – vor allem französische Arbeiten, beispielsweise G. MADEC, Saint Ambroise et la Philosophie, EAug, Paris 1974 oder H. SAVON, Saint Ambroise devant l'exégèse de Philon le Juif, 2 Bde., EAug, Paris 1977. – In diese Richtung möchte ich auch meine eigene Ambrosius-Monographie einordnen: CH. MARKSCHIES, Ambrosius von Mailand und die Trinitätstheologie. Kirchen- und theologiegeschichtliche Studien zu Antiarianismus und Neunizänismus bei Ambrosius und im lateinischen Westen (364-381), BHTh 90, Tübingen 1995.

auch der einseitig auf die allegorische Auslegungsmethode konzentrierte Zugang zur Bibelinterpretation bestimmter Kirchenväter angegriffen worden; es gibt inzwischen eine Reihe von Arbeiten, die das Thema breiter angehen[10]. Die folgenden Bemerkungen zur exegetischen Hermeneutik von Ambrosius und Origenes setzen diese skizzierten neuen Tendenzen der Forschung voraus und wollen einerseits an konkreten Beispielen demonstrieren, *wie* Ambrosius Origenes rezipiert – selbst dort schöpferisch rezipiert, wo er erkennbar seine Texte ausschreibt. Sie wollen andererseits zeigen, an welchen Punkten sich die grundlegenden hermeneutischen Voraussetzungen beider Theologen gleichen und an welchen sie sich unterscheiden.

Dazu wird zuerst mit einigen statistischen Beobachtungen zur Rolle des Origenes bei Ambrosius begonnen, dann das jeweilige philologische Fundament ihrer exegetischen Hermeneutik und die hermeutische Theorie[11] selbst verglichen. Eine Zusammenfassung beschließt die Untersuchungen. Die naheliegende Rückfrage, wie Philo von Alexandrien in diese Skizze der Beziehungen zwischen Origenes und Ambrosius einzuzeichnen wäre, kann an dieser Stelle schon aus Raumgründen keine ausführliche Antwort finden – freilich ist die Rezeption Philos durch Ambrosius schon mehrfach zum Thema von gründlichen Untersuchungen gemacht worden[12] und kann deswegen hier einstweilen beiseitegelegt werden.

Allgemeine und statistische Beobachtungen

Beginnen wir zunächst mit einer scheinbar rein statistischen Beobachtung: Lediglich an drei Stellen erwähnt Ambrosius in seinem erhaltenen Werk Origenes namentlich, was angesichts der Häufigkeit, mit der andere Personen auftauchen, schon etwas verwunderlich ist. Gewiß ist bekannt, daß Ambrosius (wie damals allgemein üblich) nur in sehr seltenen Fällen Bezüge und Quellen

---

10 Vgl. z.B. SIMONETTI, Interpretation (wie Anm. 1), 34-52 („Scripture in the Alexandrian Milieu") oder jetzt B. STUDER, Die patristische Exegese, eine Aktualisierung der Heiligen Schrift (Zum hermeneutischen Problem der frühchristlichen Bibelauslegung), REAug 42, 1996, 71-95.

11 GRAUMANN, Christus (wie Anm. 1), 75f. kritisiert Pizzolatos Versuch, eine „Auslegungslehre (dottrina esegetica)" zu systematisieren: „Dieses Verfahren beinhaltet zunächst das Grundproblem jedes systematischen Zugangs zum Werk des Bischofs, der seine Themen gerade nicht in lehrhafter Argumentation zusammenhängend entfaltet. Das analytisch-systematische Verfahren erfaßt darum nur sehr bedingt das Wesensmerkmal seines Arbeitens". Graumann fordert neben der Beschäftigung mit der „Auslegungslehre" eine Berücksichtigung der „Auslegungspraxis".

12 Auf SAVON (Ambroise [wie Anm. 9]) war schon hingewiesen worden; neben E. LUCCHESI, L'usage de Philon dans l'œuvre exégétique de saint Ambroise: une ,Quellenforschung' relative aux Commentaires d'Ambroise sur la Genèse, AGJU 9, Leiden 1977 ist jetzt vor allem der vorzügliche Überblick von D.T. RUNIA zu nennen: Philo in Early Christian Literature. A Survey, CRI III/1, Assen/Minneapolis 1993, 291-311.

durch Angabe von Namen explizit macht[13], aber es fällt zumindest auf, daß andere Theologen weit häufiger auftauchen: Der Name des Arius beispielsweise fällt über siebzigmal, der des radikalen Arianers Eunomius immerhin viermal[14]. Natürlich darf man sich durch die Zahlen einer solchen Statistik auch nicht täuschen lassen; in seinen antiarianischen Schriften will Ambrosius einen von ihm als gefährlich empfundenen Gegner demaskieren und als gelernter Jurist beim Kaiser für eine (Straf-)Verfolgung der Arianer votieren – es ist kaum verwunderlich, wenn er hier den Namen des Gegners, den er zum Angeklagten macht, öfter nennt. Zum Vergleich lohnt es sich trotzdem darauf hinzuweisen, daß bei Hieronymus der Name des Alexandriners fast zweihundertmal erwähnt ist und im wesentlich umfangreicheren Werk des Augustinus Origenes immerhin etwa dreizehnmal auftaucht[15] (der Name seines verehrten Lehrers Ambrosius selbst findet sich bei Augustinus dagegen über dreihundertmal, allerdings in einem sehr bestimmten literarischen Kontext[16]). Wenn man sich die unbestritten große Bedeutung des Origenes für die exegetischen Arbeiten des Ambrosius vor Augen hält[17], überrascht der Befund noch einmal zusätzlich, wiewohl er aus der zeitgenössischen Praxis heraus – wie gesagt – leicht erklärbar ist.

Die drei expliziten Bezugnahmen beschäftigen sich einmal mit den Ansichten des *Origenes ... noster* über die Sterne[18], ein anderes Mal bezieht Ambrosius sich offenbar auf die Hexapla des Origenes zum einhundertneunzehnten Psalm und begründet mit dem Verweis auf den Alexandriner eine textkritische Entscheidung[19]. An der

---

[13]   MADEC, Ambroise (wie Anm. 9), 56-59. 68. Vgl. vor allem den Beitrag von M. ZELZER, Origenes in der Briefsammlung des Ambrosius. *«cum ipse origenes longe minor sit in novo quam in veteri testamento...»* (Ambr. ep. 65,1), in: W.A. BIENERT / U. KÜHNEWEG (Hgg.) Origeniana Septima, BEThL 137, Leuven 1999, 591-596.

[14]   Ambr., fid. I 6,44. 45. 57 (CSEL 78, 18,12/19,20/25,37 FALLER) und off. I 25,117 (CUFr I, 151 TESTARD).

[15]   Aug., ep. 40,6 (CSEL 34/2, 79,6 GOLDBACHER); ep. 82,3 (34/2, 376,1); quaest. Gen. 4 (CChr.SL 33, 3,72 FRAIPONT); civ. XI 23 (CChr.SL 48, 341/342,13. 32 DOMBART / KALB); XV 27 (495,38); XXI 17 (783,7); haer. 42 (CChr.SL 46, 309,1-5 VAN DER PLAETSE); 43 (310,5. 24); gest. Pel. 3,10 sowie Iul. V 47 (PL 45, 1484). – Vgl. dazu auch B. ALTANER, Augustinus und Origenes, HJb 70, 1951, 15-41 = DERS., Kleine patristische Schriften, G. GLOCKMANN (Hg.), TU 83, Berlin 1967, 224-252 mit den Korrekturen von T. van BAVEL, Recherches sur la christologie de saint Augustin, Par. 10, Fribourg 1954, S. 88f. und H. CHADWICK, Christian Platonism in Origen and in Augustine, in: R. HANSON / H. CROUZEL (Hgg.), Origeniana Tertia, Rom 1985, 217-230.

[16]   Dafür vgl. jetzt M. ZELZER, *Quem iudicem potes Ambrosio reperire meliorem?* (Augustinus, *op.impf.* 1,2), StPatr 32, Leuven 1997, 280-288. Frau Zelzer hat vollkommen einleuchtend nachgewiesen, daß im op.impf. eine Gerichtssituation nachgestaltet wird, in der der Beklagte, die Zeugen und andere juristische Instanzen selbstverständlich beim Namen zu nennen sind.

[17]   Vgl. z.B. nur C. PASINI, Ambrogio di Milano. Azione e pensiero di un vescovo, Cinisello Balsamo (Milano) 1996, 35. 187.

[18]   Ambr., Abr. II 8,54 (CSEL 32/1, 608,10-14 SCHENKL): *Nam licet Origenes quoque noster, hoc est ecclesiastico uir officio deditus, planetarum stellarum quandam inenarrabilem motu armoniam esse suauissimi illius soni caelestis adserat, tamen etiam ipsum plurimum indulgere philosophorum traditioni pleraque eius scripta testantur.*

[19]   Ambr., exp. Ps. 118,4 16 (CSEL 62, 75,20-25 PETSCHENIG): *Qui facilioribus igitur laborum utuntur conpendiis, dormitauit accipiunt; sed Origenes, qui multorum interpretationes diligenti discussit inda-*

dritten Stelle äußert sich der Mailänder Bischof zum Verhältnis der alt- und neutestamentlichen Auslegungen des Origenes: Die neutestamentlichen seien erheblich schwächer. Freilich wird dieser scheinbar kritische Eindruck relativiert durch die Bemerkung, daß die Auslegung paulinischer Texte die schwierigste Aufgabe überhaupt darstelle und man das selbst bei den Auslegungen des Origenes bemerke – dieser ist also hier wohl als der bedeutendste christliche Bibelausleger oder wenigstens als der vorgestellt, der das umfangreichste Œuvre vorgelegt hat[20].

Der Mailänder Bischof hielt es also offenbar nicht für notwendig, seine Beziehung zu diesem Vorgänger für Hörer und Leser explizit zu machen. An den genannten Stellen fällt weiter auf, daß die Affinität des Origenes zu philosophischen Gedankengängen von Ambrosius durchaus kritisch wahrgenommen wird[21], aber mit den Worten *Origenes ... noster* und durch die Art, in der Origenes im Brief an den uns unbekannten Clementianus eingeführt wird, die Wertschätzung doch deutlich dominiert.

Auf ein ganz anderes Ergebnis führen die vom Mailänder Bischof nicht explizit gemachten Bezugnahmen auf Origenes, die die Herausgeber der jeweiligen kritischen oder kommentierten Ausgaben im Wiener, Steenbrügger und Mailänder Corpus meinten beobachten oder gar nachweisen zu können[22]. Auch wenn hier gelegentlich des Guten etwas zu viel geschehen ist bzw. einige Ausgaben auf die Angabe solcher Parallelstellen gänzlich oder weitgehend verzichten[23], bleibt doch auffällig, wie stark Origenes hier vertreten ist.

---

   gine, stillauit secutus est, eo quod perfecti anima quasi bene composita et confirmata non stillat, ut fastigia culminum, quae bene tecta atque munita sunt, ceterum incomposita cito stillant. Die Interpretation auf die Hexapla im Kommentar von PIZZOLATO, SAEMO 9, Mailand/Rom 1987, 185 Anm. 22; vgl. auch H.J. AUF DER MAUR, Das Psalmenverständnis des Ambrosius von Mailand. Ein Beitrag zum Deutungshintergrund der Psalmenverwendung im Gottesdienst der Alten Kirche, Leiden 1977, 202.

[20]   Ambr., ep. 65[75],1 (CSEL 82/2 156,3-7 ZELZER): *Etsi sciam quod nihil difficilius sit quam de Apostoli lectione disserere, cum ipse Origenes longe minor sit in novo quam in veteri testamento, tamen quoniam superiore epistula visus tibi sum, cur paedagogus lex diceretur, non absurde explicavisse, hodierno quoque sermone vim ipsam apostolicae disputationis meditabor aperire;* vgl. zur Stelle PIZZOLATO, dottrina (wie Anm. 1), 304f.

[21]   Abr. II 8,54 (608,13f.): *tamen etiam ipsum plurimum indulgere philosophorum traditioni pleraque eius scripta testantur.*

[22]   Die frühen Wiener Bände geben entweder keine oder nur sehr vereinzelte Hinweise. Dagegen finden sich im Register der Ausgabe des Lukas-Kommentars von M. ADRIAEN (CChr.SL 14, 1957, 439) elf Stellen.

[23]   Ich denke etwa an die großen Mengen von Nachweisen, die Otto Faller in den zwei Bänden der dogmatischen Schriften fid., spir. und inc. gegeben hat. Hier handelt es sich häufig nicht um wirkliche Parallelen, sondern um ungefähr vergleichbare Argumentationen: Die Interpretation von Jos 2,18-21/6,22-25 (CSEL 78, 263,59-264,65 FALLER) ist beispielsweise nur sehr bedingt mit der bei Or./Ruf., hom. in Jos. III 5 (GCS Origenes VII, 306,19-307,2 BAEHRENS) zu vergleichen. Allerdings gibt es natürlich trotzdem unter diesem Material viele Passagen, die deutlich auf Origenes zurückgehen, vgl. z.B. fid. II prol. 10 (CSEL 78, 60,55-62) mit Or./Ruf., hom. XIII 7 in Ex. (GCS Origenes VI, 278,16-30 BAEHRENS).
   Nach C. MORESCHINI stammt die Exegese von Cant 4,8 in fid. III 10,74 (135,101-105) aus Origenes, Cant. und zeigt, daß der Bischof bereits in seiner Frühphase Origenes rezipiert hatte (La fede, SAEMO 15, Mailand/Rom 1984, 229 Anm. 6). Allerdings findet sich zu Cant 4,6 (nach BiPa 3, 1980, 212) keine einschlägige Auslegung im erhaltenen Werk des Origenes.

Die geringe Zahl der expliziten Bezugnahmen bringt es freilich mit sich, daß viele Fragen, die Berthold Altaner in seinen „quellenkritischen Untersuchungen" für das Verhältnis zwischen Augustinus und anderen Autoren stellen und beantworten konnte[24], sich in unserem Falle nur aufwerfen lassen, aber mangels Material keine eindeutige Antwort finden: Was wußte Ambrosius über das Leben des Origenes? Welche Origenes-Schriften kannte er aus eigener Lektüre und ohne Vermittlung? Hat er beispielsweise selbst die hermeneutischen Passagen aus *de principiis* zur Kenntnis genommen? Wieviel geht auf das Konto einer bestimmten hermeneutischen Tradition, die Ambrosius mit Origenes auch dort verbindet, wo sich ihre Auslegung im Detail unterscheidet[25]? Wieviele explizite Zitate, Anspielungen und Bezugnahmen auf Origenes verbergen sich im Werk des Ambrosius[26]? So bleiben vielfach nur Vermutungen und, von eindeutigen Parallelen einmal abgesehen, mehr oder weniger gut begründete Hypothesen: Harnack meinte zeigen zu können, daß Ambrosius in *de paradiso* den Genesis-Kommentar des Origenes benutzt habe[27]; auch sein Abraham-Bild ist von Origenes angeregt[28]. Die Verwendung seiner Matthäus-Homilien bei Ambrosius hat Savon wahrscheinlich zu machen versucht[29]. Wilbrand dokumentierte den Einfluß des Römer-Kommentars[30], und öfter ist über

24   Vgl. die bibliographischen Angaben oben in Anm. 15.

25   Vgl. dafür den Abschnitt „Ambroise of Milan" von RUNIA, Philo (wie Anm. 12), (291-311) 295-300.

26   E. LUCCHESI schätzt die Entlehnungen aus Philo auf sechshundert (Philon [wie Anm. 12], 7. 127f.). AUF DER MAUR dokumentiert einhundertdreiundsiebzig wörtliche Übernahmen aus Origenes in der Psalmenauslegung des Ambrosius (Psalmenverständnis [wie Anm. 19], 296 mit Anm. 803 auf S. 563f.) sowie einhundertvierundneunzig gemeinsame Schriftzitate (ebd. 297 mit Anm. 804 auf S. 564).

27   A. VON HARNACK, Sieben Bruchstücke der Syllogismen des Apelles, TU 6/3, Leipzig 1890, 109-120, bes. 120; Vgl. auch J.C.M. VAN WINDEN, In the Beginning. Some Observations on the Patristic Interpretation of Genesis 1,1, VigChr 17, 1963, 105-121 und M. FUHRMANN, Macrobius und Ambrosius, Phil. 107, 1963, 301-308 sowie allgemein W. SEIBEL, Fleisch und Geist beim heiligen Ambrosius, MThS 14, München 1958, passim. – Für die Benutzung alttestamentlicher Kommentare des Origenes in den Briefen des Ambrosius vgl. W. WILBRAND, *S. Ambrosius quos auctores quaeque exemplaria epistulis compendis secutus sit*, Diss. theol., Münster 1909.

28   W. VÖLKER, Das Abraham-Bild bei Philo, Origenes und Ambrosius, ThStKr 103, 1931, 199-207, bes. 205-207.

29   H. SAVON, Jérôme et Ambroise, interprètes du premier Évangile, in: Y.-M. DUVAL (Hg.), Jérôme entre l'occident et l'orient. Actes du Colloque de Chantilly (Sept. 1986), EAug 1988, 205-225.

30   W. WILBRAND, Ambrosius und der Kommentar des Origenes zum Römerbriefe, BZ 8, 1910, 26-32; vgl. auch P. COURCELLE, Ambroise de Milan et Calcidius, in: W. DEN BOER (Hg.), Romanitas et Christianitas. FS J.H. Waszink, Amsterdam/London 1973, (45-53) 45f. (Einfluß von Or., Rom. III 1 auf off. I 13,48) und M.G. MARA, L'interpretatione ambrosiana di Rom. 1,20: "*Invisibilia per ea quae sunt visibilia demonstrantur*", in: R. CANTALAMESSA / L.F. PIZZOLATO (Hgg.), Paradoxos Politeia. Studi Patristici in onore di G. Lazzati, SPMed 10, Mailand 1979, 419-435. – Vgl. auch die von MICHAELA ZELZER notierten Parallelen zwischen Ambr., ep. 69[72] und Or./Ruf., Rom – z.B. ep. 69[72],2-6 bzw. 7 (CSEL 82/2, 179,12-180,54. 72-74) und Or./Ruf., Rom. II 13 (FC 2/1, 286,26-292,14 sowie 293,15f. HEITHER).

die Zusammenhänge der beiden Lukas-Auslegungen[31] und die Verwandtschaft der Hohen-Lied-Exegese[32] gehandelt worden. Wohl kein Zweifel kann daran bestehen, daß das Gespräch mit Heraklides im Lukaskommentar des Ambrosius wörtlich zitiert ist[33] und der Mailänder Bischof die Psalmen-Auslegungen des Origenes zur Kenntnis genommen hat[34]: Allein zwei Monographien sind der Exegese des Psalters bei beiden Kirchenvätern gewidmet worden[35]. Häufig wurde betont, daß in der Schrift *de virginitate* des Ambrosius ein deutlicher Einfluß des Origenes festzustellen sei[36].

Überblickt man diese Untersuchungen und ihre teils ausführlichen Nachweise, so wird man Dassmann nur mit Vorbehalt darin zustimmen können, daß Ambrosius erst in einer relativ späten Phase seiner bischöflichen Wirksamkeit Origenes rezipiert habe, nämlich seit den Jahren 385/387[37]. Offenbar griff Ambrosius schon in den exegetischen Texten, die in den ersten fünf Jahren nach seiner Bischofsweihe entstanden, auf Origenes zurück. Richtig an Dass-

---

[31] A. BECHIS, Il Commentario di S. Ambrogio sul Vangelo di S. Luca in relazione alle Omelie di Origene, Diss. phil. (masch.), Turin 1940/1941; H. CROUZEL / F. FOURNIER / P. PERICHON (Hgg.), Origène, Homélies sur S. Luc. Texte latin et fragments grecs, SC 87, Paris 1962, 563f.; GRAUMANN, Christus (wie Anm. 1), 19. 93f. 193 Anm. 65; 224 Anm. 193. 258f. 277f.

[32] P. SIMON, Sponsa Christi. Die Deutung der Braut des Hohenliedes in der vornizänischen griechischen Theologie und in der lateinischen Theologie des dritten und vierten Jahrhunderts. Beiträge zur Geschichte des Kirchenbildes, der Sakramente, der Mariologie, der Logos- und Brautmystik und des Jungfräulichkeitsideals, Diss. theol. (masch.), Bonn 1951, Vol. I, 84-92; E. DASSMANN, Ecclesia vel Anima. Die Kirche und ihre Glieder in der Hoheliederklärung bei Hippolyt, Origenes und Ambrosius von Mailand, RQ 61, 1966, (121-144) 137-143; R. PALLA, Temi del Commento origeniano al Cantico dei Cantici nel De Isaac di Ambrogio, ASNSP.L III/9, 1979, 563-572.

[33] H.CH. PUECH / P. HADOT, L'Entretien d'Origène avec Héraclide et le Commentaire de saint Ambroise sur l'Évangile de saint Luc, VigChr 13, 1959, 204-234.

[34] H. DE LAVALLETTE, L'interpretation du Psaume I,5 chez les Pères ,misericordieux' latins, RSR 48, 1960, 544-563; B. STUDER, Die anti-arianische Auslegung von Psalm 23,7-10 in De Fide IV, 1-2 des Ambrosius von Mailand, zuerst in: Ambroise de Milan, EAug, Paris 1974, 245-266 = DERS., Dominus Salvator. Studien zur Christologie und Exegese der Kirchenväter, StAns 107, Rom 1992, 91-119; P. HADOT, Une source de l'Apologia David d'Ambroise. Les commentaires de Didyme et d'Origène sur le Psaume 50, RSPhTh 60, 1976, 205-225 (mit CROUZEL, BLE 80, 1979, 123f.).

[35] L.F. PIZZOLATO, La ,Explanatio Psalmorum XII'. Studio letterario sulla esegesi di Sant'Ambrogio, ArAmb 17, Mailand 1965, 25-52 (Synopse: 25-43) sowie AUF DER MAUR, Psalmenverständnis (wie Anm. 19), 243-309, bes. 301-309.

[36] J. HUHN, Das Geheimnis der Jungfrau-Mutter Maria nach dem Kirchenvater Ambrosius, Würzburg 1954, passim; M.L. RICCI, Precisazioni intorno alla fonte di Sant'Ambrogio, De Virg. 18,115, VetChr 14, 1977, 291-299 (allerdings mit deutlichen Hinweisen auch auf Unterschiede, z.B. 293); PASINI, Ambrogio (wie Anm. 17), 58. 62.

[37] E. DASSMANN, Die Frömmigkeit des Kirchenvaters Ambrosius von Mailand. Quellen und Entfaltung, MBTh 29, Münster 1965, 5f. „Für den Übergang von der frühen zur späten Periode sind drei Momente kennzeichnend: die Hinwendung des Ambrosius zu Origenes, die ,Entdeckung' des Hohenliedes und die Auseinandersetzung mit dem Neuplatonismus". Dagegen schon AUF DER MAUR, Psalmenverständnis (wie Anm. 19), 308f. „Überblicken wir die Psalmenerklärungen des Ambrosius ihrer mutmasslichen Entstehungszeit nach (...) und beachten wir in dieser Abfolge den origenischen Einfluss (...), so können wir keine solche Entwicklungslinie (...) feststellen".

manns Einschätzung bleibt aber, wie wir sehen werden, daß in jeder Hinsicht
die Origenes-Rezeption in den späteren Jahren an Intensität gewinnt.

Während sich literarische Rezeptionsvorgänge gerade im Falle eines Theologen, der vorzüglich griechisch konnte und auf lateinische Übersetzungen
nicht angewiesen war[38], im einzelnen nur schwer nachweisen lassen, besteht an
der Tatsache der Rezeption kein Zweifel; sie spiegelt sich vor allem in analogen
theologischen Konzepten wider: Nach Huhn ist die Konzeption des Ambrosius
von Sünde und dem Bösen von Origenes beeinflußt[39], nach Pastore seine En-
gelvorstellung[40], nach Baus seine Christusfrömmigkeit[41], nach Crouzel seine
Auferstehungstheologie[42]. Schließlich ist auch das gemeinsame platonische
Fundament beider Exegeten thematisiert worden[43]. Kurz: Ambrosius ist mit
Hilarius einer der frühesten Hauptvertreter dessen, was man gelegentlich den
„westlichen Origenismus" nennt[44].

In unserem Rahmen soll der Vergleich der Hermeneutik beider Kirchenväter nun weniger auf dem gern beschrittenen Wege der Quellenkritik und des
synoptischen Vergleichs der Kommentierung von Einzelstellen durchgeführt
werden als vielmehr in einer Orientierung an der grundsätzlichen Struktur
und den Elementen ihrer jeweiligen Hermeneutik. So läßt sich auch am ehesten
das Problem der verschiedenen literarischen Gattungen berücksichtigen, in
denen beide Autoren schreiben: Während Ambrosius vor allem mehr oder
weniger sorgfältig bearbeitete Predigten und damit zusammengesetzte „exegetische Essays" (Graumann) in Erklärungen ganz eigenen Zuschnitts umarbeite-

---

[38]   Zumal diese fehlerhaft sein konnten: Vgl. die harschen Einschätzungen einer Übersetzung des
       6. Jh.s von L. FRÜCHTEL, Zur altlateinischen Übersetzung von Origenes' Matthäuskommentar,
       GCS Origenes XII/2, Berlin 1955, 23-52 (nicht in der 2. Aufl., besorgt von U. TREU, Berlin 1968)
       und jetzt H.J. VOGT, Bemerkungen zur lateinischen Übersetzung des Mattäus-Kommentars
       von Origenes, in: R. GRYSON (Hg.), Philologia Sacra. Biblische und patristische Studien für
       H.J. Frede und W. Thiele zu ihrem siebzigsten Geburtstag, Vol. 2 Apokryphen, Kirchenväter,
       Verschiedenes, AGLB 24/2, Freiburg 1993, 378-396, bes. 391-396.

[39]   J. HUHN, Ursprung und Wesen des Bösen und der Sünde nach der Lehre des Kirchenvaters
       Ambrosius, FChLDG 17, Paderborn 1933, 22. 28-30. 43f. 50f. sowie 107f.

[40]   M. PASTORE, Gli Angeli in S. Ambrogio, Diss. theol. (masch.), Rom 1946 (Gregoriana).

[41]   K. BAUS, Das Nachwirken des Origenes in der Christusfrömmigkeit des hl. Ambrosius, RQ 49,
       1954, 21-55; A.J. VERMEULEN, The Semantic Development of Gloria in Early-Christian Latin,
       LCP 12, Nijmegen 1956, 166-170 (zur Christus-Sonne-Metaphorik) sowie F. SZABO, Le Christ
       Créateur chez saint Ambroise, SEAug 2, Rom 1968.

[42]   H. CROUZEL, Fonti prenicene della dottrina di Ambrogio sulla risurrezione dei morti, ScC
       102/104, 1974, 373-388.

[43]   P. COURCELLE, Nouveaux aspects du platonisme chez saint Ambroise, REL 34, 1954 (220-239),
       226-232; MADEC, Ambroise (wie Anm. 9), 58f. 97f.

[44]   So schon knapp P.D. HUET, Origeniana II 4 1,6 (bei C.H.E. LOMMATZSCH, Vol. 24, Berlin 1846,
       11) oder B. STUDER, Zur Frage des westlichen Origenismus, StPatr 9 (= TU 94), Berlin 1966,
       270-287 (v.a. 281-283) und jetzt CH. JACOB, The Reception of the Origenist Tradition in Latin
       Exegesis, in: M. SAEBØ (Hg.), Hebrew Bible/Old Testament. The History of Its Interpretation
       (HBOT), Vol. I: From the Beginnings to the Middle Ages (Until 1300), Part 1: Antiquity, Göt-
       tingen 1996, (682-700) 690-700.

te und diese dann veröffentlichte[45], liegen von Origenes bekanntlich Auslegungen in den drei Gattungen Kommentar, Scholium und Homilie vor. Auf diese unterschiedlichen Gattungen muß man bei einem Vergleich der exegetischen Hermeneutik zweier Kirchenväter natürlich sorgfältig achten – Voraussetzungen und Technik von Bibelauslegung sind ja, wie ein Blick auf Texte des Origenes lehrt, sehr stark gattungsabhängig. Freilich ist in allen drei Gattungen (wenn auch in unterschiedlicher Intensität) für Origenes die große philologische Umsicht und Sorgfalt charakteristisch, mit der er seine Bibelauslegungen vorbereitet und durchführt. Man setzt für einen detaillierteren Vergleich zwischen Ambrosius und Origenes am besten bei jenem Fundament ein.

Das philologische Fundament der exegetischen Hermeneutik

Die biblische Hermeneutik des Origenes ruht bekanntlich auf einem breiten philologischen Fundament: Er hat die alexandrinische textkritische und exegetische Methode rezipiert, dazu allgemeine Grundsätze einer philologischen Interpretation von Texten – allerdings mit einem „theologisch motivierten Rezeptionsvorbehalt"[46]. Für einen Vergleich zwischen der Hermeneutik des Origenes und der des Ambrosius ist die Frage nicht ganz unwichtig, ob auch die Auslegung des Mailänder Bischofs auf solchem Fundament ruht und er dieses Fundament für ebenso theologisch essentiell hält wie sein Vorbild Origenes. Schließlich könnte man sich ja auch eine Rezeption von Ergebnissen alexandrinischer Auslegung ohne selbständige Anwendung alexandrinischer Methodik vorstellen.

Die Exegese des Origenes orientierte sich an einem Schema aus dem kaiserzeitlichen Schulunterricht, das neben dem lauten Vorlesen der Textstelle (ἀναγνωστικόν / lectio[47]) diese sprachlich und sachlich erklärte (ἐξηγητικόν / enarratio), den Text durch Vergleich der Lesarten feststellte (διορθωτικόν / emendatio) und schließlich eine ästhetische und moralische Würdigung vornahm (κρίσις ποιημάτων / iudicium). Dabei darf man sich hierunter keine für mündliche Lehre oder schriftliche Darbietung verbindliche Reihenfolge vorstellen, die sklavisch befolgt worden wäre[48].

---

45 GRAUMANN, Christus (wie Anm. 1), 16-27; MARKSCHIES, Ambrosius (wie Anm. 9), 89-97; AUF DER MAUR, Psalmenverständnis (wie Anm. 19), 12-16 (jeweils mit Hinweisen auf ältere Literatur).

46 Vgl. dazu CH. MARKSCHIES, Origenes und die Kommentierung des paulinischen Römerbriefs, in diesem Sammelband, 63-89.

47 Offenbar hat Ambrosius dies gelegentlich anders gehalten: Aug., conf. VI 3,3 (BiTeu 101,25-27 SKUTELLA).

48 So freilich die Tendenz bei H.-I. MARROU (Augustinus und das Ende der antiken Bildung, Paderborn u.a. 1982 [= Saint Augustin et la fin de la culture antique, Paris, ⁴1958], 17-23), der das Schema in geringfügig modifizierter Reihenfolge lectio – emendatio – enarratio – iudicium erläuterte (zur Kritik B. NEUSCHÄFER, Origenes als Philologe, SBA 18/2, Basel 1987, 335 Anm. 174). Marrou wies darauf hin, daß es freilich bei der Adaption dieses Schemas durch Augusti-

Beginnen wir unseren Vergleich mit Beobachtungen zur *textkritischen Methode,* zum διορθωτικόν. Daran, daß Origenes sie nicht nur in der Hexapla angewendet hat, kann kein Zweifel bestehen[49]. Wie steht es damit aber bei Ambrosius? Ähnlich wie Origenes hat Ambrosius vor allem alttestamentliche Texte ausgelegt[50]. Und ebenso wie Origenes hat Ambrosius in seiner Psalmenkommentierung (aber praktisch auch nur hier[51]) die verschiedenen griechischen Übersetzungen des Psaltertextes verglichen und ihn auf dieser textkritischen Basis erklärt. Eine durchgängige Berücksichtigung von Aquila und Symmachus (sowie drei vereinzelte Belege für Theodotion) findet man daher in der *Explanatio Psalmorum XII,* die Auslegungen aus den Jahren 387/388 bis 397[52] zusammenstellt, und im gleichfalls recht späten Kommentar zum einhundertachtzehnten Psalm (ca. 395/396 n. Chr.). Ein Blick in die sorgfältige Synopse, in der Luigi Franco Pizzolato die Auslegungen des Ambrosius solchen des Origenes gegenübergestellt hat, kann zeigen, daß Ambrosius entsprechende Informationen wohl einer Hexapla entnommen hat und nicht direkt einem der spezifischen, den Psalmen gewidmeten Werke des Origenes[53]. Interessanterweise wird im spätesten Text zum Psalm 43, den man in das Todesjahr seines Autors (397) datiert, am stärksten auf die verschiedenen Übersetzungen zurückgegriffen[54]; die Version Aquilas lobt Ambrosius dagegen mehrfach in

---

nus „keinen Raum für das *iudicium,* die ästhetische Beurteilung" gebe, „welche theoretisch die Erklärung der Klassiker krönend zum Abschluß bringt" (356 Anm. 28).

[49] Beispiele bei NEUSCHÄFER, Origenes (wie Anm. 48), 85-122.

[50] G. LAZZATI, Il valore letterario della esegesi ambrosiana, ArAmb 9, Mailand 1960, 47.

[51] Die einzige Ausnahme bildet eine Passage in Ambr., parad. 5,27 (CSEL 32/1, 284,2-8 SCHENKL): *sed quia Symmachus utrumque singulariter dixit, intellegimus id secutum, quia in lege quoque cum populum adloquitur deus, singulariter loquitur, sicut habes: ,audi, Istrahel, dominus deus tuus dominus unus est et diliges dominum deum tuum'* (Dtn 6,4f.). *nec mihi praeiudicat Symmachi interpretatio, qui unitatem patris et fili uidere non potuit, etsi aliquotiens in sermone et Acylas et ipse confessi sint.* Zu dieser Argumentation habe ich keine Parallele bei Origenes gefunden; der abschließende Hinweis auf die theologischen Tendenzen der Übersetzer (M. HARL / G. DORIVAL / O. MUNNICH, La Bible Grecque des Septante. Du Judaïsme Hellénistique au Christianisme Ancien, Paris 1988, 146. 148-150) ist äußerst zurückhaltend formuliert. Offensichtlich legte Ambrosius auf die Tatsache, daß es sich wohl mindestens in einem Fall bei dem Übersetzer nicht um einen Christen handelte, keinen großen Wert: *Symmachus tamen et Aquila interpretati sunt, quod Christus dicit ad ecclesiam: ...* (exp. Ps. 118,22 45 [CSEL 62, 510,4f. PETSCHENIG]).

[52] In der Datierung folge ich PIZZOLATO, Explanatio (wie Anm. 35), 16-24. – Knappe Bemerkungen zu „Text und Übersetzungen des Alten Testamentes" bietet auch J.B. KELLNER, Der heilige Ambrosius, Bischof von Mailand als Erklärer des Alten Testamentes. Ein Beitrag zur Geschichte der biblischen Exegese, Regensburg 1893, 27-31.

[53] PIZZOLATO, Explanatio (wie Anm. 35), 25-43.

[54] Ambr., Ps. 129,4 (CSEL 64, 24,25 PETSCHENIG: Aquila); 39,1 (34,8: Aquila); 43,3 (36,25: Aquila); 44,1 (37,12: Aquila); Ps. 35 18,3 (62,7f.: Aquila); Ps. 36 11,2 (77,21f. PETSCHENIG: Aquila und Symmachus); Ps. 37 33,2 (161,30: Symmachus); Ps. 38 20,2/21,1 (199,23/200,1: Symmachus); Ps. 40 12,1 (235,27f.: Symmachus und Aquila); 21,2 (243,14f.: Aquila und Symmachus); Ps. 43 2,1 (259,27: Aquila); 4,1 (261,6f.: Symmachus und Theodotion); 20,2 (278,6f.: Aquila und Symmachus); 24,1 (280,6f.: Aquila und Symmachus); 34,1 (286,14f.); 37,2 (289,3-5: Aquila, Theodotion und Symmachus); 39,1 (289,24f.: Theodotion, Aquila und Symmachus); 45,1 (293,31/294,1: Aquila und Symmachus); 55,2 (300,5: Aquila); 65,2 (308,4: Aquila); 68,1 (309,27: dito); 69,4 (311,16: Symmachus); 72,3 (313,16: Aquila und Symmachus); 75,1 (315,6: Aquila); 80,1 (318,26:

den frühen Psalmenauslegungen: *quod pulchre Aquilas interpretatus est*[55]. Aquila galt schon bei Origenes, aber auch bei Hieronymus als derjenige aus dem Übersetzer-Terzett, der am wörtlichsten übersetzt habe[56]. Man wird aus diesem Befund schließen können, daß Ambrosius sich erst allmählich mit der Arbeit an der Hexapla vertraut gemacht hat und sie erst gegen Ende seines Lebens wirklich in der selbstverständlichen Weise für seine Auslegungen herangezogen hat, die deren Autor intendierte. Solche und andere Beobachtungen[57] zeigen, daß die exegetische Lebensarbeit des Ambrosius durchaus noch einmal (im Unterschied zur klassischen Monographie Pizzolatos) unter der Hypothese einer allmählichen Entwicklung dargestellt werden könnte.

Eine wichtige Voraussetzung für die exegetische Arbeit des Origenes waren seine Bemühungen um das Hebräische[58]. Ambrosius argumentiert dagegen mit dem hebräischen Text (im Unterschied zu Origenes und Hieronymus[59]), abgesehen von eben erwähnten Bezügen in den Psalmenkommentaren, höchst selten, und wenn, dann nur aus zweiter Hand; offenbar beherrschte er diese Sprache im Gegensatz zum Griechischen nicht und sah auch keine philologische oder theologische Notwendigkeit, sich Kenntnisse zu erwerben[60].

In seinem Kommentar zum einhundertachtzehnten Psalm findet sich jeweils zu Beginn eine Interpretation der Etymologie des entsprechenden hebräischen Buchsta-

---

Symmachus); 81,1/2 (319,11f.: Aquila und Symmachus; 319,17. 21. 24: Aquila); 92,1 (327,6: Aquila); 96,1 (329,3: Symmachus); Ps. 61 14,3 (387,5: Symmachus).
Exp. ps. 118,9 20,1 (CSEL 62, 201,21 PETSCHENIG: Symmachus); 15,12,1 (336,22: Aquila und Symmachus); 17,19,2 (387,20: Symmachus); 22,36,1 (505,25: Symmachus); 22,41,1 (508,5: Symmachus und Aquila); 22,45 (510,4: Symmachus und Aquila).

[55] Ps. 43 65,2 (CSEL 64, 308,4 PETSCHENIG); vgl. auch 55,2 (300,5); 75,1 (315,6); 81,2 (319,24).

[56] Belege bei CH. MARKSCHIES, Hieronymus und die „Hebraica Veritas" – ein Beitrag zur Archäologie des protestantischen Schriftverständnisses? in: M. HENGEL / A.M. SCHWEMER (Hgg.), Die Septuaginta zwischen Judentum und Christentum, WUNT 72, Tübingen 1994, (131-181) 139 Anm. 50.

[57] A. LENOX-CONYNGHAM hat in einer Rezension zu L.F. PIZZOLATO „La dottrina esegetica di sant'Ambrogio" (wie Anm. 1) beispielsweise darauf hingewiesen, daß das Fragment der frühen Predigt in off. I 2,5-6,22 (CUFr 1,96-98 TESTARD) aus dem Jahre 374 „unter deutlicher Bezugnahme auf Psalm 38" den Vergleich mit der späteren Auslegung von 395/396 lohnen würde (ThLZ 105, 1980, 692-694, hier 694). Für den (gemeinsamen) Bezug auf Didymus (exp. in Ps. 38 [PO 39, 1347-1350]) vgl. die Bemerkungen bei MAURICE TESTARD, Saint Ambroise, Les Devoirs, Introduction, Livre I, CUFr, Paris 1984, 25f. mit Anm. 1.

[58] C. BAMMEL, Die Hexapla des Origenes: Die Hebraica Ueritas im Streit der Meinungen, Aug 28, 1988, (125-149) 126-129 (= DIES., Tradition and Exegesis in Early Christian Writers, CS 500, Aldershot, 1995, nr. X) sowie N.R.M. DE LANGE, Origen and the Jews. Studies in Jewish-Christian Relations in Third-Century Palestine, OCOP 25, Cambridge 1970, 20-23.

[59] Vgl. dafür z.B. MARKSCHIES, Hieronymus (wie Anm. 56), 131-181.

[60] Ambr., ep. 69[72],24 (CSEL 82,2 191,268-270): *Hebraeus quidem negatur habere de octavo die, sicut Aquila significat. sed non in Aquila omnis auctoritas, qui quasi Iudaeus in littera praeteriit nec posuit octavum diem.* Jüngst ist für eine Passage aus parad. (12,56 [CSEL 32/1, 315,23-316,6]) erwogen worden, daß Ambrosius hier eine Auslegung aus einem rabbinischen Midrasch (ARN A 4) vermittelt bekam (M. POORTHUIS, Who is to Blame: Adam or Eve? A Possible Jewish Source for Ambrose's De paradiso 12,56, VigChr 50, 1996, 125-135). Aber auch Poorthuis schreibt: „Ambrose certainly did not know sufficient Hebrew to study Jewish midrash" (131).

bens[61], aber schon vor längerem ist vermutet worden, daß diese Erklärungen des hebräischen Alphabets dem verlorenen etymologischen Werk Philos entnommen worden sind (vielleicht sogar in einer selbständigen ambrosianischen Rezension unterschiedlicher Fassungen dieses Werkes, dessen Überlieferung in Unordnung geraten war)[62]. Aus dem ausführlichen cäsareensischen Psalmenkommentar des Origenes werden sie wohl kaum stammen; diese alte These macht jetzt die vorzügliche Edition der palästinensischen Katene wahrscheinlicher[63]. Außerdem unterscheiden sich die bei Eusebius und Hieronymus gegebenen Etymologien, die vielleicht auf die *excerpta in Psalterium* des Origenes zurückgehen[64], teilweise beträchtlich von denen des Ambrosius. Obwohl Ambrosius sich in seiner Einführung in den Psalm deutlich auf den cäsareensischen Psalmenkommentar des Origenes bezieht (vgl. beispielsweise die Allegorese des achtzeiligen Aufbaus der Verse[65]), fügt er mit den Etymologien der hebräischen Buchstaben ein quasi origenistisches Stilmittel in den Duktus seiner Auslegung ein, das offenbar gar nicht direkt von Origenes stammt.

Allerdings war Ambrosius trotz offensichtlich fehlender Hebräisch-Kenntnisse das Problem einer mehrfachen Übersetzung aus dem Hebräischen bewußt: *Sensus ergo nobis spectandus est semper, quem etiam ipsum frequens translatio ex Hebraeo in Graecum, ex Graeco in Latinum attenuare consueuit*[66].

Man könnte also angesichts dieser Beobachtungen zur textkritischen Methode, zum διορθωτικόν, versucht sein, zusammenfassend zu sagen, daß die Exegese des Ambrosius über lange Jahre längst nicht auf einem so sorgfältigen und in die exegetische Hermeneutik integrierten Fundament ruhte wie die des Origenes. Aber diesen Eindruck muß man sofort durch einen Blick auf die literarischen Genres relativieren: Den meisten Schriften des Ambrosius liegen Predigten zugrunde, und in Predigten hat natürlich auch Origenes, wenn über-

---

[61] Vgl. beispielsweise exp. Ps. 118,1 1,1 (CSEL 62, 5,6-8 PETSCHENIG): *Prima littera „Aleph' dicitur, cuius interpretatio „doctrina' est. sollicitus ergo auditor plenos doctrinae esse uersus qui secuntur debes praesumere;* häufig werden auch zwei Interpretationen geboten: *„Deleth' quarta littera secundum Hebraeos significat Latine „timorem' uel, ut alibi inuenimus, „natiuitatem'* (exp. Ps. 118,4 1 [68,7f.]).

[62] Hier., nom. hebr., praef.: *Philo, uir disertissimus Iudaeorum, Origenis quoque testimonio conprobatur edidisse librum hebraicorum nominum eorumque etymologias iuxta ordinem litterarum e latere copulasse* (CChr.SL 72, 59,2f. DE LAGARDE); vgl. D.H. MÜLLER, Die Deutung der hebräischen Buchstaben bei Ambrosius, SAWW.PH 167/2, Wien 1911, passim; AUF DER MAUR, Psalmenverständnis (wie Anm. 19), 406-409, Tabelle auf 408f. (= Anm. 1959); L.F. PIZZOLATO, Sant' Ambrogio. Opere esegetiche VIII/1, SAEMO 9, Mailand/Rom 1987, 29-31.

[63] Vgl. den Beginn der Auslegung zu „Aleph" und „Daleth" in dieser Katene (SC 189, 186,1-4/230,1-5 HARL / DORIVAL) und zu ihrer Bedeutung für die Rekonstruktion des Psalmenkommentars das Referat der Thesen von Devreesse und Richard bei E. MÜHLENBERG, Zur Überlieferung des Psalmenkommentars von Origenes, in: J. DUMMER (Hg.), Texte und Textkritik. Eine Aufsatzsammlung, TU 133, Berlin 1987, 441-451.

[64] Vgl. MÜLLER, Deutung (wie Anm. 62), 7 (tabellarischer Vergleich der Erklärungen bei Ambrosius, Eusebius und Hieronymus) oder M. HARL, La chaîne Palestinienne sur le Psaume 118 (...), SC 189, Paris 1972, 106-111; für die hier zugrundegelegte Rekonstruktion der verschiedenen Arbeiten des Origenes vgl. NAUTIN, Origène (wie Anm. 1), 261-292, v.a. 280-285.

[65] Vgl. exp. Ps. 118 prol. 2,1-2 (CSEL 62, 3,16-11 PETSCHENIG) mit dem Origenes-Text der palästinensischen Katene (SC 189, 184,33-41 HARL / DORIVAL) und AUF DER MAUR, Psalmenverständnis (wie Anm. 19), 271f.

[66] Ambr., exp. Ps. 37 49,2 (CSEL 64, 176,24-26 PETSCHENIG).

haupt, nur einen sehr zurückhaltenden Gebrauch von seinem philologischen Fundament gemacht. In der späten Psalmenauslegung ist, wie wir sahen, Ambrosius Origenes am ehesten vergleichbar, aber nicht umsonst sind diese Texte des Mailänder Bischofs überschrieben mit einem Wort, das im Lateinischen einen Kommentar anzeigt, der Wort für Wort erklärt: *explanatio*. Außerdem hat Ambrosius vor allem in seinen dogmatischen Schriften, aber auch in seiner Psalmenauslegung, offenbar mit mehreren Bibelhandschriften gearbeitet und deren Abweichungen notiert und auszulegen versucht[67]. Das griechische Original ist für die Korrektur der lateinischen Übersetzungen maßgeblich[68].

Hinsichtlich der weiteren, zum philologischen Fundament zählenden exegetischen Schritte des ἐξηγητικόν bzw. der *enarratio* und der κρίσις ποιημάτων bzw. des *iudicium* unterscheiden sich Ambrosius und Origenes ebenfalls vor allem aufgrund unterschiedlicher Genres und individueller Schwerpunkte: Die überfließende und gelegentlich auch etwas zerstreute Gelehrsamkeit des Origenes bei den verschiedenen Schritten der exegetischen Methode im eigentlichen Sinne entfaltet ihren spezifischen Charme vor allem in seinen Kommentaren mit ihren Worterklärungen (γλωσσηματικόν), Sacherklärungen (ἱστορικόν), grammatisch-rhetorischer Exegese (τεχνικόν) sowie Metrik (μετρικόν)[69]; es ist dagegen vollkommen verständlich, daß Ambrosius sich mit solchen Formen der Erklärung in Predigten für eine schlichte Gemeinde zurückhält: Die Auslegungen des Ambrosius sind natürlich nicht auf Sacherklärung und Vermittlung von Kenntnissen ausgerichtet, sondern auf Verkündigung. Die Verwendung von Psalmen im Mailänder Gemeindegottesdienst beeinflußt die Auslegung der Texte durch den Ortsbischof; er ist weit mehr als Origenes „an der Liturgie als ,Sitz im Leben' des christlichen Psallierens" interessiert[70]. Und trotzdem stehen sich beide Autoren in ihrer relativ kleinteiligen Auslegungsmethode stellenweise durchaus nahe: Jüngst ist in einer umfänglichen Untersuchung gezeigt worden, daß der Mailänder Bischof beispielsweise in seiner Kommentierung des Lukasprologs „der kleinschrittigen Vorgehensweise relativ nahe" kommt, „die sich in der Kommentierung des Lukasprologs bei Origenes zeigt"[71]. Ähnliches wird man mit Hilfe der ausführlichen Synopsen, die

---

67 Ambr., fid. III 8,56 (CSEL 78, 128,21 FALLER); IV 1,14 (162,67); 11,147 (209,67-69); V 10,132 (265,86) sowie 16,193 (289,36); für die Psalmenkommentierung vgl. AUF DER MAUR, Psalmenverständnis (wie Anm. 19), 18 mit Nachweisen in Anm. 271-273 (auf S. 344).

68 Ambr., fid. IV 11,147 (209,67): *Quod si graecos magis codices sequendos putamus,...* bzw. inc. 8,82 (CSEL 79, 265,28f. FALLER): *Ita enim et in graecis codicibus invenimus, quorum potior auctoritas est;* vgl. auch spir. II 5,46 (103,102-104,104): *Quod si quis de latinorum codicum varietate contendit, quorum aliquos perfidi falsauerunt, graecos inspiciat codices ... .*

69 Ausführliche Nachweise bei NEUSCHÄFER, Origenes (wie Anm. 48), 140-246.

70 AUF DER MAUR, Psalmenverständnis (wie Anm. 19), 326 (mit Stellennachweisen in Anm. 300a auf S. 580).

71 GRAUMANN, Christus (wie Anm. 1), 93. – Für den weiteren Verlauf der Lukas-Auslegung versucht der Autor zu zeigen, daß gegenüber „der Vielfalt der Interessen und Themen bei Origenes (...) die Ambrosianische Sichtweise im Grundsatz konzentrierter und insofern enger auf ein Zentrum hingeordnet" sei (169). Ich bin mir allerdings nicht so sicher, ob Origenes sich nicht zumindest in den Predigten um einen konzentrierten Gedankengang in genau diesem

auf der Maur erstellt hat, für seine Psalmenerklärung zeigen können. Ambrosius und Origenes fordern eine auf den Kontext einer Schriftstelle in ihrem literarischen wie historischen Zusammenhang bezogene Auslegung und führen sie auch entsprechend durch[72]. Beide orientierten sich an den gewöhnlichen Auslegungsmethoden, zitieren ein biblisches Lemma, werfen häufig eine *quaestio* auf und lösen diese *quaestio* mittels einer (Schrift-)Argumentation[73].

Dem letzten unter den genannten Schritten einer philologischen Textauslegung, der κρίσις ποιημάτων bzw. dem *iudicium* kam es zu, zu beurteilen, ob der Text ästhetisch anspreche (τέρπειν / *delectare*) und moralisch erbaue (ὠφελεῖν / *prodesse*)[74]. Während Origenes sich vor allem auf den Aspekt der Erbauung konzentrierte und eine stellenweise in der paganen Exegese vorhandene ethische Engführung dieses Arbeitsschrittes durch das umfassende paulinische οἰκοδομή-Verständnis ausweitete[75], konnte Ambrosius durchaus – im Gefolge des Basilius von Caesarea – auch von der „himmlischen" Freude sprechen, die das Psalmensingen verbreitet[76]: „Der Psalm enthüllt die überirdische und ewige *delectatio* und *dulcedo*"[77]. Allerdings teilte der Mailänder Bischof auch hier (natürlich nicht nur mit Origenes) die Vorbehalte gegen eine rein ästhetische Rezeption von Psalmen; er warnte vor einem lediglich äußerlichen Singen und rein äußerlicher Freude. Die pagane Aufforderung, die *delectatio* von den *verba* auf die *res* zu verlagern, wird theologisch und eschatologisch qualifiziert. Die wahre Freude ist der höchste Anreiz: *Summum incentiuum uirtutis proposuit deus futurae beatitudinis delectationem*[78].

Sinne bemüht hat und diese Bemühungen auch in einigen Predigten von Erfolg gekrönt wurden: CH. MARKSCHIES, „... für die Gemeinde im Grossen und Ganzen nicht geeignet ..."?, in diesem Sammelband, (35-62) 43-46.

[72]   Vgl. die Belege für Ambrosius bei HUHN, Bewertung (wie Anm. 5), 395 mit den Anm. 84-90.

[73]   Ein feines Beispiel für Ambrosius ist Luc. VI 12 (CChr.SL 14, 178,110-122 ADRIAEN); vgl. SAVON, Jérôme (wie Anm. 29), 209f.; für die Technik jetzt L. PERRONE, Il genere delle Quaestiones et Responsiones nella letteratura cristiana antica fino ad Agostino, in: DERS., Lectio Augustini. Settimana Agostiniana Pavese XII, Rom 1996, 11-44.

[74]   Vgl. dafür neben NEUSCHÄFER (Origenes [wie Anm. 48], 247-262) auch B. STUDER, Delectare et prodesse. Zu einem Schlüsselwort der patristischen Exegese, in: Mémorial Dom Jean Gribomont, SEAug 27, Rom 1988, 555-581 = DERS., Dominus Salvator (wie Anm. 34), 431-461.

[75]   R. GÖGLER, ΩΦΕΛΕΙΑ dans le commentaire sur le Matthieu d'Origène, in: H. CROUZEL / A. QUACQUARELLI (Hgg.), Origeniana Secunda, QVetChr 15, Bari 1980, 299-303; B. NEUSCHÄFER, Origenes (wie Anm. 48), 259-261; MARKSCHIES, Gemeinde (wie Anm. 71), 54-56.

[76]   Ambr., exp. Ps. 1 10,1 (CSEL 64, 9,1 PETSCHENIG): *Certat in psalmo doctrina cum gratia; simul cantatur ad delectationem, discitur ad eruditionem* und Bas., hom. in Ps. 1 (PG 29, 213 A/B); vgl. auch STUDER, Delectare et prodesse (wie Anm. 74), 443 (der den Text allerdings in einer abweichenden Fassung nach PL 14 bringt); PIZZOLATO, dottrina (wie Anm. 1), 117f. 126-128 und DERS., Explanatio (wie Anm. 35), 78. 85-87.

[77]   AUF DER MAUR, Psalmenverständnis (wie Anm. 19), 313 mit Anm. 2 (S. 572) sowie 23f.

[78]   Ambr., exp. Ps. 1 1,1 (3,1f.) und Bas., hom. in Ps. 1 (PG 29, 212 B; Synopse beider Texte bei PIZZOLATO, Explanatio [wie Anm. 35], 76); vgl. auch 12 (10,4): ... *ne delectatio dulcedinis excitet corporis passiones*. Nahezu analog findet sich der entsprechende Gedanke auch in prol. 1,1 der exp. Ps. 118 (CSEL 62, 3,1-5 PETSCHENIG): *Licet mystice quoque uelut tubae increpuerit sono Dauid propheta, tamen moralium magnus magister, quantum in eo excellat ethica, psalmi huius summa declarat gratia, siquidem cum suauis omnis doctrina moralis sit, tum maxime suauitate carminis et psallendi*

Man wird also zusammenfassend sagen können, daß die Auslegungen des Origenes und des Ambrosius auf recht verschieden tiefer philologischer Fundamentierung ruhen. Generell gilt, daß Origenes sich als der gelehrtere und fachphilologisch ambitioniertere Exeget von beiden zeigt. Ambrosius hat z.B. den *parallelismus membrorum* des hebräischen Psalters in aller Regel souverän ignoriert; Origenes hat ihn dagegen gekannt und für die Exegese berücksichtigt[79]. Solche Unterschiede im Blick auf das philologische Fundament spiegeln sich auch in der Terminologie wider: Origenes hat etliche Bände von nach damaligen Maßstäben streng wissenschaftlicher Kommentarliteratur hinterlassen; bei Ambrosius fehlen dagegen schon die entsprechenden Wortfelder *commentarius* und *exegesis*[80]. Die Begriffe *exponere* und *expositio* bezeichnen nur im allgemeinen Sinne das Erklären bzw. die Erklärung von Texten[81]. Es ist aber auffällig, daß je nach Genre auch bei Origenes das nämliche Fundament schwächer werden kann, während Ambrosius offenbar im Laufe seines Lebens – auch hier zugleich Lehrender und Lernender[82] – sich immer stärker um die philologische Technik der Exegese bemüht hat. Beispielsweise zeigen seine Prologe zur Auslegung des einhundertachtzehnten Psalmes (ca. 389 n. Chr.) und zu der nahezu zeitgleich entstandenen Kommentierung des Lukasevangeliums (ca. 391 n. Chr.), daß er sich mit der Topik der Kommentarprologe vertraut gemacht hatte und sie – wie im Falle des Psalms – durchaus auch ohne Rückgriff auf entsprechende Passagen bei Origenes anzuwenden wußte[83]. Die deutlich erkennbaren Unterschiede zwischen Ambrosius und Origenes liegen freilich sicher nicht nur an den bereits mehrfach erwähnten Gattungsdifferenzen, sondern wohl auch an den sehr verschiedenen bildungssoziologischen Hintergründen beider Kirchenväter: Der eine verfügte über eine profunde juristische Ausbildung und eine solide Allgemeinbildung, während der andere sich auf vielen Gebieten mit hervorragenden Gelehrten seiner Zeit messen konnte.

---

dulcedine delectat aures animumque demulcet. Vgl. dafür jetzt auch L.F. PIZZOLATO, Un'analisi retorica del prologo dell'Expositio Psalmi CXVIII di Ambrogio, in: M. MARIN / M. GIRARDI (Hgg.), Retorica ed esegesi biblica. Il rilievo dei contenuti attraverso le forme, QVetChr 24, Bari 1996, 57-71.

[79] Vgl. für Origenes die Bemerkungen in der palästinischen Katene: SC 189, 188,25-27 HARL; Bemerkungen und Literatur bei CH. MARKSCHIES, Valentinus Gnosticus? Untersuchungen zur valentinianischen Gnosis mit einem Kommentar zu den Fragmenten Valentins, WUNT 65, Tübingen 1992, 227f. mit Anm. 67/68 und für Ambrosius AUF DER MAUR, Psalmenverständnis (wie Anm. 19), 320: „So verkennt er völlig die Bedeutung des Parallelismus Membrorum".

[80] Vgl. dafür die Angaben in Vorarbeiten zu einem Lexicon Ambrosianum. Wortindex zu den Schriften des Hl. Ambrosius, nach der Sammlung von O. FALLER bearb. v. L. KRESTAN, ÖAW.PH Kommission zur Herausgabe des Corpus der lateinischen Kirchenväter, CSEL.B 4, Wien 1979, 32. 63.

[81] Nachweise bei GRAUMANN, Christus (wie Anm. 1), 16 mit Anm. 51.

[82] Ambr., off. I 4: *Discendum igitur mihi simul et docendum est quoniam non uacauit ante discere* (CUFr I,97 TESTARD).

[83] GRAUMANN, Christus (wie Anm. 1), 29-46, bes. 32f. sowie AUF DER MAUR, Psalmenverständnis (wie Anm. 19), 193-195.

Nach diesen Bemerkungen zum philologischen Fundament der exegetischen Hermeneutik beider Kirchenväter können wir uns nun der hermeneutischen Theorie, die im Hintergrund ihrer Auslegungen steht, zuwenden.

Die exegetische Hermeneutik

Für gewöhnlich besteht der Vergleich zwischen der exegetischen Hermeneutik des Ambrosius und der des Origenes mehr oder weniger nur aus Bemerkungen zu der Theorie verschiedener Schriftsinne und darauf aufbauenden hermeneutischen Weichenstellungen (z.B. beim Verhältnis der beiden Testamente)[84]. In jüngster Zeit ist allerdings wiederholt und von verschiedenster Seite darauf aufmerksam gemacht worden, daß eine auf die mehrfachen Schriftsinne oder gar auf die Frage der allegorischen Auslegung konzentrierte Behandlung der Bibelhermeneutik patristischer Exegese ihren Skopus verfehlt – im Falle eines Vergleichs zwischen Ambrosius und Origenes würde sie wohl auch wieder nur auf die vergleichsweise triviale Aussage führen, daß beide sich dieser Auslegungsmethode bedienen, allerdings mit Akzentunterschieden und teilweise recht unterschiedlichen Ergebnissen im einzelnen. Basil Studer hat jüngst nochmals pointiert darauf hingewiesen, daß die Konzentration auf diese Zusammenhänge „die Hauptintention des patristischen Gebrauches der Bibel" zu verdunkeln droht[85], und unter dem Leitbegriff „Aktualisierung der Heiligen Schrift" eine breitere Darstellung angemahnt und in Grundzügen entwickelt.

Es muß also bei einer vergleichenden Darstellung der Grundprinzipien der exegetischen Hermeneutik von Ambrosius und Origenes nicht nur auf deren philologische Methode und auf die jeweilige Theorie der Schriftsinne geachtet werden, sondern auch auf die Gesamtintention ihrer Schriftauslegung[86]. Wir beginnen diesen Abschnitt mit Bemerkungen zur Terminologie beider Kirchenväter; die Untersuchung der exegetischen Terminologie eines antiken

---

[84]   Ich nenne als Beispiel aus der Fülle der Literatur die beiden Monographien zur Psalmenexegese: PIZZOLATO, Explanatio (wie Anm. 35), 48-50 sowie AUF DER MAUR, Psalmenverständnis (wie Anm. 19), 301-309. Für die Verhältnisbestimmung zwischen beiden Testamenten nach dem Schema *umbra – imago – ueritas* bei Ambrosius und Origenes vgl. V. HAHN, Das wahre Gesetz. Eine Untersuchung der Auffassung des Ambrosius von Mailand vom Verhältnis der beiden Testamente, MBTh 33, Münster 1968, 207-231. 259-275, bes. 273-275.

[85]   STUDER, Exegese (wie Anm. 10), 74.

[86]   M.E. kommt diese „Gesamtintention" besonders dann sehr schnell in den Blick, wenn man nach der Funktion von biblischen Belegstellen für die theologische Argumentation fragt. Ich habe mich mit diesem Thema zumindest für Ambrosius an einer anderen Stelle beschäftigt und möchte daher diesen Aspekt hier nicht ausführlicher behandeln (CH. MARKSCHIES, Altkirchliche Christologie und Neues Testament. Beobachtungen zur Bibelhermeneutik des Ambrosius von Mailand, in: CH. LANDMESSER / H.J. ECKSTEIN / H. LICHTENBERGER [Hgg.], Jesus Christus als die Mitte der Schrift. Studien zur Hermeneutik des Evangeliums für Otfried Hofius zum sechzigsten Geburtstag, BZNW 86, Berlin/New York 1997, [875-905] 885-889).

Autors erlaubt in der Regel bereits einen interessanten Zugang zu seiner exegetischen Hermeneutik[87].

Ambrosius wollte, wie der Prolog zu seiner Auslegung des einhundertachtzehnten Psalms zeigt, durch seine Exegese die Schrift vor allem in zwei Hinsichten aktualisieren bzw. auf seine gegenwärtige Gemeinde applizieren: Er verstand den alten Text einerseits *mystice*, d.h. als ‚verschlüsselten' Text über das *mysterium Christi*. Andererseits interpretierte er ihn *moraliter*. Während die eine Form des Verständnisses nach Ambrosius die *cognitio* anspricht und zur *fides* führt, betrifft die andere die *vita*[88]. Der Mailänder Bischof konnte daher von Christus sagen: *Moraliter tibi profuit, mystice tuam redemit salutatem*[89]. Die Heilige Schrift vermag aber durch die Exegese nur deswegen aktualisiert bzw. appliziert zu werden, weil diese sich selbst aktualisiert[90]. Es muß an dieser Stelle nicht ausführlich nachgewiesen werden, daß in diesen Grundprinzipien exegetischer Hermeneutik keinerlei Unterschiede zwischen Origenes und Ambrosius bestehen. Zwar erwähnt der Alexandriner in seinem Prolog zum einhundertachtzehnten Psalm nur die ethische Dimension dieses Textes[91], aber in seiner Homilie zum sechsunddreißigsten Psalm und an anderen Stellen unterscheidet er bekanntlich eine mystische und eine moralische Bedeutung bzw. Voraussagen der Zukunft und moralische Ermahnungen (προγνώσεις und ἔλεγχοι)[92].

---

87 Vgl. z.B. für Hieronymus P. JAY, Le vocabulaire exégétique de saint Jérôme dans le commentaire sur Zacharie, REAug 14, 1968, 3-16; DERS., *Allegoriarum nubilum* chez saint Jérôme, REAug 22, 1976, 82-89; DERS., Remarques sur le vocabulaire exégétique de saint Jérôme, in: Papers presented to the Fifth International Conference on Patristic Studies held in Oxford 1967, ed. by F.L. CROSS, StPatr 10, Berlin 1970, 187-189.

88 Ambr., exp. Ps. 118 prol. 1,1-3 (3,1-15); vgl. STUDER, Delectare et prodesse (wie Anm. 74), 459 und PIZZOLATO, dottrina (wie Anm. 1), 255-262.

89 Ambr., exp. Ps. 118,20 18,2 (454,12f.); vgl. auch exp. Ps. 1 42,1 (35,25f.): *Mystica saluant et a morte liberant, moralia autem ornamenta decoris sunt, non subsidia redemptionis.*

90 Ambr., exp. Ps. 118,6 9,1f. (CSEL 62, 112,22-113,3 PETSCHENIG): *Nonne, cum aliquid de scripturis cogitamus et explanationem eius inuenire non possumus, dum dubitamus, dum quaerimus, subito nobis quasi super montes altissima dogmata uidetur ascendere, deinde quasi super colles apparens nobis inluminat mentem, ut infundat sensibus quod inuenire posse difficile uidebatur? Ergo quasi ex absente fit praesens uerbum in cordibus nostris. Et rursus, cum aliquid nobis subobscurum est, tamquam subducitur uerbum et tamquam absentis aduentum desideramus et iterum apparens ostendit se nobis, tamquam praesens sit nobis in his quae requirimus cognoscendis;* vgl. G. LAZZATI, Il valore letterario dell'esegesi ambrosiana, ArAmb 11, Mailand 1960, 63f.

91 Vgl. die Katenen-Überlieferung: SC 189, 182.

92 Cels. VII 10 (GCS Origenes II, 161,26 KOETSCHAU); Or./Ruf., hom. in Ps. 36,1 (BPat 18, 30,6-10 PRINZIVALLI): *Propter quod nos temptabimus per loca singula Scripturae divinae huiuscemodi differentias assignare et discernere ubi prophetiae sint et de futuris dicatur, ubi autem mystica aliqua indicantur, ubi uero moralis est locus.*
Diese Passage hat Ambrosius in der Einleitung zu seiner exp. Ps. 36,1 nahezu wörtlich übernommen, obwohl er in Wahrheit Hebr 1,1 doch etwas anders auslegt: *Omnis scriptura diuina uel naturalis uel mystica uel moralis est* (CSEL 64, 70,10f.); vgl. dazu die Synopse bei PIZZOLATO, Explanatio (wie Anm. 35), 26 und AUF DER MAUR, Psalmenverständnis (wie Anm. 19), 254f. 302f.

Ambrosius rezipierte freilich in seinen exegetischen Arbeiten nicht nur die grundlegende Differenzierung des Origenes zwischen *mystica* und *moralia*, sondern auch die doppelte Bedeutung des Begriffes μυστήριον[93]: Der Mailänder Bischof unterschied nicht nur wie sein Vorbild zwischen einem „geheimnisvollen Sinn" von Texten und bestimmten Zeichen für himmlische Wirklichkeiten, sondern wendete das Wort *mysterium* (bzw. *sacramentum)* verstärkt auf die gottesdienstlichen Riten und ihre alttestamentlichen Vorbilder an[94]. Angesichts der Verschränkung beider Bedeutungen des einen Begriffs kann man wohl zugespitzt sagen: „Das Erschließen des prophetischen und mystischen Sinns der Schrift ist damit eher ein Spiegeln der Gegenwart ... in bestimmten Gestalten und Geschehnissen der Schrift"[95], wenn deutlich bleibt, wer die Gegenwart so in den Spiegel rückt. Freilich darf man die deutliche, längst schon wahrgenommene Zuspitzung der Hermeneutik des Origenes durch Ambrosius auf eine konkrete Mailänder Gottesdienstgemeinde und ihre *mysteria*[96] nicht so weit überbetonen, daß man ihn nun primär als Mystagogen und seine Exegesen primär als in Allegorie verschlüsselte Sakramentenkatechese wahrnimmt[97].

Nach Ambrosius „befriedigt einfache Auslegung das Verlangen nach ethischer Unterweisung", in das verborgene Geheimnis aber führt Christus selbst ein[98]. Um den auf das *mysterium* bezogenen Sinn der Schrift weiterzugeben, ist es nach Origenes wie nach Ambrosius notwendig, ihn auf die gegenwärtige Gemeinde als die angeredeten Hörer zu beziehen. An dieser Stelle ist von besonderem Interesse, ob und wie sich die Differenzierung von verschiedenen Schriftsinnen bei Ambrosius und Origenes unterscheidet. Natürlich kann man, wie bereits eingangs gesagt, diese Dimension der exegetischen Hermeneutik der beiden Kirchenväter überbewerten, aber ich glaube nicht, daß sie „weitgehend an Bedeutung" verlieren muß, wenn man nur die Intention aller Auslegung im Blick behält[99]. Im Gegenteil: Wenn man auf das Ziel der Aktualisierung *pro nobis* schaut, auf die Origenes wie Ambrosius wichtige οἰκοδομή[100]

---

[93] Dazu jüngst B. STUDER, Die doppelte Exegese bei Origenes, in: G. DORIVAL / A. LE BOULLUEC (Hgg.), Origeniana Sexta, BEThL 118, Leuven 1995, (303-323) 312-320.

[94] Vgl. den Beginn von myst. 1,1/2: *De moralibus cottidianum sermonem habuimus* (...). *Nunc de mysteriis dicere tempus admonet* (FC 3, 206,1. 7 SCHMITZ); vgl. JACOB, Arkandisziplin (wie Anm. 5), 193-196.

[95] JACOB, Arkandisziplin (wie Anm. 5), 177.

[96] Vgl. beispielsweise AUF DER MAUR, Psalmenverständnis (wie Anm. 19), 325-328.

[97] So in Kritik an JACOB (Arkandisziplin [wie Anm. 5], 276-280) schon W.A. BIENERT in seiner Rezension (ZKG 103, 1992, 118f.) und jetzt GRAUMANN, Christus (wie Anm. 1), 244-254. – Herr Kollege Studer stellte mir freundlicherweise das Manuskript seines Vortrages (gehalten am Augustinianum, 10.5.1996) „Ambrogio di Milano, teologo mistagogico" zur Verfügung; jetzt in: B. STUDER, Mysterium caritatis. Studien zur Exegese und zur Trinitätslehre in der Alten Kirche, StAns 127, Rom 1999, 375-395.

[98] Luc. IV 50 (CChr.SL 14, 123,605-607 ADRIAEN): *Sed quamuis simplex expositio moralem informet adfectum, gratia tamen non est occulta mysterii;* vgl. auch exp. Ps. 118,2 29,2 (CSEL 62, 37,11-24 PETSCHENIG) und Or. zu Ps. 118,12 (SC 189, 208,1-6 HARL).

[99] STUDER, Exegese (wie Anm. 10), 74.

[100] Vgl. für Origenes MARKSCHIES, Gemeinde (wie Anm. 71), 54-56.

bzw. *aedificatio*[101], besitzt die Unterscheidung von Schriftsinnen gerade eine besondere Bedeutung: Man wird wohl sagen müssen, sie sei bei beiden Autoren das bevorzugte Mittel, eben jenes Ziel zu erreichen – wobei das Erreichen selbst natürlich nur der Heilige Geist sicherstellen kann.

Ebenso wie Origenes unterscheidet der Bischof von Mailand nicht nur zwischen auf das *mysterium* und auf die Ethik bezogener Interpretation, sondern ebenso häufig zwischen einer Bedeutung *secundum litteram* und einem *altior ... sensus* bzw. der *allegoria*[102]. Die eine Interpretation bezieht sich auf die *signa*, die andere auf die *ueritas*[103]. In der Auslegung der Geschichten über Kain und Abel werden eine Auslegung *secundum litteram* und der *sensus spiritalis* unterschieden[104]; in der der Psalmen *secundum litteram* und *secundum spiritum*[105] bzw. *spiritaliter*[106]. Im Lukaskommentar stehen sich mehrfach der ‚Literalsinn‘ und der ‚mystische Sinn‘ gegenüber[107]: *Historia simplex, sed alta mysteria; aliud enim gerebatur, aliud figurabatur*[108].

Dabei hat Ambrosius das Verhältnis der beiden Schriftsinne relativ exakt bestimmt: Jesus Christus kommt, bringt das Neue Testament – damit wird aber zugleich das, das bereits bestand, zum Alten. Der Mailänder Theologe kann an

---

101 Vgl. für Ambrosius beispielsweise: hex. I 6,20 (CSEL 32/1, 17,11 SCHENKL): *Quae pluribus colligere possemus, si quid ad aedificationem ecclesiae ista proficere uideremus*; exp. Ps. 36 10,2 (CSEL 64, 77,6-8 PETSCHENIG = 1Kor 14,12); Luc. II 75 (CChr.SL 14, 62,976-63,979: *[sc. aedificatio ecclesiae], quae non rupeis saxis, sed uiuis lapidibus exstructa in habitaculum dei et fastigium templi conuersione nostrorum surrexit animorum)*; X 51 (360,508f.). – Diese Orientierung am *pro me* bzw. *pro nobis*, an der οἰκοδομή bzw. *aedificatio* würde ich für ein zentrales Element des „paulinischen Ansatzes der patristischen Exegese" halten, um hier erstmals einen glücklich gewählten Begriff von STUDER (Exegese [wie Anm. 10], 75) zu bemühen.

102 Vgl. z.B. Ambr., Noe 11,38 (CSEL 32/1, 436,25f. SCHENKL); 14,49 (447,10f.); 15,50 (448,11. 12f.); 15,53 (450,9. 19) oder 29,111 (489,3-5); 30,115 (490,19f.); 33,124/125 (495,20f.). Origenes hebt in seiner Predigt über die Arche ebenfalls eine Auslegung *secundum litteram* (Or./Ruf., hom. 2,1 in Gn. [GCS Origenes VI, 22,16f. BAEHRENS]) von einem *mysticus et allegoricus sensus* (ibid. [22,20f.]) ab.

103 Vgl. Ambr., exp. Ps. 118,13 6,3 (CSEL 62, 285,14f.): *Non intellegunt penitus (sc. Hebraei), quid lex diuina discernat. signa sunt ista, non ueritas*. – Origenes hat zu Ps 118,98 ebenfalls die Unterscheidung von ὑπόδειγμα καὶ σκιά aus Hebr 8,5 (SC 189, 348,16f. HARL) – oder Abr. I 4,29 ... *signum non ipsa res, sed alterius est rei, hoc est non ueritas, sed indicium ueritatis. ... ergo signum mansit, donec ueniret ueritas* (CSEL 32/1, 524,7f.12 SCHENKL) und jetzt K. POLLMANN, Doctrina Christiana. Untersuchungen zu den Anfängen der christlichen Hermeneutik unter besonderer Berücksichtigung von Augustinus, de doctrina christiana, Par. 41, Freiburg/Schweiz 1996, 175f.

104 Cain II 2,8 (CSEL 32/1, 384,23 SCHENKL): *Hoc est secundum litteram*.

105 Vgl. Ambr., exp. Ps. 43 57,3 (CSEL 64, 301,20-23 PETSCHENIG): *Ille Iudaeorum qui non credidit seruit; ipse est secundum carnem natus, quia secundum carnem interpretatus est scripturam diuinam et secundum litteram, non secundum spiritum*; vgl. auch Luc. VIII 38 (CChr.SL 14, 311,411f. ADRIAEN): *Noui enim et aliam Iudaeam secundum spiritum, non secundum litteram*.

106 Ambr., exp. Ps. 118,16 27,2 (366,24f.): *(...) secundum litteram quidem de patriarcha Iuda, spiritaliter autem de Christo*.

107 Ambr., Luc. VI 67 (CChr.SL 14, 197,672-674 ADRIAEN): *Sed haec ut secundum litteram ..., ita etiam de mysterio ...*; VIII 24 (306,261-264): *Ergo quamuis secundum litteram discas ..., tamen agnosce mysterium* bzw. X 141 (386,355f.).

108 Ambr., fid. III 10,70 (CSEL 78, 134,71f. FALLER); vgl. auch fid. I 20,133 (55,14).

diesem Punkt relativ scharf formulieren: Es wird der *intellectus secundum litteram* gestürzt und die *intellegentia spiritalis* aufgerichtet[109]; beide Auslegungsweisen können wie ‚Gesetz' und ‚Glaube' entgegengesetzt werden[110]. Ebenso wie Origenes[111] verbindet Ambrosius[112] die paulinische Unterscheidung von σκιά ... τῶν μελλόντων ἀγαθῶν und εἰκών bzw. *umbra ... bonorum futurorum* und *imago* mit dem Unterschied von Altem und Neuem Testament. Wie Origenes häufiger den Literalsinn des Alten Testamentes kritisiert[113], weist Ambrosius zuweilen auf die Unbrauchbarkeit des wörtlichen Schriftsinnes hin[114]. Trotzdem wird aber die Auslegung *secundum litteram* von ihm nicht abgewertet, wenn sie im Horizont der Offenbarung Jesu Christi geschieht und nicht mit einer geistlichen verwechselt wird[115] – auch Origenes bemüht sich um Präzision und Zuverlässigkeit bei der Auslegung des Literalsinnes[116]. Außerdem ist mehrfach betont worden, daß Ambrosius mit zunehmender philologischer wie exegetischer Erfahrung gegenüber der Allegorese zurückhaltender wird – wir können diese Zusammenhänge hier natürlich nicht vertiefen[117]. Aber mir scheint jedenfalls eine falsche Alternative eröffnet, wenn man gesagt hat, daß für Ambrosius wichtiger „als der angeblich von Origenes übernommene dreifache Schriftsinn ... neben dem heilsgeschichtlichen Brückenschlag zwischen den Testamenten die paränetisch-moralische, besser ‚bekehrungsgeschichtliche' Auslegung" sei[118]. An der paränetischen Zielsetzung aller exegetischen

---

[109]   Ambr., Iob. I 5,12 (CSEL 32/2, 217,22f. SCHENKL): *Euertit enim et subruit intellectum secundum litteram et statuit intellegentiam spiritalem.*

[110]   Ambr., Luc. III 22 (CChr.SL 14, 86,347-349 ADRIAEN): ... *una secundum legem, altera secundum fidem, una secundum litteram, altera secundum gratiam.*

[111]   Vgl. aus einer Fülle von Belegen beispielsweise Or./Ruf., hom. 2,2 in Ps. 38 (BPat 18, 372,31-41 PRINZIVALLI); princ. III 6,8 (GCS Origenes V, 90,1-3 KOETSCHAU); IV 1,6 (302,9f.); 2,4 (312,15-313,1) sowie 3,13 (344,1f.) und H. DE LUBAC, Geist aus der Geschichte. Das Schriftverständnis des Origenes, übertr. u. eingel. v. H.U. VON BALTHASAR, Einsiedeln 1968, 200-214.

[112]   Ambr., Abr. I 5,40 (CSEL 32/1, 533,2f. SCHENKL): *Talem nobis legis figurauit umbra, talem ueritas euangelii demonstrauit*; Iac. I 5,19 (CSEL 32/2, 17,13 SCHENKL); Luc. VII 98 (CChr.SL 14, 247,1027); exp. Ps. 118 18,38/43 (CSEL 62, 418,1/444,4 PETSCHENIG); exp. Ps. 1 31,2 (CSEL 64, 26,25f. PETSCHENIG) sowie exp. Ps. 38 25,1 (203,7-9).

[113]   Vgl. hom. V 2 in Sam.: <τῶν οὖν τῆς ἱστορίας τινὰ μὲν χρήσιμα> πᾶσιν, τινὰ δὲ οὐ πᾶσιν (GCS Origenes III, 284,2f. KLOSTERMANN / NAUTIN); vgl. auch J.N.B. CARLETON PAGET, Christian Exegesis in the Alexandrian Tradition, in: SAEBØ, Bible (wie Anm. 44), (478-542) 522f.

[114]   Ambr., fug. 2,13 (CSEL 32/2,172,18. 22-173,1): *In quo (sc. Jos 20,6) secundum litteram haeret interpretatio. (...) ergo quia haeret littera, quaeramus spiritalia.*

[115]   Ambr., exp. Ps. 118,10 20,2 (CSEL 62, 215,22-26 PETSCHENIG): *Unde et nos humilitatem debemus adsumere, ne extollamur, si forte unam aliquam de scripturis parabolam cognouerimus aut, quia interdum secundum litteram plana legimus, si forte secundum litteram aliquid intellexerimus, doctrinae nobis adsumamus scientiam*; 118,13 6,3 (285,13-21) oder Luc. VII 136 (CChr.SL 14, 261,1472f. ADRIAEN); vgl. für dieses Thema auch PIZZOLATO, dottrina (wie Anm. 1), 194f.

[116]   Belege bei MARKSCHIES, Gemeinde (wie Anm. 7), 48-52.

[117]   E. DASSMANN, Art. Ambrosius von Mailand, in: TRE II, Berlin/New York 1978 = 1993, (362-386) 378; HUHN, Bewertung (wie Anm. 5), 390.

[118]   So DASSMANN, Ambrosius (wie Anm. 117), 379 mit Berufung auf HAHN, Gesetz (wie Anm. 84), 504f.

Bemühungen des Origenes kann ja gar kein Zweifel sein, gerade auch dort, wo er eine dreifache Unterscheidung von Schriftsinnen vornimmt.

Man kann sich diese gemeinsame Intention der beiden Kirchenväter, Heilige Schrift als gegenwärtige Anrede Christi an seine Gemeinde zu aktualisieren, nochmals verdeutlichen, wenn man abschließend auf die Verwendung der drei Begriffe *allegoria*, *figura* und *typus* bei Ambrosius sieht und diesen Befund mit Origenes vergleicht.

Von *allegoria* spricht der Mailänder Bischof freilich relativ selten, nämlich gerade elfmal; bei Origenes tritt das Wortfeld ἀλληγορεῖν / ἀλληγορία dagegen über hundertmal auf. Auffällig ist, daß bei Ambrosius allein drei Belege Zitate aus Gal 4,24 sind und drei weitere Belege aus der frühen Schrift über Noah stammen[119], die nach dem katastrophalen Ausgang der Schlacht von Adrianopel (9. August 378) verfaßt worden war. Origenes bietet dagegen nur fünf explizite Zitate dieses Verses[120]. Die paulinische Passage Gal 4,21-24 zu verwenden, lag für Ambrosius wie für andere Autoren nahe, weil es sich um den einzigen biblischen Beleg des Wortfeldes ἀλληγορέω / *allegoria* handelt: ἅτινά ἐστιν ἀλληγορούμενα / *quae sunt per allegoriam dicta* (Gal 4,24)[121].

In der Schrift *De Abraham* des Ambrosius, die erst nach längerer Unterbrechung der Genesis-Auslegungen (vielleicht 382/383) entstand, findet sich eine Erklärung des Begriffs *allegoria*, die den biblischen Text Gal 4,21-24 mit einer lexikalischen Definition verbindet:
Allegoria est, cum aliud geritur et aliud figuratur, sicut etiam ipse apostolus docet dicens: sub lege uolentes esse legem non legistis? scriptum est enim, quod Abraham duos filios habuerit ...[122]?

Diese Definition unterscheidet sich freilich von den gewöhnlichen Formulierungen, wie man sie in den zeitgenössischen Lehrbüchern und Lexika[123] findet: Ἀλληγορία, *quam inversionem interpretantur, aut aliud verbis aliud sensu ostendit, aut etiam interim contrarium*[124]; ἄλλο λέγον τὸ γράμμα καὶ ἄλλο τὸ νόημα[125] oder *aliud ex alio significent*[126]. Vergleicht man sie mit den lexikalischen Formulierun-

---

119   Ambr., Noe 15,52 (CSEL 32/1, 449,7f. SCHENKL); 15,53 (450,19); 15,54 (451,7); Abr. I 4,28 (CSEL 31/2, 523,1/2/8 SCHENKL); apol. Dav. I 3,11 (CSEL 32/2, 306,8/9 SCHENKL); ep. 14[33],2 (CSEL 82/1, 108,11-15 FALLER) sowie Luc. III 28 (CChr.SL 14, 91,492-494 ADRIAEN); VII 172 (273,1865f.: *nonnulli tamen ficum istam per allegoriam non synagogae, sed malitiae et inprobitatis figuram putant*).

120   Cels. II 3 (GCS Origenes I, 130,1f. KOETSCHAU); princ. IV 2,6 (GCS Origenes V, 317,4 KOETSCHAU); Matth. X 14 (GCS Origenes X, 17,13 KLOSTERMANN); hom. in Cor. (JThS 9, 1908, 504,28 JENKINS) sowie Jo. XX 10,74 (GCS Origenes IV, 339,15 PREUSCHEN).

121   Abr. I 4,28 (CSEL 32/1, 523,8 SCHENKL).

122   Abr. I 4,28 (CSEL 32/1, 523,2-4 SCHENKL), vgl. auch das Zitat von Gal 4,24 in apol. Dav. I 3,11 (CSEL 32/2, 306,8f. SCHENKL).

123   Zur Rezeption einer anderen Definition bei Ambrosius vgl. CH. MARKSCHIES, Was bedeutet οὐσία?, in diesem Sammelband, (173-193) 187-193.

124   Quintilian, inst. VIII 6,44 (BiTeu II, 124,19-21 RADERMACHER).

125   Suidas nr. 1170 (Lexicographi Graeci I/1, 108,9f. ADLER).

126   Ambrosiaster, ad Gal. 4,24 (CSEL 81/3, 51,3 VOGELS), ähnlich übrigens auch die altlateinische Übersetzung von Gal 4,24 nach cod. lat. med. aev. 1, fol. 68ʳ (AGLB 8, 230 FREDE).

gen, beispielsweise in den Homer-Allegorien des Heraklit aus dem ersten
Jahrhundert nach Christus[127] (Ὁ γὰρ ἄλλα μὲν ἀγορεύων τρόπος, ἕτερα δὲ ὧν
λέγει σημαίνων, ἐπωνύμως ἀλληγορία καλεῖται[128]), fällt auf, daß der Mailänder
Bischof hier schon mit jenem Verb formuliert, das Augustin wichtig werden
wird (freilich ohne die Pointe seines Begriffs von Allegorie schon vorwegzu-
nehmen)[129]. – Es ist übrigens gut möglich, daß Ambrosius bei der Abfassung
dieser Auslegung in *De Abraham* die siebente Genesis-Homilie des Origenes
„Über die Geburt Isaaks" vor sich hatte, in der ebenfalls die drei Verse aus dem
Galaterbrief eine allegorische Auslegung begründen[130].

Der Mailänder Bischof hat (fast zehn Jahre nach seiner Kommentierung der
Abrahams-Erzählungen) den paulinischen Text aus dem Galaterbrief auch in
seinem Lukaskommentar zitiert. Dort bezeugt er, daß der Apostel die Leser der
biblischen Schriften lehre, „in der schlichten geschichtlichen Begebenheit die
verborgene Wahrheit zu suchen", „Probleme …, die dem Literalsinn unzu-
gänglich waren"[131].

Mit Gal 4,21-24 nennen diese Argumentationen bei Ambrosius und Origenes aber nicht nur irgendeinen beliebigen biblischen Beleg, sondern weisen auf
eine gemeinsame Grundlage hin, die Basil Studer jüngst den „paulinischen
Ansatz" der patristischen Exegese genannt hat[132]. Sowohl bei Origenes als auch
bei Ambrosius ist die paulinische Prägung unübersehbar und auch schon öfter
thematisiert worden. Der Mailänder Bischof fragt im Zuge einer antihomöi-
schen Argumentation: „Was können wir also für einen besseren Ausleger der
heiligen Schriften fragen als jenen ‚Lehrer der Heiden' (1Tim 2,7), ‚das auserle-

---

[127]   Héraclite. Allégories d'Homère, texte établi et traduit par F. BUFFIERE, CUFr, Paris 1962 = 1989,
       IXf.; vgl. auch K. REINHARDT, Art. Herakleitos 12), in: PRE VIII/1, 1912, 509-510 und G.W.
       MOST, Cornutus and Stoic Allegoresis: A Preliminary Report, in: ANRW II 36.2, 1989, (2014-
       2065) 2018-2029.

[128]   § 5,2 (4 BUFFIÈRE). – Vgl. die Definitionen bei J. PÉPIN, Terminologie exégétique dans les mi-
       lieux du Paganisme Grec et du Iudaisme Héllenistique, in: C. CURTI (Hg.), La terminologia
       esegetica nell'antichità. Atti del Primo Seminario di antichità cristiane (Bari, 25 ottobre 1984)
       QVetChr 20, Bari 1987, (9-24) 17f.

[129]   Aug., diu. quaest. 65 (CChr.SL 44, 147,4 MUTZENBECHER): *Neque cum res factae allegorizantur,
       gestae rei fidem amittunt* (vgl. auch serm. 2,6 *Quidquid scriptum est de Abraham, et factum est, et
       prophetia est* [CChr.SL 41, 14f.,192f. LAMBOT] und C. MEYER, Art. Allegoria, in: AugLex I, Basel
       1986-1994, [233-239] 237).

[130]   Or./Ruf., hom. in Gen. VII 2 (GCS Origenes VI, 71,21-25 BAEHRENS). Freilich verwendet Orige-
       nes die paulinische Stelle u.a. auch in hom. in Gen. VI 1 (66,10-12); X 1 (94,1f.); Or./Ruf. comm.
       in Cant. II (GCS VIII, 130,20-24 BAEHRENS) sowie princ. IV 2,6 (GCS Origenes V, 316,12-317,2
       KOETSCHAU) als Argument für die Berücksichtigung der Allegorien.

[131]   Luc. III 28: *Docuit enim nos apostolus sanctus in simplicitate historiae secretum quaerere ueritatis et
       in quasdam non intelligibiles secundum litteram disputationes sensum referre scribens: ‚dicite mihi, qui
       legem legistis …'* (CChr.SL 14, 91,485-489 ADRIAEN); vgl. auch Luc. VI 91 (über Paulus): *diuisit
       hoc uerbum et inuenit mysterium* (206,977-979).

[132]   STUDER, Exegese (wie Anm. 10), 75-78. – Mir scheint, daß der zunehmende Einfluß paulini-
       scher Theologie auf Ambrosius (so schon L. HERRMANN, Rez. Dassmann, Frömmigkeit, ThLZ
       93, 1968, [845-847] 846) einmal dringend untersucht werden sollte.

sene Gefäß' (Apg 9,15), erwählt aus den Verfolgern, der Jesus, den er einst verfolgt hatte, verkündet hat?"[133].

Auch im Verständnis jenes mit Paulus begründeten Begriffes *allegoria* unterscheiden sich beide Kirchenväter kaum: In den biblischen Schriften ist für den Mailänder Bischof *secundum allegoriam* niedergelegt[134], was als *figura* geschehen ist. Eine Allegorie kann sich aber auf die Synagoge, auf die Kirche, auf die Seele oder auf das Geheimnis des Wortes beziehen: Solche Unterscheidungen werden vom Ausleger durch ein geistliches Urteil vorgenommen[135]; nur so kann der mystische Sinn auch mystisch gedeutet werden. Hier läßt sich ebenfalls keinerlei Unterschied zur hermeneutischen Theorie des Origenes erkennen[136]; die allegorische Auslegung des Alten Testamentes führt bei beiden Autoren dazu, daß Anstöße für den frommen oder gebildeten Leser beseitigt werden. Man versucht, die im paulinischen Sinne „auferbauende" Wirkung eines Textes für die Gegenwart und eine gegenwärtige Gemeinde sicherzustellen.

So wird beispielsweise der mörderische Ehebruch Davids, der nicht nur dem sittenstrengen Mailänder Bischof kaum gefallen haben dürfte, durch allegorische Auslegung „entschärft":

Adulterium inquam in typo salutis est factum; non enim adulterium omne damnandum est. ... Denique ut scias esse mysterium, interpretare uocabula. Dauid enim in typo accipis Christi, Betsabee filia sabbati et filia plena et puteus dicitur iuramenti[137].
Wenn ich recht sehe, findet sich für diese Auslegung keine direkte Parallele bei Origenes[138].

Ein weiteres charakteristisches Beispiel für eine Auslegung nach dem höheren Schriftsinn sind die Exegesen der Paradieses-Erzählung, deren wörtliches Verständnis den altkirchlichen Exegeten nicht geringe Probleme bereitete[139]. Orige-

---

133 Ambr., fid. I 16,105 (CSEL 78, 45,34-37 FALLER): *Quem igitur meliorem interpretem quaerimus scripturarum quam illum „doctorem gentium', „uas electionis', electum de persecutoribus, qui Iesum, quem persecutus fuerat, fateretur?*

134 Ambr., Abr. I 4,28 (CSEL 32/1, 523,1 SCHENKL): *in figuram facta et secundum allegoriam dicta.*

135 Ambr., ep. 14[33],2: *Verum ipse non ignoras quod interdum scriptura, cum allegoriam dicit, alia ad speciem synagogae, alia ad ecclesiae refert, alia ad animam, alia ad verbi mysterium, alia ad diversas species et qualitates animarum, quae discernit qui „diiudicat spiritu'* (CSEL 82/1, 108,11-15 FALLER).

136 Vgl. zuletzt W.A. BIENERT, ΆΝΑΓΩΓΗ im Johannes-Kommentar des Origenes, in: DORIVAL, Origeniana Sexta (wie Anm. 93), 419-427.

137 Ambr., apol. Dav. II 10,50 bzw. 51 (CSEL 32/2, 393,22-394,1 bzw. 19-21 SCHENKL); vgl. H. DE LUBAC, Exégèse médiévale. Les quatre sens de l'écriture, Vol. II, Theol. (P) 41, Paris 1959, 459f.

138 Vgl. dafür aus dem von W. RIETZ edierten Katenen-Material (De Origenis prologis in Psalterium quaestiones selectae, Diss. phil. Jena 1914) 4,19: οἱ ἐπιγεγραμμένοι 'εἰς ἀνάμνησιν τοῦ Δαυὶδ' ὑπομιμνήσκειν αὐτὸν ἐοίκασι τῆς ἐπὶ τοῦ Οὐρίου ἁμαρτίας und 9,23: ἀλλὰ καὶ ὁ πεντηκοστὸς τρίτος πρὸ τῆς εἰς τὸν Οὐρίαν ἁμαρτίας εἰρημένος τῷ Δαυὶδ 'ἐν τῷ ἐλθεῖν τοὺς Ζιφαίους καὶ εἰπεῖν τῷ Σαούλ· ...' (Ps 53,2).

139 Vgl. die Argumentation des Origenes über die „Fellröcke" von Gen 3,21 bei H.J. VOGT, Warum wurde Origenes zum Häretiker erklärt? Kirchliche Vergangenheits-Bewältigung in der Vergangenheit, in: L. LIES (Hg.), Origeniana Quarta, IThS 19, Innsbruck/Wien 1987, (78-99) 83-87.

nes hat den alttestamentlichen Bericht nach dem Literalsinn ausgelegt[140], allerdings offenbar nicht so, daß er das Paradies „körperlich" verstand (σωματικὸν παράδεισον)[141]. Auch Ambrosius hielt es für eine *terra caelestis* bzw. *intellegibilis*[142]. Nach Origenes befindet sich das Paradies im Himmel[143]; nach Ambrosius im dritten Bereich des *mundus intelligibilis* nach Luft- und Planetenhimmel, den er mit dem „dritten Himmel" des Paulus (2Kor 12,2) identifiziert[144]. Im symbolischen Verständnis ist für Ambrosius das Paradies die Seele[145]; Origenes deutet es u.a. auf das Herz des Menschen[146].

Wesentlich häufiger als das Wort *allegoria* verwendet Ambrosius den biblischen Ausdruck *typus,* noch etwas zögerlich in den alttestamentlichen Auslegungen (17 Belege[147]), entschlossen dann im Lukaskommentar (21 Belege): *vides omnem legis ueteris seriem fuisse typum futuri*[148]. Auch hier hat er (in der Schrift über den Glauben an Kaiser Gratian) eine knappe Definition gegeben: *Typus autem umbra est ueritatis*[149], d.h. den paulinischen Terminus mit einer weiteren (deutero-)paulinischen Stelle σκιὰ τῶν μελλόντων (Kol 2,17; vgl. Hebr 8,5) in einer platonisierenden Variante kombiniert. Bei Origenes findet sich ebenfalls exakt jene Verbindung: *Haec enim omnia* (sc. die vorher genannten Bibelstellen)

---

140 Vgl. hierfür W.K. BIETZ, Paradiesesvorstellungen bei Ambrosius und seinen Vorgängern, Diss. phil. (masch.), Gießen 1973, 31-37.

141 Or. 23,3 (GCS Origenes II, 351,25 KOETSCHAU); freilich wird das gelegentlich bestritten, vgl. z.B. M. RAUER, Origenes über das Paradies, in: Studien zum Neuen Testament und zur Patristik. Erich Klostermann zum 90. Geburtstag dargebracht, TU 77, Berlin 1961, 253-259. Das von Rauer, 258f., mitgeteilte Katenenstück aus St. Petersburg (Cod. graec. 124) schließt sich zwar in der Handschrift organisch an ein anderes Origenes-Stück an (bei de la Rue: PG 12, 100 A), stammt aber aus Epiph., anc. 58,6-8 (GCS Epiphanius I, 68,13-69,2 HOLL). Der Kontext bei Epiphanius ist (wie ja auch Epiph., ep. ad Joh. = Hier., ep. 51, 5,4-7 [CSEL 54, 404,2-405,19 HILBERG]) wohl deutlich polemisch und antiorigenistisch.

142 Vgl. Ambr., exp. Ps. 36 20,2 (CSEL 64, 86,26-28 PETSCHENIG).

143 Or., Cant. I 14 (GCS Origenes VIII 104,17-21) sowie hom. in Num. XII 3 (GCS Origenes VII 103,14-16 BAEHRENS).

144 Ambr., parad. 1,1 (CSEL 32/1, 265,3-266,6); vgl. BIETZ, Paradiesesvorstellungen (wie Anm. 140), 76-78.

145 Ambr., parad. 1,6 (CSEL 32/1, 267,14f. SCHENKL): *Videtur paradisus anima esse;* vgl. für weitere Belege BIETZ, Paradiesesvorstellungen (wie Anm. 140), 78 Anm. 1.

146 Or., hom. I 16 in Jer. (GCS Origenes III, 16,7-11 KLOSTERMANN / NAUTIN).

147 Ambr., Cain I 7,28 (CSEL 32/1, 363,23f. SCHENKL): *Et testamentum dicitur, quoniam sanguine dedicatum est, uetus in typo, nouum in ueritate.* – Dabei fällt auf, daß der Begriff vor allem in Ios. häufiger vorkommt: 2,8 (CSEL 32/2, 76,20 SCHENKL); 3,12 (79,12); 9,47 (105,20); 11,66 (113,19) sowie 13,77 (118,12).

148 Ambr., Luc. II 56 (CChr.SL 14, 55,749 ADRIAEN); HUHN, Bewertung (wie Anm. 5), 388f.

149 Ambr., fid. III 11,89 (CSEL 78, 140,92f. FALLER). Vgl. auch apol. Dav. I 12,58 (CSEL 32/2, 339,20-340,1 SCHENKL; zu Ps 50,8): *Videns igitur ea dicit: Ecce iam non in umbra non in figura non in typo, sed in ueritate lux aperta resplendet* und exp. Ps. 118,5 10,1 *Cui autem dubium, quod lex Dei umbra sit Christi? Quid est lex diei festi neomeniae, sabbatorum, nisi umbra futurorum?* (CSEL 62, 87,10-12 PETSCHENIG). Für die letzte Passage vgl. die Auslegung von Cant 2,3 (bei Ambrosius: ebd., 87,7) bei Or./Ruf., Cant. III 5,13-15 (GCS Origenes VIII, 182,12-25 BAEHRENS) und die note complémentaire in der Edition von L. BRESARD / H. CROUZEL / M. BORRET, Origène, Commentaire sur le Cantique des Cantiques, Bd. 2, SC 376, Paris 1992, 778 („20. Le thème de l'ombre").

typus et ‚umbra' sunt coelestium et imago ‚futurorum'[150] bzw. *umbra uero et exemplar ueritatis[151]*.

Nach dem *Exameron* ist der Mond ein *typus ecclesiae*, was man freilich nicht mit leiblichem Auge, sondern nur „mit dem klaren Blick des Geistes"[152] sehen kann. Auch wenn die Auslegung hier offensichtlich zu Teilen wörtlich Basilius folgt[153], geht die Interpretation des Mondes als ‚Typos der Kirche' auf Origenes zurück[154]; bei Basilius findet sie sich in den Homilien nicht. Als *typus ecclesiae* werden auch die Gewänder Esaus gedeutet, die Jakob erhält (Gen 27,15)[155]. Das Alte Testament ist der *typus*, das Neue die *veritas*[156]; das Pascha-Lamm *typus* der Passion Christi[157]; in den dreihundertfünfzig Lebensjahren Noahs nach der Flut steckt ein *typus* des Kreuzes Christi[158]. Wer das Wasser aus dem Felsen dem *typus* nach trinkt, ist gesättigt, wer es *in veritate* trinkt, wird davon geistlich trunken[159].

Die lateinische Übersetzung des griechischen Begriffs τύπος ist *figura*; Ambrosius hat diesen Begriff äußerst häufig verwendet. Ebenso kombiniert er gern

---

150 Or., hom. in Ex. XI 6 (GCS Origenes VI, 259,23); weitere Belege bei H.J. Frede, VL 24/2, Freiburg 1966/1971, 434 bzw. VL 25/2, Freiburg 1983/1991, 1359f. (s.v. Ruf.) oder bei R. Gögler, Zur Theologie des biblischen Wortes bei Origenes, Düsseldorf 1963, 101f. Kol 2,16 und Hebr 8,5 sind beispielsweise verbunden in princ. IV 2,6 (GCS Origenes V, 317,8-13 Koetschau).

151 Or./Ruf., hom. in Jos. XVII 1 (GCS Origenes VII, 400,18f. Baehrens): *Erat ergo in coelis ueritas, ‚umbra' uero et ‚exemplar' ueritatis in terris.*

152 Für die paulinische Metaphorik vom ‚inneren Menschen' bei Origenes und Ambrosius vgl. Ch. Markschies, Art. Innerer Mensch, in: RAC XVIII, 1997, (266-312) 289-293 bzw. 304f.

153 Bas., hom. in hex. VI 10 (PG 29, 141 A – 144 B).

154 Or./Ruf., hom. in Gen. I 7: *Sicut sol et luna magna luminaria dicta sunt esse in firmamento coeli, ita et in nobis Christus et ecclesia* (GCS Origenes VI, 8,19f. Baehrens); vgl. auch Or., hom. in Num. XXIII 5 (GCS Origenes VII, 217,24 Baehrens) sowie Jo. VI 55,287 (GCS Origenes IV, 164,21 Preuschen).

155 Ambr., Iac. II 2,9 (CSEL 32/2, 36,15 Schenkl).

156 Ambr., Cain I 7,28 (CSEL 32/1, 363,23f. Schenkl): *Et testamentum dicitur, quoniam sanguine dedicatum est, uetus in typo, nouum in ueritate*; vgl. auch apol. Dav. I 3,11 (CSEL 32/2, 306,18-22 Schenkl): *Cur patriarcha Iudas propriae nurus post filii sui mortem legitur expetisse concubitum, quo geminorum partus est editus, nisi ut figura praecederet utroque Iesu domini testamento, quorum alterum in typo futurae mortis eius est conditum, alterum in euangelii ueritate (...).*

157 Ambr., Cain I 8,31 (366,18-20): *Et ideo pascha domini dicitur, quoniam et tunc in typo illo agni ueritas dominicae passionis adnuntiabatur et nunc eius celebratur gratia.* Origenes legt dagegen Wert darauf, daß τύπος μὲν X(ριστο)ῦ ἐστιν τὸ πάσχα, οὐ μέντοι γε τοῦ πάθους αὐτοῦ (pasch. I 40 [ASKÄ 4, 102,22f. Witte]).

158 Ambr., Noe 33,123 (CSEL 32/1, 495,9f.): *Nam in trecentis crucem Christi significari certum est, cuius typo iustus a diluuio liberatus est*; wegen des Zahlenwertes von T = 300.

159 Ambr., exp. Ps. 1 33,3 (CSEL 64, 29,9f. Petschenig): *Qui biberunt in typo satiati sunt, qui biberunt in ueritate inebriati sunt.* Die von Devreesse identifizierten Fragmente der Auslegung des Origenes zu Ps 1,2 (vgl. die Aufstellung bei Auf der Maur, Psalmenverständnis [wie Anm. 19], 448 [= Anm. 448 zu S. 250]) in PG 12, 1088 A 8 – C 9 und PG 23, 77 A 9 – B 6 bieten keine Parallelen.

auch *typus* und *mysterium* miteinander[160]. Der Begriff *tropologia* findet sich dagegen nicht in den erhaltenen Werken des Mailänder Bischofs[161].

Wir können zusammenfassen: Ambrosius will wie Origenes von der wörtlichen zur symbolischen Bedeutung vordringen, um *ad revelanda propheticarum scripturarum aenigmata* vorzustoßen[162]; er kann dies, weil der lebendige Christus diese Auslegungsbewegung begleitet. Exegese begleitet den eigentlich für die Auslegung grundlegenden Prozeß der Selbstauslegung Christi[163], der wiederum im Horizont der Inkarnation verstanden wird – diese zentrale Dimension der exegetischen Hermeneutik des Ambrosius wie des Origenes ist freilich hier nicht unser Thema[164]. Die Exegese beider Kirchenväter ist also nicht einfach irgendeine „Aktualisierung der Heiligen Schrift" (das meint Studer, der jüngst diesen Leitbegriff einer Darstellung der patristischen Exegese zugrundelegte, ja wohl auch nicht), auch nicht allein eine „kreative und innovative Applikation von Texten auf eine neue Situation"[165], sondern eine *methodisch kontrollierte* und *theologisch verantwortete* Aktualisierung auf einem philologischen Fundament. Methodisch kontrolliert ist sie durch die Theorie der Schriftsinne und die Anbindung an Standards der paganen wissenschaftlichen Schriftauslegung; theologisch verantwortet ist sie in ihrer paulinischen Prägung.

Zusammenfassung und Schluß

Wir haben versucht, uns einen Überblick über die exegetische Hermeneutik zweier antiker Kirchenväter, deren Ziel und philologisches Fundament zu verschaffen. Während sich bei der Betrachtung des philologischen Fundamentes einige Unterschiede zeigten, die vor allem mit den unterschiedlichen literarischen Genres und Adressaten der Schriften des Origenes und Ambrosius zu-

---

[160] Ambr., apol. Dav. I 17,81 (CSEL 32/2, 352,22-353,1 SCHENKL); II 10,50 (393,21f.); II 10,51 (394,19f.). – Für die sog. *Apologia David altera* vgl. jetzt M. ROQUES, L'authenticité de l'*Apologia Dauid altera*: historique et progrès d'une controverse, Aug. 36, 1996, 53-92.

[161] Vgl. dafür die Angaben in den „Vorarbeiten zu einem Lexicon Ambrosianum" (wie Anm. 80), 182.

[162] Ambr., Abr. II 1,1 (CSEL 32/1, 564,10f.).

[163] Ich habe an anderer Stelle gezeigt, wie Ambrosius in seiner theologischen Argumentation durch die Verwendung der Schriftargumente deutlich macht, „daß Christus in der Redeweise des bischöflichen Auslegers und Predigers tatsächlich selbst ‚zu Wort kommt'" (so die zutreffende Beschreibung bei GRAUMANN, Christus (wie Anm. 1), 417; vgl. MARKSCHIES, Christologie (wie Anm. 86), 885-888 mit Anm. 41. Diese Sicht des biblischen Textes verbindet Ambrosius unmittelbar mit Origenes; vgl. dazu MARKSCHIES, Gemeinde (wie Anm. 71), 51f.

[164] GRAUMANN, Christus (wie Anm. 1), 175-254 stellt m.E. zu Recht den „Christus Interpres" als die „gedankliche Mitte und das strukturgebende Prinzip der Exegese" dar; vgl. hierfür auch den Abschnitt „L'omniprésence du Verbe dans le monde" bei F. SZABO, Le Christ créateur chez saint Ambroise (wie Anm. 41), 120-128. – Ich meine allerdings im Unterschied zu Graumann nicht, daß hier ein Unterschied zwischen Origenes und Ambrosius besteht. Vgl. STUDER, Das Christusbild des Origenes und des Ambrosius, in: BIENERT, Origeniana Septima (wie Anm. 13), 571-590.

[165] So JACOB, Reception (wie Anm. 44), 697.

sammenhängen, wohl aber auch mit ihrem unterschiedlichen Bildungshintergrund, ist ihre exegetische Hermeneutik sehr verwandt: Beide sehen Schrift als eine Einheit, die in jedem ihrer einzelnen Stücke Gott zum Urheber hat[166]. Ambrosius unterscheidet wie Origenes normalerweise zwischen einem literarischen, moralischen und mystischen (spirituellen) Schriftsinn, legt aber wie Origenes sein Schwergewicht auf letzteren: Der mystische Sinn entfaltet in jedem Teil der Schrift die Ganzheit der Handlung Gottes in der Geschichte, aber auch hinter der Geschichte. Diese Zusammenhänge können erkannt werden, weil Christus in die Welt gekommen ist und sie eröffnet[167].

Man darf freilich über den zahlreichen Gemeinsamkeiten, die sich an vielen Punkten zeigen und z.T. durch schlichte Rezeptionsvorgänge des Mailänder Bischofs zu erklären sind[168], die Unterschiede nicht übersehen. Ambrosius hat, wie bereits angedeutet, ja keineswegs mechanisch Auslegungen des Origenes abgeschrieben; er „bemüht sich um eine selbständige Verarbeitung des übernommenen Materials"; hat „den Stoff eigenständig weitertradiert und verarbeitet"[169].

Der Unterschied zwischen Ambrosius und Origenes liegt nicht im Grundkonzept ihrer Exegese, in der hermeneutischen Methode, sondern in ihrer praktischen Umsetzung. Ambrosius verrät nicht die auf nahezu jeder Seite seiner Bibelkommentierung wie Origenes abundierende Gelehrsamkeit, son-

---

[166] Ambr., parad. 8,38 (CSEL 32/1, 294,20f. SCHENKL): *Unius auctoris testamentum utrumque liquet esse credendum*; Or., princ. praef. 8 (GCS Origenes V, 14,6f. KOETSCHAU); vgl. HUHN, Bewertung (wie Anm. 5), 388f. sowie J.N.B. CARLETON PAGET, Christian Exegesis in the Alexandrian Tradition (wie Anm. 113), 508-515.

[167] SIMONETTI, Interpretation (wie Anm. 1), 89. Allerdings scheinen für GRAUMANN genau an diesem Punkt Unterschiede zwischen Ambrosius und Origenes zu bestehen: „Der im Evangelium auftretende Gott-Mensch ist die Wahrheit. Damit grenzt sich Ambrosius auch von seinem Vorbild Origenes deutlich ab. Origenes begreift die Inkorporation des Logos-Verbum als Mittel, dem Menschen – in Rücksicht auf seine Unfähigkeit zu wirklicher Erkenntnis – Wahrheit in einer ihm greifbaren Form, d.h. im Modus der Körperlichkeit, zugänglich zu machen; er betont folglich den überzeitlichen Logos als Grund und Ziel des Erkennens. Ambrosius legt demgegenüber den Akzent auf die Personalität und die geschichtlich verwirklichte Einmaligkeit *dieses* Christus" (Christus [wie Anm. 1], 277 mit Verweis auf R. GÖGLER, Die christologische und heilsgeschichtliche Grundlage der Bibelexegese des Origenes, ThQ 136, 1956, 1-13; K.J. TORJESEN, Hermeneutical Procedure and Theological Method in Origen's Exegesis, PTS 28, Berlin/New York 1986, 114-116). STUDER hat eben dies in seiner Rezension der Arbeit von GRAUMANN freilich bestritten (ThR 92, 1996, 245-249, v.a. 247f.).

[168] Vgl. z.B. Ambr., exp. Ps. 36,80 (CSEL 64, 134,21-30 PETSCHENIG) mit Or./Ruf, hom. in Ps. 36,5 (BPat 18, 234,94-236,112 PRINZIVALLI): Sowohl die Differenzierung zwischen zwei Schriftsinnen in der Auslegung von Ps 36,35 als auch die Argumentation mit Röm 7,14 zeigen, daß Ambrosius Origenes gelesen hat.

[169] DASSMANN, Ecclesia (wie Anm. 32), 124; AUF DER MAUR, Psalmenverständnis (wie Anm. 19), 326. – Ein beliebiges Beispiel dafür, daß Ambrosius relativ selbständig mit den Origenes-Werken seiner Bibliothek gearbeitet hat, ist die Auslegung von Gen 7 (Ambr., Noe 15,50 [CSEL 32/1, 448,13 SCHENKL]): Der Mailänder Bischof deutet die Arche Noahs im höheren Schriftsinn auf den menschlichen Leib, während Origenes vor allem den Inhalt der Arche in einem höheren Schriftsinn auslegt (hom. in Gen. II 3 [GCS Origenes VI, 30f. BAEHRENS]).

dern „vereinfacht zugunsten einer verständlichen, pastoralen Anwendung"[170]. Der Mailänder Bischof legt seine Bibel wesentlich konsequenter an den Bedürfnissen einer konkreten Mailänder Gemeinde orientiert aus; er argumentiert gegen die Häretiker, von denen er meint, daß sie seine Gemeinde bedrohen, er verwendet den nizänischen Glauben als kanonische Regel seiner Auslegung und so fort: Die Schrift muß nach Ambrosius in der Gemeinschaft der Kirche gelesen werden[171]. Man darf zum Schluß dieses Vergleichs zwischen den exegetischen Hermeneutiken zweier Kirchenväter fragen, ob Ambrosius damit nicht ein zentrales Anliegen des Origenes getroffen hat, vielleicht sogar besser umsetzte, als es diesem großen Gelehrten trotz aller Bemühung möglich war.

---

[170] DASSMANN, Ecclesia (wie Anm. 32), 138 (mit Belegen in Anm. 78).

[171] Ambr., exp. Ps. 118,22 33,2 (CSEL 62, 504,26-27 PETSCHENIG): *Sola hoc dicere ecclesia potest. Non dicit alia congregatio, non dicit synagoga ...*; vgl. HUHN, Bewertung (wie Anm. 5), 395f. – Vergleichbare Auslegungen des Origenes sind nicht erhalten.

Eusebius als Schriftsteller

Beobachtungen zum sechsten Buch der Kirchengeschichte

Fast möchte man Eusebius von Caesarea bedauern: Als eigenständiger Theologe in der Tradition des Origenes ist er lange Zeit weitgehend übersehen worden[1], als Historiker hat er in der europäischen Neuzeit keine gute Presse, um es einmal vorsichtig zu sagen. Da sind *zum einen* die sattsam bekannten und scheinbar unausrottbaren *Einwände gegen die Person des Bischofs* – für Jakob Burckhardt ist Eusebius bekanntlich vor allem wegen seiner Passagen über Kaiser Constantin ein abscheulicher Heuchler und „der erste durch und durch unredliche Geschichtsschreiber des Altertums"[2]; Berthold Altaner, selbst ein eher renitenter Kirchenhistoriker, hat ihn als einen „Prototypen charakterschwacher Staatsbischöfe" bezeichnet[3]. *Zum anderen* sind immer wieder auch *Vorbehalte gegen den literarischen Wert seiner Kirchengeschichte* erhoben worden. Eduard Schwartz, dem wir die monumentale kritische Edition des Werkes verdanken, nannte es in seinem einflußreichen Lexikonartikel für Paulys Realencyclopädie aus dem Jahre 1907 abwertend „die Sammlung von überliefertem Material"[4]. In einer Göttinger Akademierede aus derselben Zeit sprach er von „Materialien zur Kirchengeschichte, richtiger zur Geschichte der ἐκκλησιαστικοὶ ἄνδρες, der Bischöfe, kirchlichen Schriftsteller, Märtyrer", und

---

[1] Als letzten Beitrag vgl. jetzt H. STRUTWOLF, Die Trinitätstheologie und Christologie des Euseb von Caesarea. Eine dogmengeschichtliche Untersuchung seiner Platonismusrezeption und Wirkungsgeschichte, FKDG 72, Göttingen 1999, 20-61, und J. ULRICH, Euseb von Caesarea und die Juden. Studien zur Rolle der Juden in der Theologie des Eusebius von Casarea, PTS 49, Berlin/New York 1999. Vorher schon: A. KARDINAL GRILLMEIER, Jesus der Christus im Glauben der Kirche. Bd. 1 Von der apostolischen Zeit bis zum Konzil von Chalkedon (451), Freiburg u.a ²1982, 300f. Anm. 1 (Lit.); H.G. OPITZ, Eusebius von Cäsarea als Theologe, ZNW 34, 1935, 1-20; F. RICKEN, Die Logoslehre bei Eusebius von Cäsarea, ThPh 42, 1967, 341-358.

[2] J. BURCKHARDT, Die Zeit Constantins des Großen, hg. v. F. STÄHELIN, J. Burckhardt-Gesamtausgabe Bd. 2, Berlin und Stuttgart 1929, 254. 276.

[3] Dagegen H. LIETZMANN, Geschichte der Alten Kirche Bd. 3, Berlin 1938, 154: „Man kann dem ehrlichen Mann kein schwereres Unrecht antun". Ähnlich auch: „Einen Hofbischof kann man ihn wahrlich nicht nennen" (F. WINKELMANN, Euseb von Kaisareia. Der Vater der Kirchengeschichte, Berlin 1991, 146; vgl. auch D.S. BALAMOS, Zum Charakterbild des Kirchenhistorikers Eusebius, ThQ 116, 1935, 309-322).

[4] E. SCHWARTZ, Art. Eusebios 24), in: PRE VI/1, 1907, (1370-1439) 1395f. = DERS., Griechische Geschichtsschreiber, hg. von der Kommission für spätantike Religionsgeschichte bei der Deutschen Akademie der Wissenschaften zu Berlin, Leipzig 1957, (495-598) 533.

verstand so auch den Titel ἐκκλησιαστικὴ ἱστορία[5]. Mit dem Stichwort „Materialien" assoziiert man aber ein wenig durchgearbeitetes Werk, in dem gleichsam vorläufig die Quellen kompiliert oder gar nur aneinandergereiht sind. Schwartz hat das ohne Zweifel auch so abwertend gemeint, denn er verwendet auch den Begriff „Sammelsurium"[6]. In dieser Einschätzung sind dem gelehrten Editor des Eusebius viele gefolgt. So spricht Timothy D. Barnes auch im Blick auf die Kirchengeschichte von „its normally flat style, its copious quotations and its heterogeneous subject matter"[7]. Um diese verbreitete negative Einschätzung der literarischen Qualitäten der Kirchengeschichte Eusebs – und *nicht* um die altbekannte Diskussion über den historischen Wert seiner Darstellung oder die persönliche Aufrichtigkeit ihres Autors – geht es mir heute. Die Einschätzung impliziert, daß Eusebius normalerweise abgesprochen wird, Geschichte in einer geordneten Folge spannend mit den üblichen darstellerischen Mitteln *erzählt* zu haben und – beispielsweise durch eingefügte Reden – einen lebendigen Eindruck von handelnden Personen vermittelt zu haben. Martin Tetz formulierte das so: Eusebs „'Kirchengeschichte' ist … kein erzählendes Geschichtswerk, sondern eine Dokumentation …. Daß bei solchem Arrangement die Kirchenmänner der ersten drei Jahrhunderte dann vornehmlich als Statisten rangieren, ist in seiner theologischen Fraglosigkeit eine Konsequenz auch der 'realisierten Eschatologie' des Eusebius"[8].

Man kann sich mit jener kritischen Bewertung der literarischen Qualität der Kirchengeschichte Eusebs auf mehrfache Weise auseinandersetzen, wenn man sie nicht gleich als literaturwissenschaftliche Variante einst verbreiteter Dekadenzmodelle bei der Beschreibung der Antike abtun will[9]. Eine *erste* Möglichkeit repräsentiert der Jerusalemer Historiker Doron Mendels, der in seiner vor einiger Zeit publizierten Monographie „The Media Revolution of Early Christianity" bestreitet, daß die Kirchengeschichte ein „careless and untidy

---

[5]   E. SCHWARTZ, Über Kirchengeschichte, NGGW. Geschäftliche Mitteilungen 1908, Göttingen 1908, 106-122 = DERS., Gesammelte Schriften, Bd. 1 Vergangene Gegenwärtigkeiten, Berlin 1938, (110-130) 117.

[6]   SCHWARTZ, Über Kirchengeschichte (wie Anm. 5), 117. – Wenn man nach Gründen für diese Abwertung bei einem Forscher sucht, der wie kein anderer mit dem Text vertraut war, müßte man vermutlich das Verhältnis von Schwartz zur Disziplin „Kirchengeschichte" und ihren zeitgenössischen Vertretern analysieren. Entsprechende Hinweise im Text seiner Göttinger Rede gibt es. Aber ihnen nachzugehen, ist für den Gang unserer Untersuchung bedeutungslos.

[7]   T.D. BARNES, Constantine and Eusebius, Cambridge, MA/London 1981, 128.

[8]   M. TETZ, Christenvolk und Abrahamsverheißung. Zum „kirchengeschichtlichen" Programm des Eusebius von Caesarea, in: Th. KLAUSER / E. DASSMANN / K. THRAEDE (Hgg.), Jenseitsvorstellungen in Antike und Christentum, Gedenkschrift für Alfred Stuiber, JbAC. Ergbd. 9, Münster 1982, (30-46) 46.

[9]   Dazu klassisch: R. HERZOG, Probleme der heidnisch-christlichen Gattungskontinuität am Beispiel des Paulinus von Nola, in: A. CAMERON (Hg.), Christianisme et formes littéraires de l'antiquité tardive en occident: 8 exposés suivis de discussions, Vandœuvres-Genève 23-28 août 1976, EntrACI 23, Vandœuvres-Genève 1977, 373-411 = DERS., in: P. HABERMEHL (Hg.), Spätantike. Studien zur römischen und lateinisch-christlichen Literatur, Hyp. Suppl. 3, Göttingen 2002, 203-233, bes. 204-209.

work" sei; vielmehr habe der Verfasser genau gewußt, was er mit seiner Materialsammlung tat. Er habe wie ein moderner Journalist journalistische Standards benutzt, um die Ausbreitung des Christentums zu demonstrieren. Das zeige schon der Stil, vor allem die Technik der Collage aus Quellenzitaten und der häufige Wechsel des Darstellungsgegenstandes[10]: „Eusebius is not a historian in the tradition of Thukydides and Polybius (…). He created his own genre in the role of editor and reporter"[11]. Ob freilich eine solche Vorstellung einer „Medienrevolution" nicht zu sehr an den Standards einer sich rasant wandelnden modernen Kommunikationsgesellschaft orientiert ist und die Bedeutung von formalen wie stilistischen Normen für die Produktion von antiker Literatur vernachlässigt, wäre noch einmal zu untersuchen. Eine *andere* Möglichkeit ist, angesichts des unvorteilhaften Urteils nach antiken historiographischen Texten zu suchen, die nach Form und Stil dem vergleichbar wären, was man bei Eusebius zu beobachten glaubt. Wenn ich recht sehe, ist das die verbreitetste Form der Apologetik, mit der man die unfreundliche Charakterisierung bei Schwartz zu neutralisieren versucht. Vor allem der Würzburger Althistoriker Dieter Timpe hat darauf hingewiesen, daß die Kirchengeschichte des Eusebius zwar nicht an die „große Historiographie angeschlossen werden" könne, „aber sie gehört deshalb nicht in den Keller der Materialsammlungen; ihr Neuheitsanspruch besteht zu Recht, aber er schließt offene und verdeckte Verbindungen zur historiographischen Tradition nicht aus". In seinem Aufsatz nennt Timpe besonders Josephus, Pompeius Trogus und die Breviarien des vierten Jahrhunderts[12]. Arnaldo Momigliano hat ebenfalls auf Josephus und zusätzlich auf die antike Philosophiegeschichtsschreibung hingewiesen, die bei Eusebius zu einem „neuen Typ von historischer Darlegung" kombiniert seien[13]. Ausgeführt und wirklich an den Texten belegt werden diese allgemeinen Hinweise allerdings weder bei Timpe noch bei Momigliano[14]. Eine *dritte* Verteidigungsstrategie liegt darin, für den literarischen Eindruck theologische Gründe anzuführen, Gründe, die in der Konzeption der Kirchengeschichte liegen. So meint

---

[10]   D. MENDELS, The Media Revolution of Early Christianity. An Essay on Eusebius's *Ecclesiastical History*, Grand Rapids, MI/Cambridge 1999, 7: „According to E. Schwartz and others, the *Ecclesiastical History* was a careless and untidy work. I will claim on the contrary, that Eusebius was a subtle writer who knew exactly what he was doing".

[11]   MENDELS, Media (wie Anm. 10), 107.

[12]   D. TIMPE, Was ist Kirchengeschichte? Zum Gattungscharakter der Historia Ecclesiastica des Eusebius, in: W. DAHLHEIM (Hg.), FS Robert Werner zu seinem 65. Geburtstag, Xenia. Konstanzer Althistorische Vorträge und Forschungen 22, Konstanz 1989, (171-204), 196.

[13]   A. MOMIGLIANO, Heidnische und christliche Geschichtsschreibung im 4. Jahrhundert n.Chr., in: DERS., Ausgewählte Schriften zur Geschichte und Geschichtsschreibung. Bd. 1 Die Alte Welt, hg. v. W. NIPPEL, Stuttgart/Weimar 1998, (351-372. 416-419) 362-364 (Zitat S. 364; ursprünglich englisch: Pagan and Christian Historiography in the Fourth Century A.D., in: A. MOMIGLIANO [Hg.], The Conflict between Paganism and Christianity in the Fourth Century, Oxford 1963, 79-99).

[14]   Vgl. aber jetzt D. MENDELS, The Use of Josephus by Eusebius in his Ecclesiastical History, in: J.U. KALMS (Hg.), Internationales Josephus-Kolloquium Amsterdam 2000, MJSt 10, Münster 2000, 295-303.

Friedhelm Winkelmann, die Geschichte habe bei Eusebius einen „statischen
Charakter" und werde entsprechend nicht als literarisch ziselierte Erzählung
geboten, weil die für die Darstellung zentrale, gliedernde διαδοχὴ τῶν
ἀποστόλων (h.e. 1,1.4) „keine veränderliche und insofern auch keine geschichtliche Größe" darstellt[15]. Nun hat Robert M. Grant freilich mit Berufung auf
Turner gezeigt, daß Eusebius die Idee der apostolischen Sukzession rein historisch nimmt, ohne Interesse an Lehrbildungen: „Eusebius' picture of the apostolic succession was purely historical. He laid no emphasis on the transmission
of correct doctrine, as in Irenaeus, or on the sacramental nature of episcopacy,
as among some modern Christians. ... What Eusebius means by 'apostolic succession' is essentially 'the historic episcopate'"[16]. Jüngst hat Ekkehard Mühlenberg noch einmal am Beispiel der Funktion Kaiserchronologie präziser zu beschreiben versucht, wie und warum Figuren bei Eusebius Statisten bleiben[17].
Wir wollen uns mit diesen drei genannten Möglichkeiten, Eusebius für seinen
literarischen Stil zu entschuldigen, hier nicht ausführlicher auseinandersetzen
und lassen es bei den knappen Bemerkungen bewenden. Uns interessiert heute
auch nicht die umfassende Frage, die Robert M. Grant vor vielen Jahren als
„the Case against Eusebius" bezeichnet hat, die Frage: „Did the Father of
Church History write History?"[18]. Ich will auch nicht erneut die literarische
Gattung der Kirchengeschichte zu bestimmen versuchen. Vielmehr soll uns vor
allem die Frage beschäftigen, *wie* Eusebius Geschichte schrieb, also die bislang
weitgehend übersehene Frage nach seinen schriftstellerischen bzw. rhetorischen Techniken und Fähigkeiten[19].

   Dabei gehe ich so vor, daß ich in einem *ersten* Abschnitt einige Äußerungen
zusammenstelle, mit denen Eusebius selbst seine schriftstellerische Tätigkeit
beschrieben hat, und in einem *zweiten* Abschnitt am Beispiel des sechsten Buches einige eigene Beobachtungen zu seinen schriftstellerischen und rhetorischen Techniken vortrage.

---

[15]   F. WINKELMANN, Art. Historiographie, in: RAC XV, 1991, (724-765) 755 mit Berufung auf
       KRAFT.
[16]   R.M. GRANT, Eusebius as Church Historian, Oxford 1980, 59f.
[17]   E. MÜHLENBERG, Die Geschichte in der Kirchengeschichte. Beobachtungen zu Eusebs Kirchen-
       geschichte und ihren Folgen, in: K.-M. KODALLE / A.M. STEINMEIER (Hgg.), Subjektiver Geist.
       Reflexion und Erfahrung im Glauben, Würzburg 2002, 189-205, bes. 190-192.
[18]   R.M. GRANT, The Case against Eusebius, or: Did the Father of Church History Write History?,
       StPatr 12 (= TU 115), Berlin 1975, 413-421; zuletzt S. CALDERONE, Storia e teologia in Eusebio di
       Cesarea, in: E. DAL COVOLO / R. UGLIONE (Hgg.), Chiesa e Impero. Da Augusto a Giustiniano,
       BSRel 170, Rom 2001, 171-184 (non vidi).
[19]   Vgl. aber CH. SMITH, Christian Rhetoric in Eusebius' Panegyric at Tyre, VigChr 43, 1989, 226-
       247, und R.E. SOMMEVILLE, An Ordering Principle for Book VIII of Eusebius' Ecclesiastical
       History. A Suggestion, VigChr 20, 1966, 91-97.

Eusebius über seine schriftstellerische Tätigkeit

Eusebius hat sein Werk als Geschichts*erzählung* und nicht nur als Material-sammlung begriffen. Er spricht im Prooemium des fünften Buches im Blick auf sein eigenes Werk von einem διηγηματικὸς λόγος, dem er andere ἱστορικὰς διηγήσεις gegenüberstellt:

> „Während andere Geschichtsschreiber auf jeden Fall zum Gegenstand ihrer Darstel-lung kriegerische Siege, Siegeszeichen über Feinde, ausgezeichnete Taten der Feld-herren und Tapferkeit der Soldaten machen, welche sich wegen ihrer Kinder, ihres Vaterlandes und anderer Güter mit Blut und tausenderlei Mordtaten befleckt ha-ben, will uns die Erzählung von dem Gemeinwesen Gottes die sehr friedlichen Kriege für den Seelenfrieden sowie diejenigen, welche darin lieber für die Wahrheit als für das Vaterland und lieber für die Frömmigkeit als für Freunde mutig einge-treten sind, auf unvergängliche Säulen schreiben"[20].

Obwohl Eusebius an dieser Stelle explizit zugibt, daß in seiner Kirchenge-schichte nahezu alle Inhalte fehlen, die ein zeitgenössischer Leser in einem Geschichtswerk erwarten durfte[21], will der Autor eine Geschichts*erzählung* schreiben, verwendet den rhetorischen Fachbegriff διήγησις, lateinisch *narratio*. Geht man die Reihe der Belege dieses Wortes in der Kirchengeschichte durch, so wird dieser literarische Anspruch, *Erzählung* zu schreiben, vollkommen deutlich: Er stellt im ersten Buch vor Beginn seines Abschnittes über das „Wir-ken Christi und sein göttliches Wesen" (h.e. I 1,7) Erwägungen darüber an, wann „die folgende Erzählung tadellos" genannt werden könne (ἐντελὴς ἡ τῶν ἀκολούθων διήγησις)[22]. Anstelle des traditionellen Musenanrufs bittet Eusebius Gott als Vater des Logos und den Logos selbst um Hilfe und Beistand für eine wahrheitsgetreue Erzählung (κατὰ τὴν διήγησιν ἀληθείας)[23]. Der Autor erzählt die Zusammenhänge von Verwandtschaften[24], er ergänzt seine Erzählung durch Nachträge[25], und natürlich übersteigt – wie es schon die Topik nahelegt – eine vollständige Erzählung seine Kräfte[26]. Im *Prooemium* des ersten Buches nennt Eusebius auch die von ihm benutzten Quellenstücke διηγήσεις, neute-stamentliche wie nachneutestamentliche: Sie sind mit „fernen Feuerzeichen" zu vergleichen, mit denen die Christen der Vergangenheit dem „Gang der Er-

---

20 Eus., h.e. V pr. 3f. (GCS Eusebius II/1, 400,14-21 SCHWARTZ) in der Übersetzung von TETZ, Christenvolk (wie Anm. 8), 40.

21 MÜHLENBERG, Geschichte (wie Anm. 17), macht freilich vollkommen zutreffend darauf auf-merksam, daß hier „Euseb verallgemeinert; dadurch vereinseitigt er auch. Denn natürlich gab es nicht nur die politischen Geschichten" (200).

22 Eus., h.e. I 1,3 (GCS Eusebius II/1, 10,5 SCHWARTZ).

23 Eus., h.e. I 5,1 (GCS Eusebius II/1, 44,14f. SCHWARTZ).

24 Eus., h.e. I 7,5 (GCS Eusebius II/1, 56,4 SCHWARTZ).

25 Eus., h.e. IV 14,2 (GCS Eusebius II/1, 332,6 SCHWARTZ).

26 Eus., h.e. VIII 1,1 (GCS Eusebius II/2, 736,9 SCHWARTZ); vgl. auch VIII 3,4 (744,15); VIII 13,9 (774,14).

zählung" (τὴν τοῦ λόγου πορείαν) sicher machen[27]. Διηγήσεις nennt Eusebius
auch Lebensbeschreibungen Kaiser Neros, auf die er zur Entlastung seiner
eigenen Darstellung verweist[28], und insbesondere die Schilderungen der bluti-
gen Schicksale der Märtyrer[29]. Gelegentlich spricht er auch von ὑφήγησις
ἱστορική: Diese ist durch sorgfältige Quellenrecherchen vom Autor so vorbereitet, daß er sie vollständig erzählen kann[30].

Daß man es bei Eusebius hier mit einem literarisch gebildeten Autor zu tun
hat, wird schnell deutlich, wenn man einen beliebigen Text antiker Literatur-
wissenschaft neben diese Aussagen legt. In den „Progymnasmata" des Aelius
Theon, einem sehr ausführlichen Rhetorik-Handbuch aus dem ersten nachchristlichen Jahrhundert, das vermutlich für Lehrende bestimmt war, ist einer
von siebzehn Abschnitten περὶ διηγήματος überschrieben; διήγημα steht aber in
der Überschrift als Wechselbegriff für διήγησις[31]. Was dort ausführlich entfaltet
wird, kann man – wie die ausführlichen Anmerkungen in der Ausgabe von
Michel Patillon dokumentieren – anderswo knapper, aber mit ganz ähnlichem
Inhalt nachlesen; es handelt sich in aller Regel um ebenso traditionelles wie
standardisiertes Gut des rhetorischen Unterrichts. Auch im lateinischen Bereich gibt es Texte von vergleichbarer Länge, in der *Institutio* Quintilians beispielsweise[32]. Schließlich ist noch auf die ausführliche Diskussion dieser rhetorischen Standards in Lukians Schrift πῶς δεῖ ἱστορίαν συγγράφειν aus dem
zweiten Jahrhundert hinzuweisen[33]. Die Übereinstimmungen zwischen der in
solchen Lehrbüchern greifbaren antiken rhetorischen bzw. literaturwissenschaftlichen Theorie und der Praxis des Eusebius sind nun frappant: So wie
Aelius Theon διήγησις im Handbuch als λόγος ἐκθετικὸς πραγμάτων γεγονότων
ἢ ὡς γεγονότων definiert[34] und als sechs Elemente der Erzählung die Person

---

27   Eus., h.e. I 1,3 (GCS Eusebius II/1, 8,6.9 SCHWARTZ); vgl. auch I 7,4 (56,2); II 17,12 (146,19); III
      24,7 (246,20); III 24,15 (250,5); III 26,3 (254,11); III 39,9 (288,20); 39,12 (290,9); V 28,1 (500,5); VI
      14.1 (GCS Eusebius II/2, 548,25 u.ö.).

28   Eus., h.e. II 25,2 (GCS Eusebius II/1, 174,25 SCHWARTZ).

29   Eus., h.e. X 1,4 (GCS Eusebius II/2, 856,17 SCHWARTZ).

30   Eus., h.e. I 1,4 (GCS Eusebius II/1, 8,13 SCHWARTZ); vgl. auch V pr. 2 (400,9f.).

31   Ich zitiere nach folgender Ausgabe: Aelius Théon, Progymnasmata. Texte établi et traduit par
      M. PATILLON, CUFr SG 374, Paris 1997; zum Autor jetzt M. WEISSENBERGER, Art. Theon [6], in:
      DNP XII/1, 2002, 375f.

32   Auch die Rhetores Latini Minores, ed. C. HALM, Dubouque, Iowa o. J. (= Leipzig 1863) bieten
      reichliche Beispiele: Martianus Capella, De arte rhetorica 46,550-552 (486,16-487,9).

33   Einschlägig für unsere Zusammenhänge ist hist. 55; vgl. G. AVENARIUS, Lukians Schrift zur
      Geschichtsschreibung, Meisenheim/Glan 1956, 118-140; A. GEORGIADOU / D.H.J. LARMOUR,
      Lucian and Historiography: ‚De Historia conscribenda' and ‚Verae Historiae', ANRW II 34.2,
      Berlin/New York 1994, 1448-1509 (mit Literatur) und M. ZIMMERMANN, Enkomion und Histo-
      riographie. Entwicklungslinien kaiserzeitlicher Geschichtsschreibung vom 1. bis zum frühen
      3. Jh. n.Chr., in: DERS. (Hg.), Geschichtsschreibung und politischer Wandel im 3. Jh. n. Chr.
      Kolloquium zu Ehren von Karl-Ernst Petzold (Juni 1998) anläßlich seines 80. Geburtstags,
      Hist.E 127, Stuttgart 1999, 17-57.

34   Für die lateinische Fassung (*narratio est rerum gestarum aut ut gestarum expositio*) vgl. die Belege
      im Kommentar von PATILLON zur Stelle (S. 139); analog auch bei Quintilian, inst. IV 2,31 *narra-
      tio est rei factae aut ut factae ... expositio* (TzF 2, 448 RAHN).

resp. Personen, die von ihr resp. ihnen begangenen Handlungen, den Ort und die Zeit der Handlung, die Art der Handlung und ihren Grund bestimmt[35], so kündigt Eusebius schon im *Prooemium* seines Werkes an, „über die zahlreichen großen Ereignisse (ὅσα τε καὶ πηλίκα πραγματευθῆναι)", über eine größere Anzahl von handelnden Personen verschiedenster Art, differenziert nach „Person, Zahl und Zeit" bzw. „Anzahl, Art und Zeit" *erzählen* zu wollen[36]. Deutlicher konnte der Autor der Kirchengeschichte bei seiner literarischen Arbeit gar nicht als Programm seiner Erzählung markieren, was die Lehrbücher von ihm verlangten. Kann man also wirklich sagen, daß bei Eusebius „Vorstellungen über geschichtsimmanente Zusammenhänge oder geschichtliche Entwicklung" fehlen? Sind die „geschichtlichen Tatsachen ... ganz atomistisch gedacht", wie Karl Heussi[37] und Friedhelm Winkelmann[38] meinten? Und kann man wirklich wie Timpe behaupten, daß die „Kirchengeschichte des Eusebius ... nicht einen konkreten geschichtlichen Gegenstand in einer von literarischen Gattungsregeln vorgezeichneten Weise" behandelt, mag sie auch im einzelnen „Forminhalte des *commentarius*, der Polymathie oder der *historia* verwenden und Anklänge an historiographische Darstellungsformen aufweisen"[39]? Versuchte Eusebius nicht doch, den stilistischen Gesetzen der historischen Erzählung, von διήγησις resp. *narratio* zu folgen?

Um auf derartige grundsätzliche Fragen eine Antwort zu geben, konzentrieren wir uns in unseren Beobachtungen jetzt auf das sechste Buch und hier besonders auf die Abschnitte, die Origenes gewidmet sind. Wir verbinden diese Beobachtungen immer wieder mit den entsprechenden Passagen aus den rhetorischen Lehrbüchern, nicht um dadurch an konkreten Beispielen zu zeigen, wie Eusebius als Schriftsteller arbeitete, sondern um zu dokumentieren, wie stark er sich an den zeitgenössischen stilistischen Standards orientierte. Außerdem wird durch den Vergleich mit anderen Werken deutlich werden, daß bei aller unbestreitbaren Originalität die Kirchengeschichte des Eusebius auch kein absoluter Solitär auf dem antiken Buchmarkt[40] war.

---

35 Aelius Theon, progym. 5 (78,16-21 PATILLON).

36 Eus., h.e. I 1,1f. (GCS Eusebius II/1, 6,1-17 part. SCHWARTZ) in der Übersetzung von TETZ, Christenvolk (wie Anm. 8), 32.

37 K. HEUSSI, Zum Geschichtsverständnis des Eusebius von Cäsarea, WZ(J).GS 7/1, 1957/58 (89-92), 89.

38 Vgl. dazu oben S. 225f.

39 TIMPE, Kirchengeschichte (wie Anm. 12), 179.

40 Dazu jetzt eindrücklich S. MRATSCHEK, Der Briefwechsel des Paulinus von Nola. Kommunikation und soziale Kontakte zwischen christlichen Intellektuellen, Hyp. 134, Göttingen 2002, 443-485 (vor allem zu Preisen und Verbreitungsstrategien).

Beobachtungen zur schriftstellerischen Tätigkeit
des Eusebius im sechsten Buch

Wir hatten gesehen, daß nach antiker Theorie zu einer Erzählung (διήγησις / *narratio*) sechs unabdingbare Elemente gehörten: die Person resp. Personen, die von ihr resp. ihnen begangenen Handlungen, der Ort und die Zeit der Handlung, die Art der Handlung und ihr Grund[41]. Nimmt man nun das sechste Buch der Kirchengeschichte zur Hand, so wirkt die auf den ersten Blick so seltsame Verschränkung der Biographie des Origenes mit Berichten über die Verfolgung durch Septimius Severus, andere Theologen und ihre Schriften und Bischöfe in Alexandrien, Jerusalem und Rom weniger verwunderlich: *Einerseits* wollte – wie Pierre Nautin völlig richtig sagt – Eusebius ja kein „Leben des Origenes" im strengen Sinne eines Βίος schreiben, sondern Kirchengeschichte erzählen[42]. Die eben genannten Themata, die einem streng an Origenes orientierten neuzeitlichen Forscher vielleicht als *Seiten*themen erscheinen mögen, sind nach dem *Prooemium* des Eusebius *Haupt*themen: große Ereignisse, trefflliche Männer und Vorsteher in den angesehensten Gemeinden, die als Boten des göttlichen Wortes Dienst taten durch Worte oder Schriften, die Angriffe, denen das göttliche Wort von Seiten der Heiden ausgesetzt war, und die Hilfe des Erlösers[43]. Man kann also zunächst sagen, daß im sechsten Buch der Kirchengeschichte genau das geschieht, was das *Prooemium* der Kirchengeschichte ankündigt. Und zugleich geschieht etwas Besonderes, denn in die durchlaufenden Hauptthemata ist die Biographie des Origenes kunstvoll eingewoben. *Andererseits* hat das kunstvolle Verweben der Biographie des Origenes mit den anderen genannten Hauptthemen der Kirchengeschichte auch das Ziel, neben der *einen* Person eine Auswahl weiterer wichtiger Personen vorzustellen, die von ihnen begangenen Handlungen zu erzählen und so den geographischen Raum, die Zeitumstände und Beweggründe von Handlungen zur Zeit des Origenes zu entfalten. Ein solcher besonderer Zugriff auf eine Biographie war für die Antike keineswegs außergewöhnlich oder gar ein Zeichen konfuser Schriftstellerei. Hier hilft Momiglianos allgemeiner Hinweis auf die Philosophiegeschichten weiter, weil in solchen Texten auch eine sehr spezifische Mischung von allgemeiner historischer Erzählung, Biographie einzelner Philosophen und Biblio- bzw. Doxographie zu beobachten ist. Diese Mischung spiegelt sich sogar in der schwankenden Überlieferung der Titel der entsprechenden Werke: So werden die vier Bücher der Φιλόσοφος ἱστορία des Porphyrius von dem arabischen Gelehrten Ibn al-Nadīm in seinem Buch-Index „al-Fihrist" (ca. 987/988) als „*Leben* der Philosophen" bezeichnet; man konnte offenbar leicht Material aus diesem Werk in die Personalartikel lemmatisierter Lexika wie der Suda übernehmen, weil das Geschichtswerk ohnehin stark biographisch orien-

---

[41]   Aelius Theon, progym. 5 (78,16-21 PATILLON).
[42]   P. NAUTIN, Origène. Sa vie et son œuvre, ChrAnt 1, Paris 1977, 26f.
[43]   Eus., h.e. I 1,1f. paraphrasiert nach der Übersetzung von TETZ, Christenvolk (wie Anm. 8), 32.

tiert war[44]. Fast hundert Jahre später als Porphyrius schrieb Eunapius nicht nur (verlorene) Historien, sondern auch Βίοι φιλοσόφων καὶ σοφιστῶν, die wiederum das Vorbild für die Philosophiegeschichte des Neuplatonikers Damascius im sechsten Jahrhundert bildeten[45]. Das Werk des Damascius wiederum heißt in der Suda ebenso wie die Philosophiegeschichte des Porphyrius Φιλόσοφος ἱστορία, in der „Bibliothek" des Photius dagegen Εἰς τὸν Ἰσιδώρου τοῦ φιλοσόφου βίον und wird daher gern auch als *Vita Isidori* zitiert. Die mit dem zweiten Titel verbundenen Hypothesen und ihre Probleme brauchen uns hier nicht zu beschäftigen[46]; die Editorin der jüngsten Ausgabe, Polymnia Athanassiadi, spricht jedenfalls sogar von zwei *äquivoken* Titeln und führt beide auf den Autor Damascius zurück[47]. Unser Überblick über die schwankende Titelüberlieferung zeigt: Die Grenzen zwischen Geschichtsschreibung und Biographie waren offenbar bei der Philosophiegeschichtsschreibung fließender, als das eine starre literaturgeschichtliche Rubrizierung wahrhaben möchte, waren aber auch deswegen fließender, weil die historische Darstellung hier immer wieder von biographischen Abschnitten durchsetzt war. Diese biographischen Abschnitte sind aber nun weniger durch eine fortlaufende Erzählung geprägt als vielmehr aus Anekdoten und Apophthegmata aufgebaut, die teilweise wörtlich aus Quellenwerken übernommen werden. In Albrecht Dihles klassischem Abriß zur historischen Biographie fällt daher übrigens auch der Begriff „Materialsammlung", in dem zwischen „Biographien im Sinn Plutarchs" und einer „Sammlung und geordnete(n) Mitteilung biographischen Materials" bei Sueton und seinen Nachfolgern unterschieden wird[48]. Aber Dihle vermeidet trotz dieses Begriffs im Unterschied zu Schwartz den Eindruck, das gesammelte Material sei in dieser Tradition nicht *literarisch* gestaltet und zu einem Ganzen verbunden worden, wenn er von einer unübersehbaren „Annäherung zwischen biographischer und antiquarischer Schriftstellerei einerseits und Historiographie andererseits" spricht[49]. An dieser Stelle könnte man nun ausführlich von

44 Vgl. die Fragmente bei A. SMITH (Hg.), Porphyrius Fragmenta, BiTeu, Stuttgart/Leipzig 1993, S. 22, frgm. 193-224 (S. 220-249), das Zitat aus dem al-Fihrist frgm. 194aT. (S. 220); vgl. Porfirio, Storia della filosofia (frammenti). Testo greco-arabo a fronte. Introduzione, traduzione, commento e note di A.R. SODANO. Impostazione ed., notizia biografica e indici di G. GIRGENTI, TAF 45, Mailand 1997. – Vgl. auch M. CHASE, Philosophic Lives and the Philosophic Life: Porphyry and Iamblichus, in: T. HÄGG / PH. ROUSSEAU (Hgg.), Greek Biography and Panegyric in Late Antiquity, TCH 31, Los Angeles u.a. 2000, 29-51.

45 R.J. PELLA, Greek Philosophers and Sophists in the Fourth Century A.D.: Studies in Eunapius of Sardis, Arca 28, Leeds 1990, und P. ATHANASSIADI, Damascius. The Philosophical History. Text with Translation and Notes, Athen 1999, 40f.

46 ATHANASSIADI, Damascius (wie Anm. 45), 42-47; vgl. auch: Damascii Vitae Isidori reliquiae, ed. C. ZINTZEN, Bibliotheca Graeca et Latina Suppletoria 1, Hildesheim 1967, und die Rezension von R. HENRY, in: RBPH 46, 1968, 853-858.

47 ATHANASSIADI, Damascius (wie Anm. 45), 58. Zustimmend R. LAMBERTON in: Bryn Mawr, Classical Review 2000.01.23 (http://ccat.sas.upenn.edu/bmcr/2000/2000-01-23.html): „A.s decision to rehabilitate the title *Philosophical History* ... has a great deal to recommend it".

48 A. DIHLE, Die Entstehung der historischen Biographie, SHAW.PH 3/1986, Heidelberg 1987, 65.

49 DIHLE, Entstehung (wie Anm. 48), 65.

der zweiten Sophistik und ihren stilistischen wie kompositorischen Prämissen als Voraussetzung für diese Annäherung reden[50]; für den griechischen Bereich der Geschichtsschreibung wäre schon Cassius Dio zu nennen, der „die Kaisergeschichte in den Büchern 53-62 auf weite Strecken nach biographischem Schema bearbeitet hat"[51], oder Justins *Epitome* der Weltgeschichte des Pompeius Trogus, die sich auf die *exempla* konzentriert[52]. Dihle verbindet entsprechend auch Eusebius explizit mit dieser Tradition der Geschichtsschreibung[53].

Auch wenn dem Vergleich solcher Literatur mit dem Geschichtswerk des Eusebius dadurch Grenzen gesetzt sind, daß beispielsweise Eunapius in deutlich voneinander getrennten Abschnitten einzelne Personen behandelt und von der Philosophiegeschichte des Damascius nur etwa ein Viertel erhalten ist, lohnen solche Nebeneinanderstellungen doch: Eunapius versichert, seine schriftlichen Quellen präzise zu zitieren, und durchsetzt den Text entsprechend immer wieder mit Anekdoten und Apophthegmata der porträtierten Philosophen[54]. Und bei Damascius stehen vor den eigentlichen biographischen Passagen über Isidor von ihm selbst als „Abschweifung" bezeichnete längere Ausführungen über das geistesgeschichtliche Verhältnis zwischen Ägypten und Griechenland (frgm. 1-4 Athanassiadi), erst danach nimmt er den Faden seiner stark anekdotischen Erzählung über den Philosophen Isidor wieder auf (ἀνακαλέσασθαι τὴν διήγησιν)[55]. Bald darauf folgt bei ihm eine charakteristische Anekdote über den römischen Aristokraten Severus, den *Consul* des Jahres 470 (frgm. 7), und erst danach die Beschreibung der äußerlichen Statur und innerlichen Anlage des Isidor (frgm. 13). Eine große Zahl von Biogrammen weiterer Personen ist in die Erzählung dadurch verflochten, daß die Figuren als Bekannte des Isidor vorgestellt werden. Im Vergleich zu Eusebius fehlen ausführliche Referate über die Schriften, und die Menge der Zitate ist geringer, aber das mag – wie gesagt – an der fragmentarischen Überlieferung der Philosophiegeschichte liegen.

Kehren wir nach diesen grundsätzlichen Bemerkungen zur Verbindung der Biographie des Origenes mit anderen Personen und Themata im sechsten Buch der Kirchengeschichte wieder zu der Frage nach der historischen *Erzählung* bei Eusebius zurück. Nach Aelius Theon ist für die Darstellung einer Person wichtig, daß ihr Ursprung (γένος), ihre Natur (φύσις), Erziehung (ἀγωγή),

---

50   Vgl. nur E. NORDEN, Die antike Kunstprosa vom VI. Jahrhundert v.Chr. bis in die Zeit der Renaissance, Bd. 1, Leipzig/Berlin 1923, 351-392.

51   DIHLE, Entstehung (wie Anm. 48), 66, und C. QUESTA, Tecnica biografica e tecnica annalistica nei ll. LIII-LXIII de Cassio Dione, StudUrb N.S. B 31, 1957, 37-53.

52   Vgl. die Einleitung v. O. SEEL in: Pompeius Trogus, Weltgeschichte von den Anfängen bis Augustus im Auszug des Justin (BAW), Zürich und München 1972, 7-79, und M. HOSE, Erneuerung der Vergangenheit. Die Historiker im Imperium Romanum von Florus bis Cassius Dio, BzA 45, Stuttgart/Leipzig 1994.

53   DIHLE, Entstehung (wie Anm. 48), 75.

54   I. OPELT, Art. Eunapios, in: RAC VI, 1966, 928-936, und W. SCHMID, Art. Eunapios, in: PRE VI/1, 1907, 121-127.

55   Frgm. 5 aus Suda Φ 6 (82 ATHANASSIADI).

Disposition (διάθεσις), Alter (ἡλικία), Schicksal (τύχη), Neigung (προαίρεσις), Handeln (πρᾶξις), Äußerungen (λόγοι), Tod (θάνατος) und das, was auf den Tod folgt (τὰ μετὰ θάνατον), behandelt wird[56]. Überprüft man daraufhin Eusebs Passagen über Origenes, so wird tatsächlich zunächst sein „Ursprung" – wie der Autor sagt, „von den Windeln an" (ἐξ αὐτῶν ὡς εἰπεῖν σπαργάνων)[57] – dargestellt, eine gewisse Anschaulichkeit (τὸ ἐναργές bzw. ἐνάργεια) kann man vor allem dem Bericht über die Martyriumsbereitschaft des jungen Origenes nicht absprechen (VI 2,2-6). Aber schon dieser Bericht wird von Eusebius nicht nur aufgrund seines allgemeinen Interesses an Martyrien in der Kirchengeschichte, sondern bewußt im Rahmen der Origenes-Biographie erzählt, nämlich um eine „erste Probe seiner jugendlichen Geistesgegenwart und seiner aufrichtigen Frömmigkeit" zu geben[58] – es wird mithin, genau wie es nach den rhetorischen Handbüchern auch angezeigt ist, die φύσις, die Erziehung (ἀγωγή) und die Disposition (διάθεσις) der dargestellten Hauptperson vorgeführt, obwohl die Art der Darstellung episodisch und anekdotisch bleibt[59]. Eusebius war bei der Abfassung der biographischen Abschnitte über Origenes im Rahmen des sechsten Buches der Kirchengeschichte auch nicht am Ideal der Vollständigkeit orientiert, wie er selbst mit Verweis auf seine gemeinsam mit Pamphilus verfaßte „Apologie" sagt: Die gegenwärtige Aufgabe, eine Kirchengeschichte zu schreiben, erlaubt keine unbegrenzte Mitteilung von biographischen Details (οὐ τῆς ἐνεστώσης ... πραγματείας)[60]. Freilich stellte Vollständigkeit durchaus eine wichtige Forderung an eine gute historische Erzählung dar: In den erwähnten Lehrbüchern – beispielsweise bei Aelius Theon – finden sich regelrechte Kataloge, in denen jede der oben genannten biographischen Hinsichten sehr ausführlich spezifiziert wird, um einen Autor zu möglichst umfassender Inventarisierung einer Person, ihrer Dispositionen, ihrer Worte und ihrer Handlungen anzuhalten (πρᾶγμα, χρόνος, τόπος, τρόπος und αἰτία lautet hier die Unterteilung der biographischen Hinsichten[61]). Für die Handlungen werden beispielsweise interessante und uninteressante Handlungen, gefährliche und nicht gefährliche, mögliche und unmögliche, leichte und schwierige, notwendige und nicht notwendige, angemessene und nicht angemessene, gerechte und ungerechte, ruhmhafte und nicht ruhmhafte unterschieden[62]. Auch Quintilian erwähnt vergleichbare Kataloge und bemerkt knapp, daß sich an-

---

56   Aelius Theon, progym. 5 (78,25-27 PATILLON).
57   Eus., h.e. VI 2,2 (GCS Eusebius II/2, 518,18 SCHWARTZ).
58   Eus., h.e. VI 2,6 (GCS Eusebius II/2, 520,20-22): τοῦτο πρῶτον τῆς Ὠριγένους παιδικῆς ἀγχινοίας καὶ περὶ τὴν θεοσέβειαν γνησιωτάτης διαθέσεως ἀνάγραπτον ἔστω τεκμήριον.
59   Dieser Stil dürfte auch der Grund dafür sein, daß Eusebius sich bei den Martyrien vor allem auf das ‚farbige' Schicksal der Potamiaena konzentriert (VI 5,1-5; für Details vgl. MENDELS, Media [wie Anm. 10], 85f.).
60   Eus., h.e. VI 33,4 (GCS Eusebius II/2, 588,20-24 SCHWARTZ, Zitat 588,20). Zur Datierung der Apologie vgl. jetzt R. AMACKER / É. JUNOD in ihrer neuen Ausgabe (SC 464, Paris 2002, 12): zwischen 307 und 310 n.Chr.
61   Ganz ähnlich Quint., inst. IV 2,36 (TzF 2, 450 RAHN): *rebus, personis, temporibus, locis, causis.*
62   Aelius Theon, progym. 5 (78,27-31 PATILLON).

hand ihrer möglichst umfassenden Berücksichtigung entscheide, ob die Erzählung von den betreffenden Theoretikern als vollständig anerkannt werde oder
nicht[63]. Aber da die Biographie des Origenes für Eusebius in einen ganz
bestimmten Rahmen von Hauptthemen seiner Darstellung eingefügt war, bestand natürlich für den Autor der Kirchengeschichte gar kein Bedarf, im Blick
auf *Origenes* Vollständigkeit zu intendieren. Auffällig bleibt allerdings trotzdem, daß entgegen den Forderungen der Handbücher von Eusebius im sechsten Buch weder der Tod (θάνατος) des Origenes noch „das, was auf den Tod
folgt" (τὰ μετὰ θάνατον), behandelt werden[64] und anstelle von Reden bzw.
Aussprüchen (λόγοι) nur einige längere Zitate aus seinen Schriften und ein
ausführlicher Schriftenkatalog geboten werden[65].

Gleichwohl bemühte sich der Autor Eusebius in seiner Erzählung um einen
hohen Stil, wie ein charakteristisches Beispiel für ein Hendiadyoin demonstrieren kann: ἐθέλοι ... βούλημα. So episodisch einzelne Abschnitte kombiniert
werden, so ausführlich ist oft die Diktion[66]. Immer wieder sind auch auseinanderliegende Passagen zum selben Thema durch Stichwortverbindungen und
inhaltliche Parallelen verknüpft: θεοσέβεια schon in der frühesten Jugend,
ὀρθοδοξία im ersten Mannesalter[67] und natürlich häufig auch der Hinweis auf
die große Gelehrsamkeit[68]. Die Geschichte des Jerusalemer Bischofs Narcissus,
der vor einigen „nichtswürdigen Leuten" und ihren Verleumdungen in die
Wüste flieht und dort eine längere Zeit im Verborgenen zubringt, wird von
Eusebius als vorgezogene Parallele zur heimlichen Flucht des Origenes aus
Alexandria präsentiert[69]. Die Stichwort-Verbindungen und übrigen Parallelen,
die wir hier nicht ausführlich behandeln können[70], verhindern aber wie die
durchgehaltenen Themata des Gesamtwerkes (Bischöfe, Martyrien) und das
Hauptthema des vorliegenden Buches (die Biographie des Origenes) mindestens für den aufmerksamen Leser, daß der Text in seine chronologisch nicht
immer zusammenhängenden Teile und Episoden auseinanderbricht. Daß eine

---

[63]   Quint., inst. IV 2,1 (TzF 2, 436 RAHN).

[64]   Sondern lediglich die Folterungen während der Verfolgung in VI 39,5. Der Hinweis auf seinen
        Tod wird erst in einer knappen chronologischen Notiz in VII 1 nachgeholt.

[65]   Dazu ausführlich GRANT, Eusebius (wie Anm. 16), 63-83; auf die mit den Passagen verbundenen Fragen nach der Quellenkritik der Kirchengeschichte Eusebs können wir hier nicht eingehen.

[66]   Eus., h.e. VI 2,9 (GCS Eusebius II/2, 522,4f. SCHWARTZ).

[67]   Eus., h.e. VI 2,14 (Paulus von Antiochien: 522,25); 18,1 (556,12) sowie 36,4 (592,2). Für weitere
        durchgängige Motive vgl. GRANT, Eusebius (wie Anm. 16), 81f.

[68]   Vgl. z.B. in VI 2,7; 3,6f.; 16,1 und 19,9.11.

[69]   So schon GRANT, Eusebius (wie Anm. 16), 80f.

[70]   Ein umfassenderes Inventar solcher Stichwortverbindungen ist zu erwarten von H. GÄRTNER.
        Vgl. jetzt DIES., Eusebios als Erzähler. Zu seinem Origenesbild im sechsten Buch der Kirchengeschichte, in: A. MEINHOLD / A. BERLEJUNG (Hgg.), FS für Georg Christian Macholz zur
        Vollendung des 70. Lebensjahres, Neukirchen-Vluyn 2003, 223-236. – Ich verweise hier nur auf
        die Wiedereinführung des Origenes in VI 15, die an genau den Punkten wieder einsetzt
        (Schriftstudium, sogenannte Katechetenschule), mit denen der Bericht über ihn in VI 2 und 3
        aufgehört hatte.

solche Gefahr bestand und sich antike Leser an dieser Kompositionstechnik des sechsten Buches gestört haben, erkennt man beispielsweise daran, daß der Übersetzer Rufin einen knappen Abschnitt über Clemens Alexandrinus zu Beginn des Buches bei seiner Übersetzung ausgelassen hat, der dem aufmerksamen Leser noch aus einer Erwähnung im fünften Buch (und anderen vorher) bekannt war, weil er offenkundig einen späteren ausführlicheren Abschnitt für ausreichend hielt[71]. Auf der anderen Seite hat Ekkehard Mühlenberg jüngst darauf aufmerksam gemacht, daß noch nicht genügend nach dem *Motiv* der ausführlichen Quellenzitate bei Eusebius gefragt wurde. Meist begnügt man sich mit den Äußerungen von Schwartz, spricht von einem Interesse an Materialsammlung und Dokumentation beim Autor und macht sich auf diese Weise nicht klar, daß Eusebius seine Quellen zwar nicht ausführlich stilistisch bearbeitet, aber doch *redigiert* (wie man am berühmten Beispiel des *Martyrium Polycarpi* sehen kann, wo sich die Bearbeitungen durchaus nicht auf Kürzungen und die gelegentliche Einfügung eines τοτὲ μὲν – τοτὲ δέ beschränken: „Eusebius not only quotes but ‚rewrites' the text"[72]). Außerdem könnte man sich – wie Mühlenberg – fragen, ob „Eusebs Rückgriff auf Quellenzitate ... eine Abwandlung der mimetischen Darstellung antiker Geschichtsschreiber ist", mithin im Interesse des darstellerischen Pathos geschieht[73].

Natürlich könnten wir vor allem unsere sprachlichen, stilistischen und kompositorischen Beobachtungen am sechsten Buch noch beliebig weiter fortsetzen, aber die wesentlichen Argumente für ein hoffentlich gerechteres Urteil über die erzählerische Qualität der Kirchengeschichte des Eusebius, als es das verbreitete Schlagwort „Materialsammlung" und Wertungen auf seiner Basis intendieren, sind zusammengestellt und werden nun in einem Schlußabschnitt zusammengefaßt.

---

[71] Vgl. Eus., h.e. VI 6,6-7 in der Ausgabe SCHWARTZ / MOMMSEN: GCS Eusebius II/2, 534,1-535,13; für Clemens Alexandrinus in h.e. V 11,1f.

[72] Vgl. die Synopse bei H. FREIHERR VON CAMPENHAUSEN, Bearbeitungen und Interpolationen des Polykarpmartyriums, SHAW.PH 3/1957, Heidelberg 1957, 40-45, und jetzt den korrigierten Abdruck der kritischen Synopse von B. DEHANDSCHUTTER bei G. BUSCHMANN, Das Martyrium des Polykarp, KAV VI, Göttingen 1998, 19-34. Das Zitat aus DEHANDSCHUTTER, The Martyrium Polycarpi. A Century of Research, ANRW II 27.1, Berlin/New York 1993, (485-522) 488. – Allgemein zur Bearbeitung von Quellenstücken TIMPE, Kirchengeschichte (wie Anm. 12), 188-190 und MÜHLENBERG, Geschichte (wie Anm. 17), 201f.

[73] MÜHLENBERG, Geschichte (wie Anm. 17), 202. MÜHLENBERG schreibt mir (7.10.2002): „Mir scheint, daß Euseb seine Quellen wiedergibt wie wir, wenn wir für ein zu schreibendes Manuskript die einzusetzenden Stellen im Original anstreichen. Euseb ist quellentreu, er erzählt nicht in eigenen Worten nach, was er als wörtlich kennzeichnet. Meine eigene Beobachtung bezog sich auf kunstvolle und gewollte Auslassungen."

Schluß und Zusammenfassung

Wir kommen am Schluß nochmals auf die Frage nach der Beurteilung der *erzählerischen Qualität* des eusebianischen Werkes zurück. Wie vorhin erwähnt, wird diese in der Neuzeit überwiegend kritisch beurteilt. Karl Heussi sprach davon, daß bei Eusebius „geschichtliche Tatsachen ... ganz atomistisch gedacht" seien[74], und Friedhelm Winkelmann bescheinigte der Geschichtsdarstellung einen „statischen Charakter"[75]. Doron Mendels beklagt sich darüber, daß im sechsten Buch „in terms of ancient history, not much can be learned here about the ‚factual' reality. We get only very short pieces of information"[76]. Entspricht also der Geschichtsschreiber Eusebius tatsächlich nicht den stilistischen Erwartungen, die ein zeitgenössischer Leser an eine διήγησις / *narratio* richtete? Dazu muß man sich zunächst klarmachen, *was* die stilistischen Erwartungen an eine Geschichtserzählung waren, αἱ τῆς διηγήσεως ἀρεταί. Wenn in den erwähnten rhetorischen Handbüchern und theoretischen Traktaten διήγησις / *narratio* behandelt wird, ist stets einleitend von *drei* ἀρεταί einer guten Erzählung die Rede: Klarheit (σαφήνεια), Kürze (συντομία) und Glaubwürdigkeit (πιθανότης)[77]; Quintilian ergänzt die Trias in der Tradition Ciceros noch um die Anschaulichkeit (*evidentia, quae* ἐνάργεια *Graece vocatur*)[78]. Ob man wirklich behaupten kann, daß es der Erzählung des Eusebius an Klarheit, Kürze und dem Anspruch auf Glaubwürdigkeit fehlt?

Nun betrifft die neuzeitliche Kritik an den erzählerischen Qualitäten der Kirchengeschichte Eusebs natürlich weniger diese weit verbreiteten drei ἀρεταί einer διήγησις / *narratio*. Wer das Werk als Materialsammlung bezeichnet oder ihm eine starre und statische Darstellung bescheinigt, spricht dem Autor die Kompetenz ab, Geschichte zusammenhängend und farbig in fortlaufender Reihenfolge zu erzählen. Er spricht ihm also eher die *Anschaulichkeit* der Erzählung ab. Die Forderung nach Anschaulichkeit war aber eng mit dem Kriterium der *Folgerichtigkeit* verbunden. Beides entsprach – wie wir sahen – genau einem wichtigen und durch die Handbücher allgemein vermittelten Ideal antiker Geschichtserzählung. Lukian betont beispielsweise im zweiten Jahrhundert in seiner erwähnten Schrift über die Geschichtsschreibung, daß sie ein unabhängiges (ἀπόλυτα) und in sich geschlossenes (ἐντελῆ) Ganzes bilden solle, in dem die einzelnen Teile der Erzählung so eng wie die Glieder einer Kette ineinandergreifen sollten (ἁλύσεως τρόπον συνηρμοσμένον), untrennbar ineinander verzahnt sein sollten[79]:

---

[74] HEUSSI, Geschichtsverständnis (wie Anm. 37), 89.

[75] Vgl. dazu oben S. 225f.

[76] MENDELS, Media (wie Anm. 10), 85.

[77] Aelius Theon, progym. 5 (79,21f. PATILLON); ganz analog Quint., inst. IV 2,31 (TzF 2, 448 RAHN): ... *lucidam, brevem, veri similem* ...; andere Belege bei AVENARIUS, Geschichtsschreibung (wie Anm. 33), 118.

[78] Quint., inst. IV 2,63 (TzF 2, 460 RAHN).

[79] Luc., hist. 55; vgl. AVENARIUS, Geschichtsschreibung (wie Anm. 33), 119.

„... ohne daß die Erzählung jemals abbreche oder das Ganze aus vielen zusammen-
gestellten Erzählungen bestehe, sondern das Vorhergehende immer mit dem Folgenden so genau und unmerklich verbunden sei, daß alles aus einem Stück gearbeitet zu sein scheine"[80].

Ganz ähnlich spricht auch Quintilian vom Zusammenhang der Glieder[81], und
Aelius Theon kritisiert die häufige Unterbrechung des Erzählduktus durch die
bekannte Halbjahreseinteilung bei Thukydides[82]. Auf der anderen Seite formuliert derselbe Lukian ganz andere Erwartungen: Der Geschichtsschreiber soll so
rasch wie möglich und mit Leichtigkeit von einem Gegenstand zum anderen
übergehen (μεταβαινέτω), um dann ungezwungen zum ersten zurückzukehren
(ἐπανίτω). Bei Ereignissen soll er möglichst überall gleichzeitig zugegen sein
(ὡς δύνατον ὁμοχρονείτω): „er fliege rastlos aus Armenien nach Medien, aus
Medien nach Iberien, aus Iberien nach Italien, ohne sich irgendwo ohne Not zu
verweilen und anderswo auf sich warten zu lassen"[83]. Das klingt zunächst wie
eine antike Formulierung für das, was Doron Mendels als journalistischen Stil
bei Eusebius bezeichnet hat: chaotischer Umgang mit der chronologischen
Abfolge und eine bestimmte Konzentration auf das Episodische[84]. Gert Avenarius erklärt die Widersprüche zwischen den beiden Prinzipien der Darstellung
bei Lukian durch die „Flüchtigkeit, mit der Lukian seinen Traktat zusammen-
geschrieben hat"[85]. Uns braucht diese Frage nach dem Verhältnis der beiden
Prinzipien bei Lukian allerdings nicht näher zu interessieren, da relativ schnell
deutlich zu machen ist, daß Eusebius sich – wie andere schon genannte Autoren, beispielsweise Porphyrius, Eunapius und Damascius – offenkundig bei
seiner Darstellung am zweiten, episodischen Prinzip orientiert hat. So kann er
beispielsweise im sechsten Buch die chronologische Ordnung durchbrechen
und von Origenes zu dessen Schülern und deren Martyrium eilen (VI 4-5); Wer
die Elkesaiten sind, wird – chronologisch betrachtet – viel zu spät erklärt (VI
38). Aber alles das geschieht – wie schon Albrecht Dihle formulierte – in dem
„Bestreben, möglichst viele kirchlich bedeutsame Ereignisse und Gestalten der
ersten Hälfte des 3. Jh. unmittelbar zur Person des Origenes in Beziehung zu
setzen"[86].

Die Eigenheiten des Stils und der Komposition, auf die diese Orientierung
an einem ganz bestimmten Ideal der Geschichtsschreibung bei Eusebius führt,
haben so verschiedene Forscher wie Heussi, Mendels oder Winkelmann mit

---

[80] Luc., hist. 55 in der Übersetzung von C.M. WIELAND, Lukian, Werke in drei Bänden, Bd. 2,
      Bibliothek der Antike. Griechische Reihe, Berlin und Weimar 1974, 297.

[81] Quint., inst. IX 4,129 (TzF 3, 420 RAHN): *namque omnia eius membra conexa sunt ...*

[82] Aelius Theon, progym. 5 (80,12-26 PATILLON).

[83] Luc., hist. 50 in der Übersetzung von WIELAND, Lukian (wie Anm. 80), Bd. 2, 295.

[84] MENDELS, Media (wie Anm. 10), 107; ebenso 14 und 106.

[85] AVENARIUS, Geschichtsschreibung (wie Anm. 33), 125.

[86] DIHLE, Entstehung (wie Anm. 48), 76. TIMPE, Kirchengeschichte (wie Anm. 12), weist grund-
      sätzlich darauf hin, daß Eusebius trotz seiner Exzerpte und Abschweifungen „den roten Fa-
      den" durchhält: „Gewiß will also Eusebius nicht nur Materialien ausbreiten oder Einzelheiten
      registrieren" (189. 190).

ihren zitierten Einschätzungen vollkommen zutreffend beschrieben, sie haben
aber zu wenig deutlich gemacht, daß es sich um eine mögliche Form von
διήγησις in der kaiserzeitlichen Antike handelte und keine schlechterdings
revolutionäre Form historischer Erzählung. Den Streit um Eusebius, die Ge-
ringschätzung seines Beitrags zur theologischen Diskussion im vierten Jahrhundert und die kritischen Fragen an seine Kompetenz als Historiker wird
man mit solchen Beobachtungen zum Erzähler Eusebius sicher nicht beenden.
Aber man wird vielleicht deutlicher machen können, daß Eusebius jedenfalls
nicht der unliterarische Materialsammler war, als den ihn der höchst gelehrte
Eduard Schwartz vielleicht doch etwas einseitig portraitiert hat[87]. Was das für
die Interpretation der biographischen Abschnitte zu Origenes bei Eusebius
bedeutet, können wir an dieser Stelle nicht mehr ausführen. Sicher ist jedenfalls, daß in Zukunft noch viel genauer auf die literarischen und rhetorischen
Formen der Präsentation dieses Materials geachtet werden muß. Die Arbeit am
Thema „Eusebius als Schriftsteller" steht mit solchen Beobachtungen erst am
Anfang, verspricht aber reiche Erträge.

---

[87]   Allenfalls kann man (wie D. TIMPE, brieflich am 3.10.2002) davon sprechen, daß die „Fülle der
         Materialien dem elementaren Grundgesetz der stilistischen Einheit so sehr" widerspricht,
         „daß an eine historische Darstellung nach den bisherigen Regeln (ganz abgesehen von dem
         neuartigen Inhalt!) nicht zu denken war".

Origenes in Berlin

Schicksalswege eines Editionsunternehmens

Es gibt wohl wenige Unternehmungen, die Irrungen und Wirrungen deutscher Geschichte so unmittelbar widerspiegeln wie die „Griechischen Christlichen Schriftsteller der ersten Jahrhunderte" (GCS). Vor über hundert Jahren wurde das Editionsunternehmen durch den Berliner Kirchenhistoriker Adolf von Harnack (1851-1930) gegründet. Die damals Königliche Preußische Akademie der Wissenschaften unterstützte das Projekt ihres Mitgliedes, nicht zuletzt, um mit dieser Reihe der Wiener Akademie im verbündeten Habsburgerreich Österreich-Ungarn Paroli zu bieten[1]. Dort hatte man 1864 mit der Edition lateinischer Kirchenväter begonnen, dem bis heute bestehenden *Corpus Scriptorum Ecclesiasticorum Latinorum* (CSEL)[2]. In Berlin wollte man sich in diesem Wettbewerb als das modernere Unternehmen präsentieren: Während die Wiener Akademie für ihr Projekt bis hin zu den jüngsten Bänden an der lateinischen Sprache für Apparat und die einleitenden Bemerkungen festhält, hat das Berliner Unternehmen vom ersten Bande 1897 an konsequent und durchaus im Unterschied zu anderen deutschen Editionsunternehmen wie der traditionsreichen „Bibliotheca Scriptorum Graecorum et Romanorum Teubneriana" die deutsche Sprache verwendet. Man dachte in Berlin auch früh an deutsche Übersetzungen der edierten antiken Texte – aber Harnack mußte dem Verlag Hinrichs in Leipzig bald mitteilen, daß er seine Editoren für diese heikle Aufgabe nicht habe gewinnen können[3]. Hier ging es nicht um eine Privilegierung der deutschen Sprache in Zeiten eines übersteigerten Nationalismus, sondern um eine Reaktion auf die dramatische Abnahme der Kenntnis klassischer Sprachen im damaligen Deutschland und die zunehmende Etablierung von Schul-

---

[1] Der Aufsatz erschien ursprünglich unter dem Titel „Origenes in Berlin und Heidelberg", da sich von 2000-2004 die 1998 in Jena gegründete „Origenes-Forschungsstelle" an der Ruprecht-Karls-Universität befand.
Vgl. dazu ausführlich und mit Literatur: CH. MARKSCHIES, Einleitung, in: Adolf von Harnack, Protokollbuch der Kirchenväter-Kommission der Preußischen Akademie der Wissenschaften 1897-1928. Diplomatische Umschrift von ST. REBENICH, Einleitung und kommentierende Anmerkungen von CH. MARKSCHIES, Berlin/New York 2000, (1-11) 2-5.

[2] Vgl. zuletzt M. ZELZER, Ein Jahrhundert (und mehr) CSEL. Evaluation von Ziel und Veröffentlichungen, in: SE 38, 1998, 75-99.

[3] Die einschlägige Korrespondenz zwischen dem Verlag J.C. Hinrichs und Harnack aus dem Jahre 1905 findet sich in den Handakten in der Berliner Arbeitsstelle der GCS.

formen, in denen die alten Sprachen keine oder jedenfalls keine zentrale Rolle mehr spielten (vor allem das sogenannte „Realgymnasium")[4].

Als reines Großunternehmen deutscher Wissenschaftskultur und Wissenschaftspolitik des Kaiserreichs wären die GCS natürlich nicht ausreichend beschrieben. Ihr Gründervater Adolf von Harnack ist ein repräsentatives Beispiel für die Motive, die die erste Generation von Verantwortlichen und Editoren prägten: In einem allgemeinverständlichen Vortrag aus dem Jahre 1898 schwärmte Harnack geradezu von den „jüngsten Entdeckungen auf dem Gebiete der ältesten Kirchengeschichte". Wer an der Erforschung dieser Geschichte arbeitet, werde von ihr schon wegen der spannenden Textneufunde nicht mehr losgelassen, arbeite aber auch „an der Aufhellung einer Geschichte, deren Hervorbringungen unter uns noch lebendig sind"[5]. Die „ersten drei Jahrhunderte", deren Urkunden und Schriften in griechischer Sprache sich das Berliner Akademieunternehmen editorisch widmen wollte, bezeichnete Harnack als *„die paläontologische Epoche"*. Mit diesem Ausdruck, den der für Naturwissenschaften begeisterte Kirchenhistoriker gern verwendete, wurde nicht nur die Assoziation einer grauen Vorzeit geweckt, aus der die antiken christlichen Schriften wie ihre Autoren stammten. Vielmehr faßte Harnack seine Ansichten über die Gegenwartsbedeutung dieser Texte prägnant zusammen: Wie die in der Paläontologie untersuchten Versteinerungen urzeitlicher Pflanzen und Tiere für die Rekonstruktion der Stammesgeschichte und damit für die gegenwärtige Biologie von großer Bedeutung sind, so hob Harnack mit dem Ausdruck ‚paläontologische Epoche' die Bedeutung der ‚versteinerten Theologumena' der ‚Urzeit' des Christentums für eine Rekonstruktion seiner Geschichte ebenso wie für seine Gegenwart hervor. Ohne Zweifel hat für den liberalen Theologen Harnack der Ausdruck auch eine kritische Spitze: Das lebendige und zugleich schlichte Evangelium Jesu von seinem lieben Vater ist nach Harnack in den folgenden Jahrhunderten der Antike gleichsam „versteinert" worden in der hellenisierten Predigt vom Gottessohn Jesus Christus. Aber wenn diese kritische Implikation des Begriffs „paläontologische Schicht" bei Harnack auch nicht gänzlich ausgeschlossen war, so hat sie doch nie dessen große Wertschätzung für die textlichen Zeugnisse dieses antiken Umformungsprozesses beeinträchtigt: Harnack sammelte so wie sein großes Vorbild Goethe die versteinerten Zeugnisse jener Epochen mit aller Liebe und Hingabe, waren doch in der Versteinerung die Überreste der Vergangenheit auf einzigartige Weise konserviert.

---

4   Harnack engagierte sich in dieser Auseinandersetzung, z.B. mit einem Vortrag in der Versammlung der Vereinigung der Freunde des humanistischen Gymnasiums in Berlin und der Provinz Brandenburg am 29.11.1904: A. v. HARNACK, Die Notwendigkeit der Erhaltung des alten Gymnasiums in der modernen Zeit, in: DERS., Aus Wissenschaft und Leben. Reden und Aufsätze, Neue Folge 1. Bd., Gießen 1911, 65-82.

5   A. v. HARNACK, Über die jüngsten Entdeckungen auf dem Gebiete der ältesten Kirchengeschichte, in: Preußische Jahrbücher 92, 1898, 193-219 = DERS., Reden und Aufsätze, 1. Bd., Gießen 1904, (315-349) 316f. – Im Aufsatz findet sich der für Harnacks Biographie prophetische Satz: „Der Kirchenhistoriker wird zum Kirchenpolitiker, er mag wollen oder nicht".

Der erwähnte Vortrag aus dem Jahre 1898 versucht aber auch, den Zuhörern neben der fundamentalen Bedeutung der ‚paläontologischen Schicht' die
große Faszination einer ganzen Forschergeneration durch neue Textfunde zu
vermitteln. Harnack beginnt seine Übersicht über neue Textfunde mit dem Jahr
1873 – dem Zeitpunkt seiner Promotion. Deswegen fehlt beispielsweise ein
Hinweis auf die Entdeckung der zunächst unter dem Titel *Philosophumena* veröffentlichten antihäretischen Schrift des Hippolyt, die aufgrund der Handschriften zunächst Origenes zugeschrieben wurde[6]. Ihre kritische Ausgabe ist
auch erst 1916 – nach dem Tode des Editors Paul Wendland (1864-1915) – in
den GCS erschienen und trotz der wichtigen Neuedition von Marcovich nicht
überholt[7]. Trotz dieser zeitlichen Beschränkung auf das letzte Drittel des neunzehnten Jahrhunderts konnte Harnack 1898 eine imponierende Zahl von Neu-
funden zusammentragen: beispielsweise die Jerusalemer Handschrift der Di-
dache, Schriften, die zu den Apokryphen des Alten wie des Neuen
Testamentes gerechnet werden (u.a. die Henoch-Apokalypse, Apokalypse des
Petrus sowie Akten des Paulus), neu gefundene Märtyrerakten und die ersten
publizierten *Libelli* der diokletianischen Christenverfolgung – praktisch keiner
dieser genannten Texte ist übrigens in den GCS erschienen, weil von der GCS-
Ausgabe der Apostolischen Väter nur wesentlich später ein einziges Teilstück
veröffentlicht wurde[8] und die geplante Ausgabe der neutestamentlichen Apokryphen durch den Neutestamentler Ernst von Dobschütz (1870-1936) niemals
fertiggestellt wurde[9]. Gleiches gilt leider für die geplante Edition der Apologeten: Harnack verweist im Vortrag auf Entdeckungen von Texten des Aelius
Aristides und Melito. Allerdings war kurz zuvor ein neunbändiges „Corpus
Apologetarum Christianorum Saeculi Secundi" durch Johann Karl Theodor
von Otto abgeschlossen worden, und man konnte aufgrund der Voruntersu-
chungen hoffen, daß sich Harnack und sein Freund Oskar von Gebhardt (1844-

---

[6]   I. DÖLLINGER, Hippolytus und Kallistus; oder die Römische Kirche in der ersten Hälfte des
      dritten Jahrhunderts, mit Rücksicht auf die Schriften und Abhandlungen der H.H. Bunsen,
      Wordsworth, Baur und Gieseler, Regensburg 1853, 268-337.

[7]   Hippolytus Werke 3. Bd. *Refutatio Omnium Haeresium*, hg. im Auftrage der Kirchenväter-
      Commission der Königl. Preußischen Akademie der Wissenschaften v. P. WENDLAND, GCS 26,
      Leipzig 1916. – Zur Edition von M. MARCOVICH (Hippolytus, *Refutatio Omnium Haeresium*,
      PTS 25, Berlin/New York 1986) vgl. die Rezension von D. HAGEDORN, JbAC 32, 1989, 210-214.

[8]   GCS Die Apostolischen Väter 1. Bd. Der Hirt des Hermas, GCS Die Apostolischen Väter I, hg.
      v. M. WHITTAKER, GCS 58, Berlin 1956 (²1967). – Die doppelte Zählung nach Reihenfolge des
      Erscheinens (GCS 58) und Stellung innerhalb von Teileditionen (GCS Apostolische Väter I)
      führte zu Verwirrungen und wurde deshalb 1969 mit Bd. 53 aufgegeben. Da viele Bibliothe-
      ken in ihren Katalogen weiter zählten, entschlossen sich die Verantwortlichen 1995, die Zäh-
      lung als „Neue Folge" wieder aufzunehmen. Diese Entscheidung wurde bei dem jüngsten
      Verlagswechsel beibehalten.

[9]   Der Nachlaß – unter anderem mit einer fast vollständigen Erstedition der Langfassung der
      Thomasapokalypse CANT 326 – ist freilich erhalten und vor einiger Zeit der „Association
      pour l'Étude de la littérature apocryphe chrétienne" zur Auswertung und Nutzung zur Ver-
      fügung gestellt worden.

1906) selbst an die Aufgabe machen würden, diese nicht unproblematische
Ausgabe aus zweiter Hand zu ersetzen[10].

Nicht zufällig – man denke nur an Harnacks dezidiertes historisches wie
theologisches Interesse am Problem der „Hellenisierung des Christentums"[11] –
haben sich die GCS am Anfang vor allem auf die christlichen Alexandriner, auf
Clemens, Origenes und Eusebius konzentriert. Hier bestand aus der Sicht der
Gründer des Berliner Akademieunternehmens Bedarf an modernen kritischen
Editionen aus historischen wie aus theologischen Gründen. Harnack stellte im
erwähnten Vortrag von 1898 diese Editionsarbeit ausdrücklich als eine zentrale
Rekonstruktionsaufgabe wissenschaftlicher Forschung vor: „Die Werke der
großen alexandrinischen Gelehrtenschule, die mit den Arbeiten des Clemens
Alexandrinus am Ende des 2. Jahrhunderts beginnt, sind von der griechischen
Kirche nur zum kleinsten Teile konserviert worden, weil sie häretisch erschie-
nen, z.T. auch weil ihr Umfang den Abschreibern zu viel Mühe machte"[12].
Nachdem Harnack 1891 in einer Denkschrift seinen Consodalen in der Berliner
Akademie das Projekt einer Ausgabe der Griechischen Christlichen Schriftsteller der ersten drei Jahrhunderte schmackhaft gemacht hatte, bemühte er sich
mit aller Energie, vor allem für diese Autoren der alexandrinischen Tradition
Editoren zu gewinnen, und besuchte zu diesem Zweck potentielle Beiträger
der geplanten Reihe. Für die Werke des Origenes war seinerzeit nur die revi-
dierte Ausgabe De LaRues käuflich zu erwerben, die in den Jahren 1831 bis
1848 der evangelische Kirchenhistoriker Carl Heinrich Eduard Lommatzsch
(† 1882) in dem traditionsreichen Berliner Verlag „Haude & Spener" herausge-
bracht hatte[13]. Lommatzsch lehrte seit 1832 bis zu seiner Pensionierung 1867
am Königlichen Prediger-Seminar in Wittenberg, einer Ausbildungsstätte für
den besonders begabten Pfarrernachwuchs der preußischen evangelischen
Kirche[14]. Seine Ausgabe kann gewiß nicht als ‚kritisch' im gegenwärtigen Sinn
des Wortes gelten, aber Lommatzsch hatte die lateinischen Ausgaben sorgfältig
verglichen, sich einige Kollationen verschafft und gelegentlich Konjekturvor-
schläge im Apparat notiert. Der Bedarf für eine neue kritische Ausgabe war

---

[10]   Corpus Apologetarum Christianorum Saeculi Secundi, hg. v. J.K.TH. VON OTTO, Jena 1847-
       1879 (Nachdruck Wiesbaden 1969). Zur Beurteilung vgl. O. V. GEBHARDT, Der Arethascodex
       Paris. Gr. 451. Zur handschriftlichen Überlieferung der griechischen Apologeten, TU 1/3, Ber-
       lin 1991 (= Leipzig 1883), 154f. und HARNACK, Die Überlieferung der griechischen Apologeten
       des zweiten Jahrhunderts in der alten Kirche und im Mittelalter, TU 1/1, Berlin 1991 (= Leipzig
       1882), 1-97. – 1913 schreibt CASPAR RENÉ GREGORY (Art. Gebhardt, Oskar Leopold von, in: RE³
       XXIII, Leipzig 1913, [498f.] 499): „Gebhardt und Harnack bereiteten auch durch Jahre hin-
       durch eine Ausgabe des Justin vor, die nicht mehr zu Ende kommen wird".

[11]   Die Wandlungen des Konzeptes „Hellenisierung" hat vor einiger Zeit ausführlich dokumen-
       tiert: E.P. MEIJERING, Die Hellenisierung des Christentums im Urteil Adolf von Harnacks,
       VVAW.L 128, Amsterdam u.a. 1985.

[12]   HARNACK, Entdeckungen (wie Anm. 5), 340.

[13]   Origenis Opera omnia, quae vel graece vel latine tantum exstant. Ediderunt CAROLUS et CA-
       ROLUS VINCENT. (sic!) DELARUE. Denuo recensuit ... C.H.E. LOMMATZSCH, Berlin 1831-1848.

[14]   O. DIBELIUS, Das Königliche Predigerseminar zu Wittenberg 1817-1917, Berlin-Lichterfelde
       1918, 172-174.

angesichts der Fortschritte im Bereich der Editionstechnik während des neunzehnten Jahrhunderts allgemein deutlich und wurde gelegentlich auch artikuliert.

Harnack hatte das Berliner Editionsprojekt mit seiner „Geschichte der altchristlichen Litteratur bis Eusebius" vorbereitet, die vor den ersten Editionen in vier voluminösen Bänden publiziert worden war. Hier hatte er ein Inventar für „Überlieferung und Bestand der altchristlichen Litteratur" bis Eusebius vorgelegt, in den Abschnitten, die Origenes betreffen, übrigens gemeinsam mit Erwin Preuschen (1867-1920) und Erich Klostermann (1870-1963): Nachrichten über Schriften, einzelne Schriften mit Bemerkungen zur handschriftlichen Überlieferungssituation sowie einen Anhang zu den „in den Catenen aufbewahrten Fragmenten"[15]. Wie die wenigen handschriftlichen Korrekturen im Exemplar Erich Klostermanns zeigen, fanden potentielle Editoren in diesem Werk ein vorzügliches erstes Inventar, um ihre Arbeit an den Handschriften aufnehmen zu können.

Harnack organisierte in den folgenden Jahren das Erscheinen der Ausgabe, leitete die zur Aufsicht bestellte „Kirchenväter-Kommission" der Akademie, warb Editoren an und kümmerte sich um die Finanzierung ebenso wie um die Kontakte zum Verlag. Damit war seine Arbeit für die GCS aber keineswegs beendet: Die Textausgaben, die innerhalb der Reihe erschienen (vgl. im Anhang), begleitete Harnack auch inhaltlich: Zeugnis dafür ist eine kleine zweiteilige Monographie zum „kirchengeschichtlichen Ertrag der exegetischen Arbeiten des Origenes". Hier waren nach Themata geordnet „Lesefrüchte" des Hauptherausgebers notiert, der vor allem präsentierte, was ihm bei der (für die Mitglieder der Kirchenväter-Kommission verbindlichen) Lektüre der Fahnen der von Wilhelm A. Baehrens, Erich Klostermann und Paul Koetschau veranstalteten Ausgaben aufgefallen war[16]. Außerdem edierte er gemeinsam mit Konstantin Diobouniotis die sogenannten „Scholien zur Apokalypse" (CPG I, 1468)[17].

Vor allem in den ersten zwanzig Jahren bis zum Ende des Ersten Weltkriegs machte die Ausgabe der Werke des Origenes ebenso wie das ganze Berliner Kirchenväter-Corpus entsprechende rasche Fortschritte. Insgesamt sind bis zum heutigen Tag in der Reihe dreizehn Ausgaben von Origenes-Texten in fünfzehn Bänden erschienen, teilweise begleitet durch ausführliche Untersuchungen zum handschriftlichen Bestand im Archiv der Ausgabe, den „Texten

---

15 A. v. HARNACK, Geschichte der altchristlichen Litteratur bis Eusebius 1. Tl. Die Überlieferung und der Bestand der altchristlichen Litteratur bis Eusebius, Leipzig 1893, 332-406. – Es gelang mir vor einigen Jahren, Klostermanns Handexemplar des Werkes im Antiquariatsbuchhandel zu kaufen. Es enthält eine große Zahl von Randbemerkungen und Korrekturen, vor allem im Origenes-Abschnitt.

16 A. v. HARNACK, Der kirchengeschichtliche Ertrag der exegetischen Arbeiten des Origenes, 1. Tl. Hexateuch und Richterbuch, TU 42/3, Leipzig 1918; 2. Tl. Die beiden Testamente mit Ausschluss des Hexateuchs und des Richterbuchs, TU 42/4, Leipzig 1919.

17 C. DIOBOUNIOTIS / A. v. HARNACK, Der Scholien-Kommentar des Origenes zur Apokalypse Johannis. Nebst einem Stück aus Irenaeus, liber V, graece, TU 38/3, Leipzig 1911.

und Untersuchungen zur Geschichte der altchristlichen Literatur"[18]. Übersieht man die unten beigegebene Liste, so fallen neben berühmten „Klassikern" unter den Origenes-Editionen natürlich sofort auch die Lücken im Programm auf, die auch in anderen Editionsreihen während der vergangenen Jahrzehnte nicht geschlossen worden sind: Schon nach der ursprünglichen Planung der Kirchenväter-Kommission war vorgesehen, die umfangreichen Überreste der Kommentierung der ersten sechs Bücher der Bibel durch den alexandrinischen Exegeten (CPG I, 1410-1421) vollständig herauszugeben. Das Projekt blieb allerdings Fragment, es erschien nur Rufins lateinische Übersetzung der Hexateuch-Homilien (Bd. VI, 1920, die Homilien zu Genesis, Exodus und Leviticus, Bd. VII, 1921, die zu Numeri, Josua und Judices). Die ebenso wichtigen griechischen Fragmente der Kommentare und Predigten des Origenes, die vor allem in Katenenform und auf Papyrus erhalten sind (CPG I, 1410.1-6; 1411 Fragment; 1412; 1413.1-2; 1414 Fragmente; 1415; 1416 Fragmente; 1417; 1419; 1420 Fragment; 1421 Fragmente), blieben weitestgehend unediert[19]. Man muß sie bis heute immer noch nach den alten Ausgaben zitieren oder aus neueren Katenen-Ausgaben zusammensuchen. Auch eine zuverlässige neue Edition der Psalmenkommentierung und des hexaplarischen Materials ist Desiderat. Die verstorbene Caroline P. Hammond Bammel hat zwar in drei Bänden die Übersetzung des Römerbriefkommentars von Rufin (CPG I, 1457) ediert, aber den letzten Band mit den griechischen Fragmenten nicht fertigstellen können. Auch die exegetischen Arbeiten des Origenes zur Briefliteratur des Neuen Testaments sind bislang noch nicht in den GCS erschienen (CPG I, 1458-1467). Für diese Lücken sind neben persönlichen vor allem politische Probleme verantwortlich zu machen, die die Arbeit an antiken christlichen Texten in Deutschland vor allem nach 1933 wie nach 1949 im östlichen Teil des Landes behinderten. Die deprimierende wirtschaftliche Lage nach 1919 verhinderte zudem, daß die Ausgabe der GCS mit der Energie voranschritt, mit der sie 1897 begonnen hatte: Der Verlag J.C. Hinrichs in Leipzig war nämlich nicht mehr in der Lage, Editoren nennenswert zu honorieren, und die Heckmann-Wentzel-Stiftung, die von Anfang an finanzielle Beihilfen gab, durch die Inflation finanziell in Mitleidenschaft gezogen[20]. Schließlich konnten sich nach 1949 verschiedene Editoren nicht ent-

---

18 Eine knappe Aufzählung auch bei J. IRMSCHER, L'Edizione di Origene nei „Griechische Christliche Schriftsteller", Aug. 26, 1986, 575-578. In Zusammenhang mit einer GCS-Edition entstand auch: B. WITTE, Die Schrift des Origenes „Über das Passa". Textausgabe und Kommentar, Arbeiten zum spätantiken und koptischen Ägypten 4, Altenberge 1993.

19 Baehrens gibt im Vorwort der Genesis-Homilien (GCS Origenes VI, Leipzig 1920, XXVI) Auskunft über die Prinzipien, nach denen er einige wenige griechische Fragmente (auf der Basis von vorkritischen Ausgaben) abdruckt: „Da nur eine Ausgabe der lateinischen Octateuchhomilien, nicht auch sämtlicher Fragmente der Kommentare und Homilien geplant war, so kommen nur solche Bruchstücke in Betracht, welche auch lateinisch erhalten sind".

20 H. SCHLANGE-SCHÖNINGEN, Das Betriebskapital der Großwissenschaft: Elise Wentzel-Heckmann und die Kirchenväter-Edition der Preußischen Akademie der Wissenschaften, in: Jahrbuch der Berliner Wissenschaftlichen Gesellschaft 1996, Berlin 1997, 281-295; DERS., Elise Wentzel-Heckmann und ihre Stiftung für die Berliner Akademie der Wissenschaften, Mitteilungen des Berliner Vereins für Geschichte 94, 1998, 322-331.

schließen, ihre Ausgaben unter den besonderen Bedingungen der damaligen Deutschen Demokratischen Republik im Rahmen einer Reihe zu publizieren, deren Mitarbeiter nicht wenigen Pressionen ausgesetzt waren: Nach dem Tode Harnacks hatte zunächst dessen Nachfolger Hans Lietzmann (1875-1942) die Leitung der Ausgabe übernommen. Vor allem unter der Leitung von Kurt Aland (1915-1994) und Kurt Treu (1928-1991)[21] wurde diese politisch motivierte Behinderung der Editionsarbeit gegen den energischen Widerstand der beiden Gelehrten so intensiviert, daß sie fast zum Erliegen der Arbeiten geführt hätte. Erst nach der Wende 1989/1990 konnte die Editionsreihe im Rahmen der neu konstituierten „Berlin-Brandenburgischen Akademie der Wissenschaften", die in der Rechtsnachfolge der einstigen „Preußischen Akademie der Wissenschaften" steht, konsolidiert werden. Aus den Händen von Albrecht Dihle und Jürgen Dummer, die in dieser schwierigen Phase die Arbeiten leiteten, hat 1999 Christoph Markschies die Verantwortung übernommen; er wird dabei von einer Kommission zur Herausgabe der GCS unterstützt.

Die Veröffentlichungen, die in der Ausgabe vorgelegt wurden, waren nicht immer unumstritten: Als 1899, kurz nach dem offiziellen Start der Reihe, die neue Edition der acht Bücher des Origenes gegen Celsus (CPG I, 1476) aus der Hand des damaligen Jenaer Gymnasialprofessors Paul Koetschau erschien, brach sofort ein heftiger Streit um den Wert der direkten und indirekten Überlieferung des Werkes aus: Während Koetschau den cod. Vat. 386 (saec. XIII) als Archetypus aller vorhandenen Handschriften vorgezogen hatte (= A), votierten die scharfen Kritiker der Ausgabe – darunter ein anderer Mitarbeiter des Unternehmens, Paul Wendland, – für die Priorität der sogenannten *Philocalia* (= Φ). Nach der Münchener philologischen Dissertation von Franz Anton Winter aus dem Jahre 1902[22] schien sich das Blatt endgültig zugunsten der indirekten Überlieferung gewendet zu haben[23], aber der bislang letzte Editor, Miroslav Marcovich, dessen Ausgabe jüngst posthum in den „Supplements to Vigiliae Christianae" publiziert wurde, votierte nicht zuletzt aufgrund der Tura-Funde wieder für Koetschaus Position: „I think the opposite opinion ... belongs to history"[24]. Ähnliches könnte man für die Edition des Johannes-Kommentars durch Erwin Preuschen (CPG I, 1453) zeigen: Hier hat nach Erich Klostermann, Paul Koetschau und Franz A. Winter vor allem Pierre Nautin, der mit einer neuen Edition im Rahmen der Reihe GCS beauftragt war, aber darüber verstarb, in einer Serie von Aufsätzen Beiträge zur verbesserten Konstitution des

---

21 Dazu vgl. J. DUMMER, Kurt Treu †, Gnomon 16, 1999, 380-383.

22 F.A. WINTER, Ueber den Wert der direkten und indirekten Ueberlieferung von Origenes' Büchern „contra Celsum". 1. Teil, München 1902 (dasselbe auch als Programm des Gymnasiums von Burghausen 1902/1903 sowie 1903/1904).

23 Als dritte Position könnte man noch das eklektische Verfahren in der SC-Ausgabe von M. BORRET anführen, vgl. dazu G.CH. HANSEN, Rez. Borret, Gnomon 41, 1969, 464-468.

24 Für die Bibliographie der Kontroverse vgl. Origenes Contra Celsum Libri VIII, ed. M. MARCOVICH, SVigChr 54, Leiden u.a. 2001 (Zitat S. XII, zu Koetschaus Ausgabe S. XIIIf.).

Textes vorgelegt[25]. Aber gerade bei solchen umstrittenen Editionen hat sich doch gezeigt, daß es sich in jedem Fall um grundlegende und unverzichtbare Beiträge handelt.

Seit den politischen Veränderungen in Ostdeutschland konnte die Weiterarbeit an den Origenes-Editionen im Rahmen der GCS wieder durch eigens dafür beschäftigte Mitarbeiter einer staatlich finanzierten Arbeitsstelle aufgenommen werden. Weitere Drittmittel (vor allem der Deutschen Forschungsgemeinschaft, u.a. aus dem Leibniz-Programm) wurden seit 1998 eingeworben und davon zunächst in Jena, dann in Heidelberg und schließlich am Lehrstuhl für Ältere Kirchengeschichte (Patristik) der Humboldt-Universität eine zusätzliche „Origenes-Forschungsstelle" eingerichtet. Im Augenblick ist die Arbeit in Akademie und Universität vor allem zwei Schwerpunkten gewidmet:

Zum einen werden die (ungewöhnlich langen) Katenen-Fragmente der Homilien des Origenes zum *ersten Korintherbrief* (CPG I, 1458) erneut kritisch ediert. Sie sind zwar nach Cramer im Jahre 1908 von Claude Jenkins schon einmal herausgegeben worden[26]. Allerdings hat der Editor entgegen seiner Versicherung (S. 231) die älteste Handschrift (cod. Vat. graec. 762) stellenweise nur sehr flüchtig kollationiert – so fehlen in der Edition von Jenkins beispielsweise auf S. 238,59 ganze Passagen aus dem Vaticanus, fol. 228ᵛ. Jenkins folgt mit seinen z.T. groben Eingriffen in den überlieferten Text nach Regeln einer neuzeitlichen Schulgrammatik einer philologischen Praxis seiner Zeit; die neue Edition orientiert sich in ihrer Textgestaltung stärker an der griechischen Sprache zur Zeit des Origenes und dessen individuellen Gewohnheiten. Außerdem wurden einige weitere, bislang unveröffentlichte Fragmente der Korinther-Auslegung des Origenes aus zwei griechischen und einer lateinischen Handschrift in die Ausgabe integriert (u.a. aus Pal. Graec. 204). Diese Editionsarbeit ist weitgehend abgeschlossen.

Zum anderen widmen sich die Arbeitsstellen in Berlin der Genesis-Auslegung des Origenes. Da freilich eine Texterstellung der lateinischen Übersetzung Rufins ohne gleichzeitige Edition der griechischen Überlieferung, wie sie Wilhelm Baehrens vornahm, nur zu höchst unbefriedigenden Ergebnissen führen kann, ergab sich bei der Vorbereitung der Arbeiten relativ schnell, daß auch die lateinischen Bände von Baehrens revisionsbedürftig sind[27]. Mit der Aufgabe, die unvollständige Ausgabe abzuschließen und dabei auch die beiden von Baehrens bearbeiteten Bände zu revidieren, wurde Ende der vierziger Jahre des zwanzigsten Jahrhunderts Max Rauer beauftragt, der sich bereits

---

[25] Vgl. die bibliographischen Angaben bei M. GEERARD in CPG I (S. 163) und im Supplementum (S. 28).

[26] C. JENKINS, Origen on I Corinthians, JThS 9, 1908, 231-247. 353-372. 500-514 sowie 10, 1909, 29-51.

[27] Vgl. aber W.A. BAEHRENS, Überlieferung und Textgeschichte der lateinisch erhaltenen Origeneshomilien zum Alten Testament, TU 42/1, Leipzig 1916.

durch diverse Editionen von Katenentexten ausgewiesen hatte[28]. Rauer bereitete zunächst eine kritische Edition der großen wie der kleinen (Pentateuch-) Katene des Procopius von Gaza vor (CPG III, 7430), eines der wichtigsten Fundorte für griechische Fragmente aus den diversen Auslegungsschriften des Origenes zu diesen biblischen Büchern. Rauer starb 1972, ein handschriftliches Manuskript des von ihm konstituierten Textes samt Apparat liegt zwar vor, muß aber nochmals gründlich durchgesehen werden[29]. Da diese Aufgabe sachlich wie zeitlich überschaubar ist (der fragliche Text ist nur in wenigen Handschriften bezeugt[30]), soll dieser Band vorrangig zum Druck gebracht werden. Parallel werden die griechischen Fragmente der Auslegung aus vorhandenen kritischen Ausgaben gesammelt und zusätzlich aus den Handschriften kollationiert. Hier sind durch die verschiedenen Ausgaben und Beiträge von Mme. Françoise Petit unentbehrliche Fundamente gelegt worden, auf die die Berliner Ausgabe dankbar zurückgreifen kann[31]. Für die Übersetzung Rufins steht eine vollständige Revision der bisherigen Ausgabe an, für die ebenfalls Vorarbeiten Rauers existieren. Die rund zwanzig von Baehrens seiner Ausgabe zugrunde gelegten Handschriften hat Rauer allerdings bei seinen Vorarbeiten nicht eigens konsultiert, da die Fertigkeiten von Baehrens beim Lesen von Handschriften damals allgemein anerkannt wurden. Ob an dieser Entscheidung festgehalten werden kann, wird gerade durch Probekollationen überprüft. Ausführlich kollationiert werden dagegen fünf weitere, Baehrens noch nicht bekannte Textzeugen (nicht mehr zu lokalisieren sind leider drei weitere englische Handschriften, die vor längerer Zeit in den freien Handel gelangten). Somit ergeben sich also zwei unterschiedliche Editionsvorhaben, die freilich sachlich eng miteinander verbunden sind und in engem Arbeitskontakt entstehen: Erstens eine Revision der lateinischen Überlieferung (GCS Origenes VI), zweitens eine Erstedition der griechischen Überlieferung (GCS Origenes VIa). Analog soll dann auch für die übrigen Texte des Origenes zum Pentateuch fortgefahren werden.

---

[28] Vgl. nur: M. RAUER, Form und Überlieferung der Lukas-Homilien des Origenes, TU 47/3, Leipzig 1932 und seine Ausgabe der Lukashomilien des Origenes (GCS Origenes IX, Berlin ²1959).

[29] Das Manuskript zur Genesis umfaßt 351 Seiten und ist komplett. Außerdem existiert noch ein Arbeitsmanuskript Rauers zu Petrus von Laodicea (= CPG IV, 132/141.1); vgl. M. RAUER, Der dem Petrus von Laodicea zugeschriebene Lukaskommentar, NTA 8/2, Münster 1920. – Die Arbeiten werden durch Frau PD Dr. K. Metzler und Herrn PD Dr. P. Habermehl in Berlin durchgeführt.

[30] F. PETIT (La Chaîne sur la Genèse, Édition intégrale, Traditio Exegetica Graeca 1, Louvain 1992, XXXIIIf.) spricht von einer „mageren" Überlieferungsgeschichte mit etwa 15 Textzeugen, von denen allerdings nur drei komplett seien, der zentrale Monac. gr. 358 aus dem 9. Jh. und zwei Abschriften des Monac., die manche Lücken der Vorlage schließen, Athos Koutloumous 10 (11. Jh.) und Leiden B.P.G. 50.

[31] PETIT, Chaîne (wie Anm. 30), 4 Bde., Louvain 1992-1996; dazu in CChr.SG: Catenae Graecae in Genesim et in Exodum, Vol. I Catena Sinaitica, ed. a F. PETIT, CChr.SG 2, Turnhout/Leuven 1977 sowie Vol. II Collectio Coisliniana in Genesim, ed. a F. PETIT, CChr.SG 15, Turnhout/Leuven 1986. Aus ihren übrigen Arbeiten vgl. nur F. PETIT, Le dossier origénien de la chaîne de Moscou sur la Genèse. Problèmes d'attribution et de double rédaction, Muséon 92, 1979, 281-286.

Nach dem Abschluß dieser Arbeiten soll als nächstes größeres Projekt der Berliner Arbeitsstelle dann die Edition der verschiedenen Arbeiten des Origenes und Eusebius zur den Psalmen in Angriff genommen werden, die zwar als ungewöhnlich schwierig gelten muß, für die aber auch schon auf gute Vorarbeiten zurückgegriffen werden kann[32].

Während im unveröffentlichten Memorandum Adolf von Harnacks an die damalige „Königliche Preußische Akademie der Wissenschaften" vom 29. Januar 1891 noch vorgesehen war, *alle* literarischen Denkmäler des ältesten Christentums von seiner Entstehung bis zur Begründung der Reichskirche durch Konstantin (abgesehen von dem Neuen Testament und den lateinischen Quellenschriften)" im Rahmen der GCS zu publizieren[33], erscheint dieses Editionsprogramm heute allzu zeitgebunden, durch die seitherige Entwicklung überholt und aus finanziellen Gründen auch gar nicht mehr realisierbar. Die Aufgabe der Edition *aller* griechischen christlichen Schriftsteller der Antike wird längst gemeinsam von diversen Stellen in verschiedenen Ländern angegangen, denen die Berliner Arbeitsstelle zumeist eng verbunden ist. Die GCS werden sich in den nächsten Jahren vor allem auf die Schließung der Lücken in ihren Ausgaben der Werke des Alexandriners *Origenes* und *Eusebius* konzentrieren und darüber hinaus nur an wenigen Punkten zusätzliche Schriften in den Blick nehmen[34]. Die wichtigsten vergriffenen Texte werden wie bisher in korrigierten Neuauflagen im Verlag Walter de Gruyter, Berlin, vorgelegt werden[35]. Diese Konzentration des Arbeitsprogramms nutzt zunächst einmal aus arbeitsökonomischen Gründen vorhandene Ressourcen des Unternehmens. Die Auswahl dieser beiden Autoren verdankt sich aber auch wesentlich der Beobachtung, daß es vor allem Texte dieser beiden Theologen waren, die bis in die Neuzeit rezipiert worden sind und insofern als maßstabs- bzw. identitätsbildende Texte christlicher Tradition angesprochen werden können[36]. Dieses rezeptionsorientierte Kriterium der Auswahl erscheint stringenter als die

---

[32] So brauchen beispielsweise die von E. PRINZIVALLI edierten Homilien (CPG I, 1428: BPat 18, Florenz 1991) im Rahmen des Berliner Korpus nicht vordringlich neu ediert zu werden.

[33] Archiv der Berlin-Brandenburgischen Akademie der Wissenschaften, Kommission für spätantike Religionsgeschichte, II-VIII, 167, Bl. 1 Harnacks Antrag, datiert vom 17.1.1891.

[34] Dazu gehört der Abschluß der Pseudo-Klementinen-Ausgabe, mit der in der Berliner Arbeitsstelle Dr. F.X. RISCH beauftragt ist, und die Edition der Chronik des Julius Africanus, an der Professor Dr. M. WALLRAFF (Basel) arbeitet.

[35] Als nächster Band erscheint voraussichtlich im Herbst 2006 der Nachdruck von CGS Epiphanius I und das Register zur Epiphanius-Ausgabe (GCS Epiphanius IV). Die gegenwärtig lieferbaren Bände sind auf der Homepage des Verlages aufgeführt: http://www.degruyter.de. Auf der Homepage des Unternehmens (http://www.bbaw.de/vh/gcs/index.html) werden seit 1999 neue kritische Texte unentgeltlich im pdf-Format zur Verfügung gestellt, freilich ohne den kritischen Apparat; als Probetext zunächst die Edition des Daniel-Kommentars des Hippolyt von M. Richard.

[36] Diesem Zweck dient auch eine Kooperation mit der Reihe „Fontes Christiani", die von einem Team unter Leitung von Prof. Dr. W. Geerlings (Bochum) herausgegeben wird: Hier werden *Editiones minores* von GCS-Bänden mit einem deutschen bzw. englischen Übersetzungstext erscheinen, zunächst Rufins Übersetzung der Genesis-Homilien.

ursprüngliche Maßgabe der Vollständigkeit bei Harnack und andere Kriterien seiner Nachfolger. Trotzdem bleibt das Berliner Unternehmen in besonderer Weise auf den guten Rat und die wohlwollende Begleitung all derer angewiesen, die sich mit „Griechischen Christlichen Schriftstellern der ersten Jahrhunderte" und insbesondere mit Origenes wissenschaftlich beschäftigen.

Die Origenes-Editionen der Berliner Akademie

Geschichte und Gegenwart[1]

Um es gleich zu Beginn kurz und in drei Thesen zu formulieren: Die Origenes-Editionen bilden *erstens* das Herzstück des Berliner Kirchenväterkorpus, sind ein Schmuckstück der „Griechischen Christlichen Schriftsteller" der zunächst Preußischen und heute Berlin-Brandenburgischen Akademie der Wissenschaften. Sie sind Herz- und Schmuckstück, obwohl *zweitens* die Geschichte des Unternehmens tief von den politischen Verwerfungen des zwanzigsten Jahrhunderts geprägt ist und nahezu alle technischen wie inhaltlichen Probleme, die bei Editionen auftreten können, hier auch aufgetreten sind. Die Origenes-Editionen waren *schließlich* Versuche von Philologen und Theologen, eine äußerst komplexe antike Überlieferung zu bewältigen; freilich wurde dabei vielfach eher die Komplexität und Widerständigkeit dieser Überlieferung sichtbar, als daß schon eine wirklich überzeugende Bewältigung gelang.

Diese drei Thesen sind im folgenden auszuführen; ich belege sie mit Hilfe eines ausführlicheren Durchgangs durch die Geschichte der einzelnen Bände, stelle die Editoren vor und berichte von der Debatte über die Editionen innerhalb und außerhalb der Akademie, d.h. in der für die Ausgabe verantwortlichen „Kirchenväterkommission" bzw. ihren Nachfolgeeinrichtungen und im Spiegel der Rezensionen. Allerdings tue ich dies nicht in gleichmäßiger Ausführlichkeit für *alle* Origenes-Editionen des Berliner Corpus. Mir ist durchaus bewußt, daß einer meiner Vorgänger im Amte schon einmal einen ähnlichen Versuch unternommen hat, dazu noch in italienischer Sprache; aber die Höflichkeit gebietet, über diesen viele Flüchtigkeiten und Fehler enthaltenden Text rasch hinwegzueilen[2]. Gleichfalls möchte ich natürlich nicht verdoppeln, was ich im „Adamantius" vor zwei Jahren unter der Überschrift „Origenes in Berlin und Heidelberg" allgemein zur Geschichte der „Griechischen Christlichen Schriftsteller" und zu den gegenwärtigen Origenes-Projekten dieses Unternehmens gesagt habe[3]. Ich werde mich also auf die großen Berliner Origenes-

---

1   Die folgenden Seiten dokumentieren den am 9. Juni 2005 in Pisa gehaltenen Vortrag; die Anmerkungen enthalten lediglich die unmittelbaren Nachweise und keine vollständigen Angaben der Sekundärliteratur.

2   J. IRMSCHER, L'edizione di Origene nei "Griechische Christliche Schriftsteller", Aug. 26, 1986, 575-578.

3   CH. MARKSCHIES, Origenes in Berlin, in diesem Sammelband, 239-249. Vgl. zum Thema auch DERS., Das Problem der *praefationes*, ZAC 8, 2004, 38-58 (das entsprechende Heft der Zeitschrift enthält mehrere Beiträge eines Symposiums, dessen Referenten sich mit grundlegenden Editi-

Editionen des zwanzigsten Jahrhunderts konzentrieren, auf die Ausgaben von
Koetschau, Preuschen, Klostermann und Rauer, werde versuchen, aus den
Akten und der mir von meinem Vorgänger im Amt weitergegebenen mündlichen Überlieferung einige kaum bekannte Zusammenhänge aus der Geschichte
des Unternehmens zu erhellen.

Bereits acht Jahre nachdem Adolf Harnack am 29. Januar 1891 die Herausgabe eines Korpus der Kirchenväter an der Preußischen Akademie angeregt
hatte, erschien aus der Feder des seinerzeitigen Jenaer Gymnasialprofessors
Paul Koetschau ein erster Band, der die Schrift *Exhortatio ad martyrium* und die
ersten vier Bücher der Schrift gegen Celsus enthielt. Im selben Jahr folgte der
abschließende zweite Band, der neben den fehlenden Büchern V-VIII auch die
Schrift *De oratione* sowie ein dreiteiliges Register umfaßte[4]. Es handelte sich bei
den stattlichen Bänden zwar nicht um die ersten Publikationen des neuen Korpus, aber – wie sich aus den im Archiv der Berliner Akademie erhaltenen Um-
laufschreiben Harnacks für die Mitglieder der Aufsichtskommission (anfäng-
lich Theodor Mommsen, Hermann Diels und August Dillmann – der Theologe
und Orientalist Dillmann verstarb bereits 1894) ergibt – es sollte sich um die
Auftaktbände handeln. Harnack berichtete am 27.3.1894 per Umlauf an die
seinerzeitigen Mitglieder der Kommission (Diels, Dillmann, Gebhardt, Loofs
und Mommsen[5]), daß er auf einer Reise zu potentiellen Editoren des Korpus in
Jena Dr. Koetschau, Oberlehrer am dortigen Gymnasium, besucht habe und die
Schrift des Origenes gegen Celsus „mit Sicherheit für 1894" angekündigt werden könne. Allerdings sei es sinnvoll, sie gemeinsam mit der *Exhortatio* erscheinen zu lassen, was die Publikation verzögern werde. Die den Umlauf
abzeichnenden Kollegen in Berlin, Halle und Leipzig hatten offenbar keine
Einwände, bewirkten aber durch ihre gemeinsame Entscheidung, daß Georg
Nathanael Bonwetsch und Hans Achelis mit ihrer Ausgabe des Danielkommentars Hippolyts an Koetschau vorbeiziehen konnten und 1897 die Ausgabe
eröffneten[6]. Im Vorwort der Edition Koetschaus findet sich der Hinweis, daß

---

onsproblemen anhand von Beispielen aus der über hundertjährigen Geschichte der „Griechischen Christlichen Schriftsteller" beschäftigten).

4　Origenes Werke I, Die Schrift vom Martyrium, Buch I-IV Gegen Celsus, hg. v. PAUL KOET-
SCHAU (GCS 2), Leipzig 1899; Origenes Werke II, Buch V-VIII Gegen Celsus, Die Schrift vom
Gebet, hg. v. PAUL KOETSCHAU (GCS 3), Leipzig 1899.

5　Vgl. zu den Anfängen der Kommission (mit weiterer Literatur): ST. REBENICH, Die Altertumswissenschaften und die Kirchenväterkommission an der Akademie, in: J. KOCKA (Hg.),
unter Mitarbeit von R. HOHLFELD / P.TH. WALTHER, Interdisziplinäre Arbeitsgruppe Berliner
Akademiegeschichte im 19. und 20. Jahrhundert: Die Königlich Preußische Akademie der
Wissenschaften zu Berlin im Kaiserreich, Berlin 1999, 199-233, bes. 215-217 mit Anm. 59 und
ausführlicher DERS., Theodor Mommsen und Adolf Harnack. Wissenschaft und Politik im Berlin des ausgehenden 19. Jahrhunderts. Mit einem Anhang: Edition und Kommentierung des
Briefwechsels, Berlin/New York 1997, 129-326.

6　Hippolytus Werke I, Kommentar zum Buche Daniel und die Fragmente des Kommentars zum
Hohenliede, hg. v. GEORG NATHANAEL BONWETSCH / HANS ACHELIS (GCS 1), Leipzig 1897; eine erweiterte Neuedition des Danielkommentars durch MARCEL RICHARD ist nach umfassenden Revisionen im Jahre 2000 erschienen.

der Druck dieses Textes nach Ausweis des Vorwortes „im October 1895" begann „und bis Mitte April 1898" dauerte, „die Herstellung der Register hat die
Ausgabe der beiden Bände leider um ein halbes Jahr verzögert"[7]. Natürlich
fragt man sich aus heutiger Perspektive, wie ein Jenaer Gymnasialprofessor
zwei stattliche Bände (von 374 und 545 Seiten) im Grunde trotzdem doch so
rasch vorlegen konnte. Die Erklärung findet sich im erwähnten Umlaufschrei-
ben: Die Ausgabe, so schreibt Harnack, war „mit Teubner verabredet; auf meine Veranlassung ist Teubner vor 2 (oder 3) Jahren zurückgetreten"[8]. Auch
wenn ich noch keine Gelegenheit hatte, in Leipzig nach einer entsprechenden
Gegenüberlieferung zu suchen, fällt einem sofort ein, daß der Teubner-Verlag
eine Reihe „Scriptorum Graecorum qui Christianam impugnaverunt religio-
nem quae supersunt" betrieb und dort beispielsweise 1880 Karl Johannes
Neumanns Ausgabe von Schriften des Apostaten-Kaisers Julian erschienen
war[9]. Drei Faszikel waren für dieses Werk vorgesehen, Harnacks Werbefeld-
zug für die GCS ließ das Projekt zusammenbrechen. Allerdings hatte Koetschau schon vor der Gründung der GCS – 1889 – Prolegomena zu einer kritischen Ausgabe der Schrift gegen Celsus in Harnacks Reihe der „Texte und
Untersuchungen" drucken lassen[10]. Dort hatte er im Vorwort berichtet, daß er
von seinem Freund Neumann 1883 die Aufgabe der Edition in der nämlichen
Reihe übernommen habe, die dieser wegen Überlastung nicht selbst habe an-
fertigen können. Neumann, seit 1890 Ordinarius für klassische Philologie in
Straßburg[11], half vielleicht wegen der freundschaftlichen Verbindungen auch
nach dem Verlagswechsel beim Kollationieren für die Berliner Ausgabe – entsprechende Hinweise gibt Koetschau im Vorwort des ersten Bandes[12].

Die zehn Jahre nach den Prolegomena publizierte Edition Koetschaus
selbst stand noch im Jahr ihres Erscheinens schon im Zentrum einer heftigen
Auseinandersetzung über den Textwert der indirekten Überlieferung in der
Philokalie, die freilich oft dargestellt worden ist und hier nicht nochmals aus-
gebreitet werden muß. Man kann außerdem im Protokollbuch der
Kirchenväterkommission[13] nachlesen, wie die Berliner Kirchenväter-
kommission sich am 15. April 1899 über die die Kontroverse auslösende
„abfällige Rezension" verständigte, „die Hr. Wendland über Kötschau's
Origenes-Ausgabe in den Gött.Gel.Anz.[14] veröffentlichen wird und die in der

7   Wie Anm. 4, XC.
8   Archiv der BBAW, Kirchenväterkommission Mappe 1, S. 6 (Paginierung wohl von Harnack).
9   Iuliani Imperatoris Librorum contra Christianos quae supersunt. Coll. rec. prolegomenis
     instruxit Carolvs Ioannes Nevmann. Insunt Cyrilli Alexandrini Fragmenta Syriaca (Scripto-
     rum Graecorum qui Christianam impugnaverunt religionem quae supersunt 3), Leipzig 1880.
10   P. KOETSCHAU, Die Textüberlieferung der Bücher des Origenes gegen Celsus in den Hand-
     schriften dieses Werkes und der Philokalia. Prolegomena zu einer kritischen Ausgabe Leipzig
     1889.
11   R. LAQUEUR, Neumann, Karl Johannes, in: BJDN 1917, 110-114.
12   Wie Anm. 4, XC.
13   Adolf von HARNACK, Protokollbuch der Kirchenväter-Kommission der Preußischen Akade-
     mie der Wissenschaften 1897-1928. Diplomatische Umschrift von ST. REBENICH, Einleitung
     und kommentierende Anmerkungen von CH. MARKSCHIES, Berlin/New York 2000, 117f.

Gött.Gel.Anz.[14] veröffentlichen wird und die in der Correctur den Mitgliedern (außer Hrn. Loofs) bereits vorgelegen hat". Hier wurde nämlich trotz aller Vermittlungsarbeit, die Theodor Mommsen zwischen den unterschiedlichen Positionen zu leisten versuchte, deutlich, daß innerhalb der Aufsichtskommission eine unsichtbare Linie zwischen Theologen und Historikern einerseits und den Philologen andererseits verlief (oder jedenfalls verlaufen konnte). Diels und Wilamowitz repräsentierten die Interessen einer äußerst kritischen, dem Maßstab strenger Konjekturalkritik verpflichteten Philologie: Diels dürfte die Rezension seines Schülers und damaligen Berliner Gymnasialoberlehrers Paul Wendland (1864-1915), der übrigens mehrere Theologen in seiner Verwandtschaft hatte und später in den GCS die *Refutatio* Hippolyts edierte[15], den Kollegen vorgelegt haben. Diels und Wilamowitz sprachen sich ausweislich des Protokolls in der Sitzung dafür aus, „daß die Recension sachlich wesentlich im Rechte sei, d.h. daß Hr. Koetschau gezeigt habe, daß er das nöthige sprachliche Verständnis für seine Aufgabe nicht besitze". Wilamowitz äußerte sich in einem Privatbrief an Koetschau noch schärfer: „Ihre ausgabe verdiente eingestampft zu werden"[16]. Und beide, Diels wie Wilamowitz, vertraten in der Sitzung die für Historiker und Theologen wenig schmeichelhafte Position, „daß für hist. u. theologische Zwecke der Text, wie ihn Kötschau geliefert, ausreiche; aber sobald man ihn auf die grammatisch-stilistische Sauberkeit prüfe, befriedige er nicht". Stefan Rebenich hat in der Einleitung zum Briefwechsel Harnack – Mommsen nachgezeichnet, wie diese mindestens bei Wilamowitz von traditionellen Vorurteilen getragene Behauptung, für die Zwecke der alten Geschichte und Theologie würden schlechtere Editionen schon genügen[17], eine „erste Krise" des jungen Unternehmens auslöste und vor allem seinen Leiter Harnack tief verbitterte, der zeitlebens unter dem Vorwurf litt, ein schlechter Philologe zu sein[18]. Schon Zeitgenossen wie der Rezensent des Werkes in der „Historischen Zeitschrift" erkannten überdies, daß hier mindestens zwischen Wendland und Koetschau ein verkappter innerphilologischer Streit über Recht und Grenze der Konjekturalkritik geführt wurde, deren umfangreiche Anwen-

---

[14]   P. WENDLAND, GGA 1899, 276-304. – Die gesamte Kontroverse Wendland-Koetschau ist bibliographiert und in ihren Hauptzügen zusammengefaßt bei M. BORRET, Origène, Contre Celse, Tome I (Livres I et II), Introduction, Texte critique, Traduction et notes, SC 132, Paris 1967, 30-33 bzw. mit Zitaten aus unveröffentlichter Korrespondenz bei REBENICH, Mommsen (wie Anm. 5), 192-198.

[15]   K.-G. WESSELING, Art. Wendland, Johann Theodor Paul, in: BBKL XIII, 1998, 744-749. Wesseling weist darauf hin, daß Wendland auf Antrag seines Doktorvaters Diels am 9.7.1914 (ungefähr ein Jahr vor seinem Tode) zum korrespondierenden Mitglied der Preußischen Akademie der Wissenschaften gewählt wurde.

[16]   Staatsbibliothek zu Berlin Preußischer Kulturbesitz Nachlaß Harnack, Briefwechsel Koetschau, Blatt 10.

[17]   Das war offenkundig auch eine polemische Reaktion auf die Berliner Praxis, beispielsweise durch wesentlich ausführlichere Vorworte die Editionen für Historiker und Theologen brauchbarer zu machen, vgl. MARKSCHIES, Problem (wie Anm. 3), 40-43.

[18]   REBENICH, Mommsen (wie Anm. 5), 190-198. – Harnacks Sicht wurde unterstützt durch die ausführliche Rezension der Bände durch ADOLF JÜLICHER, ThLZ 20, 1899, 558-566.

dung in Bänden der Philo-Ausgabe in einer Rezension der Ausgabe Vorzug wie Schwäche der textkritischen Methode Wendlands genannt wird[19]. Produktiv war diese erste Krise des Berliner Kirchenväterkorpus insofern, als sie die bis heute bestehende Praxis begründete, die Entwürfe von Ausgaben für die GCS durch Mitglieder der Kommission begutachten zu lassen und gegebenenfalls dabei auch kritisch zu revidieren. Koetschau edierte ungeachtet aller Auseinandersetzungen noch einmal einen schwierigen Origenes-Text für die Reihe – nämlich De principiis[20] – und publizierte neben einer kleinen Attacke auf den Text einer anderen Berliner Origenes-Ausgabe – nämlich auf die Edition des Johanneskommentars von Erwin Preuschen[21] – in den folgenden Jahren noch Beiträge zum Streit über seine Ausgabe und im Ruhestand 1926 eine zweibändige Übersetzung des Textes in der „Bibliothek der Kirchenväter"[22]. Für die Heftigkeit der Attacke auf die Ausgabe Preuschens dürfte nicht ganz unverantwortlich gewesen sein, daß Preuschen selbst im Vorwort darauf hingewiesen hatte, daß ausgerechnet Koetschaus seinerzeitiger Kritiker Wendland „an unzähligen Stellen den Text verbessert" habe, ihm „an unzähligen anderen ... zum richtigen Verständnis geholfen und ... vor thörichter Verschlimmbesserung bewahrt" habe[23]. Angesichts der Menge der von Wendland stammenden Textkorrekturen kann man also durchaus sagen, daß Koetschau vor allem seinen Kritiker Wendland und erst in zweiter Linie den Haupteditor Preuschen angriff.

Da Harnack mehrfach das ehrgeizige Ziel formuliert hatte, eine fünfzigbändige Ausgabe der vornizänischen Kirchenväter innerhalb von zwanzig Jahren abzuschließen[24], mußte nach der Publikation der ersten zwei Bände rasch Nachschub her. Und schon in der Sitzung der Kirchenväterkommission vom 15. April 1899 nach Auslieferung der Edition Koetschaus notierte der Protokollant und Vorsitzende Harnack die frohe Kunde, daß „voraussichtlich noch in diesem Jahr" mit dem Druck der Origenes-Arbeiten von Erwin Preuschen und Erich Klostermann begonnen werden könne. Klostermanns Ausgabe

19 v.D. (= von Dobschütz?), Rez. Koetschau, HZ 90, 1903, 108-110.

20 Origenes Werke V, De principiis, hg. v. PAUL KOETSCHAU (GCS 22), Leipzig 1913.

21 Vgl. schon P. KOETSCHAU, Rez. GCS Origenes IV, ed. Preuschen, ThLZ 24, 1904, 657-661: „Kollationieren ist nicht jedermanns Sache" (657); die Ausgabe läßt die „besonders notwendige peinliche Sorgfalt und Genauigkeit in der Angabe der Varianten, Rasuren und verschiedenen Hände in M [sc. Monac. 191 saec. XIII, C.M.] vermissen" (658); „an Druckfehlern mangelt es weder in der Einleitung noch im Hauptteil" (661). Ausführlicher: DERS., Beiträge zur Textkritik von Origenes' Johannescommentar (TU 28 = NF 13/2), Leipzig 1905.

22 P. KOETSCHAU, Des Origenes acht Bücher gegen Celsus, 2 Bde., BKV² 52/53, München 1926-27.

23 Origenes Werke IV, Johanneskommentar, hg. v. ERWIN PREUSCHEN (GCS 10), Leipzig 1903, CVIII. – Klostermann schätzt, daß „ca. 400 ... Textverbesserungen" Wendlands in die Ausgabe aufgenommen sind, aber nur 200 von Preuschen selbst stammen (in seiner Rezension: GGA 166, 1904, [264-283] 272).

24 So beispielsweise in seinem Vorwort zum ersten Band der Reihe.

der Jeremia-Homilien erschien immerhin schon 1901[25], der Johanneskommentar in Preuschens Edition im Jahre 1903[26]. Erich Klostermann (1870-1963) hatte
klassische Philologie und Theologie studiert (in Neuchâtel und Basel) und war
im Jahre 1901 in Kiel (seinem Geburtsort) habilitiert worden. Später wirkte er
in Straßburg (1911-1919), Münster (1919-1923), Königsberg (1923-1928) und
dann in Halle (1928-1954). Wie Walther Eltester bei der akademischen Gedenk-
feier für Klostermann namens der Berliner Kirchenväterkommission ausführte,
war die Mitarbeit eines gleichzeitig als Philologe und Theologe arbeitenden
Gelehrten am Berliner Korpus ein Glücksfall für die GCS[27]. Klostermann hat
vor allem exegetische Werke des Origenes (und dazu Texte des Eusebius)
ediert, nachdem Erwin Preuschen 1920 verstorben war: neben den Homilien zu
Jeremia und den Überresten zu den Klageliedern, Samuel- und Königsbüchern
die griechischen Texte des Matthäuskommentars und dessen reiche weitere
Überlieferung. Dieser zweite Schwerpunkt kündigt sich 1911 an und wird erst
1955 abgeschlossen[28]. Mancherlei Schwierigkeiten tauchen beim Druck auf; sie
sind repräsentativ für die Schwierigkeiten des Unternehmens seit dem Ende
der Ära seines Gründers Harnack im Jahre 1930: Zunächst lehnte die Notge-
meinschaft für die deutsche Wissenschaft 1934 einen Zuschuß zu den Druck-
kosten ab, dann wurden wegen der sich verschärfenden Kriegslage den beiden
Reihen des Unternehmens 1941 alle Papierzuteilungen gesperrt. Auch bei dieser Edition kam es wegen der schwierigen Überlieferungslage zu einer philologischen Auseinandersetzung, in diesem Fall zwischen Klostermann und seinem Mitarbeiter, dem fränkischen Gymnasiallehrer Ludwig Früchtel[29].
Während Klostermann von Anfang an den Wert der lateinischen Überlieferung
relativ hoch einschätzte, argumentierte Früchtel dagegen. Dabei war Klostermann kein schlechter Editor; wenn ich recht sehe, wurden gegen seine zuvor
veröffentlichte Ausgabe der Jeremia-Homilien nur wieder von Wendland kritische Bemerkungen vorgetragen (Klostermann habe die Tatsache, daß eine ta-

---

[25] Origenes Werke III, Jeremiahomilien, Klageliederkommentar, Erklärung der Samuel- und
      Königsbücher, hg. v. ERICH KLOSTERMANN (GCS 6), Leipzig 1901; 2. bearb. Aufl. v. PIERRE
      NAUTIN, Berlin 1983.

[26] Origenes Werke IV, Der Johanneskommentar, hg. v. ERWIN PREUSCHEN (GCS 10), Leipzig
      1903.

[27] W. ELTESTER, Über den Sinn und Wert des Philologischen in der Theologie. Zum Gedenken an
      Erich Klostermann, WZ(G).GS 14, Halle 1965, 345-352.

[28] Origenes Werke XI, Matthäuserklärung II, Die lateinische Übersetzung der Commentariorum
      Series, hg. v. ERICH KLOSTERMANN unter Mitwirkung von ERNST BENZ (GCS 38), Leipzig 1933;
      Origenes Werke X, Matthäuserklärung I, Die griechisch erhaltenen Tomoi, hg. v. ERICH KLO-
      STERMANN / ERNST BENZ (GCS 40), Leipzig 1935; Origenes Werke XII/1, Matthäuserklärung III,
      Fragmente und Indices, hg. v. ERICH KLOSTERMANN / ERNST BENZ (GCS 41/1), Leipzig 1941.

[29] Sie ist in der ersten Auflage des Registers dokumentiert: Origenes Werke XII/2, Matthäuser-
      klärung III, Fragmente und Indices, hg. v. ERICH KLOSTERMANN / LUDWIG FRÜCHTEL (GCS
      41/2), Berlin 1955: E. KLOSTERMANN, Einführung in die Arbeiten des Origenes zum Matthäus,
      1-22 sowie L. FRÜCHTEL, Zur altlateinischen Übersetzung von Origenes' Matthäus-
      Kommentar, 23-52. KLOSTERMANN replizierte nochmals: Epilog zu Origenes' Kommentar zum
      Matthäus, SBDAW. Klasse für Literatur, Sprachen und Kunst, 4/1964, Berlin 1964. In der Neu-
      auflage des Registers von URSULA TREU (Berlin 1968) entfielen diese beiden Untersuchungen.

chygraphische Nachschrift vorlag, nicht berücksichtigt); ansonsten fand die Edition eine sehr freundliche Aufnahme[30]. Pierre Nautin formulierte zur Einleitung des Nachdrucks 1978: „La première édition de cet ouvrage ... a marqué une date dans l'établissement du texte des homélies d'Origène sur Jérémie"[31].

Erich Klostermann hat nach dem Tod Harnacks und erst recht nach dem plötzlichen Tod seines Nachfolgers Hans Lietzmann am 25.6.1942 offenkundig versucht, die ins Stocken geratene Origenes-Edition nicht nur durch eigene Beiträge, sondern auch durch eine neue Gesamtplanung voranzubringen. So diskutiert das nunmehr „Kommission für spätantike Religionsgeschichte" benannte Aufsichtsgremium (die einstige „Kirchenväterkommission") in seiner Sitzung vom 18.12.1942 einen Vorschlag für die Vollendung der Origenes-Ausgabe, den Klostermann unter Datum vom 14.12.1942 gemacht hatte. Man beschließt, zunächst den Römerkommentar in Angriff zu nehmen; er erschien schließlich nach langen Verwicklungen von 1990 bis 1998 in den vom Beuroner Vetus-Latina-Unternehmen herausgegebenen „Abhandlungen zur Geschichte der lateinischen Bibel", nachdem es Anfang der achtziger Jahre gelungen war, Caroline H. Bammel (1940-1995)[32] als Editorin für die GCS zu gewinnen.

Auch Erwin Preuschen (1867-1920) war für seine editorische Tätigkeit gut vorgebildet: Er hatte sich während einer zweieinhalbjährigen Beurlaubung nach seinem Examen für das Predigtamt im Jahre 1891 als „Hilfsarbeiter" gegen karge Bezahlung bei der Kirchenväterkommission beschäftigen lassen[33] und neben der Arbeit an der handschriftlichen Überlieferung beispielsweise den Origenes-Abschnitt in Harnacks Literaturgeschichte maßgeblich mitgestaltet[34]. Vermutlich dürfte er deswegen die ihm zugedachten Editionen der exegetischen Arbeiten des Origenes nicht vollendet haben, weil er seit 1894 auf verschiedenen hessischen Pfarrstellen tätig war und nach Lehrstuhlvertretungen und ehrenvollen dritten Listenplätzen erst 1914 auf eine außerordentliche Professur für hessische Territorialkirchengeschichte berufen wurde. Zusätzlich arbeitete Preuschen an Übersetzungen wichtiger Texte aus christlich-orientalischen Sprachen[35]. Die Absicht, den langjährigen Herausgeber der „Zeitschrift für die neutestamentliche Wissenschaft und Kunde der älteren

---

30 Vgl. die Nachweise bei Origenes, Die griechisch erhaltenen Jeremiahomilien, eingel., übers. u. mit Erläuterungen versehen von E. SCHADEL (BGL 10), Stuttgart 1980, 11 (mit Anm. 30); vgl. auch P. WENDLAND, Rez. Klostermann, GGA 163, 1901, 777-787.

31 GCS Origenes III, VII.

32 H. CHADWICK, Caroline Penrose Hammond Bammel 1940-1995, PBA 94, 1997, 285-291.

33 Allerdings stand er auf Harnacks Liste erst secundo loco: REBENICH, Mommsen (wie Anm. 5), 140. – 1899 erschien aus seiner Feder eine ausführliche Besprechung der beiden Bände Koetschaus (GCS Origenes I/II) und der Kontroverse um diese Ausgabe, die Koetschaus Position durchaus kritisch würdigt: BPhW 19, 1899, 1185-1193. 1220-1224.

34 MARKSCHIES, Origenes (wie Anm. 3), 243.

35 Eusebius Kirchengeschichte Buch VI und VII aus dem Armenischen übersetzt von E. PREUSCHEN (TU 22/3 = NF 7/3), Leipzig 1902; Tatians Diatessaron aus dem Arabischen übersetzt von E. PREUSCHEN, mit einer einleitenden Abhandlung und textkritischen Anmerkungen, hg. v. A. POTT, Heidelberg 1926. – Offenkundig hatte Preuschen eine große Synopse der Diatessaron-Überlieferung mit mehrfacher deutscher Übersetzung vorbereitet (aaO. VII).

Kirche" als Nachfolger Boussets auf das neutestamentliche Ordinariat in Gießen zu berufen, wurde durch seinen plötzlichen Tod verhindert[36]. Daß seine
Ausgabe des Johanneskommentars (vermutlich nicht zuletzt wegen Wendlands Beteiligung) von Paul Koetschau mit einer umfangreichen Liste von cor-
rigenda und Textverbesserungen bedacht wurde, ist bereits erwähnt worden;
dazu kommt eine in der Tendenz eher kritische Rezension Erich Klostermanns,
die freilich die „Sorgfalt des Herausgebers" anzuerkennen versucht[37]. Auch
Klostermann kritisiert indirekt Wendland, wenn er schreibt, daß „der Herausgeber neben manchen guten eigenen Verbesserungen auch manches Unrichtige
gebracht, z.T. auf fremden Ratschlag hin"[38].

Neben Klostermann traten früh der niederländische Gelehrte Willem Adolf
Baehrens (1885-1929) und der schlesische katholische Theologe und Priester
Max(imilian) Rauer (1889-1971)[39] in die Arbeit an den Exegetica des Origenes
ein. Baehrens war auch akademisch in seiner Geburtsstadt Groningen aufge-
wachsen (1916 Habilitation), aber stark von deutschen Philologen wie Georg
Wissowa, Friedrich Leo und Ulrich von Wilamowitz-Moellendorff geprägt
worden, bei denen er in den Jahren 1906, 1908 und 1910 studiert hatte[40]. Nach
Abschluß seiner Groninger Dissertation 1910 (einer Rekonstruktion der Textgeschichte der *Panegyrici Latini*) wurde Wilamowitz auf den Philologen aufmerksam, und so ist es nur konsequent, wenn im Protokoll der Kommissionssitzung
vom 26. April 1913 festgehalten ist, daß „wegen Orig. Lat. Exeg. (A.T.) Hr. v.
Wilamowitz mit <u>Bährendts</u> – Groningen verhandeln" wolle (wobei der Protokollant Harnack Baehrens offenkundig mit seinem baltischen Freund und Apo-
kryphenforscher Alexander Berendts kontaminiert). Als Bürger eines neutralen
Landes kollationierte Baehrens mitten während des Ersten Weltkriegs etwa
zweihundertfünfzig Handschriften; die einschlägige Veröffentlichung in den
„Texten und Untersuchungen" dürfte auch die schriftliche Grundlage der Habilitation gebildet haben[41]. Da Baehrens 1916 an die von der deutschen Besat-
zungsregierung in Belgien eröffnete Universität Gent als Ordinarius gewech-
selt war, blieb ihm nach 1918 nur, mit den geschlagenen Besatzern nach Berlin
zurückzugehen: Ein Leben und Arbeiten in seiner flämischen Heimat war nun
unmöglich geworden. Baehrens habilitierte sich erneut 1919 bei Wissowa in

---

[36] A. MEYER, Art. Preuschen, Erwin, RGG² IV, 1930, 1467f.; K.-G. WESSELING, Art. Preuschen,
     Erwin Friedrich Ferdinand Wilhelm, BBKL VII, 1994, 938-941.

[37] E. KLOSTERMANN, Rez. Preuschen, GGA 166, 1904, 264-282, Zitat auf S. 269. Kritische Bemer-
     kungen auch bei F.A. WINTER, Rez. Preuschen, BPhW 25, 1905, 469-507 und Nachtrag ebd.
     526f.

[38] KLOSTERMANN, Rez. Preuschen (wie Anm. 37), 273. Am Ende der Rezension werden aller-
     dings Wendland und der „vielbeschäftigte Herausgeber" Preuschen noch einmal explizit ge-
     lobt.

[39] G. WIRTH, Art. Rauer, Maximilian (Max), BBKL VII, 1994, 1404-1405.

[40] U. SCHINDEL, Willem Adolf Bährens, in: H. HOFMANN (Hg.), Latin Studies in Groningen 1877-
     1977, Groningen 1990, 39-56.

[41] W.A. BAEHRENS, Überlieferung und Textgeschichte der lateinischen Origenes-Homilien, TU
     42/1, Göttingen 1916.

Halle und wurde nach einer wirtschaftlich wie persönlich schwierigen Zeit 1922 auf einen Lehrstuhl in Göttingen als Kollege von Max Pohlenz und Richard Reitzenstein berufen[42]. In den beiden Jahren vor der Berufung und noch einmal kurz vor dem Tode erschienen drei Bände mit lateinischen Fassungen von Homilien[43], die den gegenwärtig für die Ausgabe Verantwortlichen etwas hastig und flüchtig angelegt scheinen und daher im Augenblick partiell revidiert werden – aber dies ist, wenn ich recht sehe, nicht der Tenor der zeitgenössischen Rezensionen gewesen. Im Gegenteil: Schon die Überlieferungsgeschichte wurde von einer Autorität vom Schlage Paul Lehmanns, des Schülers und Nachfolgers Ludwig Traubes in München, durchgehend positiv besprochen[44]. Lediglich eine (wie wir heute sagen würden) tiefere kulturgeschichtliche Aufhellung der Textgeschichte wird vom Rezensenten als Desiderat angemerkt.

Neben Baehrens, der auch auf vielen anderen Gebieten der lateinischen Philologie und Linguistik veröffentlichte, trat mit Max Rauer bald einer der wenigen katholischen Mitarbeiter des Berliner Unternehmens; angesichts der kirchenpolitischen Prägung Harnacks überrascht es nicht, daß es sich (wie bei Albert Ehrhardt) um einen liberalen Katholiken handelte, der zudem in der katholischen Friedensbewegung engagiert war. Rauer, der seit 1921 als Privatdozent für neutestamentliche Exegese und seit 1931 als außerordentlicher Professor an der katholisch-theologischen Fakultät der Universität Breslau lehrte, hatte offenkundig genügend Zeit, sich mit dem Material zu beschäftigen. Allerdings wird im Umfeld seiner ersten Publikation, der Lukashomilien, im Jahre 1931 schnell deutlich, daß die Erfahrungen des Editors in vielfältiger Hinsicht noch nicht ausreichten. Rauer mußte in einem Brief an Harnacks Nachfolger im Amt der Leitung der GCS, Hans Lietzmann (1875-1942[45]), während des Druckprozesses im Jahre 1931 eingestehen, daß er „eine in Cambridge befindliche Handschrift ... zu meinem Bedauern übersehen habe". Schon vorher hatte er Harnack geschrieben, daß er beim Apparat „zu viel getan und während der Drucklegung viel herausgestrichen" habe[46]. Angesichts solcher Probleme verwundert es nicht, daß Rauer Harnack versichert, daß die in der Fahne „fehlenden Bibelzitate ... ein Versehen der Druckerei" sind, und sich der Verlag Hinrichs bei Harnack darüber beschwert, daß das Manuskript „nicht in druckfertigem Zustand sich befand"[47]. Rauer schrieb leicht verzweifelt an den

---

[42] Details bei SCHINDEL, Bährens (wie Anm. 40), 40-42.

[43] Origenes Werke VI, Homilien zum Hexateuch in Rufins Übersetzung, 1. Tl., Die Homilien zu Genesis, Exodus und Leviticus, hg. v. W.A. BAEHRENS (GCS 29), Leipzig 1920; Origenes Werke VII, Homilien zum Hexateuch in Rufins Übersetzung, 2. Tl., Die Homilien zu Numeri, Josua und Judices, hg. v. W.A. BAEHRENS (GCS 30), Leipzig 1921; Origenes Werke VIII, Homilien zu Samuel I, Zum Hohelied und zu den Propheten, Kommentar zum Hohenlied, in Rufins und Hieronymus' Übersetzungen, hg. v. W.A. BAEHRENS (GCS 33), Leipzig 1925.

[44] P. LEHMANN, Rez. Baehrens, BPhW 37, 1917, 43-49; ebenso G. BARDY, RBib 30, 1921, 449-452.

[45] Zur Übersicht: CH. MARKSCHIES, Art. Lietzmann, Hans, RGG[4] V, Tübingen 2002, 369f.

[46] Brief Rauer an Harnack vom 12.12.1928, Archiv BBAW.

[47] Brief Klotz an Harnack vom 27.1.1929.

Herausgeber: „Gibt es nicht einen Redaktionsausschuß? Oder können sie mir nicht einen Herrn bestimmt machen, dem ich die Texte vorlegen könnte zur Prüfung? Sie müssen doch bedenken, daß es meine erste Edition ist und ich der KVK (sc. Kirchenväterkommission, C.M.) keine Schande machen möchte"[48]. Nicht einmal zwei Jahre nach Veröffentlichung seiner Ausgabe mußte Rauer ein dünnes Heft in den „Texten und Untersuchungen" nachschieben; so hatten Rezensenten ihn unter anderem darauf hingewiesen, daß er zwei wichtige Handschriften übersehen hatte (und darunter wohl den ältesten Zeugen)[49]. Wie man auch immer über die Güte der Edition Rauers denkt: Nach dem Ende des Zweiten Weltkriegs und der Übersiedlung nach Berlin gelang es Rauer trotz einer anfänglichen politischen Tätigkeit in der jungen DDR (für die Christlich-Demokratische Union, CDU) und seiner seelsorgerlichen Arbeit als Priester nicht nur, 1959 eine erheblich veränderte zweite Auflage seiner Lukashomilien zu publizieren[50]. Vielmehr übernahm er von Karl Staab die Herausgabe der Pauluskommentierung des Origenes[51] und machte sich an die Neubearbeitung der Baehrens-Ausgaben[52]. Alle diese Arbeiten sind über Fragmente und Entwürfe nicht hinausgekommen; die Materialien wurden aber den gegenwärtigen Bearbeitern der Ausgaben zur Verfügung gestellt.

Die auch politisch bedingte Historia calamitatum der Origenes-Bände des Berliner Korpus nach der Gründung der DDR im Jahre 1949 soll hier nicht weiter ausführlich entfaltet werden[53]; da das Unternehmen seit Ende der sechziger Jahre auf Bruchteile der Arbeitszeit zweier Mitarbeiter (nämlich von Kurt Treu und Jürgen Dummer) zurückgeschnitten wurde, konnte an der Fertigstellung der von Rauer hinterlassenen Fragmente und an der Erledigung der verbliebenen Aufgaben nicht wirklich gearbeitet werden. Auch eine durchgreifende Neubearbeitung der vergriffenen älteren Bände wurde zwar immer wieder projektiert, konnte aber nur sehr partiell in Angriff genommen werden. Die personelle Situation des Unternehmens führte dazu, daß zeitweilig für nahezu alle Neuauflagen Jürgen Dummer die Verantwortung übernehmen sollte und diese umfangreichen Arbeiten natürlich nicht noch neben der Betreuung der Epiphanius-Ausgabe des Berliner Corpus realisieren konnte.

---

[48]   Brief Rauer an Lietzmann vom 17.12.(1930?), Archiv BBAW.

[49]   M. RAUER, Form und Überlieferung der Lukas-Homilien des Origenes (TU 47/3), Leipzig 1932. Auf S. V Anm. 1 eine Liste der Rezensionen, besonders wichtig daraus P. LEHMANN, BPhW 50, 1930, 1475-1480.

[50]   Origenes Werke IX, Die Homilien zu Lukas in der Übersetzung des Hieronymus und die griechischen Reste der Homilien und des Lukas-Kommentars, hg. v. MAX RAUER (GCS 35), Leipzig 1930; 2. bearb. Aufl. (GCS 49), Berlin 1959.

[51]   In den Protokollen der Kommissionssitzungen von 1956 bzw. 1957 ist noch festgehalten, daß Staab die „Kommentare zu den Paulinen" ediert, aber schon notiert, daß Rauer die Fragmente zum Epheserbrief gesammelt hat (Archiv der Arbeitsstelle GCS der BBAW).

[52]   Im Protokoll der Kommissionssitzung von 1957 ist die „Ablieferung des Ms [von GCS Origenes VI, C.M.] noch 1957 in Aussicht gestellt". 1961 will man das von Klostermann begutachtete Manuskript gar gleich an den Drucker schicken.

[53]   Vgl. die Andeutungen zur Ausgabe von C.H. Bammel oben Anm. 32.

Überhaupt waren die Zeitläufte der Arbeit an christlichen Theologen der Antike nicht eben günstig (um von der politischen Situation an der Berliner Akademie zu schweigen[54]): Papier war rationiert, Publikationen mußten lange vorher angemeldet werden, und der Neusatz griechischer Texte wurde von Jahr zu Jahr komplizierter. Zudem wurde auch die Zahl der Lehrstühle für klassische Philologie in der DDR drastisch reduziert und die wissenschaftliche Theologie an den staatlichen Universitäten und kirchlichen Hochschulen allerlei Repressionen unterworfen, so daß gebildeter Nachwuchs für editorische Arbeit nur noch in begrenztem Umfang bereitstand. Immerhin versuchten die Verantwortlichen, ausländische Kollegen für Neubearbeitungen längst vergriffener Bände der Origenes-Edition im Rahmen der GCS zu gewinnen – als Beispiel für diese Anstrengungen sollen hier allerdings nur die Namen genannt werden, die im Zusammenhang mit zwei Editionen diskutiert wurden: Für die ersten beiden Bände und insbesondere die Schrift gegen Celsus wurden in der Kommission für spätantike Religionsgeschichte zunächst nacheinander Ludwig Früchtel (1951), Gilles Quispel oder Henry Chadwick (beide 1957) als mögliche Editoren diskutiert. Dann galt – entsprechend einem bis heute bestehenden Kooperationsabkommen mit den Sources Chrétiennes, die für ihre Ausgaben Texte der GCS übernehmen dürfen und umgekehrt ihre Editoren anhalten sollen, eine editio critica maior für die GCS zu produzieren – längere Zeit der Jesuit Marcel Borret auch für die GCS als der Verantwortliche für eine neue große kritische Edition der Schrift gegen Celsus. Am 19.3.1976 wurde, da man Borret inzwischen für zu alt hielt, der jüngst verstorbene Naumburger und Berliner Kirchenhistoriker Wolfgang Ullmann (1929-2004, 1963-1978 am katechetischen Oberseminar in Naumburg, 1978-1990 am Sprachenkonvikt in Ost-Berlin) mit einer Neubearbeitung der Schrift gegen Celsus beauftragt. Er versprach, nach 1980 ans Werk zu gehen – freilich ist es nur zur Veröffentlichung von einigen Aufsätzen über Origenes gekommen, da Ullmann nach 1989 wie einige andere Pfarrer der ehemaligen DDR in die Politik wechselte und deswegen die Edition aufgab[55]. Daraufhin wurden Vorgespräche mit Miroslav Marcovich geführt, der seine Edition dann allerdings 2001 in einer anderen Reihe publizierte[56]. Für eine Neubearbeitung des Johanneskommentars wurde nach Ausweis der Akten am 27.10.1976 Pierre Nautin von Kurt Treu angefragt (Elaine Pagels hatte zuvor abgelehnt, weil ihre philologischen Kompetenzen

---

[54] C. GRAU, Reflexionen über die Akademie der Wissenschaften der DDR 1968-1990, in: Interdisziplinäre Arbeitsgruppe Berliner Akademiegeschichte im 19. und 20. Jahrhundert: Die Berliner Akademien der Wissenschaften im geteilten Deutschland 1945-1990, hg. v. J. KOCKA unter Mitarbeit von P. NÖTZOLDT u. P.TH. WALTHER, Berlin 2002, 81-90.

[55] Vgl. z.B. W. ULLMANN, Hermeneutik und Semantik in der Bibeltheologie des Origenes dargestellt anhand von Buch 10 seines Johanneskommentars, StPatr 17/2 (1982), 966-977 und DERS., Exodus und Diabasis. Origenes „Über das Passa" als Beispiel christlicher Auslegung des Alten Testaments, BThZ 6, 1989, 234-244.

[56] Origenes Contra Celsum Libri VIII ed. M. MARCOVICH, SVigChr 54, Leiden u.a. 2001; zu Marcovich vgl. G.M. BROWNE / W.E. SPENCER (Hgg.), In Memoriam Miroslav Marcovich, ICS 27/28, Illinois 2003.

nicht ausreichen würden). In denselben Akten ist vermerkt, daß Nautin am 12.4.1985 nochmals an die Bitte erinnert wurde und darauf sehr schnell, nämlich im Mai 1985, zusagte. Bekanntlich hat er die Edition vor seinem Tode nicht mehr fertigstellen können.

Erst die Neukonstituierung der Preußischen Akademie als Berlin-Brandenburgische Akademie der Wissenschaften und die Überführung der „Griechischen Christlichen Schriftsteller" an diese Akademie im Jahre 1994 durch Albrecht Dihle schuf die Voraussetzung, daß ein alter Schwerpunkt des Unternehmens – eben Origenes – wieder zum Schwerpunkt einer Arbeitsstelle mit vier hauptamtlichen Mitarbeitern und einer Drittmittelkraft werden konnte. Was hier gegenwärtig ediert wird, wurde vor zwei Jahren in der Zeitschrift „Adamantius" beschrieben und muß, wie eingangs bemerkt, an dieser Stelle nicht wiederholt werden. Augenblicklich beschäftigen sich Projektleiter wie Mitarbeiter mit der schwierigen Aufgabe, im Katenenmaterial authentische und nichtauthentische Stücke zu scheiden. Das ist, wie alle, die sich mit Origenes beschäftigen, wissen, wohl kein ganz einfaches Geschäft. Schon Erich Klostermann gab 1941 seiner Ratlosigkeit im Blick auf das in Katenen überlieferte Material aus der Matthäus-Auslegung des Origenes Ausdruck und bemerkte, daß „die Mittel der Kritik nicht ausreichen, um den so gewonnenen Stoff mit endgültiger Entscheidung auch äußerlich in die Gruppen ‚Echt', ‚Unecht' und ‚Zweifelhaft' zu sondern"[57]. Aber mir scheint, daß man für eine solche Arbeit reich belohnt wird, indem man mit dem Gedankengut und den sprachlichen Eigentümlichkeiten des Origenes besser vertraut wird. Wenn man beispielsweise den jüngst noch einmal von Eric Junod behandelten Gießener Papyrus P. bibl. univ. Giss. 17 mit einer Auslegung zu Genesis 1,28 ausführlicher studiert[58], wird deutlich, daß schon wegen philologischer Details dieser Text von einem deutlich schlichteren Geist als Origenes stammen muß.

An dieser Stelle breche ich meine Ausführungen ab – aber über eine bislang fragmentarische Ausgabe darf man ja vielleicht auch ein Fragment vorlegen. Jedenfalls hat sich bei näherer Betrachtung der Origenes-Editionen der Griechischen Christlichen Schriftsteller gezeigt, daß die stolze Zuversicht ihrer Gründerväter, daß „am Ende … die Reihe der altchristlichen Texte doch eine Etappe in der Geschichte der Wissenschaft sein" wird (so Wilamowitz-Moellendorff an Harnack) wohl berechtigt, dagegen die Hoffnung, daß „manche Schriften … 300 Jahre nicht neu gedruckt zu werden" brauchen, doch etwas voreilig war[59]. Auch zu Zeiten, als noch nicht wirtschaftliche Not und politische Pression die

57   KLOSTERMANN in GCS Origenes XII/1, VIIf.

58   Zuletzt: Repertorium der Griechischen Christlichen Papyri Bd. II Kirchenväter-Papyri Teil 1 Beschreibungen (RGCP II/1), im Namen der patristischen Arbeitsstelle Münster hg. v. K. ALAND u. H.-U. ROSENBAUM, PTS 42, Berlin/New York 1995, KV 61 = S. 398-401.

59   U. v. Wilamowitz-Moellendorff an A. Harnack am 25.04.1909, zitiert nach: J. DUMMER, Ulrich von Wilamowitz-Moellendorff und die Kirchenväterkommission der Berliner Akademie, in: J. IRMSCHER / P. NAGEL (Hgg.), Studia Byzantina Folge II, Beiträge aus der byzantinistischen Forschung der Deutschen Demokratischen Republik zum XIV. Internationalen Byzantinistenkongreß Bukarest 1971, Berlin 1973, (351-387) 377.

Arbeit an Origenes behinderten, gelang es mit den zur Verfügung stehenden Mitarbeitern nicht, Editionen zu schaffen, an denen für Jahrhunderte kaum etwas auszusetzen war. Im Gegenteil: Bei vielen Ausgaben brach unmittelbar nach der Veröffentlichung philologischer Streit um Details wie um Grundprinzipien aus – aber das lag in aller Regel weniger an mangelnder Kompetenz der Editoren als an der Komplexität und Widerständigkeit der Überlieferung, mit der die Werke des Origenes auf unsere Gegenwart gekommen sind. Beim Versuch, diese Überlieferung möglichst präzise aufzuarbeiten, und in Hochachtung ihrer Vorgänger im Berliner Unternehmen wissen sich die heutigen Mitarbeiter der Griechischen Christlichen Schriftsteller mit ihren Vorvätern verbunden.

Anhang

Liste der Origenes-Editionen in den GCS

Origenes Werke I, Die Schrift vom Martyrium, Buch I-IV Gegen Celsus, hg. v. PAUL KOETSCHAU (GCS 2), Leipzig 1899.

Origenes Werke II, Buch V-VIII Gegen Celsus, Die Schrift vom Gebet, hg. v. PAUL KOETSCHAU (GCS 3), Leipzig 1899.

Origenes Werke III, Jeremiahomilien, Klageliederkommentar, Erklärung der Samuel- und Königsbücher, hg. v. ERICH KLOSTERMANN (GCS 6), Leipzig 1901; 2. bearb. Aufl. v. PIERRE NAUTIN (GCS 6), Berlin 1983.

Origenes Werke IV, Der Johanneskommentar, hg. v. ERWIN PREUSCHEN (GCS 10), Leipzig 1903.

Origenes Werke V, De principiis, hg. v. PAUL KOETSCHAU (GCS 22), Leipzig 1913.

Origenes Werke VI, Homilien zum Hexateuch in Rufins Übersetzung, 1. Teil, Die Homilien zu Genesis, Exodus und Leviticus, hg. v. WILHELM ADOLF BAEHRENS (GCS 29), Leipzig 1920.
Neuausgabe mit den griechischen Fragmenten durch PETER HABERMEHL in Vorbereitung.

Origenes Werke VII, Homilien zum Hexateuch in Rufins Übersetzung, 2. Teil, Die Homilien zu Numeri, Josua und Judices, hg. v. WILHELM ADOLF BAEHRENS (GCS 30), Leipzig 1921.

Origenes Werke VIII, Homilien zu Samuel I, zum Hohelied und zu den Propheten, Kommentar zum Hohelied, in Rufins und Hieronymus' Übersetzungen, hg. v. WILHELM ADOLF BAEHRENS (GCS 33), Leipzig 1925.

Origenes Werke IX, Die Homilien zu Lukas in der Übersetzung des Hierony-
        mus und die griechischen Reste der Homilien und des Lukas-
        Kommentars, hg. v. MAX RAUER (GCS 35), Leipzig 1931; 2. bearb.
        Aufl. (GCS 49), Berlin 1959.

Origenes Werke X, Origenes Matthäuserklärung I, Die griechisch erhaltenen
        Tomoi, hg. v. ERICH KLOSTERMANN / ERNST BENZ (erste Hälfte =
        GCS 40/1, Leipzig 1935; zweite Hälfte = GCS 40/2, Leipzig 1937).

Origenes Werke XI, Origenes Matthäuserklärung II, Die lateinische Überset-
        zung der Commentariorum Series, hg. v. ERICH KLOSTERMANN /
        ERNST BENZ (GCS 38), Leipzig 1933; 2. bearb. Aufl. v. URSULA
        TREU (GCS 38), Berlin 1976.

Origenes Werke XII/1, Origenes Matthäuserklärung III, Fragmente und Indices,
        hg. v. ERICH KLOSTERMANN / ERNST BENZ (GCS 41/1), Leipzig
        1941.

Origenes Werke XII/2, Origenes Matthäuserklärung III, Fragmente und Indices,
        hg. v. ERICH KLOSTERMANN / LUDWIG FRÜCHTEL (GCS 41/2), Berlin
        1955; 2. bearb. Aufl. v. URSULA TREU (GCS 41/2), Berlin 1968.

In Vorbereitung: Origenes Werke, Fragmente der Korintherhomilien, hg. v.
        CHRISTOPH MARKSCHIES.

Stellenregister

Biblia

Vetus Testamentum

Genesis

1,1	68, 192
1,26	94
1,28	36, 262
2,1	68
2,7	191
3,21	217
6,13-16.22	44
7	221
27,15	219

Exodus

17,6	65
19,5-6	175

Leviticus

13,25	129

Numeri

20,11	66

Deuteronomium

6,4-5	204

Iosue

2,18-21	199
6,22-25	199
20,6	214

Regum I

28,3-25	45

Psalmi

36,35	221
49[50],16	38
53,2	217
119	198
140,2	35

Proverbia

5,15.18	55

Canticum Canticorum

2,3	218
4,6	199
4,8	199

Isaias

18,1	141
40,6-8	99
61,1-2	64
64,4-5	159
65,4-5	163

Hieremias

9,22f.	65
15,15-16	54
20,8	54
44,22	48

Novum Testamentum

Ev. sec. Matthaeum

5,8	99
5,29-30	29
6,11	174, 175
7,7-8	100
12,32	112
19,8	169
19,12	3, 16, 17, 23, 31

Ev. sec. Lucam

4,16-30	64
4,17-18	65
4,22	65
11,3	174

Ev. sec. Iohannem

1,1-17	117, 118
1,1	115, 168
1,3	74, 112, 118, 161
1,4	168
1,21-22	74
3,8	117, 123
4,24	116
6,51	183

|---|---|
XXVIII 15,121-18,161	124f.
XXXII 5	37
XXXII 7,74	11
XXXII 7,75	121
XXXII 15,178	42
XXXII 18,224-228	121
XXXII 28,353	119

Fragmenta ex comm. in Ioh.

frgm. 1 (Preuschen)	186
frgm. 4 (Preuschen)	186
frgm. 9 (Preuschen)	186
frgm. 18 (Preuschen)	186
frgm. 27 (Preuschen)	117
frgm. 30 (Preuschen)	186
frgm. 37 (Preuschen)	123, 184
frgm. 45 (Preuschen)	104
frgm. 123 (Preuschen)	117

Commentarii in Romanos

prol.	81-83
I 6	87
I 16	100f.
II 11	85
II 12/13	139
II 13	200
III 1	86, 200
III 6.7	83
III 8	186
VI 9	84, 85f.
VII 6	122
VII 18	86
IX 2	86

Fragmenta ex comm. in Rom.

frgm. 41 (Ramsbotham)	85

Fragmenta ex comm. in Thess.

(CPG I, 1462)	86

Contra Celsum

I 4	140
I 8	134, 138
I 10	135, 139
I 12	138
I 13	139
I 15	135
I 20	11, 136
I 21	135, 136
I 23	186
I 24	139
I 26	138
I 33	10
I 43	139
I 48	101
I 68	134
II 3	215

II 9	10
II 12	139
II 13	135, 139
II 27	136
II 41	186
II 50	134
II 60	136
II 74	137
III 13	139
III 19	133
III 22	133, 136
III 28	137
III 35	134
III 40	140
III 41	10, 181, 185
III 47	136
III 49	134
III 50	41
III 59	99
III 69	135
III 75	139, 186
III 80	98, 134, 135, 139
IV 3	11, 186
IV 4	137
IV 14	139, 140, 186
IV 15	186
IV 17	135, 186
IV 18	186
IV 25	135
IV 31	17
IV 33	135
IV 35	135
IV 36	134
IV 42	9
IV 44	53
IV 48	138
IV 51	135
IV 54	137
IV 56	185
IV 57	181
IV 75	137
IV 83	137f.
IV 86	137
V 3	138
V 4	92
V 38	186
V 42	17
V 47	139
V 61	136, 139
VI 2	9
VI 19	186
VI 26	133
VI 31	186